宁波通史

元明卷

傅璇琮 主编

钱茂伟 毛阳光 著

宁波出版社

图书在版编目(CIP)数据

宁波通史．元明卷/傅璇琮主编；钱茂伟，毛阳光著．
—宁波：宁波出版社，2009.8
ISBN 978-7-80743-403-0

Ⅰ.宁… Ⅱ.①傅… ②钱… ③毛… Ⅲ.①宁波市—
地方史—元代 ②宁波市—地方史—明代 Ⅳ.K295.53

中国版本图书馆CIP数据核字(2009)第112885号

责任编辑　叶贤权　井志强

本书为宁波市重大文化研究工程项目成果

元代宁波城墙遗迹 ▶

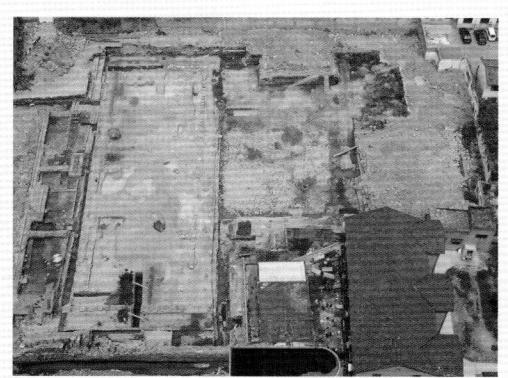

▲ 元代永丰库遗址

▲ 永丰库方胜纹饰砖砌道路

▲ 韩国新安元代沉船遗存

▲ 新安沉船出土的木箱

▲ 新安沉船出土的标有"庆元路"铭文的铜权

▲ 元代石柱墩廊桥——奉化广济桥

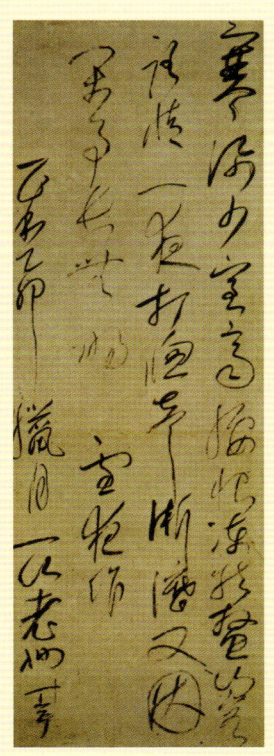  

▲ 元代名僧一山一宁手迹　▲ 元代名僧明极楚俊像　▲ 元代明州画家陆仲渊《十王图》
日本奈良国立博物馆藏

▲ 明代日本画僧雪舟等杨《唐山胜景图》（局部）

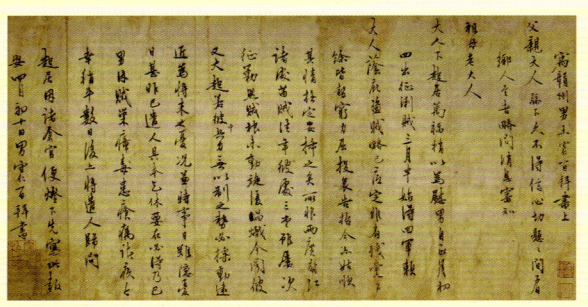

▲ 王阳明手迹《寓赣州上海日翁手札》

▲ 王阳明出生地——瑞云楼

▲ 王阳明像

▲ 方孝孺手迹《默庵记》 台北故宫博物院藏

▲ 明代日本画僧雪舟等杨《育王山图》　　　　　　　　　　▲ 明代日僧策彦周良像

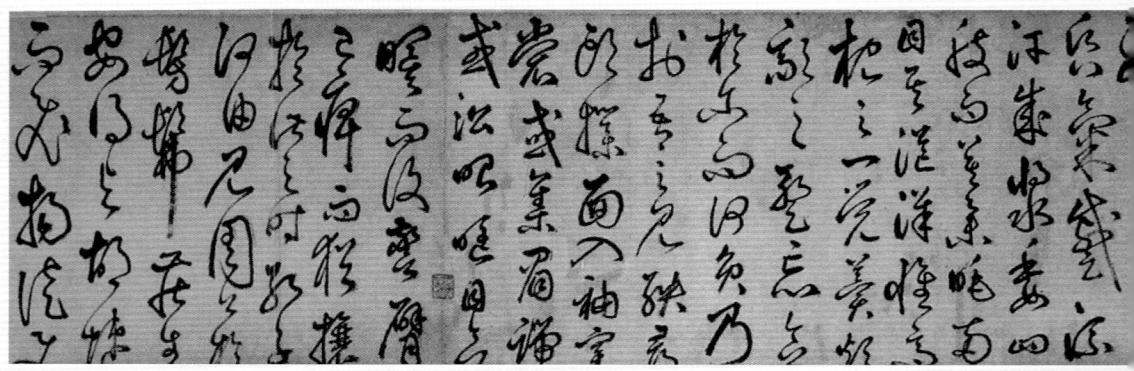

▲ 明代书法家丰坊书法　草书古今体诗卷（局部）

▲ 明代画家王谔《观瀑图轴》 　　　▲ 明代画家吕纪《桂菊山禽图轴》
　安徽省博物馆藏　　　　　　　　　　北京故宫博物院藏

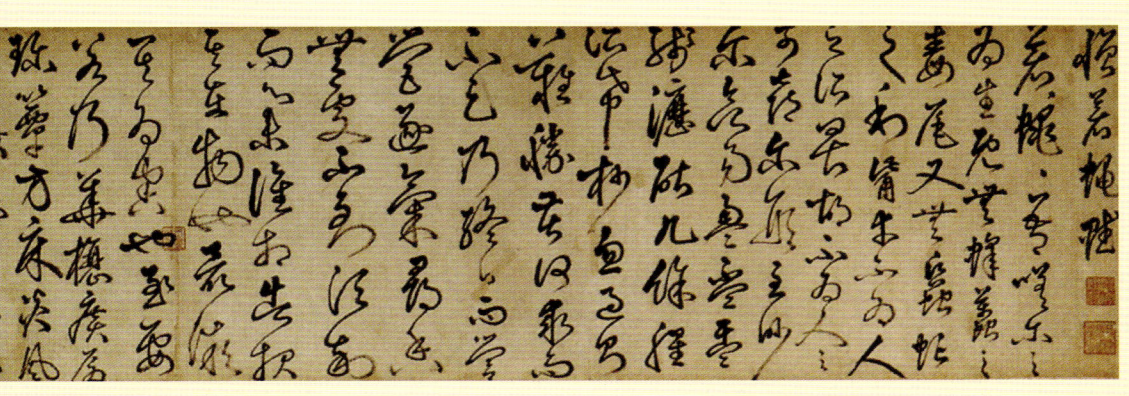

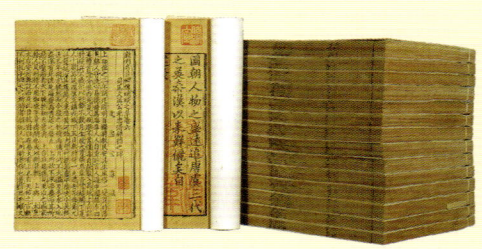

▲ 天一阁藏宋刻本《名臣碑传琬琰之集》

▲ 天一阁藏明代地方志

▲ 天一阁藏明代科举录选刊

▲ 天一阁藏书楼外景 /张悦鸣摄

目　录

导　论 …………………………………………………………… (1)

第一章　元代宁波的政治 ………………………………… (1)

第一节　蒙元统治在宁波的确立 …………………………… (2)
一、元军攻取庆元 ……………………………………… (2)
二、管理机构的设置 …………………………………… (5)

第二节　元代宁波的军事管理 ……………………………… (9)
一、独特的军事战略位置 ……………………………… (9)
二、庆元的军事管理 …………………………………… (11)

第三节　户口与户役管理 …………………………………… (15)
一、庆元的户口管理 …………………………………… (15)
二、庆元的户役管理 …………………………………… (17)
三、均定户役的努力 …………………………………… (23)

第四节　赋税制度 …………………………………………… (27)
一、庆元的税粮收入 …………………………………… (27)
二、庆元的盐课与茶课 ………………………………… (33)
三、庆元的商税与诸色课 ……………………………… (36)

第五节　元代宁波百姓的反抗 ……………………………… (39)
一、元初杨镇龙起义 …………………………………… (40)
二、元末方国珍起义 …………………………………… (42)
三、方国珍开府庆元 …………………………………… (44)

第二章　元代宁波的经济 (47)

第一节　灾荒与荒政 (48)
一、灾荒的频繁发生 (48)
二、救灾措施 (53)

第二节　农业与渔业 (59)
一、土地资源的开发 (59)
二、水利资源的利用 (63)
三、粮食作物的种植 (67)
四、多种经济作物 (68)
五、海洋渔业的发展 (71)

第三节　手工业 (73)
一、官营手工业 (73)
二、民间手工业 (77)

第四节　商业 (79)
一、国内贸易 (79)
二、海外贸易 (82)
三、庆元与日本的海外贸易 (88)

第三章　元代宁波的城乡与交通 (95)

第一节　城市 (96)
一、庆元城内结构 (96)
二、庆元城的废兴 (98)

第二节　乡村 (102)
一、乡村管理体制 (102)
二、县城的面貌 (103)
三、乡村生活风貌 (103)

第三节　交通 (105)
一、陆路驿传 (105)
二、内河交通 (107)
三、海上交通 (110)

第四章　元代宁波的文化 (114)

第一节　教育 (115)
　　一、庆元路的学校 (116)
　　二、程端礼与《读书分年日程》 (124)

第二节　哲学与经学 (129)
　　一、赵偕及其宝峰学派 (129)
　　二、四明朱学传人程端学 (134)

第三节　宗教 (137)
　　一、元代宁波的宗教 (137)
　　二、宁波与日本的佛教文化交流 (140)
　　三、元代宁波的民间信仰 (142)

第四节　史学与方志 (145)
　　一、史学 (146)
　　二、方志 (152)

第五节　文学与艺术 (156)
　　一、戴表元的文学 (157)
　　二、清丽派代表张可久 (160)
　　三、袁桷的文学 (162)
　　四、《琵琶记》在庆元 (165)

第六节　医学 (166)
　　一、官办医学 (166)
　　二、民间名医 (167)

第五章　明代宁波的政治 (172)

第一节　明朝在宁波的统治 (173)
　　一、明朝统治在明州的确立 (173)
　　二、明代宁波的行政管理体制 (175)

第二节　宁波官员的地方吏治 (177)
　　一、规范赋税征收 (178)
　　二、减少扰民机会 (181)

第三节 明代宁波的治安 ………………………………………（185）
一、明代宁波的治安管理 …………………………………（185）
二、晚明的加饷与兵变、民变 ……………………………（189）

第四节 明代宁波的人丁与赋役管理 ……………………………（193）
一、以赋役征收为宗旨的人丁统计 ………………………（193）
二、高额的常规赋役负担 …………………………………（195）
三、赋税制度改革 …………………………………………（198）

第六章 防卫与贸易冲突下的明代宁波港 …………………………（203）
第一节 倭患频发与海防体系的建立 ……………………………（204）
一、宁波沿海频发的倭患 …………………………………（204）
二、海防体系的建立 ………………………………………（205）
三、宁波军民的抗倭斗争 …………………………………（211）

第二节 中日间的朝贡贸易 ………………………………………（214）
一、中日间朝贡贸易 ………………………………………（214）
二、中日朝贡贸易体制 ……………………………………（218）

第三节 国际民间贸易港的崛起与消失 …………………………（221）
一、国际走私贸易港的崛起 ………………………………（221）
二、宁波双屿港的堵塞 ……………………………………（228）

第四节 晚明时期宁波港的衰落 …………………………………（232）
一、国际贸易港的终结 ……………………………………（232）
二、成为国内贸易港 ………………………………………（235）

第七章 明代宁波的经济 ……………………………………………（237）
第一节 频繁的自然灾害与政府的抗灾减灾 ……………………（238）
一、自然灾害的频繁发生 …………………………………（238）
二、抗灾赈灾 ………………………………………………（240）

第二节 农业与渔业 ………………………………………………（242）
一、农业 ……………………………………………………（242）
二、渔业 ……………………………………………………（251）

第三节　手工业 …………………………………………… (256)
　　一、乡间纺织业 ………………………………………… (256)
　　二、零星刻书业 ………………………………………… (258)
　　三、造船业 ……………………………………………… (260)
　　四、官营盐业 …………………………………………… (264)
第四节　明代宁波商业 …………………………………… (269)
　　一、明初宁波商业的挫折 ……………………………… (269)
　　二、明代中晚期商业的成长 …………………………… (272)
　　三、城乡集市贸易的扩大 ……………………………… (278)

第八章　明代宁波的城乡与交通 …………………………… (280)
第一节　城市 ……………………………………………… (281)
　　一、城市的修筑 ………………………………………… (281)
　　二、城市的布局 ………………………………………… (285)
第二节　乡村 ……………………………………………… (293)
　　一、农村的乡都制 ……………………………………… (293)
　　二、乡居的优越性 ……………………………………… (297)
第三节　交通 ……………………………………………… (298)
　　一、驿站为主的陆上交通 ……………………………… (299)
　　二、发达的水路交通 …………………………………… (301)

第九章　明代宁波的文化 ……………………………………… (304)
第一节　儒学教育与科举 ………………………………… (305)
　　一、以儒学为主的学校体制 …………………………… (305)
　　二、科举 ………………………………………………… (310)
第二节　哲学与经学 ……………………………………… (312)
　　一、明初的程朱理学传播 ……………………………… (312)
　　二、阳明心学及其影响 ………………………………… (320)
　　三、浙东的阳明后学 …………………………………… (326)
第三节　佛教 ……………………………………………… (329)

一、明代宁波的主要佛教寺院 ……………………………（330）
　　二、密云圆悟与天童寺的复兴 ……………………………（332）
　　三、禅宗内部的"密汉之诤" ……………………………（333）
　　四、宁波与日本的佛教交流 ………………………………（335）
第四节　史学与方志 ……………………………………………（338）
　　一、史学思想与史学成就 …………………………………（338）
　　二、地方志的普遍编修 ……………………………………（345）
第五节　文学 ……………………………………………………（349）
　　一、明代初期的宁波诗文 …………………………………（350）
　　二、明代中期的宁波诗文 …………………………………（352）
　　三、明代晚期的宁波诗文 …………………………………（356）
第六节　艺术 ……………………………………………………（365）
　　一、戏剧创作与戏剧理论 …………………………………（365）
　　二、琴棋书画 ………………………………………………（373）
第七节　藏书 ……………………………………………………（385）
　　一、丰坊与万卷楼 …………………………………………（386）
　　二、范钦与天一阁 …………………………………………（387）
　　三、范大澈与卧云山房 ……………………………………（390）
　　四、其他藏书家与藏书楼 …………………………………（391）
第八节　科学技术 ………………………………………………（392）
　　一、医学成就 ………………………………………………（392）
　　二、天文技术 ………………………………………………（405）

第十章　明代宁波的社会生活习俗 ……………………………（407）

第一节　生产与生活习俗 ………………………………………（409）
　　一、生产习俗 ………………………………………………（410）
　　二、生活习俗 ………………………………………………（413）
　　三、社会习尚 ………………………………………………（416）
第二节　衣食住行 ………………………………………………（424）
　　一、服饰 ……………………………………………………（424）

二、饮食 …………………………………………………（426）
　　三、建筑 …………………………………………………（427）
　　四、出行 …………………………………………………（428）
第三节　岁时与婚丧习俗 ……………………………………（430）
　　一、岁时习俗 ……………………………………………（431）
　　二、婚丧习俗 ……………………………………………（432）
第四节　宗教信仰与民间祭祀 ………………………………（435）
　　一、宗教信仰 ……………………………………………（435）
　　二、民间信仰 ……………………………………………（438）

主要参考文献 …………………………………………………（441）

后　　记 ………………………………………………………（450）

导 论

《宁波通史·元明卷》，上起元世祖至元十三年（1276年），下迄明崇祯十七年（1644年），前后368年。

一

1276年，随着南宋政权的灭亡，元军很快进占庆元地区。元政府在这里设置了庆元路总管府来管理地方事务，长官为达鲁花赤和总管。此后，都税使司、司狱司、平准行用库、府仓、织染局、杂造局、儒学教授司、医学教授司、蒙古学教授司、阴阳学教授司、惠民药局等职能部门也渐次设立。其他不隶属于路而听命于行省的地方重要机构如市舶提举司、浙东盐司、庆绍海运千户所、驿站与递铺也都相继设置。这样，元在庆元的统治体系就逐步建立起来。由于庆元具有重要的战略地理位置，故元政府非常重视对庆元的控制。大德七年（1303年），元政府还将浙东宣慰使都元帅府官署迁到庆元路。另外，浙东海右道肃政廉访司分司也设于庆元。为了加强军事控制并防范海盗和倭寇，元政府先后调派沿海翼上万户府和蕲县翼上万户府镇守庆元。镇守的重点在录事司（即庆元城内）、昌国州（今舟山市）和定海（今宁波镇海区、北仑区）等处。地方治安则由捕盗司和尉司所设置的巡检司负责。

元统治庆元时期，由于政局稳定，统治者重视经济的恢复和发展，这里的人口呈现增长的态势。在地方居民管理方面,城市实行坊里制,乡村实行乡都制。元朝的户籍制度以人户为中心、以人身奴役为主要内容。元政府将庆元百姓根据职业不同编为"诸色户计",于是出现了民户、匠户、儒户、军户、医户、灶户、弓手户、打捕户、驿户、急递铺户、船户等。不同职业分工的人户为政府提供专门的劳役,担负职役与力役。除了劳役之外,百姓要向元政府缴纳税粮、科差与各种税课。劳役的繁重、田亩数目的混淆不清、盐额摊派过重等,给庆元百姓带来了沉重的负担。虽然统治者采取了一些措施试图来扭转这种局面,如均定户役、清查田亩数额、减轻盐额等,但没有从根本上解决问题。面对地方政府的剥削与压榨,百姓不堪重负,纷纷起事,反抗元的统治。其中,影响较大的是元初杨镇龙起义,元末方国珍起义。方国珍建立的政权结束了元政府在庆元的实际统治。

宁波的经济自南宋以来就拥有良好的基础,加之受宋蒙战争的影响比较小,元代庆元的农业、手工业、渔业、商业呈现继续发展的景象。农业方面,粮食作物种植面积扩大,麦子已经得到广泛种植,桑、麻、芝麻、茶、蔬菜、果品、药材等经济作物的种植也有了进一步的发展。手工业方面,庆元有官营纺织业和武器、船舶制造业,民间的造纸、酿酒、冶铁、编织等行业都具有一定的规模。这一时期官私印刷业相当发达,刊刻了大量书籍,加快了文化的传播和文化事业的繁荣。渔业方面,海产的养殖与加工继续发展。庆元地区是元代重要的海盐生产区,拥有数量众多的盐场,此时的制盐技术和盐产量又有所提高。由于资源的丰富,农业、手工业的发展,促进了元代庆元商品经济的发展,大量沿海人口从事商业经营,其中最为发达的是庆元城与鄞县,庆元周边地区的商品经济也有所发展。元代庆元经济的发展是和当地人民对自然资源的利用和开发分不开的。面对沿海土地资源比较匮乏的客观环境,庆元百姓不畏艰险,努力开发自然资源,围海、围湖造田,开垦山间田地。另外,地方官员和民众还营建了大量水利工程来保障农业生产。在他们的努力下,元代庆元的农业持续发展,农田面积进一步增加。有元一代,庆元地区自然灾害频繁。面对自然灾害的威胁,庆元地方政府和官员通过蠲免和赈贷等方式积极开展救灾活动,民间一些乐善好施的富户也拿出自己的余粮接济灾民,使得"郡民无凶岁之虞",维护了地方经济与社会的稳定。

宁波地处中国东南沿海前哨,从全国军事角度来看,它处于东南沿海的国防线上,是保家卫国的重心所在。从全国经济区域分布来看,它位于长江三角洲经济带的南翼,又是外国消费品的销售中心,唐宋以来,宁波成为长江三角洲区域最大的国际贸易港口。这种贸易大门位置,使宁波名闻遐迩。元朝时,从庆元港进口的货物有224种,足见它在全国港口中的地位。

与宁波东北方向隔海相望的是日本。中国是一个幅员辽阔的大国,各地的国内贸易市场,可以满足物品交易需求,这使中国对海外市场、国际贸易开拓不力。而岛国日本,情况则完全相反,资源相对贫乏,国内市场狭小。中国是当时东亚大陆上最富庶的国家,日本对中国有着强烈的贸易需求。在和平时期,中日间的贸易可以正常进行;而一旦国家利益受到战争威胁,中国往往要断绝贸易关系。中国要安定、要防卫,日本要贸易、要掠夺,于是冲突不断,这就是元及明时期处于中日关系前哨的宁波在国家政治军事生活中占据特殊地位的原因所在。元朝征服南宋以后,曾想征服日本。至元十一年(1274年),派忻都、洪茶丘率15000名士兵,乘900艘船,第一次远征日本,取得小功而回。至元十八年,阿塔海、范文虎率江南军将士10万人、战船3500艘,从宁波近海出发,第二次征讨日本。元军已经到达日本,大功将成,突然台风大起,元军船队绝大部分沉没,仅范文虎等少数人得以逃回中国。其后虽有第三次征远日本的计划,终因多种因素制约而中止。元政府虽在宁波建立了庆元市舶司,管理对外贸易,但政府官员的态度并不积极,国际贸易活动相当微弱,日本人、高丽人只是偶尔来华贸易。这样的贸易活动,很容易陷入恶性循环。日本进入战国时代以后,一些战败的武士,有不少流窜至高丽、中国沿海烧杀抢掠。这批日本浪人,被中国称为倭寇。倭寇的出现,使得本已脆弱的中日关系越发紧张而复杂。

这一时期,庆元的城市与交通又有了进一步的发展。在庆元城,元政府设置录事司进行管理,市区施行坊社制。庆元城虽然在元初被拆毁,但到了元末,由于军事的需要又由纳麟哈剌和方国珍先后重建,宁波避免了战火的波及,成为元末动荡局势之外的一方乐土。除了庆元城之外,宁波周边的市镇也有了进一步的发展。

元代宁波地区之间的交通也较为发达。驿站与递铺加强了与周边地方的联系。由于河网密布,水路交通是该地区重要的交通手段,因此疏浚河道,修建桥梁,都是宁波的官员和百姓经常关注和参与的地方工程,这些都促进了宁波交通事业的发展。在元中后期,庆元是粮食北运的重要基地,由这里出发的粮食海运对维持元政府的统治起到了重要作用。

元代的文化事业和宋代相比较为逊色,但宁波地区由于秉承南宋以来深厚的文化底蕴,还是取得了相当的成就。

元代宁波的学校教育进一步完善。随着元统治者"汉法"的进一步推行,除了传统儒学教育外,蒙古字学、医学、阴阳学学校都相继建立起来,学科范围进一步扩大,而且书院的数量也有所增加,还出现了乡学与义学。随着理学的兴起,教育的理学化趋势也越来越明显。程端礼无疑是为儒学教育作出重大贡献的教育家,其《读书分年日程》影响了元明清的儒学教育。入元以后,南方地区政治地位下降,学术走向民间。浙东是陆学活动的中心,有赵偕诸人不遗余力地加以倡导。同时,自黄震、史蒙卿以来,朱学在浙东也有了一定的影响,史蒙卿弟子程端学无疑是代表人物之一。

元代浙东史学的发展一度衰微,但在宁波地区还是出现了如胡三省、袁桷、陈桱、马易之等著名史学家。在方志学方面,《大德昌国州图志》、《延祐四明志》、《至正四明续志》三部珍贵的元代方志,体例完备,内容翔实,都是对后世方志学影响非常大的方志著作。

元代宁波在文学上也取得了卓越的成就，涌现出一大批成就卓著、在文学史上具有重要地位的作家，其中突出的有戴表元、袁桷、张可久，瑞安人高明寓居宁波期间创作的《琵琶记》对南戏有相当大的影响。元代宁波科技的发展主要表现在祖国传统医学的进步上，出现了众多的名医，最为卓著的是医学家滑寿，此外还有吕复、陈公亨、项昕等。

虽然元代是蒙古贵族建立的王朝，但是除了一些蒙古、色目人来到庆元仕宦或戍守之外，外来文化因素对庆元的影响并不大。相反许多居住在庆元的蒙古、色目人逐渐开始阅读儒家经典，遵循汉族礼俗，逐渐开始被汉化。较为发达的官方和民间的儒学教育使儒家理念和文化仍旧在知识分子中占据举足轻重的地位。从民间百姓的角度来看，元代庆元地方还保持着传统汉族社会固有的风俗习惯。尤其在传统生活习俗上，传统汉族礼俗的影响仍旧是根深蒂固的。汉族社会的传统节日如元日、元宵、寒食、中秋、重阳等，还在庆元百姓的日常生活中占据重要的地位。在元代庆元百姓的信仰空间中，佛教仍是民众最为普遍的信仰，庆元也拥有大量的佛教寺院。许多寺院不仅是地方信仰的中心，也是民间百姓休闲娱乐、士大夫谈文论道的文化交流中心。此外，道教虽然势力没有佛教大，但在民间也有一定的影响力。而东岳神、城隍神、天妃等神灵崇拜，也是庆元民众信仰生活的重要内容，这些都体现出元代庆元传统文化的氛围与气息。元代庆元还有伊斯兰教寺院，给庆元增添了一些异域文化的色彩，但其信徒主要限于寓居在这里的色目人，与民间大众的信仰还有一定的距离。这些都构成了元代庆元多层次、多元化的信仰空间。

二

明代历史时间跨度比较大，近三百年。明代宁波历史的演变历程，大体以正德、嘉靖为界，分为两大时期：洪武至正德（1368—1521

年)为前期,嘉靖至崇祯(1522—1644年)为后期。

元明地方政府在宁波的交替比较顺利,方国珍政权没有什么大的抵抗,就归降了明朝。方氏投降后,明朝委官接管了宁波。明初宁波称明州,洪武十四年(1381年),改名宁波,从此有了今天所称的宁波。明代地方实行省、府、县三级行政管理体制,浙江是全国15个省级行政区之一,宁波是浙江11府之一。宁波府下属6个县。至于今天的宁海,当时属于台州府,而余姚属于绍兴府。府的最高长官称知府,县的最高长官称知县。除了宁波府、县两级机构外,浙江布政司在宁波设有三个分支机构,即按察分司、布政分司、两浙盐运分司,一个省级机构即浙江市舶司。

明朝建立后,宁波地方官的首要任务是恢复社会秩序,减轻百姓负担,表现为与民休息、改革弊政、减免赋税、规范赋税征收工作。明中叶,由于外战内乱少,政治高压出现松弛,社会经济开始有所复苏。

地方官的立场是双重的,一方面要维护国家的利益,另一方面又得维护地方利益。维护地方百姓利益,表现为偶尔不服从上级指令、工事不扰民、约束吏胥、禁止驻军扰民、锄强扶弱、力阻太监扰乱地方、慎刑缓刑,为地方办实事,做好事。

明朝宁波的地方治安,主要由乡村里老制度、交通要道安全检查制度与小区巡夜制度组成。明中后期,部分地区实行了保甲法。晚明时期,由于内乱外患,海盗不断,引发了多次反抗事件和农民起义,如胡乘龙起义。

明代地方对国家应承担的义务,主要有赋与役两大类。明代以农立国,相当长时期内,实行实物化赋税制度。明朝的赋税制度是向土地所有者征收田税,按人头派差役,所以土地和户口是王朝财政和劳动力的主要来源。明代百姓作为国家成员,都有承担赋役的义务。不过,按国家政策,部分人可以享受免除赋役的特权。宁波的赋役平均改革工作也一直走在全国的前列,时属绍兴的余姚实行的一条鞭法具有创新意义。

明朝建立以后,即有倭寇骚扰沿海的报告。宁波沿海诸岛即今天的舟山群岛上的民兵突袭了刚从福建凯旋的明朝水师,并沿甬江攻打宁波城。这批人且有外通倭寇的迹象,直接威胁着明朝的国防利益。明政府派老将汤和到浙东沿海,指挥海防体系的构建。洪武二十年(1387年)前后,沿海建立了以卫所为主体的海防体系。沿海卫所的总指挥称总兵,驻守在宁波。这个职位以后改为备倭都指挥,专门负责备倭事宜。

在与日本的交往中,朱元璋了解到倭寇的民间海盗性,想让日本政府约束倭寇的活动。于是,派使者到日本,与日本建立了朝贡式外交关系。不过,民间倭寇扰乱活动并没有因此中断。朱元璋决定与日本断交,关闭了设在宁波的浙江市舶司,加强海禁。成祖继位(1403年)后,与日本重新建立朝贡贸易关系,浙江市舶司重新开设。在当时的中日关系中,明朝无疑占据主导地位。为了政府的利益,明朝制定"永乐事例",规定日本朝贡明朝的间隔期、人船的数量。不过,实际操作中,日本并没有遵守十年一贡的规定。宣德继位(1426年)后,又重申了朝贡贸易的间隔期、人船的数量,史称"宣德事例"。此后,日本基本遵守十年一贡的规定,但民间的倭寇仍不时扰乱中国。

正德末年嘉靖初年,宁波港有了较大的变化。一方面,民间贸易在兴起,福建商人开始来到宁波的双屿港筑巢。另一方面,朝贡贸易出现了问题。当时的日本处于君弱臣强时期,大权由几个诸侯控制。由于朝贡贸易有较大的利益,故而两大诸侯争着派贡船到中国。嘉靖二年(1523年),两批贡使先后到达宁波,浙江市舶司处置不当,引起两贡使内讧,史称"宁波争贡事件"。争贡事件后,明朝皇帝下令关闭了浙江市舶司。宁波正常贸易管道的堵塞,导致了走私贸易的大兴。嘉靖三年,海商将日本贡船引到双屿港进行贸易,开双屿港国际贸易之先河。不久,海商又将原在广东做生意的葡萄牙等国的商人引到双屿港。由于受国际贸易高额利润的吸引,江浙一带有官员背景的"势豪"及无法生存的穷人纷纷加入国际贸易队伍。他们贿赂宁波地方官员及守军,取得他们的保护,再加上海商武器的先进,导致双屿港民间国际贸易规模越来越大。双屿港的兴起,是中国贸易中心北移的表现。海商规模的扩大,杀人越货行为的出现,中外贸易的不规范性,贸易纠纷的增加,为明政府的出兵镇压提供了口实。嘉靖二十七年(1548年),浙、福海上巡抚朱纨下令出兵,强行捣毁了双屿港。双屿港的捣毁,表明对于明朝政府而言,国家安全利益高于民间经济利益。海禁派的强硬立场,招来浙江、福建地方的强烈反弹。在政府锁国与民间开放的博弈之中,演绎了影响深远的"嘉靖大倭寇"事件。嘉靖以后,宁波设立了浙直总兵。浙直总兵与分巡海道的出现,正说明了宁波海防形势的严峻。

隆庆以后,政府虽然开放了西洋贸易,但日本一直被列入贸易制裁国之列,至明亡不变。万历中期,曾有人要求开放宁波口岸,但受到宁波籍阁老沈一贯的抵制。万历二十七年(1599年),虽然恢复了浙江市舶司,但仅是国内贸易稽税机构。由此可见,双屿港的消失,使宁波失去了成为东亚国际贸易中心的机会。

明代以农立国。影响农耕社会发展的外部因子,主要是国家政策与自然灾害两大方面。对经济影响最大的是国家政策。影响宁波地方发展的国家政策是多方面的,最为核心的是国家的海禁政策。宁波是沿海地区,需要借助国际贸易,才能谋得更好的生存与发展。国家安全向来是最高管理层优先考虑的问题,由于不能知彼知己,结果采取了不适当的海洋政策。海上防卫与港口贸易纠缠不清的结果是,严重影响了中国利用海域、港口发展国际贸易之路。没有国际贸易的开放,宁波的活力就无从体现。此外是自然条件的限制。明代宁波,自然灾害特别频繁。各种各样的自然灾害,应有尽有。靠土地、靠外在自然条件的农业,经不起自然灾害的频繁肆虐。有自然灾害,就会有抗灾减灾活动。在政府管理社会体制下,抗灾减灾工作主要靠政府来组织。地方政府的抗灾减灾活动,主要有以下几种:求雨、赈灾、建社仓、劝输平籴、宽征、维护粮食市场。方法比较单调,且参与赈灾之人,多为当地农业富户。

明代的宁波实行麦稻两熟制。一般说来,农村冬季种麦,春季种稻。江南是蚕桑业基地,宁波也不例外。棉花自宋元以来逐渐推广,到明代种植面积进一步扩大。农业的商业化程度很低。明代宁波生产方式有一定程度的多样性,渔业仅次于农业。明代是宁波海洋渔业资源较为丰富的时代,虽有海禁及战争阴影,宁波渔业仍生存着。

明代的手工业发展环境与历代一样,是在官营体制下进行的。产品的销售目标,产品的数量,技术的改进,都取决于官府的需求。在官营体制下,家庭手工业的发展呈简单再生产之势。明代宁波本地的刻书业并不发达。在严厉的海禁政策下,宁波的造船业主要是为军事需要而存在的,民用造船业发展滞后。明代前期,实行打击豪强政策,商人也在打击之列。明代中叶,随着农耕经济的自我积累,乡村市镇的复兴,商业有了量上的积累,商人也逐渐增多。在海外贸易中,宁波产生了一批新兴的贸易商人。在国际贸易无望的情况下,宁波商人转而向内陆发展,瞄准了国内贸易市场。

乡村是传统社会的核心,城市是管理机构所在地,同时也是部分士大夫与居民生活的地方。在明代宁波,府城自然是最大的城镇,第二层次是县级城,第三层次是卫所军事城。宁波城有城墙,有六个大门。行政区为鼓楼内的子城。宁波府城设在鄞县县城内,故宁波城由府城与县城组成。子城之外,就是罗城,它是百姓居住区,实行坊、厢管理制度。明代没有专门的商业区,商店集中在大街小巷两侧。宁波是一个海港城市,地近海,民逐鱼盐为生,列肆负贩。这是一种自然与人文结合的海洋文化景象。

明朝的乡村行政制度,实行乡都(或乡里)制度。和历朝一样,县下有乡级行政区划,但没有乡级行政机构。农村地区,人们一般聚族而居,一姓往往构成一村。乡村地区聚落的规模比较小,一般以数十户为一村,数百户一村的,就算得上是大村了。一个宗族构成一个自然社区,宗族实行自治。在农村地区,乡民们以一家一户为中心,男耕女织,日出而作,日落而息。一般农民家庭的生活状况,都是相当艰辛的。一年之中,岁时节日是乡村地区最热闹的日子,也是男女老少最快活的日子。

交通道路是人类生存发展及与外界往来的重要凭借。古代社会的交通,主要是陆上与水上两种。从交通成本来说,水运节省,故而古代社会水运发达。外国人航海来朝贡的,一般都要经小港进入甬江,抵达府城三江口,登陆上岸。可惜,明代实行海禁政策,放弃了海上运输,故明代宁波海运业不发达,只有私人在海上偷偷从事运输工作。

教育的主体是以政治人才培养与选拔为核心的儒学教育,设有社学、县学、府学。明代科举是全国性的文官选拔考试,科举是教育与文官的中间环节。读书—科举—入仕,是明代读书人的三部曲,也是宁波读书人的三部曲。明代官学兴起的结果,就是私学的衰落,国家政策的导向决定了民间书院的命运。

为了保持各省间的平衡,明代科举实行区域配额机制。浙江省每一届乡试录取名额是95人。此外,有一部分浙江人通过应天府乡试,取得会试资格。由于浙江是教育大省,每届进士及第的人数,往往居全国各省之首。宁波是浙江省各府之中考取进士最多的府,共计882人。就区域来说,居全国第一。其中,余姚、鄞县、慈溪三县进士及第率最高。

科举人才的培养,为宁波造就了一大批政治人才,他们分布于中央到地方的各级政府机构。据《浙江人物简志之二》,明代宁波著名的政治人物有叶伯巨、方孝孺、乌斯道、金忠、陈敬忠、张楷、陆瑜、杨守陈、金湜、杨守阯、杨守随、屠滽、张昺、谢迁、姚镆、丰熙、王阳明、黄宗明、张邦奇、刘世龙、王钫、冯岳、赵文华、万表、张时彻、吕本、范钦、颜鲸、赵锦、孙铤、沈一贯、薛三才、薛三省、万邦孚、李杕、冯元仲、黄尊素、冯元飏、高斗枢、钱肃乐等。

文化是人类的观念性成果。明代宁波出现了方孝孺、王阳明等闻名全国的重量级学术人物,故而明代宁波人学术思想的活跃与创新程度,在全国首屈一指。

方孝孺是一个比较注重政治道德践履的人。靖难之际,方孝孺作为建文忠臣,以其悲壮的个人牺牲,成就了忠义形象,对后儒产生了很大的影响。在明代学术史上的地位,方孝孺以气节振兴了理学。浙东自南宋以来,心学有比较大的市场,所以,宗朱而不尽合于朱。明代中期,四明地区的朱学大家是黄润玉、杨守陈。景泰、天顺、成化间,杨守陈《诸经私钞》"妄更圣经贤传",实际是一种"叛儒先而綮圣经"的异端举动。明代正德、嘉靖年间(1506—1566年),思想界又兴起了一股以非议程朱为主旨的力量,这就是王阳明所建立的"王学"。阳明心学集宋明心学之大成,发展了象山心学、慈湖心学及白沙心学,对后世的影响是巨大而深远的。阳明卒后,浙东王学的盟主是王畿和钱德洪。钱氏较保守,他以维护师说为己任。姚江书院是明末清初由余姚一群学术观点较一致的学者为传播阳明心学而创立的一个学术活动中心。因讲学于该书院而形成的学术团体,可称为姚江书院派。姚江书院派的前期代表是以沈国模为首的"四先生",中期代表是韩孔当,后期代表是邵廷采。

在明末基督教传入中国以前,中国的宗教主要是佛教与道教,尤以佛教影响最大。中国佛教的成长,一直受到政府的干预,明朝尤其明显。明朝采取了打压政策,限制佛教的自由发展,故而,宁波的寺院数量有限,规模也不大。直到晚明,才有所松弛。天童寺的密云圆悟复兴、壮大了临济宗,一度独领风骚。由于理念的不同,密云圆悟和他的弟子汉月法藏和法藏的弟子谭吉弘忍"祖孙三代"终于产生了争执,双方笔挥墨泼,互相攻讦,震惊了佛学界,这就是"密汉之诤"。佛教、道教、基督教,在中国的国家体制下,只能起到补充作用。儒家学说作为占统治地位的意识形态,扮演了一种准宗教角色。

方孝孺虽不是史学家,但其史学思想对有明一代民族主义史学影响甚大。杨守陈比较关注国史纂修,称"国史有三大阙事未举"。薛三省《实录条例》高明之处,在于术语的提出,且有规范性文字解释。薛三省《实录条例》的产生,意义很大,标志着实录编纂理论水平的提高。薛俊《日本考略》是明朝人写的第一部介绍日本的图书。县志的广泛编纂,是明代方志发展中较为突出的现象。

万历以后,中国戏曲创作进入了黄金时代。宁波籍戏曲家屠隆、叶宪祖、周朝俊、吕天成,在万历剧坛中扮演了相当重要的角色,从而在中国文学史、中国戏曲史上留下了光辉的一页。明朝宁波著名的画家有吕纪与王谔。明代宁波琴艺的代表是徐诜,徐氏一门四代从事琴艺,人称"浙操"。

由于教育文化出版业的发达,明代宁波的藏书家、藏书楼众多,著名的有丰坊之万卷楼、范钦之天一阁、范大澈之西园、陈朝辅之云在楼、陆宝之南轩。天一阁在当时是一个普通私家藏书楼,并不引人关注,后经受了天灾人祸和时间的考验,就备受世人注目。天一阁是国内现存最古老的私人藏书楼,也是世界最古老的三大藏书楼之一。

古代中国的医生,分为政府职业医生与民间江湖郎中两大类。一般说来,医生需要专门学习,需由家传或师徒传授;但也有部分读书人自学中医知识,以此成为医生,甚至名医。在国家管理体制下,政府不允许民间医生私自组织专门的医疗机构,故明代宁波民间医生多为家庭小门诊,且大都上门服务。明代宁波著名医家人数众多,达六十多人,还涌现出一批医学专著。著名的有王纶《本草集要》、《明医杂著》,高武《针灸聚英发挥》,赵献可《医贯》,高斗魁《医学心法》、《四明医案》。宁波的科技发明不多,主要体现在天文学领域。弘治以前,钦天监垄断天文技术,因此,有发明创造的人也只能出于钦天监。宁波人后裔贝琳无疑是明代前期钦天监中最著名的天文学家。

明代是中国历史上较为关键的一个朝代,前期社会生活的僵化,后期社会生活的活跃,形成了鲜明的对照。明代宁波历史,同样不例外,表现出明代前期社会生活的单一化,后期则呈现多样化。正德以后,人们开始摆脱传统观念的束缚,更喜欢按照自己的意愿生活。传统农耕社会,职业变化不大,"四民"守常业,各食其力,生产、生活方式相对简单。在农耕时代,农业的伦理道德占据上风,商业道德遭到否定。士大夫生活相对丰富一些,他们有余力从事一些精神活动。明朝中期以后,乡间士大夫文会盛行。太平盛世,经济发展后,人们有了更多的休闲时间,余姚、慈溪民间流行戏文,城内挟妓饮博等现象较为常见。豪门权贵穷奢极欲的行径,士大夫们放纵声色的影响,市井平民追逐享受的欲望,在社会上掀起奢靡之风,由此而引发的越礼违章行为,在衣食住行的各个领域不断涌现。中国的四时八节习俗,是建立在农耕社会基础上的。由于生活方式的长期延续性,习俗的变化并不大。

第一章

元代宁波的政治

- 蒙元统治在宁波的确立
- 元代宁波的军事管理
- 户口与户役管理
- 赋税制度
- 元代宁波百姓的反抗

元朝对宁波的统治（1276—1368年），前后九十多年。元朝是一个"五方士民参杂乎州里"的华夷杂处时代。庆元路作为大一统国家的一个地方政府，也不例外。

第一节　蒙元统治在宁波的确立

13世纪初，崛起于大漠的蒙古族在成吉思汗的领导下，力量日益壮大。至元八年（1271年）十一月，忽必烈正式建立元朝。而此时偏安江南一隅的南宋小朝廷，积贫积弱的格局始终没有得到根本改变，从而面临着被兼并的危险境地。

一、元军攻取庆元

元世祖至元十三年正月，伯颜军进至临安皋亭山（今杭州半山），南宋派遣使臣携玉玺及降书向元军投降，南宋亡。此后，元世祖诏参知政事阿剌罕、左丞董文炳率元军挥师浙东庆元府、温州、台州、婺州等地。[①]海路方面，由哈剌䚟、王世强统领水军，攻取沿海诸郡。

一部分宋军在将领张世杰率领下向浙东败退。途经上虞、余姚，最后到达庆元，停留在定海，并准备航船，等待南宋皇帝御驾到来。此

---

① （明）宋濂《元史》卷一二九《阿剌罕传》，中华书局1976年版。

间,元将石国英命都统卞彪赴张世杰处说降,张世杰不从,将卞彪杀于定海巾子山。①在朐山东门海界,张世杰舟师遭到元沿海招讨副使哈剌䚟的追击。

至元十三年(1276年)三月,元军兵临庆元,百姓惶恐不安,地方官员商量一时无所措手足。②在此之前,降元的谢太后已经诏谕浙东地方归附,以避免战火殃及百姓。而宋沿海制置使、庆元知府赵孟传与侨居于鄞县的将作少监谢昌元以及进士袁镛等声称要坚守城池,以死殉国。兵临城下之际,进士袁镛前去查探敌情,不幸被元军俘获。袁镛大义凛然,怒斥元军,拒绝劝降,惨遭元兵杀害。赵孟传、谢昌元接受了元使虎都铁木禄的劝谕,"献版图,迎降关"③,且摆酒慰劳元军将领④。元军进占庆元后,地方秩序很快得到了恢复,"安堵如故"⑤。昌国州也在哈剌䚟海路大兵压境之下归附。⑥这样,元军比较顺利地占据了庆元全境。

庆元归附之后,元政府改原宋沿海制置司为宣抚司,⑦以投降元朝的赵孟传为沿海宣抚使兼庆元知府,王世强为沿海招讨使兼庆元府抚治,傅海为庆元府弹压,三人共同主持庆元地区日常事务,以此稳定民心。

虽然庆元归附了元朝,但此时元军对庆元地区的统治并不十分稳固,面临着诸多的威胁,尤其在海路方面,南宋的水师与海盗都是巨大的威胁,担心"海道捣虚,致生它变"。元在庆元设立了沿海招讨司,以王世强为沿海招讨使,哈剌䚟为沿海招讨副使,并命哈剌䚟"招讨沿海

---

① (元)脱脱《宋史》卷四五一《张世杰传》,中华书局1977年版。
② (明)王演《慈溪县罗府君嘉德庙碑》,(清)光绪《慈溪县志》卷五〇《金石上》,《中国地方志集成》本,上海书店出版社1993年版。
③ (清)万斯同《宋季忠义录》卷八《袁镛传》,张寿镛《四明丛书》第二辑,第七册,台湾新文丰出版公司1988年版。
④ (宋)王应麟《四明文献集》卷五《赵孟传特授华文阁直学士沿海制置使知庆元府诰》,《四库全书》文渊阁本。
⑤ (明)王演《慈溪县罗府君嘉德庙碑》,(清)光绪《慈溪县志》卷五〇《金石上》。
⑥ (元)大德《昌国州图志》卷一《叙州》,《宋元方志丛刊》本,中华书局1990年版。
⑦ (元)袁桷《清容居士集》卷三三《先大夫行述》,《四库全书》文渊阁本。

诸郡"①。为了维护庆元沿海地带的安全，江浙行省增派700名军士，加强定海港的防守。

　　归附之初，民心尚未稳定，南宋的残余势力与一些地方势力修筑的防御性堡垒也还存在。在定海与奉化等地，还不断发生元军与宋军残部的战斗，两县县署皆在兵火中焚毁。尤其是定海的争夺尤为激烈。至元十三年（1276年）七月，宋昌国州朐山、秀山戍兵舟师战船千余艘，攻夺定海港口。哈剌䚟迎击，俘虏宋军裨将及战船3艘。八月，宋兵复攻定海港口，又被哈剌䚟击退。在与元军争夺庆元的过程中，宋军监军、宗正寺簿赵孟垒被俘遇害。至元十四年，地方政府还在征讨庆元奉化、台州等地的叛乱者②。至元十六年，庆元还有自称招讨使的陈其姓率领"头陀军"反抗蒙元的占领。③ 元军虽取得胜利，但战后的奉化地区，"积骸满野"，仅雪窦寺的野翁禅师收集、焚化的尸骸就达万具之多。④

　　除了南宋残余势力之外，一些地方海盗也威胁着元政府在庆元的统治。如南宋时期就活跃在这一地区的海盗、鄞县人顾润就在海岛附近劫掠，象山县还有以尤宗祖为首的海盗近万人威胁海路安全。

　　由于局势不稳，此时的庆元人心惶惶，以心怀异图、行为不轨的罪名而被杀戮以及因此而被牵连的人很多。⑤ 一些人利用元政府的猜疑心理，诬告与自己有矛盾的人，如宋参议官陈允平与一王姓人有仇怨，就被后者诬告联结宋军都统苏刘义密谋收复庆元，并牵连礼部尚书高衡孙等三十余人。元将张弘范命招讨使王世强遣人围捕。幸亏宣抚司参议袁洪上言，声称江南刚刚平定，应该杜绝诬告，以稳定人心，众人才得以幸免。⑥

---

① （元）邓文原《巴西集》卷上《故荣禄大夫平章政事鞏国武惠公神道碑铭》，《四库全书》文渊阁本。
② （明）宋濂《元史》卷一三一《怀都传》，中华书局1976年版。
③ （元）陆文圭《墙东类稿》卷一二《武节将军吕侯墓志铭》，《四库全书》文渊阁本。
④ （元）牟巘《牟氏陵阳集》卷二四《野翁禅师塔铭》，《四库全书》文渊阁本。
⑤ （元）陈旅《安雅堂集》卷一二《刘程甫墓志铭》，《四库全书》文渊阁本。
⑥ （元）袁桷《清容居士集》卷三三《先大夫行述》，《四库全书》文渊阁本。

二、管理机构的设置

至元十四年(1277年),元政府正式改庆元府为庆元路总管府,隶属江淮行省(后改为江浙行省)。其官署则位于宋庆元府官署原址,后移至南宋通判厅旧址。庆元路总管府行政长官称为达鲁花赤、总管。达鲁花赤是蒙古语"镇守者"的音译,按惯例由蒙古人担任,位高权重,既是行政监督官,又是最高管民官和镇守官,处于支配地位。① 总管,通常由汉人担任,但有时也由蒙古人和色目人来担任。其余正官还有同知、治中、判官与推官,以辅佐长官。另外,又设置经历、知事、照磨,"同署一司,以专理按[案]牍,佐兴郡政"②。庆元路总管府的设立,标志着元统治在庆元的正式确立。

路治所在的庆元城,设置录事司,以管理城内居民,长官为达鲁花赤、录事。庆元路管辖区域包括昌国、奉化、鄞县、象山、慈溪、定海六县。州长官为达鲁花赤、知州;县长官为达鲁花赤与县尹。昌国县因道路险要,于至元十五年三月升为州,"以重其任"③。元贞元年(1295年),奉化也因为户口增长到5万而升县为州。此时的余姚属绍兴路,元贞元年,由于人口增长,升格为州。宁海县则属台州路。

元代的路总管府在其辖境内,位高权重,负责地方户籍的管理,赋役的征派,民众的教化,治安、刑狱的鞫审,公共设施的建设等众多事务,是地方官府中仅次于行省的重要机构。④ 庆元路总管府也不例外,"治刑名,督赋租,考图数贡,装馈赡塞,受符牒,礼客事,靡细如蝟

---

① 李治安《元代政治制度研究》,第112页,人民出版社2003年版。
② (元)柳贯《庆元路总管府题名记》,《至正四明续志》卷一《职官》,《宋元方志丛刊》本,中华书局1990年版。
③ (元)大德《昌国州图志》卷一,《宋元方志丛刊》本,中华书局1990年版。
④ 李治安《元代政治制度研究》,第104~178页。

毛"①,可谓事无巨细,都要负责。

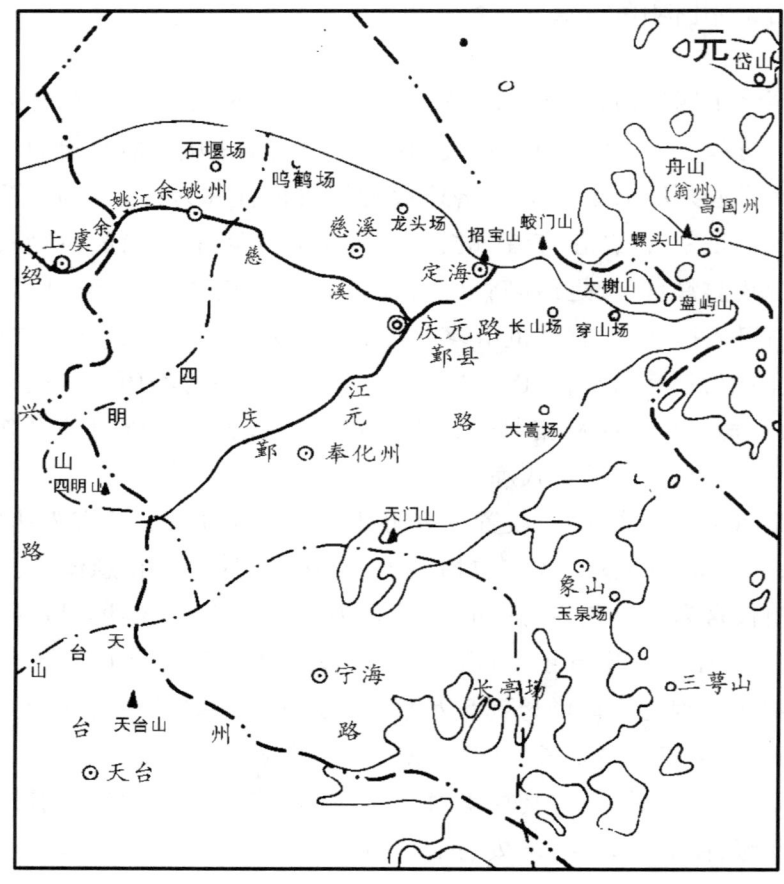

元代宁波地图(宁波市文保所提供)

庆元路总管府除了听命于江浙行省之外,还受到浙东宣慰司的节制。早在至元十三年(1276年),元政府在绍兴设置了浙东路宣慰司。浙东路宣慰司是介于省、路之间的行省派出机构,便于就近处置当地

---

① (元)柳贯《庆元路总管府题名记》,《至正四明续志》卷一《职官》,《宋元方志丛刊》本,中华书局1990年版。

军民事务。庆元地区也隶属于浙东宣慰司,听其号令。由于赵孟传、刘良的缘故,至元十六年(1279年),浙东宣慰司还一度分治于庆元。大德六年(1302年)十月,为了加强对浙东地区的控制,元政府将浙东宣慰司升格为浙东宣慰司都元帅府,治所在婺州路(今金华市)。

由于庆元地位的上升,大德七年,元将浙东宣慰司都元帅府官署迁到庆元路,这样,庆元路就出现了"郡有二府"的现象。其长官宣慰使都元帅是从二品,总领军民要务,而总管府达鲁花赤与总管都是正三品,因此,浙东宣慰司都元帅府是庆元路总管府的顶头上司。当然,受其节制的其他六路总管府也是如此。宣慰司都元帅府刚迁到庆元,总管府就让出了自己的官署供其使用,自己则搬到了原宋通判厅旧址办公。总管府主管民政事务的方方面面,由于都元帅府和总管府都在庆元,在许多政务的处理上,都元帅府凌驾于总管府之上,对其各种措施都能进行监督。最有说服力的例证,莫过于至正四年(1344年)就任浙东宣慰司都元帅的完者都,在他到任的三个月内,探察民间疾苦,实行一系列有利于百姓的善政。例如为百姓均定各种劳役,对于政府强行摊派购买百姓东西的"和买"与让百姓出力的"和雇"等措施中存在的弊端进行改革或废除,并且减免百姓无力偿还的官债;整顿庆元地方吏治,精简胥吏的数量;重视农业,兴修水利,劝课、奖励农桑;敦行教化,行乡饮酒礼以淳厚地方礼让之风;经常亲临学校,对于成绩优异的学生给予鼓励与奖励。由于完者都的地位与权力,使得"七郡僚属畏威怀德,敕政苛刑不禁而止,风俗为之丕变"。由此可见,宣慰使都元帅的职掌范围非常广,涉及地方事务的方方面面,所以程端礼就指出"事无大小罔不治"①。从某种意义上来说,甚至取代了地方总管府的行政权力。而总管府对于都元帅府的决定也是俯首帖耳,不敢违

---

① (元)程端礼《畏斋集》卷六《故中奉大夫浙东道宣慰都元帅兼蕲县翼上万户府谔勒哲图公行状》,《四库全书》文渊阁本。"谔勒哲图"是清代重译名,据《至正四明续志》,应为"完者都"。

背,"凡所谕指意,多曲法以阿之"①。

由于庆元有浙东宣慰使都元帅府和庆元路总管府,都是地方州县的上级机构,两者的关系显得非常微妙。总管府与所辖州县的关系,从庆元路总管府与鄞县的关系中可以略见端倪。鄞县作为庆元路的附郭县,人口众多,地域广大,地位非常重要,也非常难以治理。总管府官员经常对县官颐指气使,横加指责。县里的官吏必须对上级路府官员迎合、顺从,才能相安无事。② 由于宣慰司、总管府、县府同处一邑,也增加了地方行政的负担和拖沓,鄞县"庶务繁剧"③。在公务的处置上,虽然事务繁多,县官却不敢自己作主,必须要上报总管府与宣慰司等待批示。遇到上级总管府等事务繁忙,无暇批复,许多事务连着几天都无法作出决断。④

为了加强对地方官员和政事的监察,元最高监察机构御史台在地方也设置了分支机构提刑按察司,至元二十八年(1291年)后,改为肃政廉访司。浙东地区负责监察的机构是至元十四年设置在婺州路的浙东海右道肃政廉访司,庆元是其监察区域的一部分。它与庆元路总管府的关系是监察与被监察、上司与下级的关系。浙东海右道肃政廉访司在庆元路还设有分司,位于庆元州城西门里。分司设置佥事与副使,主要职责是监察地方官吏的违法行为与政治得失,并具有一定的司法权,负责一些案件的复核与犯罪官吏的审处。

对于元在庆元地区的官府机构的性质和职能,康熙《宁波府志》有明确记载,浙东宣慰司都元帅府是"统辖之官",浙东海右道肃政廉访司分司是"监司之官",沿海翼上万户府是"镇守之官",之后才是治路之官和治州之官、治县之官。⑤

---

① (元)黄溍《金华黄先生文集》卷三八《江浙行中书省左右司员外郎致仕陈君墓志铭》,《四部丛刊》本。
② (元)袁桷《清容居士集》卷一八《鄞县兴造记》,《四库全书》文渊阁本。
③ (元)程端礼《畏斋集》卷三《送张县尹致仕序》,《四库全书》文渊阁本。
④ (元)程端学《积斋集》卷五《鄞县阮尹去思碑》,《四库全书》文渊阁本。
⑤ (清)康熙《宁波府志》卷九《秩官》,宁波文管会复印本。

庆元路总管府设立之后,其下设都税使司、司狱司、平准行用库、府仓、织染局、杂造局、儒学教授司、医学教授司、蒙古学教授司、阴阳学教授司、惠民药局等职能部门。其他不隶属于路而听命于行省的地方重要机构如市舶提举司、浙东盐司(后改为两浙都转运盐使司分司)、庆绍海运千户所、驿站与递铺也都相继设置。这样,元在庆元的统治体系就逐步建立起来了。

第二节　元代宁波的军事管理

一、独特的军事战略位置

元代庆元的地理位置十分重要。《至正四明续志》指出:庆元向南通达福建、广东,东面与日本接近,北面与高丽交通便利。所以,商舶往来非常频繁,各种贸易物资汇聚于此。

这里是重要的海运贸易通道,岛屿众多,情况复杂,交通安全至关重要。自南宋末年以来,海寇猖獗,袭扰商旅、居民。其中,鄞县"负山濒海,民恃险为奸,殆难治",经常发生"匪患"①。如小溪(今宁波市鄞州区鄞江镇),由于背山面江,海盗经常出没,百姓惶恐不安。② 象山县位于海岛边,地处偏远,官府控制力量薄弱,海盗经常四处剽掠地方百姓,等到官兵前来,他们已经乘船入海,官兵无可奈何。③ 昌国州更是地处海岛,民风"剽悍",不易统治,一些好逸恶劳、不事产业之徒,"往往群行剽掠于巨海中,若化外然"④。尽管元初庆元路总管府达鲁花赤

---

① (元)陆文圭《墙东类稿》卷一二《缙云县主簿朱君墓志铭》,《四库全书》文渊阁本。
② (明)谢肃《密庵文稿》壬卷《故庆元路儒学正豫斋先生王公墓志铭》,《四部丛刊》本。
③ (元)苏天爵《滋溪文稿》卷一八《故承事郎象山县尹李侯墓碑》,《四库全书》文渊阁本。
④ (元)黄溍《金华黄先生文集》卷二七《嘉议大夫礼部侍郎致仕于公神道碑》,《四部丛刊》本。

哈剌䚟招降了鄞县、象山等地的海盗,得海船60余艘,使海道一度恢复了宁静。然而,一旦有机可乘,海盗就会卷土重来,劫掠来往的商船和粮船,"海寇窃发,商贾不能懋迁"①,正常的贸易受到干扰。

除了地方的海盗,这一时期侵扰海道的还有势力正逐渐壮大的倭寇。早在元初,随着日本国内形势的变化,部分武士与商人打着贸易的旗号,装备铠甲利刃,从事抢掠的勾当。他们不仅侵扰商旅,抢劫商货,还掳掠居民。吴莱在《论倭》一文中就对这些横行沿海的倭寇有生动的描述:他们向庆元航海而来,拥有数十艘艨艟战舰,戈、矛、剑、戟等兵器无所不有,并且十分锋利。他们先是出其重货,进行贸易活动,一旦不能满足他们的要求,就烧毁城镇,抢掠居民财物。驻防沿海的元军士兵,仓促之下来不及应对。等追赶倭寇到海洋上时,倭寇且战且退。而海面上风高浪急,波涛汹涌,虽然看上去不远,但就是追赶不上。②

在战略方面,庆元又有防御东、南海外诸国尤其是日本的作用。元朝由于与日本发生过战争,两国政府间关系非常紧张。元政府对日本非常顾忌,常加提防。而庆元距离日本比较近,战略地位非常重要。袁桷指出,庆元地区与日本等蛮夷之国接近,一旦防御失控,"兵衅不可测"③,后果不堪设想。元初,远征日本,大量的军队由庆元定海泛舟到日本。至元十八年(1281年),右丞范文虎等带兵10万,由庆元的定海等处渡海。④ 至元二十九年,元政府远征爪哇的军队,也是先会合于庆元,然后由平章政事高兴率辎重自庆元"登舟涉海"⑤。

---

① (元)程端礼《畏斋集》卷六《故中奉大夫浙东道宣慰都元帅兼蕲县翼上万户府谔勒哲图公行状》,《四库全书》文渊阁本。
② (元)吴莱《渊颖吴先生文集》卷五《论倭》,《四部丛刊》本。
③ (元)袁桷《清容居士集》卷二〇《张尚书救荒后记》,《四库全书》文渊阁本。
④ (明)宋濂《元史》卷一五四《世祖纪》,中华书局1976年版。
⑤ (明)宋濂《元史》卷二一〇《外夷传三·缅传》。

二、庆元的军事管理

为了加强庆元的军事管理,成宗大德六年(1302 年)十月,中书省上奏,升浙东宣慰司为浙东宣慰司都元帅府,总裁浙东庆元等七路民政、军事事务。不仅诸路总管府受其节制,凡屯戍浙东的驻军也受其调遣,责任非常重大。程端学指出:"浙东辖郡惟七,东北际海,南接瓯闽,海外岛夷,舟帆来宾,抚绥得道,一方粲宁。比他道,其责尤重。"担当此任的都是朝廷德高望重的大臣,其下属也都是德才兼备之人。①因此,建府伊始,元政府就命重臣浑忽图佩金虎符主持都元帅府事。大德六年秋,都元帅府由婺州路徙治于庆元路。这样,元在庆元的军事管理加强了。

在庆元军事戍守上,早在灭宋之后的至元十九年(1282 年),元世祖就命令当时主持灭宋军事的将领伯颜、阿术、安塔海、阿里海牙等根据实际需要,在江浙、江西、湖广行省选定 63 处战略要地,驻守重兵。②负责庆元地区军事防务的起初是沿海招讨司,后来为了遏制日本,安定庆元海防,改沿海招讨司为沿海左副都元帅府,总领沿海地区防务,主事者是沿海左副都元帅、庆元路达鲁花赤哈剌鰯。至元二十二年二月,世祖诏改江淮、江西元帅招讨司为上、中、下三万户府,以蒙古军、汉军、新附军相参为 37 翼,③沿海左副都元帅府也改为沿海上万户府,继续镇守庆元、台州两路。

沿海万户府主要以新附军为主,不仅担负庆元路的驻防任务,还不时出征作战,曾先后参与元军平定福建、广东以及出征日本的战事。至元十八年十一月,又以征东留后军分镇庆元等三处上船海口。④ 至

---

① (元)程端学《积斋集》卷三《送帅府经历白君诗序》,《四库全书》文渊阁本。
② (元)苏天爵《元文类》卷四一《经世大典序录·屯戍》,《四库全书》文渊阁本。
③ (明)宋濂《元史》卷九九《兵志二》,中华书局 1976 年版。
④ (明)宋濂《元史》卷九九《兵志二》。

元二十七年(1290年)十一月,江淮行省就上书指出,浙东地区"地极边恶,贼所巢穴",要求平定福建盗贼之后的哈剌觯军队复还,以镇守浙东庆元、台州沿海。① 可以说,由于元初沿海局势不稳定,镇守庆元地区的戍军责任重大。

成宗大德二年(1298年)三月,诏合并镇守驻军,沿海翼万户府军屯驻镇守庆元路,并分镇台州路。② 万户府机构设在录事司西北隅永济坊,并在东北隅柴家桥西设置镇抚所。大德八年二月,又以庆元海口军队太少,调蕲县王万户翼汉军100人、宁万户翼汉军100人,并新附军200人,镇守庆元;并自宗王乃颜处调蒙古军300人守定海。③

即便如此,庆元沿海的防守也不稳固。武宗至大二年(1309年)正月,日商与庆元官吏在贸易中发生纠纷,大白天手操利器,烧了都元帅府与录事司。④ 而在这次冲突中,一些地方官吏组织卫兵进行抵抗,如浙东宣慰司都元帅府史张复初挺身而出,"部卫兵以距敌,格杀其渠贼,以故不敢迫,而围竟解"⑤。但驻防庆元的沿海万户府驻军却无所作为,没有起到应有的防御作用。武宗至大元年,日本商船焚掠庆元,官军不能敌。在这种情况下,江浙行省上书,请以庆元、台州沿海上万户府新附军往陆路镇守,以蕲县、宿州两万户府汉军移往沿海驻防。次年七月,朝廷囿于世祖时期制定的江南驻守旧制,采取折衷方法,命沿海万户府军三分之一与蕲县万户府汉军"相参镇守"⑥。

一直到至大四年十月,江浙行省再次上奏强调庆元等地的重要性,并指责驻守军队存在的问题:"两浙沿海濒江隘口,地接诸蕃,海寇出没,兼收附江南之后,三十余年,承平日久,将骄卒惰,帅领不得其人,军马安置不当。乞斟酌冲要去处,迁调镇遏。"枢密院官员也认为:

---

① (明)宋濂《元史》卷九九《兵志二》,中华书局1976年版。
② (元)黄溍《金华黄先生文集》卷二七《沿海上副万户石抹公神道碑》,《四部丛刊》本。
③ (明)宋濂《元史》卷九九《兵志二》。
④ (元)王沂《伊滨集》卷二三《经历张君墓志铭》,《四库全书》文渊阁本。
⑤ (元)王沂《伊滨集》卷二三《经历张君墓志铭》。
⑥ (明)宋濂《元史》卷九九《兵志二》。

"庆元与日本相接,且为倭商焚毁,宜如所请。"①经过商议,以蕲县万户府镇庆元,而沿海万户府移镇处州。②

皇庆二年(1313年),调防工作完成,沿海万户府军移镇婺州路与处州路,③蕲县翼万户府正式由绍兴路移调镇守庆元地区。蕲县翼万户府下辖都镇抚司,并辖千户所16翼,其中上千户所管军700人以上。万户府戍守的重点布局是:庆元府城设有都镇抚所;昌国州,有镇守司五所,分别是本州、岱山、三姑、北界、渤涂。

驻军镇戍的重点有定海,万户府在定海县北三里设有衙署机构,供应军器的火攻库和划车弩库。驻军一直没有固定的行营,直到至正初年,才由蕲县翼万户达鲁花赤完者都修建完备。据史料记载,完者都派人丈量土地,雇佣工人,构建万户府及谯楼、营房共二千余间。"于是镇治有所,保障有蔽,粟有高积,兵有深藏,士卒吏属各有宁宇,其规模可谓宏远矣。"④

除蕲县翼万户府镇守定海之外,还有蒙古千户所、哨船千户所、巡盐千户所,分布在定海县各处。蒙古千户所是大德八年(1304年)从乃颜旧部征调来镇守定海的,驻扎在县东北一里,"以防岁至倭船"⑤。哨船千户所主要负责海道的巡逻与安全,巡盐千户所主要负责杜绝私盐的贩卖。

蕲县翼万户军镇戍庆元之后,庆元地区的防务有了一定的改善。当时万户府达鲁花赤完者都主持镇戍军事,上任之后,咨询众人,改革旧弊,使得军队号令严明,驻防有法度,海盗袭扰抢夺的事件少了。在对待外来商人方面,除了用军队维护贸易秩序之外,他推行公平贸易,

---

① (明)宋濂《元史》卷九九《兵志二》,中华书局1976年版。
② (明)宋濂《元史》卷二四《仁宗纪》。
③ (元)《延祐四明志》卷三《职官》,《宋元方志丛刊》本,中华书局1990年版;黄溍《金华黄先生文集》卷二七《沿海上副万户石抹公神道碑》,《四部丛刊》本。
④ (元)程端礼《畏斋集》卷六《故中奉大夫浙东道宣慰都元帅兼蕲县翼上万户府谔勒哲图公行状》,《四库全书》文渊阁本。
⑤ (明)宋濂《元史》卷二一《成宗纪四》。

清正廉明,不敲诈商人,并用恩威去感化他们。于是,这些商人"俛首耆服,恭效贡输之礼"。在完者都的努力下,"郡邑安集,军民悦服"①。

然而,倭寇袭扰庆元周边的事件仍时有发生。倭寇性情强悍,像凫雁一样水性很好,手持锋利的兵器,长于进攻作战;而驻守庆元的元军主要以防御为主,主动性差。所以,遇到倭寇四处袭扰,守军也是"无日不东面望洋而叹"②。尽管这样,蕲县万户府军驻防庆元之后,在保护正常贸易、防御倭寇侵扰、维护沿海安全方面还是起到了一定的作用。有一次,临近半夜,有40多名日本人穿戴盔甲,手持武器,趁晚潮进入定海港口。完者都得知消息,立即讯问地方官吏,命令将倭商贿赂地方官员的金货退还给他们。之后,倭寇到达昌国州北界,抢掠了许多商货和130多家民财,并抓走了他们的子女。倭寇还让能操舟的渔民为他们驾船,其他百姓四散奔逃。完者都急忙率领战舰前去追赶,追上后,对倭寇的首领说:你们一向行为不端,在法律上罪无可赦。我们圣上仁慈,不忍心将你们剿灭。但是你们不思悔改,还继续作恶多端。如果立即听从我的命令,还能得到宽大处理;如稍有延迟或者违抗,我们就将你们斩尽杀绝。倭寇听了之后,两腿战栗,非常恐惧,于是都愿意交还他们劫掠的财物和人口来赎罪。③

庆元城由录事司负责地方治安,而其他地方治安则由地方的捕盗司与尉司等机构来负责,这些机构属于地方行政系统,州有捕盗司,县有尉司。录事司、尉司、捕盗司都有一定数量的弓兵,弓兵从民户中差发,职责是巡视地方,捕捉盗贼,维护地方安定。庆元路共有弓兵630名,庆元录事司有弓兵25名;昌国州捕盗司,有弓兵30名,奉化州则有25名;鄞县、象山、定海、慈溪尉司也有数额不等的弓兵。州县尉司与捕盗司下

---

① (元)程端礼《畏斋集》卷六《故中奉大夫浙东道宣慰都元帅兼蕲县翼上万户府谔勒哲图公行状》,《四库全书》文渊阁本。
② (元)吴莱《渊颖吴先生文集》卷五《论倭》,《四部丛刊》本。
③ (元)程端礼《畏斋集》卷六《故中奉大夫浙东道宣慰都元帅兼蕲县翼上万户府谔勒哲图公行状》。

又设置若干巡检司,巡检司主要设置在州县险要偏僻的地方来维持地方的治安,巡检司也有数量不等的弓兵来维持治安。其中鄞县就有浙东巡检司、小溪巡检司、大嵩巡检司;奉化州有公棠巡检司、鲒埼巡检司、连山巡检司、四下巡检司、栅墟巡检司、东宿巡检司;昌国州有螺头巡检司、岑江巡检司、三姑巡检司、岱山巡检司、北界巡检司;慈溪县有丈亭巡检司、鸣鹤巡检司;定海县有管界巡检司、施公山巡检司、海内巡检司、白峰巡检司;象山县有莆门巡检司、东门巡检司。宁海县在元代也设有栅墟、临门、麻岙三个巡检司,各有弓兵20名。

地方治安机构有效地维护了地方的安全。如庆元路鄞县主簿朱申在县尉缺职的情况下,代理县尉一年多,尽心尽责。由于周边海域常有海盗出没,声势很大,连地方官吏都不敢围剿。朱申则毫不畏惧,率众驾船与海盗搏斗,"获其首并从者八十余人"[1]。定海县海内巡检司巡检陈龙,在任三年间,地方安定,"盗匪"无踪,使得庆元沿海"客商往来,如履平地"[2]。

第三节 户口与户役管理

一、庆元的户口管理

元的统治逐步确立之后,一方面统治者重视农业生产,并采取了有利于农业发展的一些政策,另一方面浙东地区顺利归附,并没有受到灭宋战争过多的侵扰。至元二十六年(1289年)二月,"诏籍江南户口"[3],在江南开展了人口的登记工作。这次核查是元代四次人口登记

---

[1] (元)陆文圭《墙东类稿》卷一二《缙云县主簿朱君墓志铭》,《四库全书》文渊阁本。
[2] (元)汪克宽《环谷集》卷八《元故将仕郎全州路清湘县主簿陈君墓碣铭》,《四库全书》文渊阁本。
[3] (明)宋濂《元史》卷一五《世祖纪十二》,中华书局1976年版。

中规模最大的一次,也是最后一次。从这次登记的结果来看,随着地区经济的逐步恢复与发展,元代宁波人口呈增加的态势。

根据《宝庆四明志》卷五《户口》记载,乾道四年(1168年),明州主户与客户总计136072户,口数是330989。而根据《元史·地理志》的记载,元代至元十四年(1277年),庆元的户数是241457,口数是511112。① 如以此数据推算,庆元的户均口数仅为2.12,数值偏低。因此,近年来一些学者对此数据提出了异议,赵文林、谢淑君指出庆元路口数应为1207285;②而温海清根据两浙地区人均食盐量以及地方情况,推算出庆元路的口数为924473。③

就所辖州县而言,户口增长也很迅速。昌国州在宋绍熙年间的户数为13541,口数41502;而到至元二十七年,户数为22640,口数为126005。④ 再以奉化为例,南宋乾道年间户数为32692户,近6万口。而到元至元初户数已经达到48352户,口数为262820。⑤ 到了至元二十七年,"官登民数至五万余户"⑥。因此,元贞元年(1295年)奉化县由此升格为下州。余姚在南宋嘉泰年间的户数是30883,口数为43379,而到了至元二十七年时,户数为43847,口数为242691。⑦ 宁海在南宋嘉定中户数为35118,到了元代,史称"颇无苛政横征,大德、天历户口不减"⑧,户数为39972。由此可见,元代宁波人口与宋代相比是稳步增长的。

在庆元路居住的人口中,主要是汉族人户,占当地居民的绝大多数。同时还有"回回"与蒙古人户。蒙古人户主要是在世祖至元二十四

---

① (明)宋濂《元史》卷六二《地理志五》,中华书局1976年版。
② 赵文林、谢淑君《中国人口史》,第327页,人民出版社1988年版。
③ 温海清《元代庆元路口数考实》,《中国史研究》2004年第3期。
④ (元)大德《昌国州志》卷三《叙赋》,《宋元方志丛刊》本,中华书局1990年版。
⑤ (清)乾隆《奉化县志》卷六《版籍志》,乾隆三十八年刻本。
⑥ (元)萧元濬《达鲁花赤察罕德政记》,(清)乾隆《奉化县志》卷一二《艺文志》,乾隆三十八年刻本。
⑦ (清)光绪《余姚县志》卷九《田赋下》,《中国地方志集成》本,上海书店出版社1993年版。
⑧ (明)崇祯《宁海县志》卷三《食货志》,崇祯五年刊本。

年因叛乱获罪而被流放到庆元定海县的乃颜部人,这些人曾经多次以水土不服为由,要求改迁到环境适宜的地方,但一直没有成功。① 另外,庆元还有一些因仕宦居住在庆元的蒙古人,还有在大德八年(1304年)被征调到这里镇守定海海口的蒙古军户。定居庆元路的"回回"人户数量不少,散居在庆元路各州县的纳税户只有19户,但在庆元路为官的"回回"人不多。据研究,至元十二年至至正二年近70年时间里,约有140位"回回"人在庆元路各级机构任职。② 到了元末,庆元还有一些在此避难的蒙古人和"回回"人,如著名文人月鲁不花和丁鹤年等人。

二、庆元的户役管理

元政府将户籍编为"诸色户计",户计的划分基本上是按照百姓职业的分工以及其社会职能的差异来进行。这些人户是从民户中签发抽调一定数量去从事国家所需要的某种职业。③ 元朝的户籍制度是以人户为中心、以人身奴役为主要内容的。以人不以地,这可能是游牧民族才有的思维。游牧民族以草原为家,居所不定,控制人、以职业为征收赋役标准,是最佳的征收办法。④

关于庆元地区的户计情况,《延祐四明志》与《至正四明续志》中没有专门叙述,根据零星的记载并参照大德《昌国州图志》所载昌国州的户计情况,我们可以推知庆元路户计主要有以下诸色:民户、匠户、儒户、军户、医户、灶户、弓手户、打捕户、驿户、急递铺户、船户等。另外,根据宗教信仰的关系,还可将信仰佛教、道教、伊斯兰教的居民编定为僧户、道户、答失蛮户等。根据史料记载,庆元路僧户数量比较

---

① (元)陶宗仪《辍耕录》卷二《叛党告迁地》,《四库全书》文渊阁本。
② 马天博、马建福《从〈延祐四明志〉及〈至正四明续志〉看庆元路的"回回"人》,见"国学网"。
③ 陈高华《元代役法简论》,《文史》第11辑,收入《元史研究论稿》,第26～27页,中华书局1991年版。
④ 钱茂伟《国家、科举与社会:以明代为中心的考察》,第173页,北京图书馆出版社2004年版。

多,答失蛮户最少,只有两户。以上诸色人户中,民户是主要的人户,数量最多,以农耕为主业,是赋役的主要担负者。

  通过诸色户计的编定,不同职业分工的人户为政府提供专门的劳役,如弓手户担负地方治安的任务,匠户为官府服役生产手工业品。在元初,军户、驿户、匠户、打捕户并不担负差役,但从大德七年(1303年)开始,他们都有了当差的义务。① 而诸色户计中,儒户、医户,以及僧道户、答失蛮户等具有宗教色彩的人户在元代受到政府的优待,在元前期只缴纳商税与地税,而不用担负泛杂差役。经过了成宗大德七年役法改革后,他们时不时也要当差役,只是元政府内部在对以上诸色户是否担当差役问题上存在争执,政令并不统一,时征时免。②

  诸色户计中,灶户作为专门为政府生产食盐的工匠,每年担负着沉重的产盐任务,而煮盐只能得到很少的工本钱收入。据记载,大德年间的工本钱是一引10贯,而这时期的盐价是一引50贯,只相当于盐价的五分之一。③ 因此,比较贫穷的灶户,又没有其他的生计来源,生活所需全部要依靠这点工本钱,几年下来,能够支撑下来的灶户,"十无一二"④。就是这样少得可怜的工本钱,一旦遇到荒年,"官不降本",灶户就会失去生计来源。⑤ 程端学就指出:盐利归公有定数,但是灶户们却深受其害而没有穷尽。在官府的盘剥之下,稍微富裕一些的灶户用破产来满足朝廷的要求,而贫穷的灶户尽管辛劳憔悴却难以避免暴尸沟壑的命运。⑥ 有时,一些灶户私下将剩余的盐卖给盐商,导致规定盐额无法完成的局面。泰定二年(1325年),郭郁为庆元路总管,到任之后,发现"郡民日困鹾事,旬月按核,数尝不登",盐额始终不能按时完成。郭郁认为是私商将灶户盈余的盐私下贩运到外地,致使本

---

① 《元典章》卷二六《户部》,中国书店1990年版。
② 陈高华《元代役法简论》,《元史研究论稿》第29~30页,中华书局1991年版。
③ (元)大德《昌国州图志》卷五《盐司》,《宋元方志丛刊》本,中华书局1990年版。
④ (明)宋濂《元史》卷九七《食货志五》,中华书局1976年版。
⑤ (明)嘉靖《定海县志》卷一二《乐大原》,《天一阁藏明代方志选刊续编》,上海书店1990年版。
⑥ (元)程端学《积斋集》卷二《送张大方之任序》,《四库全书》文渊阁本。

地完不成盐课任务，于是整顿市场，改变了这种局面。① 而灶户一旦私自贩盐被发现，就会遭到重罚。如慈溪鸣鹤乡是浙东重要的产盐区，濒临大海，灶户生产的盐被要求输纳到两浙转运司。一些灶户由于私下出售食盐，就被官府杖责，处以足刑。② 由于县尹陈麟的上报，慈溪"听民相贸易，亭［户］始便安之"③。可见，灶户的生活非常困苦。按照元朝前期的法令，灶户的劳动本身就是一种劳役，允许他们不担负其他劳役。但事实上，灶户也要承担各种力役，地方上也不体恤灶户的辛苦，因此，灶户受到的剥削非常沉重。

元中后期，统治者为了从盐的专卖中获得更多的收益，不断地增加盐额，各地盐场的盐产量都有大幅度的增加。如两浙总的盐产量从元初的 159000 引猛增到元末元统元年（1333 年）的 480000 引。其中，庆元路各盐场的盐产量在元中期延祐年间是 93415 引，而至正初年的盐额是 119606 引，二十余年盐产量就增加了 26191 引，增幅达 24%。

这些增加的盐产量无疑就落在灶户头上，一些灶户不堪重负，逃亡的情况时有发生。如延祐年间，昌国州正监盐场 6361 引的盐额任务就因为灶户的逃亡而没有完成。④ 余姚州的石堰场（今属慈溪市），由于灶户的负担沉重，逃亡以及死亡的灶户多得无法计算。而对由于灶户逃亡导致盐额的不足，盐运司只得将没有完成的部分摊派给其他灶户。至元四年（1338 年），张子忠为定海清泉盐场司令，当时盐政非常混乱，灶户们叫苦不迭。张子忠经过调查发现，原来一些盐场官吏将死亡或逃亡灶户的盐额转嫁到其他灶户头上。于是，他立即向上级盐运司反映，豁免了这部分盐额，问题才得到了解决。⑤ 而那些没有逃亡的灶户，也是衣食匮乏，愁苦不堪。余姚文人宋禧这样描述灶户：他

---

① （元）袁桷《清容居士集》卷一八《庆元路重修先圣庙记》，《四库全书》文渊阁本。
② （元）戴良《九灵山房集》卷二三《元中顺大夫秘书监丞陈君墓志铭》，《四库全书》文渊阁本。
③ （元）戴良《九灵山房集》卷二三《元中顺大夫秘书监丞陈君墓志铭》。
④ （元）《延祐四明志》卷一二《盐课》，《宋元方志丛刊》本，中华书局 1990 年版。
⑤ （民国）《镇海县志》卷二一《名宦·张子忠》，《中国地方志集成》本，上海书店出版社 1993 年版。

们无论老少与冷热、早晚,都要按时到盐场煮盐,还要负责薪火,不能使之熄灭。劳累一年,还不能满足衣食的基本需要。① 元末著名诗人王冕的《伤亭户》,就是对浙东地区食盐生产者悲惨生活的深刻写照:"课额日以增,官吏日以酷。……田园供给尽,鹾数屡不足。前夜总催骂,昨日场胥辱。今朝分运来,鞭笞奥残毒。灶下无尺草,瓮中无粒粟。"②

尤其到了元末,农民起义风起云涌,统治者疲于应付,支出大增,盐利又成了统治者的救命稻草。有关盐司机构又乘机以权谋私,"无所恤隐"③,灶户的负担进一步加重了。

担负驿站徭役的驿户负担也很重,除为来往官员提供饮食、马匹之外,还要担负其他劳役,"站赤供给繁重"④。所以,至治年间,实都为定海县尹时,"严饬官驿,置隶人,以候过客而复其役"⑤,免除他们的其他劳役。

除了将百姓根据职业编定户籍之外,还要根据百姓财产情况划分户等。这先是由地方官吏和里正、主首等编订鼠尾籍册,编订后由地方官吏保管,作为划分户等的依据。其中,主要是根据土地的多寡将户等划分为九等,分别是上上、上中、上下、中上、中中、中下、下上、下中、下下。户等的高下是征发劳役的依据,所谓"序民产高下,以差其役轻重"⑥。在分配泛杂差役时,根据当役者的丁产,由富至贫逐次征发。如庆元地区,维护地方治安的弓手纳税就在三石以下、一石以上,丁口较多的户内差拨,而急递铺兵则是于苗粮三石之下户内差点。

---

① (元)宋禧《庸庵集》卷一四《江浙行省左右司员外郎陈侯督赋石堰场善政记》,《四库全书》文渊阁本。
② (元)王冕《竹斋集》卷中,《四库全书》文渊阁本。
③ (元)宋禧《庸庵集》卷一四《两浙都运盐使司判官阿哈玛特公惠政记》。
④ (元)朱文刚《庆元路正议王侯去思碑》,阮元《两浙金石志》卷一七,《石刻史料新编》第一辑,台湾新文丰出版公司1977年版。
⑤ (元)《延祐四明志》卷八《重修定海县记》,《宋元方志丛刊》本,中华书局1990年版。
⑥ (明)刘基《诚意伯文集》卷一〇《庆元路新城碑》,《四库全书》文渊阁本。

天启《慈溪县志》指出："元时百姓止纳税粮,其横差暴敛一无所干。所以乡村之人至老不识城中官府,或有暂至者以为见广,归而夸之于人。"① 这可能是局部地区情况,对绝大部地区而言,广大百姓在缴纳税粮之后,还需要担负杂泛、差役。杂泛就是力役,差役就是职役。

据研究,元代的差役主要有六种,即里正、主首、隅正、坊正、仓官和库子。② 元代的特点是,户等越高、丁口越多的民户,差役负担越多,如里正"推赀产之殷者为里正,以趋走其里之事"③。元代坊设有坊正,乡设有里正,都有主首,这些都是由家道殷实的富户轮流担当的差役。作为基层政权的职事人员,其主要职责是劝农、赋税征收、杂役征发等事务,另外还维持乡村秩序,保护乡民利益,沟通官府与地方。因此,他们在乡村社会中的作用非常重要。如陈旅《刘程甫墓志铭》就记述了一位维护地方百姓利益的里正的事迹。④ 再如慈溪周皓斋为里正时,就根据官府的实际需要分派力役,并不鱼肉百姓;而且在率领百姓缴纳税粮之际,还敢于向县达鲁花赤阿音图进言,指出大旱之时,民力凋敝,建议暂缓其他琐碎杂税的征收。他的建议得到了官府的首肯,从而使乡民"受其惠"⑤。由于他熟悉民情,连县尹也向他咨询治理地方的策略。

总的来说,元代的差役是地方百姓沉重的负担。⑥ 兹举一例,元后期,由于战事的需要,元政府在定海修造大量战船。造船过程中由中等人户百姓主持造船费用的出纳,称为"库子"。然而造船的费用却不能及时下拨,有时还被官吏所侵吞,这时只得由"库子"代输。遇到工期紧迫,费用不充而不能按时完工时,"库子"就要受到鞭笞等责罚。这种差役给百姓带来了深重灾难,每年因此而破数十家之产业。定海

---

① （明）天启《慈溪县志》卷一二《慈溪县旧景》,天一阁博物馆藏抄本。
② 陈高华《元代役法简论》,《元史研究论稿》,第23页,中华书局1991年版。
③ （元）陈旅《安雅堂集》卷一二《刘程甫墓志铭》,《四库全书》文渊阁本。
④ （元）陈旅《安雅堂集》卷一二《刘程甫墓志铭》。
⑤ （明）乌斯道《周皓斋墓铭》,黄宗羲《明文海》卷四四〇,《四库全书》文渊阁本。
⑥ 陈高华《元代役法简论》,《元史研究论稿》,第21~46页。

县丞许原为此到上级官府申请造船费用,申请到的经费由专人掌管归入府库,官吏不得插手,仅仅负责数目的核定与文书的书写。此举深得百姓好评,"功成而民不知扰,乡之人不惮为库[子]者,盖自君始也"①。这也从另一方面反映出差役的危害。

但是,也有一些人利用担当差役的机会鱼肉乡里。元末至正年间,各地揭竿而起,慈溪县就按上面的要求让百姓制造、缴纳兵器和甲胄,于是"邑之役于官者,就瘠民肥己以敛,民怨"②。

另外,庆元地方还有狱卒、衙前祗候、曳剌等由民户充当的公使人,作为地方官府、官员差遣之用。其设置有一定的数额,庆元路各州县共设狱卒44名,衙前祗候、曳剌134名,都是在纳粮一石以下、五斗以上的户内差拨。③ 这些公使人可以长期任职,并领取俸钱,还能免除税粮,和差役是不同的。一般来讲,公使人都有特定的职责,有时也担负一些其他义务。如定海县没有急递铺,公文传递开始就是在祗候、禁子内轮流充当,后来才改为在有丁无役户内差点。④

广大百姓负担最重的还是官府临时征发的大量力役,如运输粮食、兴修水利、修城筑路等。这些劳役有利于地方的发展,但规模大、人数多、时间长,给地方百姓带来了沉重的负担。如至正十二年(1352年),庆元路复筑城墙,工期长达6个月,浙东都元帅纳麟哈剌就命令地方有关部门,根据居民财产的多少来核定力役的轻重。于是,无论是豪门大族、僧人道士,还是平民百姓都参与了城池的修筑。⑤ 有时,本地劳役征发人手不足,还要征调邻近百姓应役。如至正十九年,方国珍鉴于余姚州与慈溪县接壤,为庆元之屏障,征发鄞县、慈溪、奉化

---

① (元)戴良《九灵山房集》卷一九《许丞传》,《四库全书》文渊阁本。《明文海》卷四一〇《许丞》,"库"后多一"子"字。
② (明)乌斯道《周皓斋墓铭》,黄宗羲《明文海》卷四四〇,《四库全书》文渊阁本。
③ (元)《至正四明续志》卷六,《宋元方志丛刊》本,中华书局1990年版。
④ (元)《延祐四明志》卷八《递铺》,《宋元方志丛刊》本,中华书局1990年版。
⑤ (明)刘基《诚意伯文集》卷一〇《庆元路新城碑》,《四库全书》文渊阁本。

百姓修筑余姚州城。①

三、均定户役的努力

庆元路劳役负担最重的是鄞县百姓。鄞县地理位置重要，又是浙东宣慰司都元帅府、鄞县万户府、庆元路治所在地，市舶司、转运盐使司分司、海运千户所等也都设在这里。这些机构需要办理的各种事务和不时之需很多，"取民为最夥"②，百姓负担沉重。不仅是鄞县这样的巨邑，即便是昌国这样的偏远小州，各种劳役也是数不胜数。如其濒海有岱山、正监、芦花盐场，盐场官吏经常迫使地方百姓担负转运司的劳役，以至于一些百姓"家业破荡"③。

一些有势力的豪富之家千方百计地利用种种手段逃避差役与劳役，如勾结官吏，隐瞒田地与财产的实情；或者采用诡名析户的办法，将一户田地拆分为若干小户搞多立户头，这样一户的丁口和资产就会减少，户等就降低了。其目的无外乎将劳役负担转嫁给中下等户，让贫苦百姓被迫担负更多的劳役，"富者巧自辟匿，贫者日削而弗继"④，富户千方百计地逃避劳役，而穷人越来越困窘而难以为继。这一情况在浙东地区非常普遍。如至治年间，奉化州由于过多的析户使户口虚高，达7万户之多，而事实上只是2万户；⑤再如余姚州，"州民尝以其所有田诡名"⑥，也常将所有田地分立多个户头。到至正初年，余姚州同知刘辉查核田亩，由于惧怕被查处而坦白的就有上万人，核查后增

---

① 《修余姚州城记》，(清)光绪《余姚县志》卷三《城池》，《中国地方志集成》本，上海书店出版社1993年版。高明《高则诚集·文辑》作《余姚州筑城志》，浙江古籍出版社1992年版。
② (元)黄溍《金华黄先生文集》卷一〇《鄞县义役记》，《四部丛刊》本。
③ (元)黄溍《金华黄先生文集》卷二七《嘉议大夫礼部侍郎致仕于公神道碑》。
④ (元)黄溍《金华黄先生文集》卷一〇《鄞县义役记》。
⑤ (元)李洧孙《知州马称德去思碑》，(清)乾隆《奉化县志》卷一二《艺文志》，乾隆三十八年刻本。
⑥ (明)危素《余姚州经界图记》，(清)光绪《余姚县志》卷一六《金石上》，《中国地方志集成》本，上海书店出版社1993年版。

加的土地高达6700多亩。①

　　劳役不均的现象在庆元地区也非常普遍。像昌国州,根据户等高下签发盐户时,"漕府调民煮盐,使者因缘为市,高下以贿,他邑莫敢谁何"②。结果就出现了"灶户有恒赋,而贫富之不恒也久矣"③的现象。沉重的劳役使百姓无法生存,一些人户就选择逃亡来逃避劳役。如奉化州在发生饥荒的情况下,捕户还要向官府缴纳貉皮,于是不得不逃亡。

　　再如一些负责海运的漕户,由于官府的盘剥,收支不能平衡而逐渐破产,但还要担负劳役,他们只得选择了逃亡的办法。元制,运粮有脚价钞,又称为"水脚费",是官府支付给运户的费用。脚价钱每年由行省转拨给各运粮千户所,然后发放给船户。④世祖至元年间,运每石粮给中统钞8两5钱。仁宗皇庆二年(1313年)冬十月,又增庆元、温州、台州每石脚价钱为11两5钱。⑤之后再没有发生变动。通过支付脚价钱,船户的利益得到了一定的维护,程端学就指出:"买舟佣工悉酬公帑,民不知劳"。⑥然而,由于官府与富豪船户的勾结、盘剥,脚价钱旁落,船户经常会破产。天历元年(1328年),海运千户暗都剌到任后,针对"佣直旁落,征集烦扰"的情况,实施了改革措施。他审查户籍,将因贫困而逃亡的漕户的名字从户籍上销除,以避免一些官员上下其手。同时他治理官员侵吞脚价钱并且盘剥漕户的情况,并且颁布多种措施,对漕户奖勤罚懒。这些做法在一定程度上改革了漕运弊政。尽管如此,盘剥漕户的情况还是时有发生。如顺帝至元三年、四年(1337—1338年),浙东地区受灾发生饥荒,行省下令温、台、庆运户

---

① (元)贡师泰《玩斋集》卷一〇《奉训大夫绍兴路余姚州知州刘君墓志铭》,《四库全书》文渊阁本。
② (元)邓文原《巴西集》卷上《故建昌路南城县尹王君墓志铭》,《四库全书》文渊阁本。
③ (元)陈旅《安雅堂集》卷一二《贾治安墓志铭》,《四库全书》文渊阁本。
④ (元)虞集《道园学古录》卷四一《昭毅大将军平江路总管府达鲁花赤兼管内勘农事黄头公墓碑》,《四库全书》文渊阁本。
⑤ (明)宋濂《元史》卷九四《食货志》,中华书局1976年版;(元)程端礼《畏斋集》卷五《庆元绍兴等处海运千户朱奉直去思碑》,《四库全书》文渊阁本。
⑥ (元)程端学《积斋集》卷四《海运千户所厅记》,《四库全书》文渊阁本。

驾着空船，前往浙西刘家港"安泊听运"。如此一来，增加了几千里航程，如果遇到逆风，一个多月也不能到达。沿途要"经涉沙滩礁岛之险"，船容易坏，"修补船器、工食之用，费倍常运"，运费大大增加。但行省认为空船到浙西是件容易之事，只按照浙西的脚价钱给付。这样，即使一些运户倾家荡产，也"不足以供费者"①。

因此，均平劳役就变得非常迫切，也成为地方官员维护其统治的重要手段。一些地方官吏采取了积极有效的措施。由于应役主要是根据百姓财产的多少、户等的高下来确定，因此，只有公正地划定户等，并公之于众，才能有效地避免劳役不均。奉化州知州马称德将州内的诡寄户7万户清理出来，归并为2万户，"砧基既立，赋役遂均"②。至正二年（1342年），余姚州同知刘辉将居民田产登记为"鼠尾册"，共有6250帙，根据鼠尾册上的记载划分居民户等征发徭役，"纲目毕张，如指诸掌"③。慈溪县尹陈麟则是将居民财产计算后，划分等第，张榜公布在通衢大道旁，并从士人中选出20多名精明强干而有才华的人负责劳役的征发。这样使劳役的征发趋于公平，"毫厘不敢有所重轻"。百姓称赞说："县大夫，神人也！"④由于乡民所在村落的大小以及居住距离的远近也是影响征发劳役的重要因素，一些官员也注意到了这些问题。如至正年间，鄞县尹许广大到任后，先均定百姓差役，并与百姓约定，"以乡都大小分次第，较厚薄以均轻重，量远近以命程限"⑤。

随着百姓贫富分化的加剧，一些人户，尤其是灶户、站户、漕户生活日益困苦，却还承担着原来的义务，因此急需重新划分等第，使义务的承担趋于公平、合理。针对站户拣充不公的现象，至正初年，庆元路总管王元恭就重新议定户等的高下，将结果刻在石碑上，这样就可以

---

① （元）程端礼《畏斋集》卷五《庆元绍兴等处海运千户朱奉直去思碑》，《四库全书》文渊阁本。
② （元）李洧孙《知州马称德去思碑》，（清）乾隆《奉化县志》卷一二《艺文志》，乾隆三十八年刻本。
③ （明）危素《危学士全集》卷六《余姚州核田记》，《四库全书存目丛书》。
④ （元）戴良《九灵山房集》卷二三《元中顺大夫秘书监丞陈君墓志铭并序》，《四库全书》文渊阁本。
⑤ （明）刘基《诚意伯文集》卷九《故鄞县尹许君遗爱碑铭》，《四库全书》文渊阁本。

依据户等重新拣选站户,使因充站役而贫困的百姓有所苏息。① 将户等情况刻在石头上,这样就能够一目了然地根据户等高低,拣充站户。而对于两浙灶户贫富不均的现象,两浙盐运使王都中则命属官巡行庆元等地盐场,重新划定户等,拣选灶户。盐官贾治安巡行到四明,召集盐场官吏,责问他们:拣选灶户中存在的问题非常严重,充役的人与其财产状况不相符,有些百姓因为服役而非常贫困,富有的人却没有什么负担。让贫穷之极的人担负重役,我们能忍心吗?于是,贾治安要求盐场官吏与百姓相约,重新排定户等。财产丰厚的坐上座,其他人则根据财产多寡占据相应的座位。这样,户等的情况就一目了然了,然后就登记造册,以此作为征发灶户的依据。如此,灶户的征发才逐步趋于合理。② 此事后,四明百姓将贾治安的画像悬挂起来,以表达对他的感激之情。

  为了减轻民户差役的负担,元政府在英宗至治三年(1323年)推行助役法,由民户出田若干亩,"收其岁入以助役费"③。义役之法,有出田产的,也有出钱的,"各地有所不同"④。而庆元地区则在此之前,就以鼓励民户出钱钞的方式在民间推广助役法。如至治元年,鄞县丞周仔肩劝乡民兴义役之法,以县西南50里林村民众为示范,根据应当服役的35家民户财产的多少,各出一部分钱钞,共7500缗,以此为本钱,"推执事者五人操其奇赢,以供百役之费,而存其母常勿绝。复推其五人日诣有司以听征令,岁终则更休焉"。由于助役法有利于百姓,所以庆元其他地方的百姓争相效仿,"而民亦忘为役之勤"⑤,一定程度上减轻了服役百姓的负担。

  尽管如此,百姓的劳役负担还是非常沉重。尤其在元朝末年,统

---

① (元)朱文刚《庆元路正议王侯去思碑》,阮元《两浙金石志》卷一七,《石刻史料新编》第一辑,台湾新文丰出版公司1977年版。
② (元)陈旅《安雅堂集》卷一二《贾治安墓志铭》,《四库全书》文渊阁本。
③ (明)宋濂《元史》卷二八《英宗纪二》,中华书局1976年版。
④ 陈高华《元代税粮制度初探》,《元史研究论稿》,第18页,中华书局1991年版。
⑤ (元)黄溍《金华黄先生文集》卷一〇《鄞县义役记》,《四部丛刊》本。

治日益腐败,各地农民起义风起云涌,地方政府不得不加大对百姓的搜刮以镇压起义。而地方富豪又勾结当地官员上下其手,使得赋税的征收更不公平。豪富纳轻租,贫者缴重税。① 徭役征发不仅不公平,而且没有限度。庆元人黄景贤指出:自从南方出现战乱以来,元政府对四明地区赋税和徭役的征发没有限度,一些百姓即使变卖家产也难以满足官府的征求。② 由此可见,到了元朝末年,庆元地区百姓的负担是相当沉重的。

第四节 赋税制度

一、庆元的税粮收入

从庆元的土地占有情况来看,土地主要有官田、民田和僧道田。其中,官田主要包括国家占有的土地,补贴给各级官吏俸禄的职田、各级学校的学田以及给寺院的赐田;民田包括地主、自耕农占有的土地;另外还有僧道田、驿户田、灶户田。根据《至正四明续志》至正二年(1342年)的统计,庆元地区各类土地资源共有23475.26顷,其中可供耕作的田地为22462顷,官田为2786.14顷,民田为19675.89顷,官田所占比例为12.4%,民田所占比例为87.6%。民田中还包含了庆元的僧道田1387.56顷,驿户田543.35顷,灶户田1387.63顷。除了一部分民田由自耕农进行耕作之外,官田和另外一部分民田主要采用租佃制的生产形式。

无论是民田,还是官田,其所拥有者或承租者都要向国家缴纳赋

---

① (元)戴良《九灵山房集》卷二三《元中顺大夫秘书监丞陈君墓志铭并序》,《四库全书》文渊阁本。
② (元)贡师泰《玩斋集》卷七《黄氏义田记》,《四库全书》文渊阁本。

税。庆元地区所征收的赋税中最主要的是秋税与夏税。

表1—1 至正二年(1342年)庆元路夏、秋税

地区 \ 名目	秋税		夏税(锭)
	官田(石)	民田(石)	
鄞县	35105.3	25335.4	1606.6
奉化州	1197.3	10187.5	647.2
昌国州	1612.1	2696.5	162.2
慈溪	7315.1	15809.9	986.0
定海	2673.5	13587.5	832.8
象山	1199.4	2556.5	153.4

资料来源:《至正四明续志》卷六《田赋》。

秋税征收是依据田地的数量而缴纳粮米,庆元路延祐年间实征秋税粮米总计130552.18石。

田租税入中,鄞县缴纳的最多,所谓"凡所入田租,鄞以一县当其什五,诸名额及非时之须称是,取民为最夥"①。事实上也是如此,如延祐年间,庆元秋粮总共征粮米130552.1石,而鄞县所征粮米就有65485.3石,所占比为50.2%;至正二年秋粮共征119276石,鄞县所征60440.7石,比例为50.7%。② 这当中也包含了官田税粮数,因为这部分也是由地方农民租种的。

缴纳田赋的多少,取决于资产(主要是田产)的多少。由于元代宁波长时间没有核查田亩数量,田亩的变动增减情况混沌不清,而一些豪富之家则千方百计地隐瞒田产以少缴纳田赋。典型的如象山县。象山土地贫瘠,肥力差,但百姓的田赋却并未减少。所以,百姓很少能积累财产,土地的转手与买卖非常普遍。但是,地方政府对田土情况的掌握却非常有限,连前代的土地登记册都遗失无闻。到了元代,由

---

① (元)黄溍《金华黄先生文集》卷一〇《鄞县义役记》,《四部丛刊》本。
② (元)《延祐四明志》卷一二《赋役考》;(元)《至正四明续志》卷六《田赋》,《宋元方志丛刊》本,中华书局1990年版。

于政府措施的不力以及地方隐瞒与漏报,土地的登记情况更加混乱。①余姚州尽管在大德四年(1300年)就核查田税,但之后田籍毁于火灾,结果田亩数量模糊不清,被一些居心不良的里正所利用。他们擅自增加或者减少一些人占有田亩的数量,有的富户隐瞒的田亩数高达500亩,这就使得乡里赋税的缴纳变得相当混乱:拥有大量土地、有势力的豪富地主缴纳很少的赋税而坐享其利,贫弱的百姓却要缴纳沉重的赋税,即使倾家荡产也无处申诉。②

有鉴于此,到了元后期,一些地方在地方官的主持下进行了核田活动。如至正初年,刘辉为余姚州同知时,就对本地混乱的土地占有情况进行了彻底的清查,成效十分显著,大量的土地被清查出来,共6700余亩,并且归还站户田共11220亩,调解有土地争端的居民70余家。③被核查后的田地,"画田之形,计其多寡以定其赋,谓之流水不越之簿;其所画图,谓之鱼鳞挨次之图;其各都田亩则又所谓'兜簿'者焉"④。所谓"流水不越之簿",就是将土地按形状绘制成图,把占有情况按顺序进行记录的簿册,由于一块块的土地好像鱼鳞,因此所画的图称之为"鱼鳞挨次之图"。此外,还有兜簿等土地簿册。有了这样的图册,赋役的征收就有了实际的依据。这种活动在象山也有开展。至正二十年(1360年),象山县尹杨君用"乃戒居人之有物力者,为书算,为保长,各司其局。乃谕编户之有田者,细计步亩,自占其业。而又躬自履亩,复验其实,疏纷雪讼,除旧合新"。可见,这次土地核查非常仔细。首先,由民户自己丈量田亩上报,然后由地方官亲自进行审核,以杜绝弄虚作假的现象。核查完毕后,将土地占有情况记录、画图,"官

---

① (明)蒋景高《象山县核田记》,(民国)《象山县志》卷三一《碑记》,《中国地方志集成》本,上海书店出版社1993年版。
② (明)危素《余姚州经界图记》,(清)光绪《余姚县志》卷一六《金石上》,《中国地方志集成》本,上海书店出版社1993年版。
③ (元)贡师泰《玩斋集》卷一○《奉训大夫绍兴路余姚州知州刘君墓志铭》,《四库全书》文渊阁本。
④ (明)危素《余姚州经界图记》,(清)光绪《余姚县志》卷一六《金石上》。危素《说学斋稿》卷一《余姚州核田记》,"挨次"作"才次",不通。

备纸墨,掌以僚佐,工绘原隰,衡纵鳞鳞,曰'鱼鳞之图';亩班号目,次第循序,曰'流水之册'"。经过重新核定的田亩,发给土地凭证"乌由",根据土地的多少决定赋税的缴纳,所谓"田给(乌)由券,视旧增若干亩,赋随其产"[1]。这样,土地情况被地方政府翔实地掌握,所谓"田有簿书而科役莫隐"[2],自然有利于赋役公平合理地征收。

秋税的征收由于各地区土地的差异,每亩的税额也不一样。据统计,庆元地区的税额也不相同。所辖州县中,鄞县、奉化州、慈溪、定海的亩税秋粮额比较高,详见表1—2。

表1—2 至正二年(1242年)庆元民亩税秋粮田

州县名	民田数目(顷)	秋粮数目(石)	平均秋粮数(升/亩)
鄞县	6139.95	25335.40	4.10
奉化州	3204.47	10187.50	3.18
昌国州	1382.78	2696.50	1.95
慈溪	4258.50	15809.90	3.70
定海	3410.40	13587.50	3.98
象山	1271.59	2556.50	2.10

资料来源:陈高华、史卫民《中国经济通史·元代经济卷》,第554页,经济日报出版社2000年版。

元初,除了江东、浙西征收夏税之外,江南大部分地区并没有征收夏税。而浙东、福建地区作为近边之地,地理位置重要,更是"特加优恤,未行起征"[3],到元贞二年(1296年),才开始定江南夏税之制。然而夏税的征收方式各地并不相同,有按土地等级摊派实物的,还有以

---

[1] (明)蒋景高《象山县核田记》,(民国)《象山县志》卷三一《碑记》,《中国地方志集成》本,上海书店出版社1993年版。
[2] (元)程端学《积斋集》卷五《鄞县阮尹去思碑》,《四库全书》文渊阁本。
[3] (元)大德《昌国州图志》卷三《叙赋·田粮》,《宋元方志丛刊》本,中华书局1990年版。

绢折钞币的。① 而庆元路夏税征收实行以秋税粮额定夏税数额的办法，秋粮每石征夏税钱钞3贯。在征收时间上，直到大德元年(1297年)才正式开始，因为这一年，庆元路昌国州开始根据秋税粮额征收钞币，"以民苗为数，每石征中统钞三两以为夏税焉"②。而实际的征收时间则要到大德二年，因为大德元年的江南夏税实际上是被免除了。根据大德元年十月的圣旨："江南新科夏税，今年尽行倚免。已纳到官者，准算来岁夏税。"③根据表1—2来看，庆元路在夏税征收上，鄞县仍旧是最重要的地区。

征收的苗粮存放在庆元城东南隅的广盈仓。征收来的诸色税课存放在庆元路永丰库。永丰库位于城西北隅，于至元十三年(1276年)在宋原常平仓旧址上建成。永丰库同时还收纳被罚没的款物，连同税课，每季解送行省。根据最新的对元代永丰库遗址的考古发现，永丰库墙基长56米，宽17米，围成一个900多平方米的建筑。建筑中间还有3道墙基，显示出这幢建筑被分隔成了4个大开间。这是我国首次发现的古代地方城市的大型仓库遗址。

在元代庆元地区的税粮中，僧道寺观的土地是非常特殊的一部分。在世祖忽必烈至元年间，僧侣、道士的田地并不缴纳税粮，享有一定的特权。元政府"视僧道士四民外，听以素所有为常住，给之复其身"④。僧道不仅保留原有的土地，还免于赋税和劳役。这种情况直到成宗元贞元年(1295年)闰四月才有所改变。当时，元政府下诏，规定在此之前寺观拥有的土地不用缴纳税粮，从元贞之后的新增土地都要纳税。宁波的寺院、道观也应该从这时起开始缴纳税粮。但由于纳税触及僧道的利益，僧道们并不心甘情愿，还要借助各种机会要求元政

---

① 参见陈高华《元代税粮制度初探》，《元史研究论稿》，第13页，中华书局1991年版。
② (元)大德《昌国州图志》卷三《叙赋·田粮》，《宋元方志丛刊》本，中华书局1990年版。
③ (元)大德《昌国州图志》卷三《叙赋·田粮》。
④ (元)昙噩《金仙寺泰上人舍田之记》，(清)光绪《慈溪县志》卷五〇《金石上》，《中国地方志集成》本，上海书店出版社1993年版。

府免租税,使得诏令有时得不到切实的执行。如慈溪的僧侣就在朝廷使臣赴补陀寺致祭时,在僧人昙噩的率领下,趁机上书,诉说纳税的弊端,结果文宗又恢复了僧侣免地税的特权。① 但一般情况下,寺观还是能够缴纳租税的,如元后期,鄞县育王寺、大慈寺等占据的涂田,每年也要缴租税中统钞72贯。②

夏、秋两税之外,庆元地区还有科差,其中包括户钞与包银。户钞的征收在皇庆元年(1312年)一月,分拨庆元路65000户,计钞2600锭。③ 这是仁宗赐给卫王阿木哥定海县的食邑,每户两贯。④

元代北方地区百姓一直缴纳包银,而南方在仁宗延祐七年(1320年)才开始征收包银。当时规定:凡是开办"解库铺席",用船做运输买卖的商人,每一户额纳包银二两。⑤ 可见江南地区包银征收的对象主要是家道殷实的商人。另外,在延祐七年四月,元政府开始"课回回散居郡县者,户岁输包银二两"⑥,则回回当时也被征收包银。这些政策在庆元路都得到了执行。至治(1321—1323年)间,"赋江南包银"。庆元路总管府知事丘世良负责庆元的包银征收工作,丘世良将户分为九等,只征收上等户包银。行省使者严厉批评丘世良征收太少。丘世良坚持说:"民困赋役。今又科包银,如是亦足矣。吾以一身为一郡民请命,其亦可也。"⑦最终没有增加。可见,此时庆元路包银的征收仅仅限于户等较高的民户。江南地区征收包银的时间比较短,到泰定三年(1326年)就废除了。不过,对回回、答失蛮(伊斯兰教士)等一直征收包银。据《至正四明续志》卷六《回回等户包银》记载,至正年间,庆元

---

① (元)昙噩《金仙寺泰上人舍田之记》,(清)光绪《慈溪县志》卷五〇《金石上》,《中国地方志集成》本,上海书店出版社1993年版。
② (元)虞思道《庆元路儒学涂田记》,(民国)《鄞县通志·文献志·金石》,宁波出版社2006年版。
③ (明)宋濂《元史》卷九五《食货·岁赐》,中华书局1976年版。
④ (明)宋濂《元史》卷二四《仁宗纪一》。
⑤ 《元典章》卷二一《户部七·钱粮·科征包银》,中国书店1990年版。
⑥ (明)宋濂《元史》卷二七《英宗纪一》。
⑦ (元)陈旅《安雅堂集》卷一二《丘同知墓志铭》,《四库全书》文渊阁本。

路缴纳包银的共有24户,主要居住在录事司治内,有8户,其他散居在诸州县。其中回族居民19户,答失蛮2户,放良通事3户。每户征收银2两,计银48两,折中统钞24锭。

二、庆元的盐课与茶课

除了向百姓征收夏税、秋粮和科差之外,元政府还征收各种税课,有盐课、茶课、商税、市舶税以及额外课等名目。

在元代,盐与茶都是国家专卖的物资,"随路盐、茶,即系立法榷货,难同其余买卖商税"①。元政府通过盐税、茶税获取了巨大的利益,盐课收入在元财政收入的钱钞部分中所占比重很大,达到了十分之七八。茶课收入虽然仅占百分之三强,但在诸色课程中,茶课仅次于盐课,仍占有重要地位。②

庆元地区本来就是两浙重要的产盐区,盐课是其重要的税收。然而,丰富的资源并没有给庆元百姓带来福祉,反而给当地百姓带来了深重的灾难。袁桷就指出:元代所征收的盐赋,远远超过前代。而四明地区作为浙东大郡,征收数额原本就高,一旦遇到灾荒与饥馑,盐赋就会拖欠很多,"急之则疲苶愁叹,鬵色骨立见于髦稚"③,百姓深受其苦。元统治者在庆元路实行"食盐法",就是根据地区居民口数强制分摊一定数额的盐。根据延祐年间的配额,庆元路所属州县每年食盐课21266引。按延祐时期,1引为150贯计,庆元地区要征收3189900贯,合中统钞63798锭,这无疑给庆元地区百姓带来了沉重的负担。如昌国州属海岛,"别无蔬菜,惟食咸水鱼鲜,贫户无盐亦可度日"。然而至元二十七年(1290年)的额办食盐课就有2005引。此外,还有强制船户购买用来腌制鱼鲞的渔盐800引。当时昌国州共有22400多

---

① 《元典章》卷二二《户部八·茶课·僧道私茶事》,中国书店1990年版。
② 陈高华、史卫民《中国经济通史·元代经济卷》,第641~642页,经济日报出版社2000年版。
③ (元)袁桷《清容居士集》卷一九《两浙转运盐使分司记》,《四库全书》文渊阁本。

户,103500多口,"应诸色人户,计口请买"。而且不论年龄大小,每人月买盐10多两。此后由于百姓逃亡等原因,户口有所减少,但盐额却不变,只能摊派在乡村里正、主首或其他人户身上。不仅是昌国州,这种现象还普遍存在于庆元路所辖州县。如慈溪县,"县故以食盐额重为民病"①,定海县"县民包买食盐,三倍于元会计之数"②。

到了元后期,两浙盐政弊端更加突出。元政府为了获取厚利,不断增加盐产量,两浙盐额由至元十五年(1278年)的155000引猛增到元统元年(1333年)的480000引,盐价也不断上涨,比之以往上涨了30倍。而大量的食盐供大于求,无法售出,"每年督勒有司,验户口请买"③。将食盐摊派到百姓身上,每人每日要购买食盐4.18钱,相当于20克多一点,这远远超出了每日的正常需要。庆元路的情况更是不容乐观,由于以户口计盐额,"民粥产剥床,而不能应诛求,而逃亡者众"④。盐税成为百姓沉重的负担。

对于摊派食盐的弊端及导致的后果,当时的有识之士有清楚的认识。如大德初年,昌国州判官冯福京就指出:"盖海山之民,多无常产,若不从宜均定,不惟失误官课,将恐民不聊生,流为盗贼。"⑤盐课负担过重不仅使百姓不能正常完税,还可能导致官逼民反。

因此,一些官员纷纷为减轻地方百姓盐额而奔走呼号。由于昌国州官员的上奏,大德元年(1297年),江浙行省减省了昌国州十分之二的盐额,减为1604引。由于定海县尹曹敏中的直言,行省将其要求下达转运司,减定海虚增之额1770余引。⑥这在一定程度上缓解了百姓的重负,"民力以宽",但这只是一时的办法,问题并没有得到真正的解

---

① (元)黄溍《金华黄先生文集》卷三二《婺源州知州致仕程公墓志铭》,《四部丛刊》本。
② (元)黄溍《金华黄先生文集》卷三三《承德郎中兴路石首县尹曹公墓志铭》。
③ (明)宋濂《元史》卷九七《食货志五》,中华书局1976年版。
④ (元)朱文刚《庆元路正议王侯去思碑》,《两浙金石志》卷一七,《石刻史料新编》第一辑,台湾新文丰出版公司1977年版。
⑤ (元)大德《昌国州图志》卷三《省札减盐旨挥》,《宋元方志丛刊》本,中华书局1990年版。
⑥ (元)黄溍《金华黄先生文集》卷三三《承德郎中兴路石首县尹曹公墓志铭》。

决。昌国州盐额虽然被削减,但到了大德二年(1298年),转运司就以盐课壅滞为借口,又增加了盐课。所以州判冯福京也无可奈何地慨叹:"若将来盐法流通,则横增之数必在削去,仍办八分之数矣。"①袁桷在任翰林学士时,曾建议丞相减少庆元路的盐课数额,"于时大臣咸然其说,卒以户部籍不能易"②。

直到顺帝至正二年(1342年),庆元路总管王元恭与台省"计度议论陈其得失",在右丞相脱脱等人的上奏下,最终减轻两浙盐额十万引,并"革去派散之弊"。令下之日,"民抃跃相贺"③。此后,两浙盐额一直保持在40万引左右。

到至正三年,元政府正式下令"罢民间食盐"④。至正四年十一月,"以各郡县民饥,不许抑配食盐"⑤。这样,庆元等地区长期实行的按人口强制购买食盐的"食盐法"被废除了。此后,商人运输、销售成为食盐销售的唯一方法。即便是这样,两浙地区的食盐,"通贾界内,四分其直,官取一焉",官府仍获取厚利,得到四分之一的利润,"而岁有恒征,其给经费有余矣"⑥。

茶课,庆元路岁办40.14锭,主要是从鄞县、慈溪、奉化三州县征收的,这应该是茶户卖茶后缴纳的钱钞。而对于一些不产茶的地区,"为无茶园及磨茶户",如象山、定海、昌国州,则实行"食茶法",由茶提举司将茶强制摊派给地方民户。此法始于至元三十年(1293年)。如昌国州的茶课是3锭多,茶提举司到州勘定人口,"姑令各都认办此数"⑦。

---

① (元)大德《昌国州图志》卷三《食盐》,《宋元方志丛刊》本,中华书局1990年版。
② (元)袁桷《浙东盐运使分司记》,《延祐四明志》卷八,《宋元方志丛刊》本,中华书局1990年版。
③ (元)朱文刚《庆元路正议王侯去思碑》,《两浙金石志》卷一七,《石刻史料新编》第一辑;《元史》卷九七《食货志五》,中华书局1976年版。
④ (明)宋濂《元史》卷四一《顺帝纪四》,中华书局1976年版。
⑤ (明)宋濂《元史》卷四一《顺帝纪四》。
⑥ (元)宋禧《庸庵集》卷一四《两浙都转运盐使司判官阿哈玛特公惠政记》,《四库全书》文渊阁本。
⑦ (元)大德《昌国州图志》卷三《茶课》。

三、庆元的商税与诸色课

元代商税收入在财政收入的钱钞部分中占有重要地位,其重要性仅次于盐课。① 商税征收的标准制定于至元七年(1270年),商税三十分取一。元平定江南后,在至元十九年十月开始征收江南商税。② 庆元路每年总计征收中统钞6201.4锭。在庆元诸州县中,负责录事司与鄞县商税的在城都税务所,日实办课额中统钞12锭余,每年商税4438.5锭,而庆元路的年商税额不过6200多锭,可见所占比重相当大。③ 而有元一代,全国年商税额超过3000锭的城市也只有30个,庆元就是其中的一个,可见其商业在元代的地位。庆元路所辖州县中昌国州商税数量最少,昌国以往并不征收商税,尽管元占领昌国后原本打算征收商税,但遭到当时昌国县尹王元善的反对,王元善认为"县涉鲸波,商贾道阻",交通不便,故而要求"罢勿立"。由于此议,最终作罢。④ 直到至元二十五年才开始征收,每月中统钞1.186锭,后增至3.5锭多。⑤ 另外,商税中还征收契本钱,契本是商品交易中订立的合同凭据,每本收中统钞1.5两,作为商品交易的附加税。

海外贸易商税——市舶税,则是在舶货中抽分,即征收实物税之后,"再于货内抽税三十分取一"。市舶税在庆元税收来源中占的比重比较大。诗人张翥称:"是邦控岛夷,走集聚商舸。珠香杂犀象,税入何其多。"⑥至正时,庆元市舶税入为504锭。

---

① 陈高华《元代商税初探》,《中国社会科学院研究生院学报》1997年第1期。
② (元)至顺《镇江志》卷六《赋税·宽赋》,《宛委别藏》本。
③ (元)《至正四明续志》卷三《在城都税务记》,《宋元方志丛刊》本,中华书局1990年版。
④ (元)邓文原《巴西集》卷上《故建昌路南城县尹王君墓志铭》,《四库全书》文渊阁本。
⑤ (元)大德《昌国州图志》卷三《税课》,《宋元方志丛刊》本,中华书局1990年版。
⑥ (元)张翥《蜕庵集》卷一《送黄中玉之庆元市舶》,《四库全书》文渊阁本。

表1—3　庆元路税课表(附宁海)　　　单位:锭

名目\地区	城务	鄞县	奉化州	昌国州	慈溪	象山	定海	宁海
商税	4438.5	545.2	103.7	216.0	112.3	785.5	506.0	
茶税	/	11.4	9.0	3.1	10.4	3.1	3.1	0.3
酒醋税	1522.0	144.9	701.5	102.0	537.2	96.0	460.0	433.0
冶铁税	/	/	2.0	/	/	/	/	72.0
历日钱	80.4	174.0	169.4	21.5	100.9	32.0	61.4	/
盐税(引)	1526.0	4495.0	5163.0	1107.0	3474.0	806.0	959.0	8.5
系官屋地钱	27.7	4.7	1.7	1.8	3.5	0.2	5.1	7.0
市舶税	504.0							/

资料来源:(元)《至正四明续志》卷六《田土》,(明)崇祯《宁海县志》卷三《食货志》。

在酒醋课的征收方面,在元平定江南之后,实行的是榷酤之法,国家对酒醋的酿造与出售实行专营。但到了至元二十三年(1286年)之后,江南地区普遍实行散办的方法,在城市中由酿造商人向政府缴税,在广大乡村则根据百姓田产的多少征酒课。庆元路也是如此,如昌国州,在大德初年,酒课周岁散办101.49锭,"以民苗之多寡为起课之赢缩,其无田而沽卖者亦在其数"①。由于酒醋课实行散办损害了官府一些人的既得利益,在至元二十九年拜降任庆元路治中时,"官吏复聚谋行榷酤法,坏富室酿具,当益官利三倍。公毁其牍不行"②。而在乡村酒课的征收过程中,摊派抑配贫民的现象仍有出现。③ 庆元路酒醋课每年征收中统钞4851.8锭,其中酒课4486锭,醋课365.8锭。另外,

---

① (元)大德《昌国州图志》卷三《酒课》,《宋元方志丛刊》本,中华书局1990年版。
② (元)袁桷《清容居士集》卷二六《资善大夫资国院使赠资政大夫江浙等处中书省左丞上护军顺义郡公谥贞惠吉鲁尔博啰公神道碑铭并序》,《四库全书》文渊阁本。
③ (元)李洧孙《知州马称德去思碑》,(清)乾隆《奉化县志》卷一二《艺文志》,乾隆三十八年刻本。

奉化州产铁之地每年还有铁冶课 2 锭。而本地区冶铁业比较发达的当属宁海，其每年的铁冶钞达到 72 锭。

额外课中，历日钱也是一项重要的收入。历日就是记录一年月日顺序、节气变化的历本，是百姓日常生活的必需品。在元代，历本由国家专卖，民间不能私造，所以也成为一项赋税收入。据记载，庆元路年使用历日共 41113 本，共计钞 639.6 锭。历本分为大历与小历两种，其中大历每本值钞 1 两，小历每本钞 1 钱。另外，庆元官府还有房屋 162 间半，将这些房屋出租后，每年租钱还有 44.8 锭。

根据本地区所出物产，打捕户每年还要向朝廷缴纳地方土特产。如庆元路每年要上缴鲨鱼皮 163 张，鱼鳔 200 斤，貂皮 3076 张，狸皮 20 张。宁海县也要上供鲨鱼皮 50 张，鱼鳔 50 斤，貂皮 449 张。另外，庆元每年还要上贡药味 40 斤，其中鄞县干山药 15 斤，骨碎补 10 斤；慈溪县干山药 15 斤。

庆元路的百姓每年担负着沉重的赋税。刘仁本《田父吟》就反映了这种情况："今年年丰多黍稌，大半供输入官府，去年陈逋还未补。"①而对于一些偏远山乡，赋税的缴纳也是艰巨的任务，给百姓带来额外的负担。如象山县，百姓较为贫困，而缴纳赋税更是艰辛。用航船运输则"寄命于一苇之航，风涛、盗贼，俄顷不测"。走山路则要经过宁海然后向东进发，粮车运输不仅耗费时日，一路上到处是悬崖峭壁而且还有虎豹等猛兽出没。如果幸运到达，百姓们就焚香饮酒相互庆贺。如果不幸没有抵达，地方官还会加罪于百姓。因此，文人陈著就慨叹："其难有如此者！"②不仅税粮的缴纳存在这样的问题，盐的缴纳也是如此。如定海清泉盐场置盐仓收纳灶户输送食盐，"其在大浃之上，去仓近，惟王家葫芦在小浃之上，去仓远，输送者劳逸不均"③。

尽管如此，地方官吏还是想方设法地搜刮百姓。早在至元二十七

---

① （元）刘仁本《羽庭集》卷一《田父吟》，《四库全书》文渊阁本。
② （宋）陈著《本堂集》卷五一《庆元路达噜噶齐伊噜通议德政记》，《四库全书》文渊阁本。
③ （明）嘉靖《定海县志》卷一二《乐大原》，《天一阁方志丛刊续编》，上海书店 1990 年版。

年(1290年)七月,元世祖就听从桑哥的建议,诏庆元路总管毛文豹搜刮宋时民间金银诸物。如昌国州,"先是官府应办,率赋民以钱,使以子本相生,谓之'规画'。所赋钱不过数缗,而取其面至数百斤,猪羊至数十头"①。通过赋税的折纳,变相多收取百姓的钱物。再如昌国州,岁纳鲨鱼皮94张,至元十八年,船户报请官府,希望通过在其他地方购买鲨鱼皮并缴纳官府的方式来免除差役,这一请求得到了昌国州地方的批准,"遂以为例"。但到后来,官府自食其言,船户不仅要征发差役,还要缴纳鲨鱼皮,②这又成了百姓的一项负担。而一些地方豪强则想方设法与地方官吏勾结,操控地方赋税的征收,上下其手,从中渔利。袁桷就指出:"今之为县,尝患夫土豪之控持也。其始也,利以诱之,终三年,更征需。敛散一听其命,户税更易拱手,莫与之抗。甚者为之囊橐,可哀也。"③

尤其是到了元末,时局动荡,战争不断,"征需尚繁",而宁波百姓负担沉重,"戈甲之攻造,旌旐之营置,调发无虚日"④。"郡县诛求急若星火",但是赋役的征发又往往被地方豪强地主左右,"莫克均齐"⑤,百姓的苦难进一步加剧了。

第五节 元代宁波百姓的反抗

在蒙元统治宁波的几十年中,由于蒙古统治者在当地实行经济上的掠夺与政治、军事上的压迫,百姓不堪重负,纷纷起事反抗蒙元的统治。其中,影响较大的是元初杨镇龙起义与元末方国珍起义。

---

① (元)黄溍《金华黄先生文集》卷三一《正奉大夫江浙等处行中书省参知政事王公墓志铭》,《四部丛刊》本。
② (元)大德《昌国州图志》卷三《沙鱼皮》,《宋元方志丛刊》本,中华书局1990年版。
③ (元)袁桷《清容居士集》卷一八《慈溪县兴造记》,《四库全书》文渊阁本。
④ (元)戴良《九灵山房集》卷一九《许丞传》,《四库全书》文渊阁本。
⑤ (元)戴良《九灵山房集》卷二三《元中顺大夫秘书监丞陈君墓志铭并序》。

一、元初杨镇龙起义

忽必烈灭南宋以后,蒙古统治者在江南地区大肆搜刮,横征暴敛;再加上频繁地发动对外战争,征调大批粮食、民伕、海船,给江南人民带来了深重灾难。结果,在元世祖至元后期,江南人民反抗蒙古统治者的起义此伏彼起。其中,宁海杨镇龙起义是一次声势比较浩大的起义。

至元后期,元政府在宁海征收沉重的苛捐杂税,宁海百姓生活十分困苦,"里民急,不忍其号呼,鬻田代输,家以破耗,意犹不息"①。随着社会矛盾的日益加剧,终于爆发了杨镇龙起义。

杨镇龙(?—1289年),又名震龙,谱名应龙,字子翔,出生于宋理宗年间,宁海松坛人。杨镇龙自幼好义轻财,习韬略,练弓马,担任过衢州总兵。也就是说,他是南宋地方军事将领。蒙古贵族南侵后,杨镇龙回到故乡宁海,组织民众酝酿起义。

至元二十六年(1289年)二月,杨镇龙聚众宁海十八都,起兵反元。② 他带领起义队伍从宁海出发,经天台到东阳玉山。此时,起义队伍发展到12万人。杨镇龙遂以玉山二十五都为根据地,杀马祭天,定国号为"大兴",年号为"安定",设官建政。杨镇龙自称大兴国皇帝,封厉森、楼梦才为丞相,李祥为平章,李继为参政。同时,启用了"皇帝恭膺天命之宝"、"护国护民威权法令奉命之印"两玺,所率领队伍的军士在额头上刺"大兴国军"四字。

之后,杨镇龙把起义军分兵两路。一路7万人,攻东阳、义乌,另

---

① (清)康熙《宁海县志》卷七《吴炎传》,康熙十七年刊本。
② (明)宋濂《元史》卷一五《世祖纪十二》,中华书局1976年版。关于杨镇龙起义时间,《明州系年录》卷四引(明)嘉靖《象山县志》,系于元顺帝至正十六年,(明)崇祯《宁海县志》卷一二《流览志·兵寇》作至正二十六年,其实皆误,"至正"当为"至元"。一般皆作"二月",此可能是起义时间;《元史》卷一五《世祖纪》作"三月",可能是起义被镇压时间。

一路攻嵊县（今嵊州）、新昌、天台、永康等地。东阳尉王安国率乡兵"据要害"抵抗，起义部队只得从小道杀向义乌，①后又在嵊县龙兴山建营垒，建造"房屋六十余间，饰以龙凤，伪造法物，自称国主"。起义军四处出兵打击元军，"诸县响应"②，"乡民或为'贼'应"③。起义部队曾到达奉化，受到百姓欢迎，一次就有数百人参加义军；④一些大族则受到打击，如文人舒岳祥"书焚庐毁，身外无余物矣"⑤。

杨镇龙起义后，浙东大为震动。元朝统治者急忙起用贬谪在婺州的宗王瓮吉带，会同江浙行省左丞相忙兀台等从扬州调兵来镇压，⑥又派浙东宣慰使史弼联合东阳的地方武装王道恩部队进行堵击追剿。⑦由于起义队伍缺乏训练和战斗经验，激战中失利较多。起义军先败于新昌，又败于桃源，一些将领如袁九、张九等被擒，许多地方又被元军收复。⑧在用重兵镇压的同时，元政府咨询了梅林右族应瑞孙（1231—1289 年），采纳了他"招集流散，分别淑慝"⑨的计策，对一般起义人员招抚还乡，另一方面打击起义军中的骨干。这一分化瓦解策略，对杨镇龙起义队伍产生很大影响。

至元二十六年（1289 年）三月，元军在行大司农脱脱、浙东宣慰使史弼等的率领下占领玉山，继而攻占龙兴山，纵火焚之。⑩ 为保存实力，杨镇龙率领队伍突围回宁海松坛。至宁海，十万元兵围剿松坛，杨镇龙兵败被元军所杀。⑪

---

① （明）王祎《王忠文集》卷二一《王安国小传》，《四库全书》文渊阁本。
② （元）陆文圭《墙东类稿》卷一二《武节将军吕侯墓志铭》，《四库全书》文渊阁本。
③ （元）欧阳玄《高昌偰氏家传》，《元文类》卷七〇，《四库全书》文渊阁本。
④ （元）陈旅《安雅堂集》卷一二《刘程甫墓志铭》，《四库全书》文渊阁本。
⑤ （元）舒岳祥《阆风集》卷一〇《蝶轩稿序》，《四库全书》文渊阁本。
⑥ （明）宋濂《元史》卷一五《世祖纪十二》，卷一三一《忙兀台传》，中华书局 1976 年版。
⑦ （明）宋濂《元史》卷一六二《史弼传》。柳贯《柳待制文集》卷一〇《元故大司农史义襄公墓志铭并序》，《四库全书》文渊阁本。
⑧ （元）陆文圭《墙东类稿》卷一二《武节将军吕侯墓志铭》。
⑨ （元）舒岳祥《阆风集》卷一二《故豸峰应君墓志铭》。
⑩ （元）陆文圭《墙东类稿》卷一二《武节将军吕侯墓志铭》。
⑪ 乐承耀《宁波古代史纲》，第 266 页，宁波出版社 1999 年版。

杨镇龙起义失败后,其余部仍坚持斗争。史书记载,"杨镇龙余众剽浙东。总兵官讨贼者,多俘掠良民。敕行御台分拣之,凡为民者千六百九十五人"①。直到至元二十七年(1290年)三月,起义才被元朝统治者镇压下去。

杨镇龙起义虽然失败了,但这次起义把斗争矛头指向元朝统治者,建立起与元朝统治相对立的农民政权,得到了农民的欢迎和支持,在浙东古代史上留下了光辉的一页。

二、元末方国珍起义

元朝后期,浙东自然灾害频发。浙东地区原本人多地少,百姓在丰年只能勉强度日,遇到荒年,生存就成了问题。同时,地方政府管理失度,赋税不均。从名义上说税收是面向全国人民的,人人应纳税,但在实际操作中很不公平。负责收税的底层乡村官员也会借机谋取自己的好处,结果底层百姓税收负担十分沉重。"大家"、"里正"的种种不公正手法,也加剧了政府与百姓之间的矛盾,逼迫百姓走上暴动之路。至正八年(1348年)春,浙东沿海海盗盛行。同年十一月,方国珍暴动就发生了。

方国珍起义的直接导火线是仇家诬告,官府通缉。方国珍是台州黄岩人,其父方伯奇是一个佃农,生有五子。其中的方国珍,个子很高,力气很大,脸较黑。方氏兄弟以贩盐、海上运输为业。由于五兄弟齐心合力,故家境不错。至正八年,黄岩人蔡乱头起兵海上,遭到官军追捕。方国珍的仇家告他勾结蔡乱头,于是方国珍也成了官府通缉的要犯。方国珍大惊,连忙行贿地方官,但没有用。方国珍对家人说:"吾若束手就毙,一家枉作泉下鬼,不若入海为得计耳。"②大家觉得有

---

① (明)宋濂《元史》卷一六《世祖纪十三》,中华书局1976年版。
② (明)宋濂《文宪集》卷一七《故资善大夫广西等处行中书省左丞方公神道碑铭》,《四库全书》文渊阁本。

理。于是,方国珍杀了仇家,与兄方国璋,弟方国瑛、方国岷等逃亡海上,成为海盗,专门打劫官府的运粮船,队伍很快发展到数千人,海上航运因此中断。

方国珍叛乱之事传到大都,朝廷下诏镇压。行省参政朵儿只班率领水师追捕方国珍,一直到福州五虎门。方国珍见情况不妙,烧掉了船只,准备逃跑。没想到这一招,反倒使官军吓破了胆,众人一溃而散,朵儿只班成了方国珍的俘虏。有了朵儿只班这张王牌,方国珍趁机要挟元朝下招降书。朝廷没有办法,只得授方国珍为定海尉,几个兄弟也被授予相应的官职。不过,方国珍时刻提防着元政府,不肯真正上任。至正十年(1350年)十二月,他再次入海,烧掠沿海州郡。不久,又攻打温州。元将董搏霄只身逃命,几百艘官船为方国珍所俘。至正十一年正月,朝廷命江浙行省左丞孛罗帖木儿讨伐方国珍。六月,孛罗帖木儿再次与方国珍交锋,官军大败,孛罗帖木儿本人也被俘。七月,朝廷派大司农达识帖木儿等再次招降方国珍,授方国珍为万户。至正十二年,汝颖兵起,朝廷命江浙行省募舟师,到长江口去防卫。方国珍以为朝廷要对付他,三月,第三次下海。台州路达鲁花赤泰不华发兵讨伐,兵败被杀。闰三月,元政府命江浙左丞答纳失里讨方国珍,以浙东道肃政廉访使纳麟哈剌为浙东都元帅。元帅府都事刘基主张筑庆元城,以防备方国珍的进攻。这个建议得到采纳,元初毁坏的庆元城,得以重新修筑。十月,诏江浙左丞帖里帖木儿等招降方国珍,授方国珍为徽州路治中,方国璋为广德路治中,方国瑛为信州路治中,督促他们上任。方国珍心持怀疑态度,不肯上路。

时方内乱,朝廷国力不济,方国珍觉得机会来临,至正十四年九月,率兵突入台州路,俘元帅也忒迷失,占领台州,割据一方。十五年春,象山东门巡检司为方国珍所击破,庆元震动。方国珍趁机率领舟师攻打庆元,守将浙东都元帅纳麟哈剌知道自己实力不济,遂开门迎接。方国珍进入庆元城,谒见纳麟哈剌,表面上尊重纳麟哈剌的领导,实际上开始把持政权。不久,方率兵攻取昌国州,达鲁花赤高昌帖木儿战死。又取余姚州。七月,方国珍派部将李得孙占领温州。十月,江浙行省枢密院判官迈里古思出兵曹娥江,为方国珍所败。至正十六年(1356年)三月,朝廷进一步授方国珍为海道运粮万户,方国璋为衢州路总管兼防御海道事。此时,方国珍占领了浙东庆元、台州、温州三大地区,越发强不可制。至正十七年八月,元政府不得已任命方国珍为江浙行省参知政事。此时,浙西的张士诚势力也发展到绍兴,方、张双方约定以曹娥江为界。元廷下令方国珍出兵攻打张士诚。两军在昆山海滨交锋,方氏七战七捷,张士诚被迫投降元朝,方国珍退兵浙东。

三、方国珍开府庆元

至正十七年,方国珍被元朝任命为太尉,江浙行省左丞,赐爵衢国公。方国珍得到元朝政府江浙行省左丞职务后,索性将总部迁到庆元,开设了江浙行省,开始了浙东割据生涯。

方国珍掌握浙东三路后,行丞相事,获得用人权。凡是听方国珍的人,都得到了不同等级的官职。方国珍的兄弟、子侄、宾客做了大官。方国珍任命方国璋、方国瑛守台州,侄子方明善守温州,方国珉为自己的副手。

方国珍还喜欢招延士大夫,折节好文,与浙西的张士诚竞争。面对名义上合法的江浙行省,实际上的割据政权,浙东的士人心态较为复杂。许多人认为方氏乃"国盗也",隐匿不出,不愿意辅佐他。① 只有那些追求荣禄的士子"多趋之"②,忘其为盗。结果,当时不少外地文人,如林彬、朱右等,也到了浙东;本地的刘仁本、詹鼎则成为方氏的得力助手。不过,一些有名望的士大夫没有投奔方国珍,这除了方氏的海盗恶名外,也有方氏器识不为人赏识的原因。如黄岩人张("章")子善,擅长纵横术,跑到庆元,鼓动方氏把事业做大。方国珍

---

① (明)方孝孺《逊志斋集》卷二一《詹鼎传》,《四库全书》文渊阁本。
② 郑梁《乌春草先生传》,转引自张如安《元代宁波文学史》,第122页,中国文史出版社2002年版。

听了摇摇头说:"今豪杰争雄,莫适为主,吾乃按兵保境,以待其定耳。"①张子善只得离开。方国珍几个兄弟更是胸无大志,方国璋、方国瑛只考虑造船,做生意发家致富。

至正十八年(1358年)十二月,吴国公朱元璋下婺州,遣使招谕方国珍。方国珍与手下商量道:"江左号令严明,恐不能与抗。况为我敌者,西有吴,南有闽。莫若姑示顺从,藉为声援,以观变。"②大家觉得方氏的话有道理。至正十九年正月,方国珍派使者到吴,献上三州,且以次子方关为人质。方国珍的上书写得十分诚恳。朱元璋因精力有限,不想惊动方国珍,于是下令送回人质,还重重地赏赐了方国珍。九月,方国珍加固了余姚城,以防进攻。十月,朱元璋派博士夏煜到浙东,授方国珍为江浙行省平章政事。方国珍称疾,只接受了印诰,同时继续与元朝交往。夏煜从庆元回到浙西后,报告了方国珍的两面手法,朱元璋大为光火。至正二十年正月,朱元璋复派杨宪到庆元。方国珍不想投降朱元璋,所以不予理睬。十二月,朱元璋再次派夏煜到庆元,方国珍表面上承认错误。二十一年三月,方国珍遣使朱元璋。二十四年春,吴将胡深攻打温州,方明善害怕,与方国珍商量,要求向朱元璋岁输白金三万,俟杭州下,即纳土来归。朱元璋同意,下令胡深班师。二十五年九月,元朝任命方国珍为淮南行省左丞相,分省庆元。二十六年九月,元朝再次任命方国珍为江浙行省左丞相,方国瑛、方国珉、方明善为平章政事。十一月,吴国李文忠下杭州。二十七年四月,朱元璋派来使,数说方国珍十二大罪状。方国珍没有回信。五月,方国珍加固庆元城,做好迎战准备。七月,朱元璋要求方国珍贡粮30万石,同时督促方氏早日归降。方国珍与部下商量,大家都倾向于不理睬朱元璋。方国珍最终还是决定做两手准备,日夜运珍宝,修理船只,为下海作准备。九月,吴王派朱亮祖攻台州,方国瑛败逃入海。十月,吴王派汤和为征南将军、金大都督府事,吴祯为副,讨方国珍。朱亮祖又克

---

① (明)嘉靖《宁波府志》卷二〇《遗事》,《中国方志丛书》,台湾成文出版社1966年版。
② 《明史》卷一二三《方国珍传》,中华书局1974年版。

温州,方明善投降。十一月,汤和乘潮入曹娥江,入余姚、上虞,直逼庆元。方国珍见势不妙,封存了府库,准备了户籍账册,让守城官迎接汤和军队,自己则带着家小逃入大海。汤和军队进入庆元,庆元完成和平交接。几天后,廖永忠与汤和在海上会合,穷追方国珍。盘峙一战,方国珍大败。十二月,汤和派人出海劝说方国珍投降,方国珍走投无路,只得答应。汤和得方国珍残部,陆军9200人,水军14300人,官吏650人,马190匹,海舟420艘,粮151900石。

方国珍回到宁波后,先遣儿子方关送上表书,试探朱元璋的态度。此篇出于幕僚詹鼎之手的表书,确实写得很有水平,救了方氏之命。吴改庆元为明州,将方国珍集团下的官员与悍将迁移至江淮之间。[1]

方国珍出身盐商与运输商,文化层次不高,气魄不大,没有远大的理想,惟以保境安民为己任。方氏集团,家族色彩较浓,主要人物都是兄弟及子侄。他们占领的地盘,一直局限于浙东沿海三路之地,处于大海与大陆之间,或陆居,或入海,或与政府对抗,或与政府合作,或与朱元璋合作,不敢得罪强者,完全是为了保存自己的实力,保全自己的身家性命,享受人生荣华富贵。方国珍最后寿终于南京。从个人利益来说,方氏或许是个成功者;而从历史来说,他过于患得患失,注定成不了能改变历史发展进程的大人物。不过,方国珍的首义之功不可没。谷应泰评曰:"国珍者,虽圣王之驱除,亦群雄之首祸也。"[2]

---

[1] 本节没有出注之资料,多据董沛《明州系年录》卷四,见俞福海、方平点注本,当代中国出版社2001年版。

[2] (清)谷应泰《明史纪事本末》卷五《方国珍降》,中华书局1977年版。

第二章
元代宁波的经济

- 灾荒与荒政
- 农业与渔业
- 手工业
- 商业

元在统一全国、平定各地的反元势力之后,政治上逐渐趋于稳定。以忽必烈为首的元朝统治者注重社会经济问题,实行了一系列促进生产力进步的措施,如禁止蒙古贵族侵占民田为牧场,鼓励百姓开垦荒地,劝课农桑等。在恢复农业的同时,手工业、商业等行业也逐渐得到发展。这样,黄河流域和江淮流域的经济逐渐得到复苏。庆元路所处的江浙地区由于受战争影响相对小,故仍保持着发展的势头。

第一节 灾荒与荒政

自然灾害是农耕时代影响农业收成最主要的因素。政府与民间的抗灾减灾,有利于农业生产。

一、灾荒的频繁发生

有元一代,庆元地区自然灾害频繁发生。根据史料记载,具体灾害情况如下表:

表2—1 元代宁波灾害

时间\项目	发生地点	灾害状况	资料来源
至元二十二年秋	庆元路	水灾	《元史》卷五〇《五行志》
大德二年四月	庆元路	蝗灾	《元史》卷一九《成宗纪》

续上表

时间＼项目	发生地点	灾害状况	资料来源
大德五年五月	宁海、余姚	水、海溢	《元史》卷五〇《五行志》、光绪《余姚县志》卷七《祥异》
大德六年五月	庆元路、余姚州	旱	嘉靖《宁波府志》卷一四、光绪《余姚县志》卷七《祥异》
大德七年六月	余姚、宁海	海溢	光绪《余姚县志》卷七、雍正《浙江通志》卷一〇八《祥异》
大德十年四月至七月	宁海	旱	民国《台州府志》
大德十一年	象山、奉化州、余姚州	旱灾、疫病，死者相枕	《延祐四明志》卷一八《大瀛海道院记》《景祐庙记》、乾隆《奉化县志》卷七《祠祀志》、光绪《余姚县志》卷七《祥异》
至大元年春	庆元路	蝗灾、疫病	《元史》卷五〇《五行志一》、《景祐庙记》、乾隆《奉化县志》卷七《祠祀志》
至大三年	余姚	三月大雨，水害稼	乾隆《绍兴府志》卷八〇
延祐末年	定海	旱灾	《金华黄先生文集》卷三三《石首县尹曹公墓志铭》
至治二年	庆元路	蝗灾	《元史》卷二八《英宗纪》
天历二年	庆元路	旱	光绪《鄞县志》卷一五
至顺元年闰七月	庆元路	水灾	《元史》卷三四《文宗纪》
至元元年夏	余姚	海溢堤坏数十里	光绪《余姚县志》卷七《祥异》
至元年间	庆元路	夏旱、秋霖	《畏斋集》卷五《庆元路总管沙木思迪音公去思碑》

续上表

时间＼项目	发生地点	灾害状况	资料来源
至元四年六月	余姚州	海溢堤坏	乾隆《绍兴府志》卷八〇
至元六年五月	奉化州	山崩，水涌出平地，溺死甚众	《元史》卷五一《五行志二》
至正元年二月至五月	庆元路	旱灾	《说学斋稿》卷一《玄儒吕先生道行记》
至正二年	宁海	凫溪洪水泛滥，淹毙70余口	《宁海县志》卷二三
至正四年	象山	海啸	嘉靖《象山县志》卷一三《灾祥》
至正六年	庆元路	旱灾	嘉靖《宁波府志》卷一四《饥祥》
至正九年六月	宁海	地震	《元史》卷五一《五行志二》
至正十年三月	奉化州	山崩	《元史》卷五一《五行志二》
至正十二年七月	余姚州	旱灾，四月不雨	《元史》卷五一《五行志二》
至正十三年	庆元路	旱灾	《元史》卷五一《五行志二》
至正十七年十二月	象山	鹅鼻山崩	《元史》卷四五《顺帝纪》
至正十九年正月	庆元路	地震	《元史》卷五一《五行志二》
至正十九年正月	余姚州	夏旱	光绪《余姚县志》卷七《祥异》
至正二十年	余姚州	旱	光绪《余姚县志》卷七《祥异》
至正二十三年	余姚州	旱	光绪《余姚县志》卷七《祥异》
至正二十六年六月	慈溪	旱	《春草斋文集》卷三《祷雨诗序》
时间不详	昌国州	飓风激海水，坏民庐舍	《金华黄先生文集》卷三一《正奉大夫江浙等处行中书省参知政事王公墓志铭》

以上仅仅是见诸记载的灾害情况,事实上应不止这些。元代宁波的灾害主要有旱灾、水灾、蝗灾、海溢、飓风等。

自然灾害的发生,一方面直接导致财产损失和人口的死亡,如至元二十二年(1285年),庆元、高邮大水,伤人民795户,坏庐舍3090间。昌国州发生的飓风也时常坏民庐舍。另一方面会影响农业生产,农作物会出现减产甚至绝收的情况,进而导致饥荒的发生,负面影响更大。元初戴表元的《饥旱》一诗就是对当时浙东百姓旱灾后遭遇的深刻写照:"旱风烁我肤,饥火煎我肠。春夏犹自可,入秋始难当。……山州古硗瘠,岁计仰苏杭。发地流玉粒,浮天驾牙樯。如何水后郡,翻籴浙东粮。行路急促促,人情沸皇皇。焦枯望一雨,袗祷愿千方。"①戴表元另一诗《剡民饥》则对饥民的悲惨生活有深刻的描写:"剡民饥,山前山后寻蕨萁,副萁得粉不满掬,皮肤皴裂十指秃,皮皴指秃不敢辞,阿翁三日不供糜,不如抛家去作挽船士,却得家人请官米。"②

从史书记载来看,元代宁波的饥荒非常频繁。

表2—2 元代宁波饥荒

名目 时间	地点	饥荒状况	资料出处
至元十八年	庆元	健者道路间,什伯成朋俦	《剡源戴先生文集》卷二七《和渊明贫士七首之七》
至元二十年	庆元路	饥,贷米五万余石	《牧庵集》卷二二《荣禄大夫江淮等处行中书省平章政事游公神道碑》
至元二十六年	奉化县	荐饥	《安雅堂集》卷一二《刘程甫墓志铭》

---

① (元)戴表元《剡源戴先生文集》卷二七《饥旱》,《四部丛刊》本。
② (元)戴表元《剡源戴先生文集》卷二八《剡民饥》。

续上表

时间＼名目	地点	饥荒状况	资料出处
至元三十一年	庆元路	大饥	《本堂集》卷五一《庆元路治中贝降奉议德政记》
大德二年四月	庆元路	发粮五万石，赈饥民	《元史》卷一九《成宗纪》
大德六年六月	庆元路	饥荒	《元史》卷二十《成宗纪》
大德七年	奉化州、昌国州、象山	岁适大祲	《金华黄先生文集》卷二三《湖南道宣慰使于公行状》
大德十一年	庆元路、余姚州	饥	《元史》卷九六《食货志四》
至大元年正月	庆元路	饥，死者甚众	《元史》卷二二《武宗纪》
泰定元年二月	庆元路	饥荒，发粟赈之	《元史》卷二九《泰定帝纪》
泰定二年二月	象山	饥荒，赈粮两月	《元史》卷二九《泰定帝纪》
天历二年四月	庆元路	饥	《元史》卷三三《文宗纪》
至元二年十二月	慈溪县	饥荒	《元史》卷三九《顺帝纪》
至正四年	庆元路	赈庆元饥民	《元史》卷四一《顺帝纪》
至正六年	定海	大饥	民国《镇海县志》卷二一《名宦·张子忠传》

灾害及饥荒还会导致疫病的流行，如大德十一年（1307年）浙东因旱灾而饥荒，大疫，奉化州"死者相枕"[1]；余姚州损失更为惨重，户口耗损21447户，而至元二十七年（1290年）余姚州的总户数也不过43847户。[2] 百姓衣食没有着落，无奈之下，只好逃荒，"什伯成朋

---

[1] （清）乾隆《奉化县志》卷七《祠祀志》，乾隆三十八年刻本。
[2] （清）光绪《余姚县志》卷九《田赋上》，《中国地方志集成》本，上海书店出版社1993年版。

俸"①。另一些饥民则被迫成为盗贼,如大德十一年(1307 年),庆元大旱,百姓饥饿,"盗起"②。

二、救灾措施

针对自然灾害以及所导致的种种后果,开展适时有效的防灾、救灾活动就显得至关重要。在这方面,元各级政府与民间还是相当重视的。

地方政府与救灾。一旦灾害发生,地方政府就会组织灾民积极抗灾。如大德末年,奉化州发生蝗灾,地方官吏就采取措施,"督民捕蝗",并且下达具体的捕蝗任务,"口以斗斛征之"③。在救灾方面,各级官员也经常会亲临灾区赈灾。如昌国州遭飓风侵袭,海潮漂没居人庐舍,时浙东宣慰副使王都中不顾风高浪急,亲往"赈救之"④。至大元年(1308 年),庆元饥,浙东肃政廉访司佥事阿里答渡海往昌国州主持救灾,询问灾情,赈济灾民,"靡惮艰险"⑤。

及时上报灾情,并要求行省财政进行赈济,这是地方官面临灾情时的一个重要选择。由于元代路、州、县地方在财政方面几乎没有自主支配权,救灾时更是无权自主动用地方财政,必须上报中央等待中书省的批准,因此,经常会贻误救灾的大好时机。一些官员为了及时救灾,甚至冒着自己承担救灾物资费用的风险。至元三十一年(1294 年),庆元发生饥荒,"市无千斛,大家无盖藏"。总管府屡次上报,行省没有回应。庆元路治中拜降说:"民饥如是而不赈之,岂为民父母意耶?"他亲自到行省,得请"出粟四万石平其价,随处所便其籴"。之后

---

① (元)戴表元《剡源戴先生文集》卷二七《和渊明贫士七首之七》,《四部丛刊》本。
② (明)嘉靖《定海县志》卷一二《范文中传》,《天一阁藏明代方志选刊续编》,上海书店 1990 年版。
③ (清)乾隆《奉化县志》卷七《祠祀志》,《景祐庙记》乾隆三十八年刻本。
④ (元)黄溍《金华黄先生文集》卷三一《正奉大夫江浙等处行中书省参知政事王公墓志铭》,《四部丛刊》本。
⑤ (元)戴表元《剡源戴先生文集》卷四《宝陀山所见记》。

又有夏旱,拜降恰好在行省,于是为百姓陈请。"民以不饥乐。及秋熟,振籴有规。"于是,民赖全活。① 大德十一年(1307年),"天灾作于浙东,饥饿疠疫,死者相枕"。奉化知州于九思日夜与其同僚商量拯救办法,采用多种方式进行救灾,做到"官廪有给,邻饷有劝,野劫有禁,道殣有葬"②。在采取这些措施的同时,他还实行赈贷和减征赋税的措施,并恳请上面批准,即使得罪了上级官员,也"必得请乃已"。在他的安排下,"以四口为率,人与米三斗,幼稚则半之"③。于九思在赈济象山县灾民时,因为象山地处偏远,路途遥远,尽管已经上报灾情,他担心即使得到了朝廷的批准也会延误救灾时机,于是,他先动用一半地方粮储救济给灾民,并且做好了万一朝廷不批准,就自己承担这部分费用的准备。最后,幸好朝廷批准了地方赈济的请求。由于于九思赈灾及时、得当,这次救灾收到了很好的效果,"前后所活各数千人"④。还有一些官员,甚至捐出自己的俸禄来支持地方救灾并倡导大家参与救济,如至正六年(1346年),定海大饥,清泉盐场官员张子忠就"首捐俸及米,为当事暨富人倡"⑤。至正十四年,慈溪县饥荒,主簿伯颜察儿"亟议赈恤,验缺食为口若干万,劝富民出粟,随其乡给之,通楮币,平市价,民赖之以安"⑥。再如定海县尹曹敏中上任次年春,"多雨而夏苦旱",结果"麦烂苗槁,岁大饥"⑦。曹敏中竭力拯救,百姓赖以生存。

民间的救灾活动。灾荒之际,灾区百姓也有一些救灾活动。尽管一些富户为富不仁,趁机从中渔利,如奉化有一些富民就利用饥荒粮

---

① (明)宋濂《元史》卷一三一《拜降传》,中华书局1976年版;(宋)陈著《本堂集》卷五一《庆元路治中贝降奉议德政记》,《四库全书》文渊阁本。董沛《明州系年录》卷四将此事系于至元二十九年,误。据《本堂集》卷五一"至于岁甲午,忧民苦艰食"之记载,此事当在至元三十一年。
② (元)戴表元《剡源戴先生文集》卷二〇《知奉化州于伯颜去思碑》,《四部丛刊》本。
③ (元)黄溍《金华黄先生文集》卷二三《元故中奉大夫湖南道宣慰使于公行状》,《四部丛刊》本。
④ (元)黄溍《金华黄先生文集》卷二三《元故中奉大夫湖南道宣慰使于公行状》。
⑤ (民国)《镇海县志》卷二一《名宦·张子忠传》,《中国地方志集成》本,上海书店出版社1993年版。
⑥ (明)天启《慈溪县志》卷一五《艺文志》,《伯颜察儿去思碑记》,天一阁博物馆藏抄本。
⑦ (元)黄溍《金华黄先生文集》卷三三《承德郎中兴路石首县尹曹公墓志铭》。

价高涨,用减重的小量具出售粮食,牟取暴利。① 但也有相当多富有同情心、乐善好施的乡民在救荒中发挥了重要的作用。如余姚州岁饥,一些灾民逃荒到慈溪县,慈溪乡民周皓斋为他们提供三日的吃食,还给予他们粮食。他还专门写信给他在余姚的哥哥说:"饥者天民,粟者天物。幸勿靳天物,饥天民,以逆天意。"②他哥哥看了很受感动,也赈济了乡里的灾民。慈溪的另一位富民童金在大德年间岁饥之时,将自己储藏的粮食,分发给饥民,"全活者甚众"③。奉化的刘程甫也劝说乡里富民以公平量具卖粮给饥民,使饥民受惠。④ 处士韩性在乡民遭受疫病时,"比闾相避戒弗入,性率医往视,或舆致其家,愈而遣之,未尝有矜色"⑤。甚至一些家庭妇女也参与赈济乡民的活动,如奉化妇女张妙严,"岁大饥,为食饿者,又结屋聚其邻而赈之"⑥。

地方政府也注意到地方民众在救灾中的作用,一些官吏劝说富户参与救灾。如至正十四年(1354年)饥荒,慈溪主簿伯颜察儿就劝地方富民出粟。地方政府还对赈济灾民的善举予以表彰,如前面提到的慈溪人童金,因为在饥荒时赈贷灾民,救活了许多人,地方政府上报朝廷,朝廷旌表其门。⑦

面对种种自然灾害,如何拯救灾民,减少损失,及时恢复生产就显得至关重要。根据史料记载,庆元路所采取的灾害赈恤措施主要有以下几种:

一是蠲免。即减免灾民的赋税与差役。根据大德元年(1297年)十月的圣旨,对于受灾地区,"该被灾人户合纳税粮,损及五分之上者

---

① (元)陈旅《安雅堂集》卷一二《刘程甫墓志铭》,《四库全书》文渊阁本。
② (明)乌斯道《周皓斋墓铭》,《明文海》卷四四〇,《四库全书》文渊阁本。
③ (明)天启《慈溪县志》卷一二《义侠》,天一阁博物馆藏抄本。
④ (元)陈旅《安雅堂集》卷一二《刘程甫墓志铭》。
⑤ (民国)《镇海县志》卷二二《名宦·韩性传》,《中国地方志集成》本,上海书店出版社1993年版。
⑥ (元)程端学《积斋集》卷五《故孺人张氏墓志铭》,《四库全书》文渊阁本。
⑦ (清)光绪《慈溪县志》卷四《人物·忠义》,《中国地方志集成》本,上海书店出版社1993年版。

全行倚免;有灾,例不该免,以十分为率,量减三分;其余去处,普免二分"①。这是秋粮的减免,对于夏税则"今年尽行倚免"。作物的损失由地方上报后经官员核查,根据比率减免灾民的赋税。如超过一定期限不报则不予减赋。如大德十一年(1307年),浙东受灾,昌国州发生饥荒,奉化州知州于九思奉命赈济台州及昌国州的饥荒。使命完成后,"州人诉灾伤者,限已迫,吏白宜勿受,公悉受之。仍与同僚分检者,约若以荒为熟而民无粮可输,则为代输。由是所按视皆得其实"②。一般情况下,灾民的赋税能够得到一定的减免,如至大元年(1308年)十一月,诏免除庆元等受灾诸路田租。③ 再如至治二年(1322年),定海县"岁适大歉,征租于民,将不胜逋负"。县尹忻都"计岁所入一万有奇,遂核其实止输奇于官"。盐课也是减免或缓征的内容,如定海就有因"盐赋岁不登,民益以困,卒请而蠲若干"④的情况。延祐年间(1314—1320年),由于发生饥荒,鄞县大嵩盐场的5988引的年办盐额只办了2895引。至正十四年(1354年),岁饥,盐运司却仍旧要求百姓缴纳盐课,慈溪县主簿伯颜察儿"以岁歉民贫,请缓其征,民得不病"⑤。

二是赈贷。即给予、借贷或者低价出售粮食给灾民,以度过饥荒。如至元二十年(1283年),庆元路民饥,贷米5万石余。⑥ 大德二年四月,江浙地区蝗灾,朝廷"发庆元粮五万石,减其直以赈饥民"⑦。大德六年六月,给庆元、绍兴、杭州等受灾地区赈粮251000余石。大德十一年,以钞147000余锭、盐引5000道、粮300000石赈庆元、台州、绍兴饥民。至大元年,绍兴、庆元、台州疫死2万6千余人,以钞30万锭赈

---

① (元)大德《昌国州图志》卷三《叙赋》,《宋元方志丛刊》本,中华书局1990年版。
② (元)黄溍《金华黄先生文集》卷二三《元故中奉大夫湖南道宣慰使于公行状》,《四部丛刊》本。
③ (明)宋濂《元史》卷二二《武宗纪一》,中华书局1976年版。
④ (元)袁桷《清容居士集》卷一八《重修定海县记》,《四库全书》文渊阁本。
⑤ (明)天启《慈溪县志》卷一五《艺文志》,《伯颜察儿去思碑记》,天一阁博物馆藏抄本。
⑥ (元)姚燧《牧庵集》卷二二《荣禄大夫江淮等处行中书省平章政事游公神道碑》,《四库全书》文渊阁本。
⑦ (明)宋濂《元史》卷一九《成宗纪一》。

饥,每户月给米 6 斗。泰定元年(1324 年)二月,庆元、绍兴等五路饥荒,发粟赈之。泰定二年二月,象山县饥荒,赈粮两月。

三是发挥市场机制作用。灾荒缺粮之际,一些商人就将附近丰产地方的粮食贩运到庆元,有助于增加灾区粮食供给。戴表元就说"去年秋事荒,贩籴仰邻州"①。至大元年(1308 年),奉化州大饥,"剑南有米舟至(鲒)埼亭"②。再如定海商人乐大原,在大德十一年(1307 年)浙东灾荒之际,"发巨艘贩泉南、广东之米,平价使人就籴,远近毕集,活者甚众"③。尽管这些行为是出于商业目的,但客观上平抑了灾区米价,帮助灾民顺利渡过难关,还是值得称道的。

四是精神救灾。除物质救灾措施外,面对灾害巨大的破坏力,囿于认识上的局限性,人们还需要祈求神灵的庇佑。所以,以祭祀为主要形式的禳灾活动也是当时重要的救灾形式。地方长官在其中担当着重要角色。如庆元路总管苦思丁,"去年夏少旱,今秋淫雨,公祷之皆应"④。再如奉化州达鲁花赤察罕的"相公雨"⑤;余姚州夏季大旱,知州宇文公谅的"别驾雨"⑥。有时,地方寺观的僧侣和道士也会主持禳灾的祭祀。乡村百姓更是如此。戴表元在《观村中祷雨三首》中就记述了百姓天旱时候的祈雨活动,"西村送龙归,东村请龙出"⑦。这些迷信活动当然并不能真正起到救灾的作用,但能给灾民一些心灵上的抚慰和精神上的寄托,客观上有助于缓解灾民的心理压力。尤其是一旦出现巧合,祈雨或祈晴获得成功,则能给灾民以巨大的生存信心。

五是建义仓。重视防灾,表现在庆元路各州县常平仓与义仓的建

---

① (元)戴表元《剡源戴先生文集》卷二七《和渊明贫士七首之七》,《四部丛刊》本。
② (元)陈观《资福庙记》,(清)乾隆《奉化县志》卷七《祠祀志》,乾隆三十八年刻本。
③ (明)嘉靖《定海县志》卷一二《乐大原》,《天一阁方志丛刊续编》,上海书店 1990 年版。
④ (元)程端礼《畏斋集》卷五《庆元路总管沙木思迪音公去思碑》,《四库全书》文渊阁本。
⑤ (元)萧元瀚《达鲁花赤察罕德政记》,(清)乾隆《奉化县志》卷一二《艺文志》,乾隆三十八年刻本。
⑥ (明)宋濂《元史》卷一九〇《儒学二·宇文公谅传》,中华书局 1976 年版。
⑦ (元)戴表元《剡源戴先生文集》卷二七《观村中祷雨三首》。

立。元代常平仓建于路府,其原则是"谷贱则增价以籴,贵则减价以粜,随宜以济其民"。庆元的常平仓设立于至正元年(1341年)九月,全路共有仓本钞554.78锭。所辖各州县都有常平仓,每处皆有钞本,并贮藏一定数量的稻谷备荒,共收贮稻谷2506石。[1] 义仓建于乡社,庆元各州县都隅每社设义仓1所。丰年由州县敦劝百姓按口数缴纳,随时收贮。遇到荒年,就可以使用往年贮存的粮食救急,做到"有备无患,专务济民"[2]。根据乡都规定,各家每口留谷1斗由社长收贮。庆元义仓大多设立于顺帝至元元年(1335年)。只有奉化州义仓是在至治二年(1322年)由知州马奉议创建于州城,规模较大,共积谷6606.4石。[3] 至治三年,奉化州义仓粮储达到8000余石。[4] 常平仓与义仓的建立无疑加强了地方的救荒抗灾的能力。但有元一代,尽管朝廷多次下诏建设,由于常平仓与义仓兴废无常,所以总体作用有限。

六是兴修海塘以预防灾害。庆元濒海,预防海潮的袭击也是防灾工作的重要任务。如定海石塘,担负着约束海潮的重任,由于修筑年久,地方政府又疏于维护,石塘逐渐破损、坍塌。至大三年(1310年),完颜定儿镇守庆元,对石塘进行了大规模的整修,"财出于民而不告劳"[5]。慈溪县的鸣鹤乡与余姚州的交界处有界塘,每次大雨来临,洪水泛滥就会冲垮界塘,鸣鹤乡就成为一片泽国。慈溪县尹陈麟"榵木笼竹,加土筑之,而甃以石,使民岁岁无水患"[6]。与慈溪相邻的余姚州,在海堤修筑上成绩最为卓著。余姚州北临大海,海潮一直是沿岸百姓的心腹之患。"大德以来,复益冲溃。"[7]农田失去灌溉,达40年。海潮的倒灌对地方农业和居民生命财产造成了巨大的损失,戴良描述

---

[1] (元)《至正四明续志》卷六《常平仓》,《宋元方志丛刊》本,中华书局1990年版。
[2] (元)《至正四明续志》卷三《各县公宇乡都坊社》。
[3] (元)《至正四明续志》卷三《各县公宇乡都坊社》。
[4] (元)李洧孙《知州马称德去思碑》,(清)乾隆《奉化县志》卷一二《艺文志》,乾隆三十八年刻本。
[5] (元)程端学《积斋集》卷四《定海石塘记》,《四库全书》文渊阁本。
[6] (元)戴良《九灵山房集》卷二三《元中顺大夫秘书监丞陈君墓志铭》,《四库全书》文渊阁本。
[7] (元)陈旅《安雅堂集》卷七《余姚州海堤记》,《四库全书》文渊阁本。

道:"海潮淼淼海云黑,几处居民遭垫溺"①。至元四年(1338年)六月,海堤复坏,余姚州判官叶恒进行实地考察后,认为土堤易坏,考虑用石筑堤。"浚河渠,复废防,畜湖水,伐石于山,以舟致之。"②至正元年(1341年)三月,大堤筑成,全长21210尺。③ 至正七年前,又有宋文瓒、完者都和泰不华将剩余土堤3015尺以石加固,这样就形成了总长达24225尺的坚固石堤。④ 余姚海堤的修筑为当地百姓带来了福祉,"自是以往,民不病海,而岁入倍他壤"⑤。

由于各方的努力,元代宁波地区在抗御自然灾害方面取得了一定成效,灾民受到赈济,生命得以保全,"鹄菜色转而歌舞……郡民无凶岁之虞,可以百世矣"⑥,为元代宁波经济、社会的发展奠定了基础。

第二节　农业与渔业

农业、渔业是传统社会的基本产业,它们的发展状况,直接决定了元代宁波地区的经济发展水平。

一、土地资源的开发

庆元地区地处沿海,土地资源相对贫乏。尤其是昌国州四面临

---

① (元)戴良《九灵山房集》卷一六《海堤行》,《四库全书》文渊阁本。
② (元)李存《俟庵集》卷二六《题余姚州海堤记后》,《四库全书》文渊阁本。
③ (元)陈旅《安雅堂集》卷七《余姚州海堤记》,《四库全书》文渊阁本。
④ (元)王沂《海堤记》,光绪《余姚县志》卷八《水利》,《中国地方志集成》本,上海书店出版社1993年版。
⑤ (元)王沂《海堤记》,光绪《余姚县志》卷八《水利》。
⑥ (宋)陈著《本堂集》卷五一《庆元路治中贝降奉议德政记》,《四库全书》文渊阁本。

海,"小小山岛,并无膏腴田土。其间百姓,止靠捕鱼为活,别无买卖生理"①。象山"沮洳斥卤,土而宜稻不三之一,故其民贫"②。可见,庆元地区农业生产的外部条件并不是很好。在元政府的大力倡导下,广大百姓与恶劣的环境进行了不懈的抗争,在有限的空间内,开发土地资源,发展农业生产。从史料记载来看,庆元地区开发的土地资源主要有以下几种类型:

1. 营造涂田

涂田,分为海涂田和河涂田两种类型。由于古代宁波北面、东面和南面皆临海,所以海涂田是沿海地区重要的土地资源开发形式。由海为涂,并不是容易的事情,需要耗费很长时间以及付出巨大的人力与物力。如元末天童寺的觉善光禅师为了维持日常支出而营造涂田,他们在宁海的牧峰、鳖山两岛屿下寻得斥卤地,率当地耆旧永全等"例囊橐,倾篋筍,躬操畚锸,集工佣,筑凿以晞涂,潦而成原隰"。共筑堤岸575尺,凿斗门2扇,成原隰之田17顷多。整个工程起始于至正二十年(1360年)春,完工于至正二十六年冬,耗时6年;花费也相当惊人,"用锱五百万缗,用米无算"③。

但是,海涂田也有局限性,一旦"或遇风潮暴作,土石有一罅之决,咸水冲入则田复涂矣"④。为了保护与自然抗争的成果,地方百姓也与海潮进行着反复的较量。如至元、大德年间,宁海的涂田就屡遭海潮侵袭,"飓风挟潮,围田内外皆海矣"。于是,地方进士葛寅炎考察地质环境并招募工人,捐出自己的财产重新修筑涂田,使得一部分涂田得以恢复。之后,葛寅炎将涂田赠给净土寺。大德九年(1305年),净土寺僧枯海又率僧人对涂田进行加固,用竹1000余束,木3000余章,用

---

① (元)大德《昌国州图志》卷三《食盐·省札减盐旨("指")挥》,《宋元方志丛刊》本,中华书局1990年版。
② (宋)陈著《本堂集》卷五一《庆元路达鲁花赤列月通议德政记》,《四库全书》文渊阁本。
③ 《万佛社涂田记》,高宇泰《敬止录》,浙江图书馆藏抄本影印本。
④ (元)大德《昌国州图志》卷三《叙赋》。

工 5 万余,合计花费 33000 余缗。"数十顷之荒涂,六百顷之断岸",几个月时间就完成。①

海涂田在元代宁波地区广泛存在,如庆元路儒学就有涂田 251 亩。随着海涂田数量的增长,从至元十八年(1281 年)开始,海涂田成为纳税的土地。由于各地区的实际情况存在差异,所以税额各不相同。在昌国州和象山县,每亩海涂田征米 2 升。元政府对海涂田征收的税粮较低,因此,这些地区海涂田数量得到大量增加。如昌国州的涂田在南宋时期是 276.83 顷,到大德二年(1298 年)已经发展到 498.46 顷。② 由于涂田能带来丰厚的收益,一些富户与寺院伺机占有,如鄞县东部大嵩有涂田 312 亩被阿育王寺、大慈寺僧占据。③ 连庆元儒学的涂田 200 亩也"没入鬻盐大家",后在阿殷图主持下才得以归还。④

河涂田。元代河涂田已经出现,如延祐年间,鄞县就有河涂田 251 亩。昌国州还有河堰田 14 亩余。余姚州开元、孝义二乡有海涨涂田 241 亩,每年,"亭民据之以专菽麦瓜果之利"⑤。

2. 填湖为田

填湖为田也是开发利用土地的重要方式。鄞县西侧广德湖周围的湖田到了元代仍然是重要的产粮区,"适水旱相仍,惟湖田廪收倍登",担负着庆元一年数十万海运粮食的四分之一份额。⑥

填湖为田能够种植农作物,获取不菲的收益。如余姚州的夏盖湖,元贞年间,湖旁居民就在高处填湖为田,"至数十亩"⑦。到元末,

---

① (元)牟巘《宁海净土寺舍田碑》,(清)光绪《宁海县志》卷二一《碑碣》,光绪二十八年刻本。
② (元)大德《昌国州图志》卷三《叙赋·田粮》,《宋元方志丛刊》本,中华书局 1990 年版。
③ (元)虞思道《庆元路儒学涂田记》,(民国)《鄞县通志·文献志》,宁波出版社 2006 年版。
④ (元)黄溍《庆元路重修儒学碑》,(清)光绪《鄞县志》卷六〇《金石下》,《中国地方志集成》本,上海书店出版社 1993 年版。
⑤ (元)孙元蒙《余姚州儒学核田记》,(清)杜春生《越中金石记》卷一〇,1919 年刻本。
⑥ (元)况逵《丰惠庙碑记》,(元)《至正四明续志》卷九,《宋元方志丛刊》本,中华书局 1990 年版。
⑦ (清)雍正《浙江通志》卷五七《水利》,《四库全书》文渊阁本。

虽然长吏将湖田恢复为湖,但仍有乡民私下种植作物。一些地方官则利用自己的地位和权力将废湖变为田地,而一些有势力的地方大户以及僧人、道士也勾结地方官吏填湖造田以获利。

但是,由于湖泊本身具有蓄水和灌溉功能,变湖为田可能造成灌溉水源的缺乏,容易导致旱灾。因此,废湖为田遭到了一些有识之士的坚决反对。如拜降为庆元路治中时,鄞县"有废湖,总戎官久据湮为田,将输官租以绝口。公(拜降)立决以溉民田"①。再如慈溪县东、西花屿湖,原本"受诸水溉田,可六十顷"。早在世祖至元年间,"东皋寺僧首谋佃占,始则割十余亩以种蒲莲"②,之后到大德初年,又被都省左丞家奴周寿围筑湖田17顷,计亩输粮200余石,后来湖又被恢复,但又有道士李至善与富户勾结"复占为田",最终在地方官吏的干预下,花屿湖得以保全,灌溉地方。以上两次废湖为田事件虽然没有最终得逞,可以看出当时围湖造田是非常普遍的现象,以至于有权势之家都想通过这种方式获得土地以牟取利益。

3. 开垦山地

一些山区附近的土地也被百姓垦种,如宋代名士杨适的墓在慈溪南山下,由于无人看管,"为里人夷其封树,艺麻麦其上"③。

经过劳动人民的大力开垦,庆元地区的农田数量有了明显的增加。从皇庆元年到至正二年(1312—1342年)的30年中,庆元的田地增加了230596亩,增幅为10%。④ 正是由于劳动人民的辛勤耕耘,庆元农业在元代得到了一定的发展,出现了"出城西门皆良田,白水高下绿树,鸡犬相闻,蓊然农家,善于业者也"⑤的喜人景象。

---

① (元)袁桷《清容居士集》卷二六《资善大夫资国院使赠资政大夫江浙等处行中书省左丞上护军顺义郡公谥贞惠玉吕伯里公神道碑铭并序》,《四库全书》文渊阁本。
② (元)程郇《花屿湖记》,(元)《至正四明续志》卷四,《宋元方志丛刊》本,中华书局1990年版。
③ (元)戴良《九灵山房集》卷二三《元中顺大夫秘书监丞陈君墓志铭》,《四库全书》文渊阁本。
④ 乐承耀《元代浙东农业的恢复和发展》,《宁波高等专科学校学报》2003年第1期。
⑤ (元)袁桷《清容居士集》卷二〇《海会庵记》。

二、水利资源的利用

水利在农业生产中的作用相当重要。元代对于兴修水利非常重视,在中央专设都水监,在地方设置河渠司,负责地方兴修水利、修理河堤等事务。

庆元地区濒临大海,在地形上"沟浍敷浅,善泄难潴,十日不雨,民以旱告"①。尤其是庆元城,"沿江民田数万顷,咸气蒸曝,苗稼为之枯槁"。慈溪、定海、鄞县等地"又迫于海,树艺于广斥之区,而欲遂其生育者,必藉泉源之浸溉也"②,而象山、昌国州更是土地贫瘠。所以,水利资源的利用在农业中显得至关重要。自唐宋以来,一些有作为的地方官就修筑了大量的水利设施,如著名的它山堰等,促进了地方农业的发展。有鉴于此,有识之士指出,"水利实为四明阖郡之命脉,丰歉所关,治乱所系"③。

庆元的地方官都比较重视水利设施的建设。至正初年,灌溉慈溪、定海、鄞县田地40余万亩的茅针碶,年久失修,"伏流穿漏,停蓄易涸,田失美溉,岁屡弗获"。此时的庆元路总管府总管王元恭,就率领鄞县、慈溪、定海三县官吏实地勘察,浚渠600尺,以通江河之流。同时,在碶南又建詹家闸以控制支流。整个工程历时8个月,"旱涝之虞,庶几有赖矣"④。

各州县也都在地方官吏的主持下大力开展水利工程的修建。如鄞县的云龙碶,"岁久仆且决,乡民病焉",大德十一年(1307年)孟春,县丞卢廷信"募乡甲户治旧迹,四月而成"⑤。其中最为突出的是奉化

---

① (元)程端学《重建嘉泽庙记》,(元)《至正四明续志》卷九,《宋元方志丛刊》本,中华书局1990年版。
② (元)《至正四明续志》卷四。
③ (元)《至正四明续志》卷四。
④ (元)《至正四明续志》卷四。
⑤ (明)高宇泰《敬止录》第九册《山川考·云龙碶》,浙江图书馆藏抄本影印本。

知州马称德,在其任知州期间,主持建设和修复了大量的水利工程。①奉化旧有河,自市桥到车￼,长期湮塞,不通舟船,商贾不至。马称德开浚旧河六十余里,并在疏浚河道的过程中修缮、改造资国堰、广平堰等水利设施。将资国堰更新碶闸,置堰以遏水势,灌溉民田 38000 多亩;而对广平堰进行改造,改闸为堰,两处堤堰的修筑保证了数十万亩农田的灌溉。新开河"皆得舟行,以达于江矣"。②商贾因此得以便利往来,可谓"旱涝无忧,农旅俱便"③。至正二十一年(1361年),河渠又"湮废益甚",知州李枢应百姓所请,命人拓宽河道,加固堤堰,增建了进林碶与常浦碶。经过这次修缮后,其灌溉通航的功能得以持续,"不惟备沟洫,广灌溉,而通商惠民,达政教,省劳费,其为民利溥矣"④。

民间也重视水利工程的兴修,一些士绅自己出钱协助乡里兴修工程。如慈溪县的士绅童金,"筑堤浚泽,兴水利于乡"⑤,慈溪的双河堰就是他在天历年间出资重修的。至正元年慈溪的茅针堰,虽是在庆元路总管王元恭的大力支持下兴建的,然而在工程的倡议、资金的担负、工程的实施等具体问题上,以倪可久为首的地方乡民起到了重要的作用。工程共花费 48800 缗,其中倪可久出资六分之五余。

在社会各阶层的关心和支持下,元代宁波有相当数量的水利设施得到修复或修筑。兹列表如下:

表2—3 元代宁波水利工程

时间\项目	地点	名称	主持修建者	资料来源
至元三十年	奉化县	常浦碶	本路经历韩居仁	雍正《浙江通志》卷五六
至元三十年	奉化县	方胜碶	县尹丁济	雍正《浙江通志》卷五六

---

① (元)《至正四明续志》卷四《河渠》,《宋元方志丛刊》本,中华书局1990年版。
② (元)袁桷《清容居士集》卷二五《奉化州开河碑》,《四库全书》文渊阁本。
③ (元)《至正四明续志》卷四《知州马称德去思碑记》。
④ (元)杨彝《重开新渠记》,(清)乾隆《奉化县志》卷三《水利志》,乾隆三十八年刻本。
⑤ (明)天启《慈溪县志》卷一一《义侠》,天一阁博物馆藏抄本。

续上表

时间\项目	地点	名称	主持修建者	资料来源
至元年间	慈溪	古窑闸	不详	天启《慈溪县志》卷二
至元年间	慈溪	白洋西闸	不详	雍正《浙江通志》卷五六
至元年间	慈溪	杜湖东闸	不详	雍正《浙江通志》卷五六
至元年间	慈溪	杜湖西闸	不详	雍正《浙江通志》卷五六
至元年间	慈溪	杜湖西碶闸	不详	雍正《浙江通志》卷五六
至元年间	奉化县	名山堰	不详	雍正《浙江通志》卷五六
大德四年	慈溪	李家碶	不详	嘉靖《宁波府志》卷六
大德十一年	鄞县	云龙碶	县丞卢廷信	《至正四明续志》卷四
大德年间	慈溪	双河堰闸	义士童金	天启《慈溪县志》卷二
皇庆元年	鄞县	育王碶	县尹王思义	雍正《至正四明续志》卷四
延祐六年	奉化州	进林碶	知州马称德	雍正《浙江通志》卷五六
延祐七年	奉化州	万寿湖	知州马称德	雍正《浙江通志》卷五六
延祐七年	奉化州	和尚堰	知州马称德	雍正《浙江通志》卷五六
延祐七年	奉化州	戚家溪堰	知州马称德	雍正《浙江通志》卷五六
延祐七年	奉化州	广平堰	知州马称德	雍正《浙江通志》卷五六
延祐七年	奉化州	新河	知州马称德	雍正《浙江通志》卷五六
延祐七年	奉化州	湖芝碶	知州马称德	雍正《浙江通志》卷五六
延祐七年	奉化州	考到碶	知州马称德	雍正《浙江通志》卷五六
延祐七年	奉化州	郑家堰	知州马称德	雍正《浙江通志》卷五六
延祐七年	奉化州	孟婆堰	知州马称德	雍正《浙江通志》卷五六
延祐七年	奉化州	宣家堰	知州马称德	雍正《浙江通志》卷五六
延祐七年	奉化州	黄埭堰	知州马称德	雍正《浙江通志》卷五六

续上表

时间 \ 项目	地点	名称	主持修建者	资料来源
延祐七年	奉化州	横溪堰	知州马称德	雍正《浙江通志》卷五六
延祐七年	奉化州	斗门堰	知州马称德	雍正《浙江通志》卷五六
延祐七年	奉化州	归家堰	知州马称德	雍正《浙江通志》卷五六
至治元年	奉化州	资国堰	知州马称德	雍正《浙江通志》卷五六
至元六年	余姚州	梁湖壩	州主簿马合麻	雍正《浙江通志》卷五七
至正元年	慈溪	茅针堰	总管王元恭、郡人倪可久	《至正四明续志》卷四
至正二年	鄞县	回沙闸	总管王元恭	雍正《浙江通志》卷五六
至正七年	慈溪	新堰	不详	天启《慈溪县志》卷二
至正十三年	奉化州	松洋堰	知州李枢	雍正《浙江通志》卷五六
至正二十年	奉化州	万寿湖	知州李枢	雍正《浙江通志》卷五六
至正二十年	余姚州	孔泾闸	不详	雍正《浙江通志》卷五七
至正二十三年	奉化州	双溪堰	知州李枢	雍正《浙江通志》卷五六
至正二十六年	慈溪	詹家闸	不详	雍正《浙江通志》卷五六
至正年间	慈溪	五绪泾堰	县尹陈文昭	天启《慈溪县志》卷二作"陈文德",误。参雍正《浙江通志》卷五六
至正后期	奉化州	黄庄堰	知州李枢	雍正《浙江通志》卷五六

对于一些官吏和富民为了眼前利益而破坏灌溉水源的现象,一些有远见的地方官坚决予以制止。如慈溪县的花屿湖,先后在至元与大德初年被东皋寺僧人与豪贵之家周寿占据围筑为田。大德八年(1304年),适逢都水使者冯君辅来浙东,遂复为湖;[①]但是天历初年,豪家又

---

① (元)程郇《花屿湖记》,(元)《至正四明续志》卷四,《宋元方志丛刊》本,中华书局1990年版。

勾结道士李至善,"破堤决水,以为平畴",后为乡民诉于官,"湖得不废"。正是由于这些有识之士的保护,花屿湖湖下之田,才得以"岁获全穰"①。

三、粮食作物的种植

元代宁波的粮食作物主要有粳稻、糯稻、大麦、小麦、荞麦、黍、粟、白豆、黑豆、绿豆等。②

1. 稻谷

稻谷是这一地区主要的粮食作物,赋税的缴纳也以稻谷为主。稻谷主要种植在平原地区,如余姚就是"平川沃禾稻,原隰收桑麻"③。根据学者的推算,元代庆元地区的稻谷亩产量在2石左右,而余姚州的亩产是1—2石之间,④总体上亩产量居于全国中等水平。

2. 麦子

麦子,包括大麦、小麦,在元代宁波地区也得到广泛种植,本地区已经普遍实行稻麦二熟制,如宁海著名文人舒岳祥就有"稻畦已改翻泥细,麦陇初分趁势斜"⑤这样的诗句。虽然赋税的缴纳并不是麦子,但这不影响其在本地区的重要性。尤其在山区等无法种植稻谷的地方,麦子就成为重要的农作物。像昌国州这样的海岛地区,在学校田土、义庄田的租粮中就有一部分是小麦。著名文人戴表元就有"宿麦青已郁,稚桑黄亦稠"⑥,"伯收东冈麦,仲移西塍秧"⑦等诗句。舒岳祥

---

① (元)程郇《花屿湖记》,(元)《至正四明续志》卷四,《宋元方志丛刊》本,中华书局1990年版。
② (元)《至正四明续志》卷五《土产》。
③ (元)刘仁本《羽庭集》卷一《游余姚灵源山明真寺诗》,《四库全书》文渊阁本。
④ 陈高华、史卫民《中国经济通史·元代经济卷》,第170~173页,经济日报出版社2000年版。
⑤ (元)舒岳祥《阆风集》卷七《次韵和正仲种菜种麦二首》,《四库全书》文渊阁本。
⑥ (元)戴表元《剡源戴先生文集》卷二七《丙午二月十五日以府檄出宿了岩》,《四部丛刊》本。
⑦ (元)戴表元《剡源戴先生文集》卷二七《伯收东冈麦》。

在其诗句中也提到"种麦谁家妇,青裙皂角冠"①,"麦青农作暇"②。而且麦饭在百姓日常生活中也经常食用,舒岳祥在《喜食新麦》就有"余花恋余景,新麦起新烟"③的诗句。戴表元在《采藤行》中也有"君不见四明山下寒无粮,九月种麦五月尝"④的说法;在另一首诗中,他还有这样的吟咏:"饭子山下麦,羹以山上笋。笋坚烦齿牙,麦粝哽喉吻"⑤,饶有兴致地描述了用笋下麦饭的感受。

3. 其他粮食作物

其他粮食作物,如荞麦、黍、粟,尽管产量可能不高,但本地区皆有种植。如荞麦,戴表元诗句"西风怕夺行人眼,荞麦满山铺锦云",描述了四明山上遍地荞麦的喜人景象。⑥ 豆类在元代被看作是粮食作物,宁波地区种植的豆类主要有黑豆、绿豆、白豆,昌国州还出产赤豆。

四、多种经济作物

经济作物的种植也有进一步的发展,主要的经济作物有桑、麻、芝麻、茶、蔬菜、果品、药材、席草等。

1. 桑与麻

《至正四明续志》卷五《土产》中没有关于庆元地区种植桑、麻的记载,但实际的桑树种植数量不少。奉化州在马称德任知州时,大力推广经济作物的种植,成效颇为显著,桑3900畦,杂木282万余株。⑦戴表元有诗云:"耕桑本是闲居事,学得耕桑事转多。失晒麦丛忧出

---

① (元)舒岳祥《阆风集》卷三《自归耕篆畦见村妇有摘茶车水卖鱼汲水行馌寄衣舂米种麦泣布卖菜者作十妇词》,《四库全书》文渊阁本。
② (元)舒岳祥《阆风集》卷四《春日山居好十首》。
③ (元)舒岳祥《阆风集》卷三。
④ (元)戴表元《剡源戴先生文集》卷二八《采藤行》,《四部丛刊》本。
⑤ (元)戴表元《剡源戴先生文集》卷二七《邀陈氏子饭归似铜山珣老丁酉五月十五日也》。
⑥ (元)戴表元《剡源戴先生文集》卷三〇《四明山中十绝·羊额岭》。
⑦ (元)李泊孙《知州马称德去思碑》,(清)乾隆《奉化县志》卷一二《艺文志》,乾隆三十八年刻本。

蝶,迟缫蚕茧怕生蛾。调停寒暖春移苧,侦候阴晴夏插禾。"①形象地描绘了农民在农忙时节还从事蚕桑和苎麻等副业的忙碌景象。昌国州种植桑、麻虽非其所宜,百姓也很少以此获利,然而在地势较高的土地上还是有所种植,并出产绢、苎布和麻布。② 另外,桑、麻在宁海地区也有种植,这可在舒岳祥《种麦后栽补桑柘至田家憩息》中"桑柘疎时补"③的诗句中得到印证。余姚地区也是一派"原隰收桑麻"的喜人景象。关于麻的情况,陈高华认为庆元地区可能很少种植。④ 但并非完全不种植,如前引戴表元诗中表明奉化地区就有苎麻的种植,而上引诗文资料则表明昌国州和余姚州也有麻的种植。

2. 茶叶

贯穿浙东的四明山脉山岭高峻,气候温润,是重要的产茶区,所以戴表元《茶焙》诗云:"山深不见焙茶人,霜日清妍树树春。最有风情是岩水,味甘如乳色如银。"⑤而慈溪出产的茶叶品质最为优良,民山是慈溪茶叶的重要产地,在资国寺冈山者为第一,开寿寺侧者次之,"每取化安寺水蒸造,精择如雀舌,细者入贡"⑥。由于慈溪的茶叶品质出众,也成为朝廷的贡品,每年都要上贡一定数额的春茶。⑦ 元政府还在开寿寺设置造茶局,⑧其中最为著名的是以范文虎命名的"范殿帅茶","系江浙庆元路造进,茶芽味色绝胜诸茶"⑨,从元代开始成为贡品。

茶也成为民众日常生活中必不可少的饮品。许多寺院用茶来招

---

① (元)戴表元《剡源戴先生文集》卷三〇《耕桑》,《四部丛刊》本。
② (元)大德《昌国州图志》卷三《赋役》,《宋元方志丛刊》本,中华书局1990年版。
③ (元)舒岳祥《阆风集》卷三《种麦后栽补桑柘至田家憩息》,《四库全书》文渊阁本。
④ 陈高华、史卫民《中国经济通史·元代经济卷》,第133页,经济日报出版社2000年版。
⑤ (元)戴表元《剡源戴先生文集》卷三〇《四明山中十绝·茶焙》。
⑥ (元)《至正四明续志》卷五《土产》,《宋元方志丛刊》本,中华书局1990年版。
⑦ (元)戴良《九灵山房集》卷二三《元中顺大夫秘书监丞陈君墓志铭》,《四库全书》文渊阁本。
⑧ (明)成化《宁波郡志》卷五《廨宇》,见俞福海主编《宁波市志外编》,中华书局1998年版。
⑨ (元)忽思慧《饮膳正要》卷二,《四部丛刊》本。

待造访的文人雅士,刘仁本有诗云:"衲僧煮茗供清话,玉乳泉头汲缏归。"①还有人在道路旁边修筑茶亭,以方便行旅客人休憩解渴。刘仁本在《慈溪东皋茶亭诗》中这样写道:"试问东皋老万迴,道旁筑室为谁开,登程客已喫茶去,渡水人从彼岸来"②,描写了庆元慈溪地区道路旁茶亭为行路人提供茶饮的情况。

3. 棉花

至元二十六年(1289年)四月,元政府在浙东、江东、江西、湖广、福建等地设置木棉提举司,可见本地区也是重要的棉花种植区。③ 浙东地区,余姚州棉花种植比较多,其中彭桥就出产小江布。④

4. 蔬菜与水果

经济作物中还有蔬菜与果品。蔬菜的种类在《至正四明续志》中没有明确的记载,这里根据昌国州的情况,可以得知本地区的蔬菜有冬瓜、黄瓜、笋、瓠、茼蒿、苋菜、苦蕒、荠、菘、莱菔(萝卜)、芥、葱、薤、韭、芹、茄子、蒜、荸荠、菠、薐、紫菜、香菜、蕨、道士裙、鹿角、白菜、油菜、芸台。⑤ 蔬菜能够即时出卖,获利一般多于种植稻谷等粮食作物,因此一些农民就以卖菜为业。舒岳祥在他的诗作中就刻画了这样一位卖菜村妇的形象:"卖菜深村妇,休嗟所获微。芜菁胜乳滑,莱菔似羔肥。橐里腰钱去,街头买肉归。种蔬胜种稻,得米不忧饥。"⑥

本地区出产的果品种类也非常丰富,有樱桃、杨梅、梅、李子、金柑、甜瓜、金子瓜、菱、茨、梨、莲、葡萄、枣、枇杷、柿、椑、银杏、林檎、桃、栗、橘、㭁、杏、香栾、石榴。⑦ 一些水果还有多个品种,如柿有钵盂、一

---

① (元)刘仁本《羽庭集》卷三《四明西山资教寺》,《四库全书》文渊阁本。
② (元)刘仁本《羽庭集》卷四。
③ (明)宋濂《元史》卷一五《世祖纪十二》,中华书局1976年版。
④ (清)乾隆《余姚县志》卷九《物产·棉布》,乾隆四十六年刊本。
⑤ (元)大德《昌国州图志》卷四《叙物产》,《宋元方志丛刊》本,中华书局1990年版。
⑥ (元)舒岳祥《阆风集》卷三《自归耕篆畦见村妇有摘茶车水卖鱼汲水行馌寄衣舂米种麦泣布卖菜者作十妇词》,《四库全书》文渊阁本。
⑦ (元)《至正四明续志》卷五《土产》,《宋元方志丛刊》本,中华书局1990年版。

点红、重蒂红、胭脂柿、區柿、绿柿、椑柿等;梅有早梅、晚梅、消梅、夏梅。一些地区还因为生产某种水果而闻名,如鄞县小溪盛产李子,同岙产金子瓜;慈溪出产枇杷、金柑和林檎;奉化则以盛产杨梅而著称,有邵家乌、金家乌、许家乌、韩家晚、大荔枝等品种。

5. 药材

药材也是元代宁波地区重要的物产。根据《至正四明续志》的记载,当地出产的药材有 31 种之多,种类非常丰富,其中黄药、艾叶、蜀漆、天名精等都是四明特产。[①] 而这里的山药与骨碎补由于品质优良而成为贡品。从史料来看,虽然大规模的人工种植还没有出现,药材多生长在山野,供人采撷售卖,但已经有人在家园中种植,如罂子粟,"人家园多种……候其罂黄则采之,其壳亦入药用"。再如薄荷,也多种植在居民的庭院中。[②]

五、海洋渔业的发展

得天独厚的地理位置,孕育了宁波丰富的海产资源。根据《至正四明续志》卷五《土产》中的记载,当地的海产品有苔、紫菜、海藻、鲈鱼、石首鱼、鲑鱼、春鱼、鮸鱼、鲳鯸、鲨鱼、比目鱼、带鱼、鳗鱼、华脐鱼、鲟鳇鱼、乌贼、鲖鱼、鲚鱼、银鱼、白鱼、梅鱼、火鱼、短鱼、魟鱼、鳓鱼、马鲛鱼、鲻鱼、吹沙鱼、泥鱼、箬鱼、黄滑鱼、吐哺鱼、弹涂鱼、蟹、毛蟹、蝤蛑、蟛蜞、虾、鲎、蛤、淡菜、蛎房、虫族、虫进、江珧、螺、车螯、蛤蜊、蛏子、蚶子、龟脚、蚬、肘子、土铁、海月、鮀鱼,可见种类非常丰富。

由于庆元濒临东海,滨海地区土地不适宜耕种,因此,大量的百姓从事海洋渔业生产。袁桷就指出:"(鄞县)西为沃区,其民尽地利;近东潴为湖,土广而俗杂,逐岛屿鱼盐之利,出没于海上,岁千百数"[③]。

---

① (元)《至正四明续志》卷五《土产》,《宋元方志丛刊》本,中华书局 1990 年版。
② (元)《至正四明续志》卷五《土产》。
③ (元)袁桷《清容居士集》卷一八《鄞县兴造记》,《四库全书》文渊阁本。

不仅是鄞县,实际上定海、象山、昌国州、奉化州,以至于余姚、宁海沿海地区皆如此,丰富的海产资源为当地居民谋生提供了重要条件。

海产的捕捞与养殖。渔业主要是以捕捞各种海产为主。如海苔,长在海水中就好像散乱的头发,人们采集之后,放进专门的窖穴中加工成一片一片的形状,称之为"苔脯"。而各种鱼、虾、蟹和贝类是捕捞的主要对象。在长期的劳作过程中,渔民们积累了大量的经验,掌握了渔汛的规律。如在捕捞石首鱼的过程中,渔民得出了这样的经验:冬月里捕获的鱼肉质细腻,质量上乘;三月、八月里捕获的品质稍差。每年的四五月间,渔汛到来,渔民们便驾驶大船进行捕捞作业。另外,如春鱼的捕捞旺季,在每年的三月,渔民们争先恐后地捕捞,并称之为"捉春"①。

这时,海产养殖也出现了,一些人在海滩上养殖各种贝类。如蛤,当时人们认为其生长规律是"每一潮生一晕",所以海滨的居民将小蛤苗放进海边泥中,等到它们长大后再挖取出来。江珧也是在海滨滩涂养殖,"随长至口阔一二尺者为佳"。在滩涂养殖的还有蚶子,养殖蚶子的滩涂称为"蚶田"②。

海产品的加工。由于海产品保鲜比较困难,因此,除了一部分被立即出售、食用外,大部分的海产就必须进行特殊加工才能长期保存。一般是采取用盐腌制的办法,如石首鱼,"皮软而肉薄,用盐腌之。破脊而枯者谓之鲞,全其鱼而腌曝者谓之郎君鲞,皆可经年不坏,通商贩于外方"③。用于腌制海产的盐称为"渔盐"。庆元地区渔盐的购买情况,根据大德《昌国州图志》的记载,是"令船户各验船料大小,赴局买盐,淹浥鱼鲞"④。大德元年(1297年),昌国州的渔盐购买量是800

---

① (元)《至正四明续志》卷五《土产》,《宋元方志丛刊》本,中华书局1990年版。
② (元)《至正四明续志》卷五《土产》。
③ (元)《至正四明续志》卷五《土产》。
④ (元)大德《昌国州图志》卷三《叙赋·渔盐》,《宋元方志丛刊》本,中华书局1990年版。

引,而两浙地区每引盐能够腌制鱼鲞 1066 斤,可见腌制数量之大。①之后,由于"船户又有不为渔者",根据船只大小来确定买盐数量有强迫之嫌,所以后来两浙的渔盐购买根据鱼产量来定,逐渐趋于合理。当然,海产的保存并不一定非要用盐腌制,还有一种方法则是将其曝晒,成为鱼干。如比目鱼,"舟人捉春时得之,则曝干为鲦"。鲦鱼"子多而肥,夏初曝干"②。曝干以后,就可以运输到较远的地方。

第三节 手工业

在手工业方面,由于元政府掌握了大量的匠户,所以,其官办手工业得到迅速发展。同时,民间手工业也有了一定程度的发展。

一、官营手工业

1. 纺织业

庆元路的官营纺织业主要由织染局负责生产。织染局隶属于路总管府,在城西北隅阅武坊,原为宋贡院,至元二十七年(1290 年)建屋置局。泰定二年(1325 年),鄞县尹阮申之改建后,其规模相当大,拥有土库 3 间,库前轩屋 3 间,门楼 3 间,厅屋 3 间,前轩厅后屋 1 间,染房屋 4 间,络丝堂 14 间,机房 25 间,打线场屋 41 间,另有吏舍 3 间,土祠 1 间。染织局主要生产印染纺织品,每年生产的丝织品共 3291 缎,主要有纻丝 1726 缎,丝绸 1565 缎。其中纻丝分为暗花与素色两类,而丝绸则有胸背与斜纹两种。丝织品的花色品种非常繁多,有枯竹褐、秆草褐、驼褐、蓝青、枣红、鸦青、明绿、橡子竹褐等花色。③

---

① 《元典章》卷二二《户部·盐课·越界鱼鲞不拘》,中国书店 1990 年版。
② (元)《至正四明续志》卷五《土产》,《宋元方志丛刊》本,中华书局 1990 年版。
③ (元)《至正四明续志》卷六《赋役》。

然而,到了元末至正后期,庆元的官营手工业逐渐走向衰败,而织染局也是"岁久弗治,匠工散处"。至正二十三年(1363年),郡守忽欲理持在杂造局旧址上重建织染局,其正堂命名为"彰彩堂"[1]。庆元的官营织染业得到了暂时的恢复。

2. 煮盐业

庆元地区是海盐的重要产地,元政府在这里设置了两浙都转运盐使司分司。两浙所辖的34处盐场中,庆元地区就有10处,分别是鄞县的大嵩盐场,昌国州的岱山、正监、芦花盐场,慈溪的鸣鹤盐场,定海的清泉、穿山、龙头、长山盐场,象山的玉泉盐场;另外,余姚州还有石堰场。其中,规模最大的是慈溪的鸣鹤盐场,鸣鹤盐场原来由鸣鹤东、鸣鹤西、石堰三个盐场组成,在元贞年间合而为一,"地大课丰,雄于浙左"[2]。

表2—4 庆元路诸盐场产量(附余姚州)

地区	盐场	延祐年间产量(引)	至正年间产量(引)
鄞县	大嵩	5988	9291
慈溪	鸣鹤	28000	24485
定海	清泉	7337	19115
	穿山	7292	12139
	龙头	6735	9449
	长山	8483	7146
昌国州	正监	6361	8572
	岱山	7005	8183
	芦花	6871	8209
象山	玉泉	9343	13017
余姚州	石堰	9000	

资料来源:(元)《延祐四明志》卷一二《赋役考》、(元)《至正四明续志》卷六

---

[1] (清)徐兆昺《四明谈助》卷七《北城诸迹一中》,第210页,宁波出版社2002年版。
[2] (元)郑谦《重建盐课司厅记》,(明)天启《慈溪县志》卷一四《艺文志·碑记》,天一阁博物馆藏抄本。

《盐课》。

庆元路各盐场的盐产量。元统三年（1335年），两浙的年产盐额是48万引，而庆元地区至正初年各盐场的年产量就有11万引，占两浙总产量的23%。

元代庆元地区的产盐技术有了进一步的提高，生产工具得到了改进。昌国州正监盐司原来的制盐办法是在每年六月两汛之际取盐卤，在八月用铁制盐盘进行煎炼，但如果取盐土时天气阴雨，就耽搁了一年的生产任务。大德元年（1297年），昌国州正监盐司管勾黄天祐对此进行了改进，改用竹编的盐盘随时取盐土，从春天就开始煎炼盐卤，食盐生产不再受到气候的制约，产量也大大提高了。灶户不再担心完不成任务受到官府的催促，"实多便之"①。从至正初年的盐额来看，庆元诸盐场除了鸣鹤与长山的产量减少外，其他盐场的产盐量均有增加。

3. 造船业

庆元从宋代以来，就能够制造各种船只，到了元代，船只制造得以继续。根据海运与河运不同的特点，庆元能制造不同功能的海船与河舟。元代末年，各地战事频繁，定海"岁修治海舟，盖难以数计"②。表明当时庆元地区修造战船的规模相当大。

4. 武器制造业

元代庆元路设有杂造局，位于城西北隅河利桥东，至元十三年（1276年）利用宋平籴仓基改置，主要负责军器的监造。根据史料记载，庆元每年要造军器175副送交行省，其中盔甲105副，包括黑漆罗圈铁甲88副、四巴水牛皮甲17副；手刀115口，弓箭袋、箭葫芦等各55副。③

5. 印刷业

从南宋以来，明州的刻书业，无论是官刻本、坊刻本还是私家刻本

---

① （元）大德《昌国州图志》卷五《叙官》，《宋元方志丛刊》本，中华书局1990年版。
② （元）戴良《九灵山房集》卷一九《许丞传》，《四库全书》文渊阁本。
③ （元）《延祐四明志》卷一二《赋役考》，《宋元方志丛刊》本，中华书局1990年版。

都有相当的规模。① 到了元代,庆元路的印刷业继续向前发展。

陆深《金台纪闻》指出:"元时州县皆有学田,所入谓之学租。以供师生廪饩,余则刻书,工大者合数处为之,故雠校刻画颇有精者。"② 正是地方儒学有了充足的资金来源,为刻书奠定了经济基础。庆元路儒学也不例外,在刊刻书籍方面起到了重要的作用。早在延祐年间,庆元路儒学就有"九经"刻板1106块。当然,其中也可能有南宋刻制而遗留下来的书板。此后,大规模的刊书活动屡见于史乘。泰定二年(1325年)十二月,由浙东廉访佥事孙楫刊著名学者王应麟的《困学纪闻》20卷,刻版231块,"乃鸠工度费于学储给焉,工食之粟则翰林学士袁先生倡助之,本学官及岱山长共助以足其用"③。则该书由庆元路儒学出资召集刻工,袁桷和儒学官员等负责刻工的伙食及其他费用。此书刊印非常精良,目前日本可能有藏。中国国家图书馆所藏傅增湘捐赠本,可能是泰定二年本的重刻本,目前已收入《四部丛刊》、《中华再造善本》。

后至元六年(1340年),庆元路儒学联合浙东七所儒学刻印了一批王应麟的著作,有《玉海》、《辞学指南》、《诗考》、《诗地理考》、《集解践阼篇》、《补注周书王会》、《补注急就篇》、《小学绀珠》、《六经天文编》、《汉书艺文志考证》、《通鉴地理通释》、《汉制考》、《姓氏急就篇》、《通鉴答问》、《周易郑康成注》等15种。这次刊刻由浙东都事牟应复建议,顺帝至元三年(1337年)由宣慰使都元帅也乞里不花命刊。④ 刊刻工程浩大,仅《玉海》一书就有200卷,刻板达4774块,历时两年方完成。⑤ 至正二十四年(1364)六月,元刊本《玉海》为方国珍送

---

① 乐承耀《宁波古代史纲》,第184~185页,宁波出版社1995年版。
② 顾炎武《日知录集释》卷一八《监本二十一史》引,上海古籍出版社1985年版。
③ 陆晋之《困学纪闻后序》,见王应麟《困学纪闻》卷后,《四部丛刊》三编本。
④ (元)《至正四明续志》卷七《学校》。按《至正四明续志》遗漏《周易郑康成注》,此据民国《鄞县通志·文献志》补。
⑤ (宋)王应麟《玉海·后序》,《四部丛刊》本。

往朝鲜。①

庆元路刊刻的书籍还有：顺帝至元六年（1340年）刊刻的南宋慈溪人张虑所著的《月令解》，至治元年（1321年）刊刻的袁桷的《延祐四明志》，至正元年（1341年）庆元路儒学重新刊刻的宝庆《四明志》，至正三年庆元路儒学刊刻程端学的《春秋本义》、《春秋或问》、《春秋辨疑》，至正十六年刘廷干重刊的《汲冢周书》。这些书板不仅在当时起到了保存和传播文化的作用，不少书板如《玉海》、《春秋本义》等还在明初洪武八年（1375年）被送到南京国子监后继续使用，经过历代不断的修补，甚至使用到清代乾隆年间。②

6. 马称德活字印书

元代著名科学家王桢改进并推广了活字印刷。王桢后20多年，庆元奉化州知州马称德也使用了活字印刷刊印书籍，"活书板镂至十万字"③。至治二年，他利用活字书板印刷了宋真德秀的《大学衍义》等书，并藏之于奉化州儒学尊经阁上，而其中仅《大学衍义》就有43卷20册。④

除此之外，一些庆元地区刻工还去日本刻书谋生。如在元初到达日本的庆元刻工徐舟和洪举就在日本正应二年（至元二十六年），为日本三圣寺开山东山湛照刊刻了《雪窦明觉大师语录》，洪举还刊刻了《祖英集》。⑤ 他们利用自己的刻书技术雕刻书籍，促进了日本印刷业的发展。

二、民间手工业

庆元劳动人民利用本地丰富的物产资源，在造纸、编织、酿造业等

---

① 吴晗编《朝鲜李朝实录中的中国史料》，第一册，第11页，中华书局1980年版。
② （民国）《鄞县通志·文献志》，第2122～2125页，宁波出版社2006年版。
③ （元）李洧孙《知州马称德去思碑记》，（清）乾隆《奉化县志》卷一二《艺文志》，乾隆三十八年刻本。
④ （元）邓文原《建尊经阁增置学田记》，（清）乾隆《奉化县志》卷一二《艺文志》。
⑤ 郭树云《中国雕版印刷向日本传播的途径》，《兰州大学学报》1999年第2期。

民间手工业方面都形成了自己的特色。

1. 造纸

造纸方面,鄞县的章溪出产皮纸;奉化州的棠溪则盛产竹纸与皮纸。野藤是制作纸张的重要原料,百姓们常利用山间采来的野藤制作纸张,戴表元有诗云:"剡溪春水碧鳞鳞,剡水野藤如乱云。剡人伐藤就溪洗,匠出素笺黄土纹。大笺敷腴便竿牍,小笺轻盈日千束。"①称赞了当地出产剡笺的优质和高产。由于品质优良,纸制品还成为文人间馈赠的礼物。

2. 编织

在编织业方面,庆元的草席早在宋代已经是闻名遐迩,号称"明席",还远销到海外。鄞县的甬东就是编织业重镇,当地种植了大量用于编织草席的席草,百姓以编织草席为业,收益远高于种田的收入。②竹器也是重要的手工业产品,庆元出产的薰篝焙笼,其他地方都没有生产,很有地方特色。

3. 酿酒业

自宋以来,庆元的酿酒业就比较发达,这从考古发现中已经得到了证明。进入元代,一般在城市中实行"散办",由商人自行酿造并纳税;在广大农村则是按户摊派。对于这一时期庆元酿酒业的情况,目前还没有更多直接的史料,但庆元地区每年征收的酒课就有中统钞4485余锭,是政府税课中的重要部分,也折射出酿酒业的重要地位。为了扩大生产,商人还使用了雇工,如定海县就有商人雇用劳力酿酒。③

4. 冶铁业

元代宁波的冶铁业规模不大,庆元路主要在奉化州冶炼,生铁是从福建、广东等地运入,冶炼后铸造成各种器物。宁海的冶铁业相对比较发达,每年的铁冶课有70余锭。

---

① (元)戴表元《剡源戴先生文集》卷二八《剡笺送任叔实》,《四部丛刊》本。
② (元)《至正四明续志》卷五《土产》,《宋元方志丛刊》本,中华书局1990年版。
③ (元)戴良《九灵山房集》卷二三《故翰林待制致仕汪君墓志铭》,《四库全书》文渊阁本。

5. 私人刊书

文人自费刊刻书籍是当时的主要形式。著名文人袁桷在延祐七年(1320年)刊刻林钺《汉隽》，其文集《清容居士集》也是袁氏家刻本，字体仿当时流行的赵孟頫书体，娟秀圆润，精美异常。元统三年(1335年)十一月，程端礼的门人与友人捐资刊其所著《程氏家塾读书分年日程》于"甬东之家塾"，书板共90片。①

第四节　商业

宁波濒临东海，腹地广阔，贸易向来发达。

一、国内贸易

由于靠海，宁波的许多土地坚硬而贫瘠，且多沙岸滩涂。在这些不宜耕种农作物的地区，劳作本身就非常辛苦，而且农作物产量很低，百姓一年忙到头还是少有积蓄。所以，地方百姓更愿意从事渔盐等海产的经营而获利。在这种情况下，"人惯风涛，从事舟楫，逐渔盐什一微利，少知礼让诗书之教。……非其才之罪，亦风气地势使然"②。如定海县，由于土地多盐碱，即使勤劳的农夫，一年的收获也难以满足自身的需要，于是多不愿意从事耕作，"弃本逐末者众"。从整个庆元地区来看，"计之户口，藉贩粜者半之"，从事商业活动的人占到总人口的一半。③ 人们只能从事商品贸易来维持生计。

本地丰富的物产以及交通的进一步发展，为本地区商品经济的发展奠定了基础。从前面论述来看，作为商品贸易的物品，相当广泛。

---

① 薛观处识语，见《程氏家塾读书分年日程》书后，《四部丛刊》续编本。
② (元)刘仁本《羽庭集》卷五《饯定海县尹汪以敬诗序》，《四库全书》文渊阁本。
③ (元)《至正四明续志》卷五《土产》，《宋元方志丛刊》本，中华书局1990年版。

农产品中的米、麦,经济作物中的桑麻、茶叶、蔬菜、果实、药材,手工业品的纺织品、纸张、器皿、酒醋、书籍,海产品中的藻类、鱼、虾、蟹、贝类等,都是贸易的物品。而昌国、定海、象山等州县濒临大海,海产资源丰富,如沿海沙屿,各种海产会聚。"富商大舶,往往为市,居人获利甚厚。"①大量的海产品经过腌制后贩运到其他地方,许多人依靠贸易而致富。

由鄞县迁居定海的夏氏是依靠甬江资源贸易致富的典型。鄞县农民夏文华世居甬江边,有8个儿子,家庭贫穷。二子夏荣显(1311—1365年)决心改变现状,对人说:"吾世浸衰,吾不能服勤自立,不名为人。"②三子夏荣达(1314—1361年)自小就有才华和骨气,不肯受人欺负。但是家庭贫困,又没有资本可图进取。有一天,他感叹说:"与其进退皆困,莫若择一要津为货殖。谋幸而遂,我志可舒。"定海的白砂(今宁波市江北区下白沙),"其地当海舟泊步处,而绝海之商,通蕃之贾,往往贸迁于此"③。于是,夏荣显带领老三、老四,迁居定海。夏氏三兄弟苦心经营,精打细算,"不数年间,遂甲诸室"④。夏氏三兄弟财货充溢,粮食满仓,成为定海的富户,"而定海之言富室者,归夏氏"⑤。最后,全家迁居定海。

庆元多山,动植物资源也非常丰富。采斫四明山的野藤就是当地百姓农忙之余重要的收入来源,其收入甚至超过了种田。戴表元的《采藤行》就勾勒出深山采藤人的形象:"一春辛苦无别业,日日采藤行远冈。山深无虎行不畏,老少分山若相避。忽然遇藤随意斫,手触藤花落如蜩。藤多力困一罄呻,对面闻声不见人。日昃将来各休息,妻儿懒拂灶中尘。须臾叩门来海贾,大藤换粮论斛数。小藤输市亦值

---

① 《庆元路重修儒学碑》,(清)光绪《鄞县志》卷六〇《金石下》,《中国地方志集成》本,上海书店出版社1993年版。
② (元)戴良《九灵山房集》卷二三《真逸处士夏君墓志铭》,《四库全书》文渊阁本。
③ (元)戴良《九灵山房集》卷二三《玄逸处士夏君墓志铭》。
④ (元)戴良《九灵山房集》卷二三《真逸处士夏君墓志铭》。
⑤ (元)戴良《九灵山房集》卷二三《玄逸处士夏君墓志铭》。

钱,籴得官粳甜胜乳。"①药材也是丰富的物产,根据地方志的记载,庆元土产中药材占到了相当的比重,主要有山药、黄药、半夏、何首乌等等。药材也成为地方商品贸易的大宗货物,甚至远销到日本等地。

在庆元各州县中,商品经济最为发达的当属录事司与鄞县,商税缴纳比重最大。一段时间里,由于地方政府急征苛取,课税较重,四方商人不愿到庆元进行商品贸易,商品流通减少,市场凋敝。至正元年(1341年)提领孟完哲笃到任后,针对这一状况,提出:"宽征薄取,则远方之人闻而悦之,辎装重载其来也孰御?"②此后,录事司与鄞县的商业得到发展,每日课税达到钞币12锭多。

宁波的国内贸易也有一定的发展。元中叶,鄞县商人倪谥(1268—1333年)曾经派人到泉州南部贸易,"得米盈巨舰"。因为有了倪谥的鼓励,到宁波的运米商船有六十余艘。而此时宁波发生饥荒,"时价腾踊,群商且得志",倪谥"故损其直",那些商人瞠目恨倪谥,倪谥曰:"以千人之饥,为一己利,可乎?"③由此可见,福建商人到宁波经商者不少。

庆元周边地区,随着元统治的稳定,经济也得到了发展。奉化州城,"商贾争趋,民乐其业"④。慈溪县东十五里的文溪市,物产丰富,"民物富庶,商贾辏集"。当地有酒楼三座,每日歌舞之声不绝于耳,地方商业相当发达。⑤

昌国州偏处海隅,资源匮乏,在南宋时期就是"商贾之所不至",故无商税可征。⑥ 随着地区经济的发展,商业有了一定的起色。由于"田之近山者多旱干,近海者多斥卤,粳与糯咸不宜焉,则平土能有几何?

---

① (元)戴表元《剡源戴先生文集》卷二八《采藤行》,《四部丛刊》本。
② (元)郑奕夫《在城都税务记》,(元)《至正四明续志》卷三,《宋元方志丛刊》本,中华书局1990年版。
③ (明)乌斯道《春草斋集·文集》卷五《转运使掾倪君太亨行状》,《四库全书》文渊阁本。
④ (清)乾隆《奉化县志》卷四《建置志·街市》,乾隆三十八年刻本。
⑤ (明)天启《慈溪县志》卷三《闾里》,天一阁博物馆藏卢夑堂1980年抄本。
⑥ (明)大德《昌国州图志》卷三《税课》,《宋元方志丛刊》本,中华书局1990年版。

故岁得上熟,仅可供州民数月之食,全藉浙右客艘之米济焉"①。"岁或仰谷他郡"②,所以,贸易中粮食的比重比较大。元占领昌国后,原本打算征收商税,但遭到当时昌国县尹王元善的反对。王指出:"县涉鲸波,商贾道阻,乞罢勿立"③,因而此议最终作罢。但到了至元二十五年(1288年)还是开始征收商税,当时每月只有中统钞1锭多,到大德初年已经增加到3.5锭。④ 到了延祐年间,昌国州的税课每年已经达到103锭余。⑤ 当然,这其中有地方政府增加税额的因素,但地方经济得到发展是显而易见的。

二、海外贸易

(一)海外贸易管理体制

元朝统治时期,海外贸易在南宋的基础上有了很大的发展。元政府十分重视庆元地区的海外贸易,尽管有元一代的对外贸易政策并不稳定,随着政治形势的变化时开时禁,但庆元与泉州、广州一直是元代重要的对外贸易港口。程端礼就指出:"明为浙东大郡,其阳大海,远迩方物,夷商贸迁,风帆浪舶,万里毕集,事视他郡尤剧。"⑥海外贸易给元政府带来了巨大的收益,"所入之货尝以万计"⑦。

1. 庆元市舶司的建立

元代的海外贸易是由元政府直接管理的。管理海外贸易的机构沿袭了南宋的制度,称为市舶提举司。早在元世祖至元十四年(1277年),在攻取南宋临安之后不久,元政府就在泉州、庆元、上海、澉浦设

---

① (元)大德《昌国州图志》卷四《叙物产》,《宋元方志丛刊》本,中华书局1990年版。
② (元)吴莱《颖渊吴先生文集》卷七《甬东山水古迹记》,《四部丛刊》本。
③ (元)邓文原《巴西集》卷上《故建昌路南城县尹王君墓志铭》,《四库全书》文渊阁本。
④ (元)大德《昌国州图志》卷三《税课》。
⑤ (元)《延祐四明志》卷一二《税课周岁该办》,《宋元方志丛刊》本,中华书局1990年版。
⑥ (元)程端礼《畏斋集》卷五《庆元路总管沙木思迪音公去思碑》,《四库全书》文渊阁本。
⑦ (元)苏天爵《元文类》卷四〇《市舶》,《四库全书》文渊阁本。

置市舶司，其中庆元等地市舶司由福建安抚使杨发统领。① 庆元市舶司设置提举 2 员、同提举 1 员、副提举 1 员。之后又增设了广州、温州、杭州等市舶司。至元三十年（1293 年）四月，将温州市舶司并入庆元。② 大德二年（1298 年），又将上海、澉浦两市舶司并入庆元市舶提举司，隶属中书省。自此，庆元市舶司成为整个江浙地区海外贸易的基层管理机构和职能部门。由于各种因素的影响，元政府先后于世祖至元末年、成宗大德七年、武宗至大四年（1311 年）、仁宗延祐七年（1320 年）四次禁止海外贸易，庆元市舶司也被革罢，但持续时间都不长。而市舶司所隶属关系前后也有所变化，先后隶属于行泉府司及中书省。至治二年（1322 年）七月，复立泉州、庆元、广东市舶提举司，专知市舶，直隶所在行省。此后庆元的市舶司再没有发生大的变化，一直到元末至正二十五年（1365 年）才撤销。③

庆元市舶司由市舶司的办公衙署与贮藏舶货的市舶库两部分构成。根据《至正四明续志》卷三《在城公宇》的记载，市舶司位于城东北隅姚家巷，是在原来南宋仓官屋舍原址上重建而成。元代庆元市舶司的位置在今宁波市旗杆巷北的东后街与车桥街交界的西侧。④

市舶库在城东南隅灵桥门内车桥东，在原南宋市舶务的旧址上修建而成，有库房 28 间。⑤ 根据近年的考古发掘表明，元代市舶库直接叠压在宋代市舶库基础之上。⑥ 另据 1977 年宁波市文管会调查报告，庆元市舶库的址界范围大致为：西至常平街，东至冷藏公司大门，南至

---

① （明）宋濂《元史》卷九四《食货志二》，中华书局 1976 年版，又《延祐四明志》卷三载至元十五年立提举庆元市舶使司，记载互异。抑或至元十四年颁布诏令，至元十五年方才设立。
② （明）宋濂《元史》卷一七《世祖本纪十四》。
③ （明）成化《宁波郡志》卷三《廨宇》，见俞福海主编《宁波市志外编》，第 334 页，中华书局 1998 年版。
④ 林士民《宁波考古新发现》，宁波市政协文史委编《宁波文史资料》（内）第二辑，1984 年版。
⑤ （元）《延祐四明志》卷八《公宇》，（元）《至正四明续志》卷三《在城公宇》，《宋元方志丛刊》本，中华书局 1990 年版。
⑥ 丁友甫《市舶司遗址考古初显成果》，《浙东文化》1995 年第 1 期。

食喉闸河,北至又新街。① 几处街址现已不存。

城东灵桥门北有来远亭,是市舶司为舶商办理抽分手续的场所,内通市舶库。与宋代相比,其规模有所扩大,"亭南有石墙围通行路,北置土墙为界"。泰定二年(1325年),市舶副提举周灿在此又创建厅屋9间,作为监收舶商搬卸货物的场所。② 为了便于停泊卸货,又在临奉化江处构筑了一批石砌的码头。因此,有学者认为"元代庆元的港埠设施比宋代更为齐备"③。据考证,来远亭亭址在今宁波市东渡路水弄口,世贸中心大门对面。④

商船停泊的码头是濒临奉化江的下番滩码头。1985年,宁波市文物部门对离奉化江约70余米的华联大厦工地进行考古发掘,清理出两处元代海运码头遗址。据1996年秋宁波市文物保护管理所刊刻在今华联大厦东面墙上的"元海运码头遗址"铭文记载:"北面码头长十米以上,残高零点九米,用四层条石砌成,东侧有密集木桩护围;向南五米处码头长六点五米,宽四米以上,以木桩穿插护边,由大石板和石块堆叠而成,其东侧有一宽零点五五米,长四米以上的石板行,似同引桥。"⑤

2. 市舶征税

市舶司专门管理海外贸易,职能是"每岁招集舶商,于蕃邦博易珠翠香货等物。及次年回帆,依例抽解,然后听其货卖"⑥。至元三十年(1293年)八月,制定了"市舶则法二十二条",对海外贸易进行控制。为防止一些商人偷逃舶税以及约束市舶司官吏的行为,江浙行省在舶商回帆之际,要派遣一些重要官员到抽解之所,监督抽分过程。"先封其堵,以次抽分,违期及作弊者罪之。"具体的抽税方法,根据世祖至元

---

① 林瑛《明州市舶史略》,《海交史研究》1981年第3期。
② (元)《至正四明续志》卷三《公宇·来远亭》,《宋元方志丛刊》本,中华书局1990年版。
③ 林士民《三江变迁——宁波城市发展史话》,第149页,宁波出版社2002年版。
④ 林士民《宁波考古新发现》,宁波市政协文史委编《宁波文史资料》(内)第二辑,1984年版。
⑤ 参江静《元代中日通商考》,《中日关系史料与研究》2002年第5期。
⑥ (明)宋濂《元史》卷九四《食货志》,中华书局1976年版。

二十年六月制定的抽分原则,"舶货精者取十之一,粗者十五之一"①。至元三十年又规定诸处市舶司于抽分之后再三十抽一为税。延祐元年(1314年),抽分原则又改为细货十分抽二,粗物十五分抽二。抽分所得货物,一部分上供朝廷,另一部分由市舶司就地出售,价格由地方政府制定。如泰定年间,江浙行省下檄都元帅李允中,将庆元市舶司抽分的货物在民间出售,由于定价过高,销售不出去,其他人慑于他的威严也不敢提出建议,后经市舶吏目倪谥"具陈其状,公私便之"②。

对于私藏舶货的商人,处罚非常严厉。"凡诸舶户有敢私匿舶货者,则尽没入所有,而罪其人如律。"③倪谥为庆元市舶吏目时,有商人私下在船上藏匿了一大筒价值不菲的珍贵香料——龙脑,企图逃避检查以获取暴利,恰好为倪家家童所得,倪谥发现后,思量再三,最后将龙脑沉于水中了事。④

到了元中后期,庆元市舶制度得不到很好的执行,主要是用人不当,常委派一些不擅长市舶事务的官员监临抽解。他们趁机勒索舶商,从中谋取私利,严重危害了商人的利益。⑤ 为此,至正二年(1342年)十二月,江浙行省右丞相约苏穆尔到庆元监抽市舶,他到来之后就开始整顿市舶吏治,抚恤受害商人。他依据市舶法规处理事务,办事雷厉风行,严防官吏舞弊营私。于是,"宿弊尽革"⑥。走的时候,舶户王良臣等要求立碑纪念。

3. 舶户

舶户即专业的海外贸易经营户。"舶户"始见于南宋,频繁出现于元代。元代仿南宋,实行海外贸易专业化的"舶户"制度。凡出海贸易

---

① (明)宋濂《元史》卷一二《世祖本纪九》,中华书局1976年版。
② (明)乌斯道《春草斋集·文集》卷五《转运使橼倪君太亨行状》,《四库全书》文渊阁本。
③ (明)乌斯道《春草斋集·文集》卷五《转运使橼倪君太亨行状》。
④ (明)乌斯道《春草斋集·文集》卷五《转运使橼倪君太亨行状》。
⑤ (元)程端礼《畏斋集》卷五《庆元路总管沙木思迪音公去思碑》、《监抽庆元市舶右丞资德约苏穆尔公去思碑》,《四库全书》文渊阁本。
⑥ (元)程端礼《畏斋集》卷五《监抽庆元市舶右丞资德约苏穆尔公去思碑》。

的船只、货物、人数,必须有牙人出面担保,经过市舶司的审核批准,然后发给"公验"、"公凭"。手续齐全后,商人才能发船下蕃"博易"。元明间,宁波有 36 家货物仓库。杨守阯作的《冯常墓志》称:"元季,冯元明自慈溪徙于千岁坊,擅夷舶贸易之利,以高资闻。累甓作库,以居贿。同其时,有库者盖三十六家。俱后销亡,而此库犹存,人呼为冯家库。"① 可见,元明之交,宁波的中外贸易较为发达。慈溪冯氏就是一位在明州港从事贸易而发财的商人。因为发了财,于是在宁波城里造了房子。外贸生意需要仓库,冯家库就是当时 36 个仓库之一。然而到了明初,在打击商人的政策下,36 家贸易商全部覆没。

(二)海外贸易的繁荣

海外贸易促进了庆元地区经济的发展,大量的海外商人与各种奇珍异宝聚集于此。"招徕或外域,贸易从兹乡。嘔咿燕国语,偵倒龙文裳。方物抽所宝,水犀警非常。驱鲰作旗帜,驾鳌为桥梁"。② 吴莱的诗句生动体现出当时庆元海外贸易的繁荣景象。大量异国商人的到来,他们奇异的容貌和衣着也给人留下了深刻的印象,旅居四明的文人张翥(1287—1368 年)在《四明寓居即事》中就有"船来蛮贾衣裳怪"③的诗句。最重要的是,海外贸易为庆元带来了大量的税收。张翥在《送黄中玉之庆元市舶》中指出:"是邦控岛夷,走集聚商舸,珠香杂犀象,税入何其多。"④ 至正年间,庆元的市舶税将近 504 锭。⑤ 用来贮存舶商到港后准备抽分货物的庆元市舶库,其库房有 28 间,以"天开瀛海藏珍府,今日规模复鼎新,货脉流通来万宝,福基绵远庆千春"28 字为号加以区别,⑥可见其规模之大。

---

① 转引自徐兆昺《四明谈助》卷一三《北城诸迹四上·冯家库》,第 372 页,宁波出版社 2000 年版。
② (元)吴莱《颖渊吴先生文集》卷四《次定海候涛山》,《四部丛刊》本。
③ (元)张翥《蜕庵集》卷三,《四库全书》文渊阁本。
④ (元)张翥《蜕庵集》卷一《送黄中玉之庆元市舶》。
⑤ (元)《至正四明续志》卷六《市舶》,《宋元方志丛刊》本,中华书局 1990 年版。
⑥ (元)《至正四明续志》卷三《在城公宇》。

那么,庆元地区海外贸易中主要是什么货物呢?

1. 进口货物

根据《至正四明续志》中的相关记载,进口货物主要分为以下两大类:

细色。主要是一些贵重货物,有贵重珍宝与金属,如珊瑚、玛瑙、水晶、犀角、琥珀、倭金、倭银、象牙、玳瑁等;香料,如麝香、龙涎香、丁香、交趾香等;还有药材,如人参、鹿茸、牛黄、雄黄、红花等。

粗色。指一般性商品,以普通的药材、香料、布匹、木材、矿物为主。

两类货品中,细色贵重奢侈品共 134 种,粗色一般商品有 89 种。从种类总量来看,根据《宝庆四明志》的记载,南宋庆元海外贸易货物种类是 160 余种,而元代庆元市舶货物已经达到了 223 种。[①] 可见,元代庆元地区的海外贸易的种类与规模有了进一步的扩大。

有学者指出,元代庆元舶货进口一个显著的特点是生产、生活用物品明显增多。这使海外贸易对国计民生的重要性得到体现,也使庆元人民生产、生活的用品得到满足。另外,大量外国商品的输入和各种农产品、手工业品的输出也促进了庆元地方经济的发展。[②]

2. 输出货物

元代中外贸易中我国输出的商品种类繁多,主要有农产品与手工业品两大类。[③]从庆元出口的货物来看也是如此,主要是药材、茶叶、香料、瓷器、金属器皿等。其中药材、香料与瓷器的出口量相当大。庆元盛产多种药材,如山药、黄药、艾叶等,种类达到 31 种;而瓷器主要是景德镇和龙泉窑出产的青白瓷。这可从 1977 年在韩国新安外方海

---

① 陈高华《元代的海外贸易》,《历史研究》1978 年第 3 期。
② 乐承耀《宁波古代史纲》,第 259 页,宁波出版社 1999 年版。
③ 陈高华《元代的海外贸易》。

域发现的元代由庆元启航的贸易沉船中打捞出的货物得到证明。① 其中,药材、香料的数量相当大,只是由于长期受海水浸泡,只剩下腐败的残骸,但仍可辨认出如胡椒、肉桂、山茱萸、巴豆等香料和药材。而打捞上来的瓷器数量更是惊人,共有16100余件,其中青瓷10400余件,占瓷器总数的64.6%;青白瓷居第二,包括枢府器5100余件,占总数的31.6%。其中典型的有卧女枕、龙纹海瓶、牡丹纹鱼耳瓶、玉壶春瓶、凤纹执壶、象耳壶、花四盘、镶银扣碗、桃形盖等等。② 它们中不乏高品质的瓷器,如号称"枢府瓷"的一种专为御用或官用而烧造的卵白釉瓷器,胎体洁白、温润如玉;另外,还有"使司元帅府公用"字样的龙泉青瓷。在韩国新安沉船遗物中还有长1—2米的紫檀木1017件,可见贵重木材也是海外贸易的货物。庆元的草席也远销海外,成宗时曾出使真腊(今柬埔寨)的温州人周达观在《真腊风土记》中就记载了当地居民"地下所铺者,明州之草席"③。可见,庆元出产的物品已经通过海外贸易进入东南亚百姓的日常生活。

三、庆元与日本的海外贸易

与庆元地区有贸易往来的国家很多,但主要是日本。庆元港从宋代以来一直就是对日的贸易港,与泉州、广州相比,庆元距日本最近。在当时,从庆元出发,一般情况下七八天就可到达日本。因此,日本开往中国的商船几乎都驶向庆元港。④ 木宫泰彦就指出:"日元之间的贸易港,在元朝是庆元,在日本是博多。因此,所有的商船都来往于这两港之间。"⑤博多就是今天日本的福冈。根据学者对中日历史文献中庆

---

① 关于此船的始发港学术界还存在着争议,有庆元、温州、福州等三种观点,但有相当一部分中、韩学者认为该船是从庆元出发的。
② 林士民《从明州古港出土文物看景德镇宋元时期的陶瓷贸易》,《景德镇陶瓷》1993年第4期。
③ (元)周达观《真腊风土记》,第165页,中华书局1981年版。
④ [日]木宫泰彦《日中文化交流史》,第400页,商务印书馆1980年版。
⑤ [日]木宫泰彦《日中文化交流史》,第401页。

元通航日本记载的统计,共有18次。① 由此可见庆元在元代中日贸易中的优势地位。

1. 以输出为主

元代中日贸易中,庆元从日本进口的货物,根据《至正四明续志》卷五《市舶物货》的记载,从货品名称上判断有倭金、倭银、倭铁、倭条、倭櫑、倭枋板柃等。由于记载中没有列出具体的国家,因此,根据《宝庆四明志》卷六《市舶》中记载的宋代对日本贸易中所进口的日本货物来看,到了元代还应该有水银、鹿茸、茯苓、珠子、硫黄、螺头、合簟等。

很长时期内由于元与日本的外交关系紧张,元政府禁止中国商人到日本进行贸易,结果,元代的中日贸易出现了大量日本商船入元而甚少元船赴日的"一边倒"的现象。对庆元来说,主要是对日的出口贸易。木宫泰彦指出,元输往日本的货物主要是铜钱、香药、经卷、书籍、文具、唐画、什器以及各种织物等。② 而有关文献与考古资料也表明,从庆元输往日本的货物中,铜钱、瓷器、药材、香料、金属器皿都是重要的内容。其中如铜钱,早在世祖至元十四年(1277年)就有日本商人携带黄金到元朝,请求兑换铜钱。③ 尽管后来元政府担心铜钱外流而禁止在海外贸易中使用铜钱,但还是有大量的铜钱私下流向日本。如延祐五年(1318年),就有日本商船载客商五百余人,"意投元国庆元路市舶司博易铜钱、药材、香货等项"④。如在韩国发现的元代沉船遗物中就有重达28吨、数量达800万枚的铜钱,既有早期的五铢钱,又有唐、宋、辽、金、西夏、元等各朝代所铸造的钱币。而瓷器正如前面所述,数量也非常大。另外,有金属制品与紫檀等贵重木材。⑤ 在沉船中

---

① 江静《元代中日通商考略》,《中日关系史料与研究》2002年第5期。
② [日]木宫泰彦《日中文化交流史》,第403页,商务印书馆1980年版。
③ (明)宋濂《元史》卷二〇八《日本传》,中华书局1976年版。
④ (清)乾隆《温州府志》卷三〇《杂记·番航》,《中国地方志集成·浙江府县志辑》,上海书店出版社1993年版。
⑤ 吴学军、周建平《探询"新安沉船"的前世今生——"海外寻珍团"在韩国新安考察元代沉船》,《宁波日报》2003年10月5日。

还发现了大量的香料和药材,如胡椒、肉桂、山茱萸、巴豆、槟榔、高良姜、草果、莪术、榛子等。① 其中,胡椒的数量相当大,在发掘现场曾打捞到一只木箱,里面装满了胡椒。②

2. 元政府对日商的防范

由于元与日本两国关系并不正常,经常处于紧张的对峙状态,元世祖先后在至元十一年(1274年)与至元十八年两次派军队征讨日本,这使两国贸易也受到一定的影响。如元大德九年(1305年),日本商船到达庆元,元方不愿互市,有意提高日商舶货的抽分率。③ 但两国之间的贸易往来并没有真正中断,学者研究表明,元代日本商船来元进行贸易的次数相当多。据不完全统计,从至元十四年到至正二十四年(1277—1364年)的88年中,有43航次的通商记载,而且贸易量"实际恐怕要多好几倍"④。即使在元日关系非常紧张的至元十四年,元政府还允许日商用黄金贸易铜钱。至元十五年十一月,世祖还下诏允许沿海官府与日本商人通商。⑤ 至元十六年初,就有日本商船4艘、水手2000余人到达庆元港口,其时庆元路达鲁花赤哈剌䚟经过探查得知其确为贸易而来,于是,"言于行省,与交易而遣之"⑥。至元二十九年六月,日本船只又来庆元互市,"风坏三舟,惟一舟达庆元路"⑦。

为了沿海的安全,元政府对前来贸易的日商非常顾忌,明令地方严加防范。如至元二十九年十月,日本商船到庆元要求互市,船上甲仗具备,元政府担心日商另有图谋,下诏设立都元帅府,由哈剌䚟出任都元帅,以防海道。⑧ 大德十年(1306年)四月甲子,"倭商有庆等抵庆元贸

---

① 林士民《万里丝路——宁波与海上丝绸之路》,第225页,宁波出版社2002年版。
② [韩]尹炳武《新安打捞文物的特征及历史意义》,张仲淳译,《海交史研究》1989年第1期。
③ [日]木宫泰彦《日中文化交流史》,第403页,商务印书馆1980年版。
④ [日]木宫泰彦《日中文化交流史》,第389~393页《日元间商船往来一览表》。
⑤ (明)宋濂《元史》卷一〇《世祖纪七》,中华书局1976年版。
⑥ (明)宋濂《元史》卷一三二《哈剌䚟传》。
⑦ (明)宋濂《元史》卷一七《世祖纪十四》。
⑧ (明)宋濂《元史》卷一七《世祖纪十四》。

易,以金铠甲为献,命江浙行省平章阿老瓦丁等备之"①。在商船入港后,要将船上人员的姓名上报市舶司,所携带武器也要寄存在市舶司仓库,返航时发还。② 在贸易过程中,元政府还会专门派官员进行监督,并且规定"输其物以上于官,勿入郡城,勿止贸易"③。

方国珍统治时期(1357—1368年),倭寇屡屡进犯宁波。倭寇趁季风来临之际,在宁波沿海剽掠,成为北行航船的心腹之患,影响了南北间的海上运输。至正十七年(1357年),方国珍控制浙东,也多次出兵征讨倭寇,并且命令将士:"汝往必克,毋利其货,以遄其死,毋毒我土民。"天台士人陈仲宽在元帅钱公幕下担任都事一职,经常随钱公出巡,熟知陆海战法。他指出:倭寇船只轻便灵活,"出入波涛中若飞"。如果战事不利,倭船则靠近礁石地带,"大舟卒不可近"。而倭寇之所以能够顺利劫掠,主要在于"虏吾中国人日夥,就为向导,为羽翼",因此,"苟我军相攻击,玉石弗暇论,必令吾中国人自告者免,乃生致之,此又参佐所当言也"。经过方国珍的征讨,"自是东方以宁"④。由此可见,元朝末年,日本海盗就与某些中国商人内外相应,从事走私贸易活动。

但即使如此,冲突事件时有发生。这一方面是由于庆元市舶官员对日处置不当。程端礼即指出:"初倭寇来鄞,防御之官控御无度,且启肆慝,焚屋庐,剽玉帛,民甚患之。"⑤"曩年以金珠磊落,官吏受哄,致激事变"。⑥ 有时甚至是抢掠日商的货物,结果反受其害。程文海在称赞燕公楠对待倭商的政策时曾提到:"倭人入市庆元,有司不能用公(燕公楠)前后待之之道,而利其货宝,劫之以兵,反被杀略烧焚之

---

① (明)宋濂《元史》卷二一《成宗纪四》,中华书局1976年版。
② 方龄贵校注《通制条格校注》卷一八《市舶》,中华书局2001年版。
③ (元)袁桷《清容居士集》卷一九《马元帅防倭记》,《四库全书》文渊阁本。
④ (明)乌斯道《春草斋集》卷三《送陈仲宽都事从元帅捕倭寇序》,《四库全书》文渊阁本。
⑤ (元)程端礼《畏斋集》卷六《故中奉大夫浙东道宣慰都元帅兼蕲县翼上万户府谙勒哲图公行状》,《四库全书》文渊阁本。
⑥ (元)程端礼《畏斋集》卷四《送浙东帅掾朱子中考满序》。

祸。"①另一方面,倭船装备精良,利用一些事件,挑起事端以掠取财物。正如吴莱所说的那样:"出其重货,公然贸易,即不满所欲,燔焫城郭,抄掠居民。"②早在元大德十一年(1307年)就发生了日本商人与元朝官吏争吵,焚掠庆元的事件。③而元代庆元中日贸易争端中最严重的事件发生在至大二年(1309年)正月,"岛夷岁以土物互市,郡境吏卒侵渔之,不堪其忿,持所赍硫黄等药火城中官府故家,民居几尽"④。类似事件之后还有发生,以致于延祐三年(1316年),元政府以"浙东倭奴商舶贸易致乱",遣大臣虎都铁木禄宣慰闽、浙,"抚戢兵民,海陆为之静谧云"⑤。

一般情况下,只要监督官员举措得当,互市都能够顺利进行。泰定二年(1325年)冬十月,日本商人至庆元海口进行贸易,江浙行省命宣慰都元帅马铸至定海监督,"于是整官军,合四部以一号召,列逻船以示备御,戢科调、减驺从,除征商之奸,严巡警之实,虑民之投宪,为文以谕,收其帆橹器械,而舶法卒不敢移减自便"⑥。再如延祐四年,江浙行省左右司都事王克敬前往宁波监督倭人互市,"先是,往监者惧外夷情叵测,必严兵自卫,如待大敌。克敬至,悉去之,抚以恩意,皆帖然无敢哗"⑦。元后期,"倭商久不至,去年文舟入定海"。浙东元帅米公廉明公正,有才略,与浙东帅府掾朱子中统军镇遏。"惩曩年以金珠磊落,官吏受哝,致激事变,尽革其弊,一新禁令,令行禁止。交易流通,百姓晏然,仁孚威慑,岛夷悦服,深得柔远之体。"⑧而事实表明,两国之

---

① (元)程文海《雪楼集》卷二一《资德大夫湖广等处行中书省右丞燕公神道碑铭》,《四库全书》文渊阁本。
② (元)吴莱《渊颖吴先生文集》卷五《论倭》,《四部丛刊》本。
③ 《真源大照禅师龙山和尚行状》,转引自《日中文化交流史》第390页,商务印书馆1980年版。
④ (元)虞集《玄妙观碑记》,(元)《至正四明续志》卷一○《道观道院》,《宋元方志丛刊》本,中华书局1990年版。
⑤ (明)宋濂《元史》卷一二二《虎都铁木禄传》,中华书局1976年版。
⑥ (元)袁桷《清容居士集》卷一九《马元帅防倭记》,《四库全书》文渊阁本。
⑦ (明)宋濂《元史》卷一八四《王克敬传》。
⑧ (元)程端礼《畏斋集》卷四《送浙东帅掾朱子中考满序》,《四库全书》文渊阁本。

间和平的贸易往来还是给百姓带来了好处,在各种防范措施实行之后,"贾区市墟,陈列分错,咿嚘争奇,踏歌转舞"①,一片热闹的贸易景象。

3. 新安沉船所见元日贸易

元代庆元与日本海上贸易的频繁与兴盛,从今天的考古资料中也略见一斑。在今天韩国新安郡木浦市的国立海洋遗物展览馆中,就陈列着一艘由韩国考古工作者发现并修复的元代沉船。这条船长 34 米,宽 11 米,重 200 吨。这艘世界上现存最大、极具价值的中国古代贸易船,是自 1976 年至 1984 年间,由韩国考古界发掘并最终打捞出水的。从这条元代沉船上,共发掘出了两万多件青瓷和白瓷,两千多件金属制品、石制品和紫檀木,以及 800 万枚总重达 28 吨的中国铜钱。韩、日两国学者认为这是艘日本商船,主要依据是沉船中发现的大量被判定为货物标签的木简。木简上标有日本的寺名和人名,而且,木简上书有"足"、"奉加钱"、"纲司"等汉字的日本用法,也证明了船主和货主的日籍身份。而根据沉船木牌上"至治三年"的墨迹以及标有"庆元路"字样的秤砣,考古工作者认定此船大约是元英宗至治三年,也就是公元 1323 年前后,从庆元港出发前往日本的贸易商船,由于台风等原因,沉没在高丽的新安海域。② 可以想见,当年中日之间的贸易交往就是由这样的商船往来其间完成的。

韩国新安沉船的考古发现也表明,在元代海外贸易中,货物的装载是很讲究、很有创造性的。从庆元装船的货物,都是用便于搬运的木箱以及木桶装运的,相当于现在的集装箱。在打捞过程中发现了 3 只木箱,其中一只装满胡椒,另外两只装着瓷器,这些瓷器被十只或二十只地捆扎在一起。木箱的大小虽然不尽一致,但形状相同,大致为 70×50×50 厘米。木桶也是装载货物的器物,如一个木桶中就装了

---

① (元)袁桷《清容居士集》卷一九《马元帅防倭记》,《四库全书》文渊阁本。
② 吴学军、周建平《探询"新安沉船"的前世今生——"海外寻珍团"在韩国新安考察元代沉船》,《宁波日报》2003 年 10 月 5 日。

新安沉船中出土的龙泉青瓷(选自宁波市文化局编印《千年海外寻珍》)

58 件白瓷器皿。而且,考古工作者还发现,这种木箱并不是一次性的,多数有反复使用的磨损痕迹。为了便于货主识别自己的货物,每只木箱上还有用毛笔书写的"大吉"、"子顕(今作显,编者注)"等汉字和编码。而且,木箱都是和船舱隔板平行而有序地摆放的。① 木箱等装载器物的使用,一方面使货物如陶瓷器、香料等不容易损坏或受潮;另外,又便于货物的运输、装载和识别,这都提高了海运的可靠性与效率。

---

① [韩]尹炳武《新安打捞文物的特征及历史意义》,张仲淳译,《海交史研究》1989 年第 1 期。

第三章
元代宁波的城乡与交通

- 城市
- 乡村
- 交通

在元代，庆元具有更为重要的战略地位，它既是控遏东海的桥头堡，又是海道运粮的枢纽，许多重要机构设置在这里。这里有浙东宣慰司都元帅府、庆元路总管府，又先后设有沿海翼上万户府、蕲县翼上万户府，还是庆元市舶司、庆绍海运千户所的所在地。元代的庆元成了浙东政治、经济、军事的中心。重要的地理位置、丰富的物产、商业和贸易的发达，使这一时期庆元的城市与交通有进一步的发展。

第一节　城市

元代是中国城市发展史上非常重要的时期，在这一时期，相当多的城市设置录事司，专门负责城市市政管理。录事司设置的原则是：凡路总管府所治，置一司，掌城中居民之事。庆元路也在治所设置录事司，与路下所辖州、县一样，隶属于路。

一、庆元城内结构

1. 城市机构

元政权在庆元建立后，新设立的政治、经济、军事等国家机构基本上沿用了南宋政权原有的官署公宇。如庆元路总管府官署就是南宋庆元府原官署，后移至四明驿——原宋通判厅故址。浙东海右道廉访分司也使用原南宋通判西厅。沿海万户府则在宋府仓并节推厅，其他如录事司、司狱司、都税使司、盐运使司、市舶提举司,以至于市舶库、永丰库,都是沿用前朝公宇设施。元朝还在城市中设置杂造局、染织局;另外,城市中还设有庆元路儒学、医学、阴阳学等学舍。这样,元代庆元城仍旧是浙东地区政治、经济、文化、教育中心。"郡城重镇浙江东,徼道荒芜雉堞空。于越山川星纪外,故王台榭水云中。船来蛮贾衣裳怪,潮上海鲜鳞鬣红。不向旗亭时一醉,行人愁杀柳花风。"①此诗较形象地描绘了元朝庆元城中景象。"徼道荒芜雉堞空",反映出庆元城市军事防御功能的松弛。"船来蛮贾衣裳怪,潮上海鲜鳞鬣红",反映出当时码头贸易的发达。

2. 城内坊社

地方居民管理方面,庆元城施行坊社制,录事司下辖4隅40坊130社,其中东南隅10坊28社,西南隅10坊39社,西北隅10坊37社,东北隅10坊26社。坊的名称虽然在《延祐四明志》与《至正四明续志》中没有明确的记载,但从有关设施、机构地址的叙述中可以看出元代庆元城市的坊基本还是沿用南宋时的旧称,如永济坊、纯孝坊、广仁坊、迎凤坊、行春坊、富荣坊、衍庆坊、朝士坊等,但到了元末,坊多颓圮。② 坊下的社则按照传统《千字文》的顺序排列,从天字社、地字社、玄字社、黄字社一直到宾字社、来字社。③

对于庆元录事司的街市,刘仁本的诗句中有"六街三市万灯齐"④的说法,庆元城的街市沿袭了南宋城市的规划格局。

---

① (元)张翥《蜕庵集》卷三《四明寓居即事》,《四库全书》文渊阁本。
② (明)高宇泰《敬止录》,浙江图书馆藏抄本。
③ (元)《延祐四明志》卷八《社》,《宋元方志丛刊》本,中华书局1990年版。
④ (元)刘仁本《羽庭集》卷三《壬寅灯夕》,《四库全书》文渊阁本。

二、庆元城的废兴

1. 元初城墙的废弃

庆元路城市中最大的变化在于城墙。元统一中国后,为了控制地方州县,将地方城市的城墙拆除。如在灭宋的过程中,元军就先后拆毁沿淮河、襄汉、荆湖诸城墙。马可·波罗在《马可·波罗行纪》中就指出:"那些城市都没有城门和城墙阻止戎军进入他们想去的任何地方。"①之所以要拆毁城垣,是为了顺利地镇压城内不顺服统治的反抗者。庆元府城也未能幸免。尽管在《延祐四明志》中有城周18.2527里的记载,但实际上,在元统治庆元的90余年间,庆元城周边并没有城墙,南宋时期原有的旧城门如迎恩门、甬水门、灵桥门、鄞江门、来安门、达信门等也多毁废,"虽有州东西二门之名,实为通衢矣"②。当时就有人指出:"国朝混一区宇,无恃偏壕支垒之险固,郡城之废,垂六十有余载,民居侵蚀,夷为坦途。"③以《至正四明续志》修撰的时间上溯,则庆元毁城的时间应在元军占领庆元的1276年后几年。到顺帝至元五年(1339年),江浙行省在原城址上"命取勘起课官租",可见旧城址已经与一般田地无异。至正初年,在原城址上居住的居民就有数百家之多。城垣建设上,仅在至治元年(1321年)在旧子城南城址上建明远楼,置铜壶更鼓报时。

2. 倭商火焚庆元

由于没有城垣的防护,庆元城市在武宗至大元年(1308年)遭到严重的损失。这年正月,发生了日本商人焚掠庆元城的事件。事情起

---

① [意]马可·波罗《马可·波罗行纪》,第195页,中华书局1955年版。
② (元)《至正四明续志》卷三《城邑》,《宋元方志丛刊》本,中华书局1990年版。
③ (元)《至正四明续志》卷三《城邑》。

因于庆元地方官吏对日商的勒索,"岛夷岁以土物互市,郡境吏卒侵渔之"①。程文海也指出当时庆元地方官员侵害日商,"利其货宝,劫之以兵"②。结果,日本商人"不堪其忿,持所赍硫黄等药,火城中官府、故家、民居几尽"③。不仅如此,日商还在大白天手持利刃,杀害庆元官吏和百姓。④

这次事件导致庆元城城市建筑大面积被焚毁,其详细损失程度,史书失载,但根据当时地方志的零散记载,火灾面积非常大,城市的西北、西南、东北、东南四隅都有相当多的建筑被毁。除了大量民居被焚毁之外,重要的官府机构建筑,如浙东道宣慰使都元帅府、浙东道肃政廉访分司、庆元路总管府、沿海翼万户府、录事司、司狱司、庆元路医学、鄞县儒学等衙署均无一幸免。其中负责地方监察的浙东道肃政廉访分司原位于州城西门内,由于公宇被焚,不得不占用城东北隅旧鄞县治公宇。除此之外,大量的城内寺庙、道观被毁,如在州城西南隅的城隍庙、真隐观、宝云寺、太平兴国寺、崇教寺、广福院、戒香十方寺、观音庵,东南隅的吉祥寺、经藏寺,东北隅的万寿寺、玄妙观,西北隅的天宁寺、报恩光孝观、明霞观,其中报恩光孝观只剩大殿独存。可以说,这一事件给庆元城造成了巨大的灾难,也给城市居民带来了巨大的苦难。而且,大量被焚毁的官府建筑的重建也成为当地百姓沉重的经济负担。

3. 元末纳麟哈剌重筑庆元城

元顺帝至正十二年(1352年)三月,方国珍复兴兵于台州。庆元与台州接壤,为防止方国珍的侵扰,地方官们打算重新修筑庆元城以

---

① (元)虞集《玄妙观碑记》,(元)《至正四明续志》卷一〇《道观道院》,《宋元方志丛刊》本,中华书局1990年版。
② (元)程文海《雪楼集》卷二一《资德大夫湖广等处行中书省右丞燕公神道碑铭》,《四库全书》文渊阁本。
③ (元)虞集《玄妙观碑记》,(元)《至正四明续志》卷一〇《道观道院》。
④ (元)王沂《伊滨集》卷二三《经历张君墓志铭》,《四库全书》文渊阁本;(元)苏天爵《滋溪文稿》卷二〇《元故两浙运司浦东场盐司丞杨君墓志铭》,《四库全书》文渊阁本。

防不测,然而众说纷纭始终没有决定。就在此时,朝廷新任命的浙东都元帅、浙东道宣慰使纳麟哈剌到任。他力排众议,指出:"重门击柝,以待暴客",是古代城市防御的制度。元朝以武力征服天下,之所以拆毁城墙并不再修葺,是向天下人展示朝廷偃武修文,致力于天下太平的态度。到如今已经七十多年了,"天下不见金革,可谓安且久矣"。而困窘的时候就要有所变化,只有变化才能通达。用和缓的方式役使百姓,即使劳作辛苦,百姓也不会有怨言。[①] 于是达成一致意见。在纳麟哈剌的主持下,将居住在城址上的居民迁到官地居住,并给粮食以助其不足;在劳役征发上,不论豪门大户还是平民百姓,都根据财产的多少征发力役。纳麟哈剌还特意不设置监督工程的官吏,对于修筑城墙的人,早到的以及干活积极的给予奖赏,晚来的并不惩罚而是劝勉他们。于是百姓都非常信服,踊跃参与修筑城池。历时六月而城池建成。据记载,新筑的庆元城,周长18里,高1.8丈,上环列睥睨,置机弓弩炮石;旁开6门,门有楼。[②]

根据1993年对从东渡门到市舶务城门段的元代城墙的考古发掘表明,元代庆元城墙的重建是在原宋代城墙的基础上进行的,基础部分利用了唐宋原来遗留的城基并予以加固,城墙的宽度与宋时一致,而且对城基的加固非常讲究,因此相当坚固。其方法是对宋城石砌基础的内壁进行清理后,增加大批的碎石块,这些碎石块排列整密,经过夯实,厚度在0.2米左右,宽度从宋城条石内壁算起达1.3米以上,在这层大石片上,再堆砌长条石与块石相结合的加固层,条石排列紧密,有的地方还施用了石灰和三合土,粘合比较牢固,这类条石长1.1—1.3米,宽0.15—0.20米,厚0.22—0.30米,加固层宽度达2.4米以上。另外,在考古发掘中还发现了元代城墙边的一个台基,呈长方形与城墙相连,作用是在其上构建建筑物或通道。台基周边均用条石错

[①] (明)刘基《诚意伯文集》卷一〇《庆元路新城碑》,《四库全书》文渊阁本。
[②] (明)刘基《诚意伯文集》卷一〇《庆元路新城碑》。

缝砌叠,条石间用石灰粘合,构筑牢固。①

最近,经过考古工作者的发掘,元代庆元城城北东门和义门的瓮城遗址也在建成600年后终于重见天日。此次出土的瓮城基址为长方形,瓮城墙基用块石包砌而成,有明显的收分,石与石之间用石灰粘合。城墙底部内填充有大量石块和泥土。经考古测量,城墙底部宽6.5米,残高1米左右,城墙内径长32米,由于有些部位上仍有建筑物未全部发掘,推测外径长应为45米。②

由此可见,元末重新修筑的庆元城城墙更加坚固,防御能力大大加强了。筑城之后,庆元得以保全。

4. 方国珍再筑庆元城

面对朱元璋吴政权咄咄逼人的态势,出于战略的需要,至正二十七年(1367年)五月,方国珍下令修筑庆元城,"越四旬而城成"③。

元末庆元城的重新修筑尽管都是统治者为了巩固其统治的需要,但客观上使得庆元避免了元末战火的波及。在元末战火纷飞的多事之秋,庆元百姓还能避免战乱。至正二十二年上元节,"四明父老请放灯为升平庆",于是出现了"元夕张灯万户齐,严城弛禁罢钲鼙。银花火树开金谷,青琐香烟喷玉鲵。箫鼓声中春富贵,玻璃影里月高低"④ 这样的升平景象。可以说,新城的重筑对于庆元城市发展的影响是积极而深远的。

---

① 林士民《宁波城市考古亲历记》,《宁波文物古迹保护纪实》(《宁波文史资料》第20辑),第63~64页,宁波出版社2000年版。另参其所著《三江变迁——宁波城市发展史话》,第145~146页,宁波出版社2002年版。
② 顾玮《市区和义路考古有重大发现》,《宁波日报》2004年1月8日。
③ (明)乌斯道《春草斋集·文集》卷三《赠行省理问仲刚君治城序》,《四库全书》文渊阁本。
④ (元)刘仁本《羽庭集》卷三《壬寅灯夕》,《四库全书》文渊阁本。

第二节 乡村

一、乡村管理体制

元朝的乡村行政区划，一般分为乡、都两级。元代宁波的广大乡村地区也不例外，主要实施乡都制，以乡统都，都下有社。每乡设里正一人，每都设主首若干。关于里正与主首的职能，至元二十八年（1291年）的《至元新格》中规定："诸村主首，使佐里正催督差税，禁止违法。""今后凡催差办集，自有里正、主首。"[1]可见两者都是地方的职事人员，主要是为地方官府负责催办税粮等事宜的。实际上各地设置的数目都不相同。此外，地方治安还需要他们负责，如果所管范围内发生违反国家禁令的事情，里正和主首社长都要受到处分。[2]

地方州县城及城郊也多是如此。鄞县有7隅，分别是灵桥门外甬东隅、迎恩门外城西隅，这两隅无社；另广德湖湖田5隅则有58社；在县西三里，还有1坊——迎恩坊，是泰定二年（1325年）由县尹阮申之建立的。昌国州州城及周边无隅，但有申义、平近、清晏等21坊。[3]慈溪原无坊，大德年间县尹也真不花建立宣化坊和美政坊，之后又先后建成祈报坊、嘉义坊、积善坊、采芹坊，共有28社。[4]余姚州城内有4隅19坊，东南隅为双桂坊、待士坊；西南隅为甘泉坊、高谊坊；东北隅为安定坊、还淳坊、肃清坊；西北隅有永宁坊、衮绣坊、阅武坊。

庆元府共有37乡203都，每乡所辖都的数量不等。其中鄞县有万岭老界、阳堂、翔凤、万岭手界、丰乐、鄞塘、句章、通远、光同、桃源、清道等11乡55都，奉化州有奉化、连山、松林、忠义、金溪、长寿、禽

---

[1] 方龄贵校注《通制条格校注》卷十六《理民》，中华书局2001年版。
[2] 《元典章》卷五七《刑部一九·祈赛神社》，中国书店1990年版。
[3] （元）大德《昌国州志》卷一《坊巷》，《宋元方志丛刊》本，中华书局1990年版。
[4] （明）天启《慈溪县志》卷三《闾里》，宁波天一阁藏抄本。

孝、剡源等 8 乡 52 都,昌国州有富都、安期、金塘、蓬莱等 4 乡 19 都,慈溪有西屿、德门、石台、金川、鸣鹤等 5 乡 30 都,定海有清泉、灵绪、崇邱、灵岩、太邱、海晏等 6 乡 21 都,象山有归仁、政实、游仙 3 乡 24 都。① 余姚州有 15 乡 34 都。

二、县城的面貌

除了路治之外,庆元所辖州县城也有了一定的发展。如奉化州城,南宋时,"其治与市廛相隔,无络驿联附之势"。经历南宋末的战乱后,"民多星居,如村落然,草莽连亘,麋鹿交骛,未暮愁虎狼"。到延祐六年(1319 年),奉化知州马称德募集百姓拓基创屋 1200 余间,"甍栋烟火相续,商贾争趋,民乐其业,州治为之一盛"②。慈溪县东十五里的文溪市,"其货多出西北诸山,麦、菽、茶、笋、果、蔬、竹木之类为货甚众"。由于物产丰富,在当时就是"民物富庶,商贾辏集"。当地有酒楼三座,每日歌舞之声不绝于耳,可见当时之盛况。③

从《延祐四明志》卷九《城邑考》仅存的目录来看,除录事司之外,庆元路其他地方也都广泛存在着市与镇。

三、乡村生活风貌

元代宁波乡村生活的资料,在史书和方志中甚少见到,我们只能从文人的诗文中去细细品味,努力勾勒出当时宁波乡村生活的点点滴滴。从戴表元、舒岳祥等人的诗文中可以看到,元代宁波农村的生活是淡泊、辛劳却又不乏生气的。乡村生活中,百姓更多的时间是在为生计而辛勤劳作,这是乡村生活的主要内容。乡村的生活是艰辛的,

---

① (元)《延祐四明志》卷八《乡都》,《宋元方志丛刊》本,中华书局 1990 年版。
② (清)乾隆《奉化县志》卷四《建置志·街市》,乾隆三十八年刻本。
③ (明)天启《慈溪县志》卷三《闾里》,天一阁博物馆藏卢鋆堂 1980 年抄本。

百姓整日要忙于劳作,日子过得还很紧巴巴,戴表元有诗云:"伯收东冈麦,仲移西塍秧。四季各有役,糊口走皇皇。"①《田父吟》则描述了元代宁波农民的农耕生活图景:"五更鸡鸣月当午,呼儿鞭牛出蓬户","朝栉风,莫沐雨,举锸成云齐耦伍,沾体涂足身偻伛。"②有时碰到好年景,可仍不宽裕。"今年年丰多黍稌,大半供输入官府,去年陈逋还未补。"对于一个农民来说,最大的期盼就是丰收。"如坻如京愿仓庾,日杀羔羊祀田祖。鸡豚社酒喧村鼓,击壤高歌祝明主。静扫边尘不用武,但得年年太仓积红腐,我田作劳不为苦。"③遇到旱灾等天灾,不得不祈雨,就只能"西村送龙归,东村请龙出"④。

农夫劳作虽然辛苦,也不忘追求快乐,"舍南舍北种田郎,唱得田歌曲曲长。莫学傍村游侠辈,茜红抹额臂擎苍"⑤。乡村生活中,最令人欢愉和欣慰的莫过于过一些传统时令节日,大家可以暂时忘掉平日劳作的辛苦而尽兴享乐。元代宁波乡村仍旧遵循和沿袭旧时的传统节日,如除夕夜,家家饮酒欢聚祝贺新年,还有各种游戏活动。戴表元有诗云:"狂歌把酒屠苏地,醉眼看梅雾淞天。碧玉千壶喧坐次,红牙六博斗飞钱。"⑥如清明寒食这样重要的节日,宁波乡村百姓家家都要在门前插上柳枝,所谓"见人插柳是清明"⑦;还要祭祖扫墓,以酒助兴,尽情歌舞,直至醉成一团,所以诗人有"登陴戍出吹弹乐,上冢船归语笑声"⑧,"闻说旧时春赛罢,家家鼓笛醉成围"⑨等诗句。

---

① (元)戴表元《剡源戴先生文集》卷二七《伯收东冈麦》,《四部丛刊》本。
② (元)刘仁本《羽庭集》卷一《田父吟》,《四库全书》文渊阁本。
③ (元)刘仁本《羽庭集》卷一《田父吟》。
④ (元)戴表元《剡源戴先生文集》卷二七《观村中祈雨三首·三》。
⑤ (元)戴表元《剡源戴先生文集》卷三〇《次韵答邻友近况六首·六》。此诗也见元人张之翰《两岩集》卷一。《高彦敬郎中以山中吟见寄故此奉答》之四,惟最后一字"苍"作"鸱",《四库全书》文渊阁本。
⑥ (元)戴表元《剡源戴先生文集》卷二九《辛卯除夜》。
⑦ (元)戴表元《剡源戴先生文集》卷三〇《壬午清明》。
⑧ (元)戴表元《剡源戴先生文集》卷三〇《壬午清明》。
⑨ (元)戴表元《剡源戴先生文集》卷二九《林村寒食》。

第三节 交通

由于地理位置的缘故,元代宁波水路交通比较便利。随着元的统一,庆元地区交通运输得到了进一步的发展。而元代宁波交通的发展主要表现在海运的兴起与驿站制度的完善上。

一、陆路驿传

中国古代的驿传制度到了元代有了很大的发展。元统一后,为了加强对地方的统治,以大都为中心,在全国修筑了四通八达的驿道,并在驿道上设置了大量的驿站,蒙古语称为"站赤"。根据《经世大典》记载,迄至顺二年(1331年),元朝共有驿站1500多处。站赤的作用是传递公文,接待出行官员,调运物资等。除了陆上交通与海上交通之外,驿站也是联接中央与地方,沟通信息的重要机构。

1. 庆元站赤

庆元路所在的江浙行省,是东南繁荣之地,共有驿站262处。[①] 庆元路的驿站制度早在元政权取得庆元的至元十三年(1276年)就建立起来了。站赤通常由路达鲁花赤和总管直接领导。庆元地区的站赤在元前期共有两处,一是路治的在城站,一是慈溪的车厩站(今属余姚)。由于江南地区河网密布,所以这里的站赤是水站与陆站兼而备之,既有马匹又有船只。如在城站,由于位于庆元路治所,至元十三年就设立,在城西南隅月湖,规模比较大,有铺马20拨,正马20匹,备马20匹,兀剌赤(蒙古语"马夫")40名。另外,还有船12只,递运船4只,稍水96名。其馆驿为南北二馆,南馆房舍9间,北馆房舍30间。车厩站在车船的配备上稍少于在城站。另外,此时属台州路的宁海县

---

① (明)宋濂《元史》卷一○一《兵志四》,中华书局1976年版。

也有驿站,在县治东百步的迎恩驿,属绍兴路的余姚州也有姚江驿。

府以外的州县也有驿站。奉化州"作镇东藩,防卫海道",地理位置非常重要,但地形复杂,特别要经过奉化江,往来需要摆渡,"津途阻艰,行者病之"。同时,奉化州没有驿站,使者到来,只能借住民居。① 随着奉化与外界交通的日趋重要,"由是,南北信使之往复,闽、广行李之经从,州县常税之岁入,朝车夕航倍蓰于昔"②。至元二十八年(1291年),奉化县尹丁济在州东五里创建了奉川驿,驿站规模相当大,屋有150根楹,人称"德星堂"③。后经过州达鲁花赤察罕、木八剌增建,"客使如归"④。之后,又逐渐废罢。直到元至正末年,奉化州还是"既当孔道,旧无驿置"。于是知州李枢请于省,"徙慈溪车厩站,得户若干,给役于州。又验亩出钱,佣夫以补不足。置传舍通市,凡若干楹,使至如归,民供无扰"⑤。驿站的设置促进了奉化交通的发展。

2. 急递铺

配合驿站工作的还有急递铺。按元代规定,每十里、十五里或二十里,设置急递铺。急递铺配备铺司与铺兵,铺司通文墨,辨时刻;铺兵长于健步行走,其主要任务是传递朝廷和地方州县的紧急文书。庆元路共有急递铺25处,其中:庆元府城1处,为在城急递铺,位于城西隅;鄞县5处,分别是夹塘铺、景安铺、洞桥铺、新桥铺、颜桥铺;奉化州11处,分别是大桥铺、金钟铺、南渡铺、陈桥铺、常浦铺、龙潭铺、尚田铺、双溪铺、方门铺、山隍铺、栅墟铺;慈溪8处,为西渡铺、夹田铺、桐桥铺、倪桥铺、夹山铺、罗家铺、蒋家铺、太平铺。定海、象山、昌国州因为不在通衢道上,没有设急递铺,如"昌国海面际天,环州境,微舟楫罔

---

① (元)戴表元《剡源戴先生文集》卷一《奉川驿记》,《四部丛刊》本。
② (元)金元素《知州李枢去思碑》,(清)乾隆《奉化县志》卷一二《艺文志》,乾隆三十八年刻本。
③ (元)戴表元《剡源戴先生文集》卷一《奉川驿记》。
④ (元)萧元瀞《达鲁花赤察罕德政记》,(清)乾隆《奉化县志》卷一二《艺文志》;(元)《至正四明续志》卷三《各县公宇乡都坊社》,乾隆三十八年刻本。
⑤ (元)金元素《知州李枢去思碑》,(清)乾隆《奉化县志》卷一二《艺文志》。

通。吏非迫,士非隐,农工商贾非甚冒利,不获已,莫肯至"①。宁海县设有18个急递铺。

站赤与急递铺的设置,便利了庆元与周边地区的联络,有助于交通运输的通畅,对于元代宁波社会政治的稳定与经济的发展起着重要的作用。

二、内河交通

水路是古代主要的交通路线。庆元地区河网密布,因而对于地区经济的发展,水上交通就显得尤其重要。庆元路与江浙行省及中央政府的水路联系,主要是浙东运河。虽然元代浙东运河的漕运有所下降,但浙东运河畅通。当时,由海上运输的粮食,也是通过浙东运河转运到庆元港入海的。

在元代,一些河道的疏通与桥梁的修建,也便利了地区交通的发展。

1. 疏浚河道

在河道的疏浚方面,成绩最为突出的是奉化州知州马称德。奉化市桥到车耷之间原有旧河,在南宋时舟船往来频繁,百姓便利。到了元代,河道淤塞,行人只能取道奉化江,"惊骇涛浪,商贾不赴,而市用益匮"。由于风高浪急,路途艰险,交通不便,导致了奉化物品的短缺。当地百姓向马称德进言,"浚广复旧,则民其有瘳"。马称德接受了建议,派人疏浚河道。河道疏通之后,60里的水道皆可行舟,极大地便利了交通。② 数十年后,到至正二十一年(1361年),知州李枢再次疏浚、拓宽河道,使得交通更加安全便利,促进了商旅的往来。③

---

① (元)应奎翁《翁州书院记》,(元)《至正四明续志》卷八《学校》,《宋元方志丛刊》本,中华书局1990年版。
② (元)袁桷《清容居士集》卷二五《奉化州开河碑》,《四库全书》文渊阁本。
③ (元)杨彝《重开新渠记》,(清)乾隆《奉化县志》卷三《水利志》,乾隆三十八年刻本。

2. 东津浮桥

桥梁在本地区交通中的作用也非常显著。由于庆元城市东面三江合流,"潮汐吐吞,横亘其外,鄞甬东道,故往来患涉焉"①。因此路城的东、西、南面都有桥梁,便利百姓往来。其中最为著名的是录事司辖区内的东津浮桥,历代多有修缮。至元二十九年(1292年),廉访副使陈祥重新治理桥政,差民户16户,与免差役,以管理桥船。并增砌石坎,将桥船减为14只,并令桥夫140名看守。之后,由于船户缺乏,顺帝后至元元年(1335年)二月,庆元路以挑粮脚价钞分借殷实之家,以偿还息钱,作修桥费用。这时的浮桥,用船14只,分列江面。这样,"军民客旅往来通行,并无阻滞"②。

至正二十年(1360年),方国珍统治庆元时期,修桥之议复起。在郎中张启原、县丞麻直领导下,出官缗900锭余,购材召工,仿台州中津桥风格,共用船18只,配成9对,用铁绳串连,固定在江岸,征用21个丁夫管理。经过这次重修,过往者如履"康衢"③。

3. 重修广济桥

奉化州的广济桥,又称南渡桥,桥位于县江下游,是奉化州沟通浙东的交通要道,由僧人师悟始建于北宋建隆二年(961年),原先是土桥,后由乡人余覃改建成木桥。元至元十三年,广济桥毁。至元二十三年,由奉化城内沈森等人出资,聘请鄞县小溪石匠许诚主持重建。许诚是浙东建桥史上一位也是唯一留名于世的民间桥梁专家。至正二十一年奉化主簿卢震龙又增建屋15间,翼以南北二亭。桥梁的修筑便利了与奉化其他地方的往来。广济桥经过历代的修缮而保存至今,基本保留了元代的风貌,是浙江省内罕见的元代石柱墩廊桥。

---

① (元)刘仁本《重建灵桥记》,(清)雍正《宁波府志》卷三五,见俞福海主编《宁波市志外编》,中华书局1998年版。
② (元)《至正四明续志》卷三《各县公宇乡都坊社》,《宋元方志丛刊》本,中华书局1990年版。
③ (元)刘仁本《重建灵桥记》,(清)雍正《宁波府志》卷三五。

4. 地方政府与修桥

地方政府和官吏在桥梁建造过程中起了重要的作用。奉化州的会通桥,长期失修,桥梁离水面仅二尺,岌岌可危。大德年间,达鲁花赤察罕主持重建,命名为会通桥,"涉者赖之"①。即使是民众出资造桥,也要得到政府的认可和批准。而且,在桥梁需要修建或修缮时,政府和地方官吏也会倡议地方百姓出钱、出力。如后面提到的余姚通济桥的建设,不同时期的地方官吏多次介入其中,使得工程最终顺利完工。一些地方官吏在工程资金发生困难时,也会作出表率,捐出自己的俸禄作为建造费用。如余姚黄山桥,宝祐年间重修后到至顺时已经70余年,桥梁损坏严重,知州李恭首先捐俸倡议重修,"协力而成之"②。

5. 民间力量与桥梁的修筑

由于元代地方政府在财政经费的使用上受到很大的限制,并没有专门的地方工程经费支出,所以,在修建地方公共工程方面的主动性也受到制约,尤其在修建道路、桥梁等需耗费大量财力、人力的地方工程上,地方民众发挥了重要作用。元代宁波地区,有相当数量的桥梁是由当地人士在官府的倡议下或自发地出钱财和人力来修建或重建的。由于民间财力有限,一些桥梁工程持续的时间相当长,如姚江上的通济桥,南宋末年毁坏后,至元二十年(1283年)在王姓邑民的努力下才使浮桥重建成功,但因财力不足,"未备独栏楯",没有护栏。后来,余姚县尹夏杞让邑人赵孟嵩修筑完成。延祐六年(1319年)九月桥坏,僧人惠兴向官府建议改为石桥,为永久利。于是,建桥事务在惠兴的主持下进行。惠兴去世后,由道士李道宁继其后。至顺三年(1332年),修桥事业完成。③ 有时,甚至由民间力量来接替官府完成未竟的工程。如奉化新妇湖上的仁济桥,始建于南宋绍兴年间,至元年间圮毁。大德年间,奉化州达鲁花赤察罕"立石柱重建",因为察罕

---

① (元)萧元瀚《达鲁花赤察罕德政记》,(清)乾隆《奉化县志》卷一二《艺文志》,乾隆三十八年刻本。
② (元)韩性《修黄山桥记》,(清)雍正《浙江通志》卷三六,《四库全书》文渊阁本。
③ (元)韩性《通济桥记》,(清)雍正《浙江通志》卷三六。

的离任而没有完成,之后由僧人博继继续修建完成。①

三、海上交通

宁波是港口城市,凡出海者,都由定海入海。如戴良曾经通过海道往山东,在鄞县等候海风。② 昌国州远离宁波府城,"刊山为城,环海为郭,平衍丰腴,可耕可居,州人道郡者,必梯山航海而来,若与世相悬绝者,故民淳而事简,仙佛所钟,而怪异错出,盖地灵然也"③。

1. 漕运

元统一全国后,都城在大都(今北京),每年要通过海路从江南运输大批粮食到大都,以备宫廷与军民之需,称之为"漕运"。漕运航线前后有所变化。最初是走运河,但河运受水量与地势等诸多因素制约,运输不仅劳苦,且耗费时日,运量有限。之后改为沿海岸航行的海路,但航路依然艰险。后来,寻得便捷运输之法,即利用春、夏季风,驾驶大船,直接入洪涛巨浪,十多天就可直达"京庾"④。前后所开辟的三条海道都是从江苏刘家港出发,最终到达大都。⑤ 上供之数,也有变化,最初只有六七万石,后增至数十万石,最多时达到350万石。⑥

起初海运粮食来自湖广、江西、江浙、江淮等地。但由于运输线路长,江水湍急,又多石矶,走沙涨浅不定,运粮之船常坏。到至大四年(1311年),海运粮食的备办主要由江淮、江浙财赋府岁办粮充运。这样,粮食不需要长途搬运,就可在江浙地区就近装船。元政府在平江设置海运万户府,后改称海道都漕运万户府,专门负责运输粮食,其统

---

① (清)雍正《浙江通志》卷三五,《四库全书》文渊阁本。
② (元)戴良《九灵山房集》卷二三《故翰林待制致仕汪君墓志铭》,《四库全书》文渊阁本。
③ (元)程端学《积斋集》卷三《送应景茂序》,《四库全书》文渊阁本。
④ (元)刘仁本《羽庭集》卷五《送户部尚书彻公通理趣漕回京序》,《四库全书》文渊阁本。
⑤ 章巽《元"海运"航路考》,《地理学报》1957年第1期,又见《元史论集》,第382页,人民出版社1984年版。
⑥ (元)刘仁本《羽庭集》卷五《送户部尚书彻公通理趣漕回京序》。

辖的运粮千户所主要有温州台州、杭州嘉兴、昆山崇明、常熟江阴以及庆元绍兴等。到了元中后期，海运支线一直延伸到温州、台州、福建等地。当时，都用"客舟"将粮食运输到浙西，复由浙东入海。①

2. 庆元运粮

浙东地区负责粮食运输的是庆元绍兴海运千户所，"明、越当海道要冲，舟航繁夥甲他郡"②。所以，庆元绍兴千户所地位十分重要。其衙署位于庆元路城东北隅柴家桥西，原为沿海翼万户府镇抚所，后改为运粮千户所。在漕运上，尽管绍兴每年漕运粮食也达10万石，但由于绍兴路港口距海路途尚远，千户所不得不每次预先征发百姓舟船，通过短途运输将粮食运至海边装船。③ 同时，常常由于时间紧迫，官府督责甚急而民怨沸腾。而庆元在海运

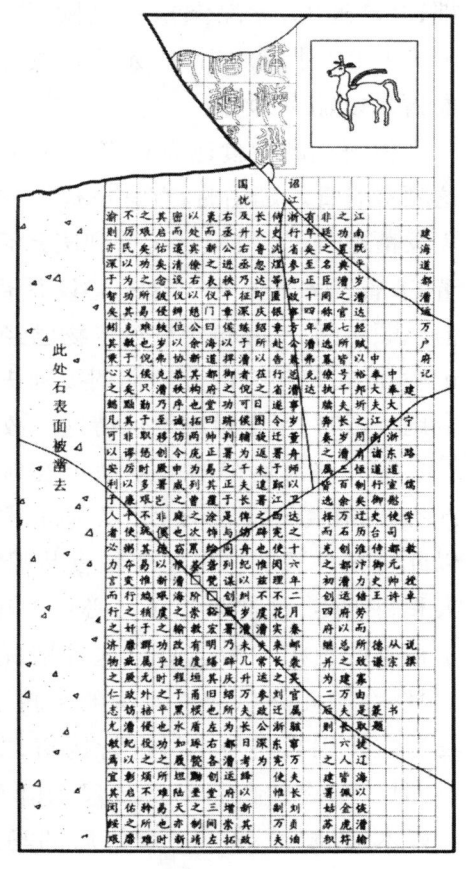

移建海运都漕运万户府碑
（选自章国庆编《天一阁明州碑林集录》，
上海古籍出版社2008年版）

方面地理位置的优越性就表现得非常明显。元人这样评价："庆元为

---

① （元）虞集《道园学古录》卷四一《昭毅大将军平江路总管府达鲁花赤兼管内勘农事黄头公墓碑》，《四库全书》文渊阁本。
② （元）程端学《积斋集》卷四《海运千户所厅记》，《四库全书》文渊阁本。
③ （元）陈旅《安雅堂集》卷九《王经历惠政记》，《四库全书》文渊阁本。

郡,并江通海,无滩濑椒崖之险,万斛之舟,直抵城下,视他郡则易为力。"①元代中期之后,庆元地区成为粮食北运的重要地区,当时"郡仓岁蓄米以输京师"②。

但海运的粮食还有相当一部分是船户驾船到浙西搬运,然后入海,这颇费时日。延祐时,有官员提议:"移粟庆元,海舟受之,自烈港入海,无反覆之苦。"③将粮食运送到庆元后装海船,这样就避免了路途奔波之苦,节省了大量人力。这一建议是否得到批准,文献中没有明确记载。但至顺年间,庆元每年漕运米物已经达到十数万斛。④ 根据后至元年间记载,此时每年有部分粮食调拨到庆元、温州、台州,由船户直接运输。⑤直到顺帝时,运粮量继续保持这一数字,每年不下10万石。⑥

庆元路海运粮的搬运地点在城南下的沿江地带。由于江北岸泥泞不便,在搬运上船之际,以木桩搭构栈道,用绳索维系,称为"马道",以此将粮食装船。但每年粮食装船完毕后,马道的木材就被胥吏与船夫私自拆走,这样第二年又必须重建马道,重建所需的木材和劳力,成了百姓的负担。为了避免这种情况的一再发生,至正二年(1342年)二月,在庆元路总管王元恭的主持下重新修筑马道,历时37天完成。马道主要用石料与木材进行构筑,"庀工椓木,沮洳中置石,其上高十有四尺,基广如高而不及二尺,其面则居高之半强,长以尺计者百,复护以木,以虞冲激"⑦。重修后的马道坚固、耐用,便于海运船停泊装载,使粮食海运更加便利。

方国珍统治浙东时期,由于陆上交通线的阻隔,海上交通成为主

---

① (元)叶恒《马道记》,(清)光绪《鄞县志》卷六三《古迹三》,《中国地方志集成》本,上海书店出版社1993年版。
② (元)陈旅《安雅堂集》卷一二《丘同知墓志铭》,《四库全书》文渊阁本。
③ (元)虞集《道园学古录》卷四一《昭毅大将军平江路总管府达鲁花赤兼管内勘农事黄头公墓碑》,《四库全书》文渊阁本。
④ (元)程端礼《畏斋集》卷五《庆元路总管沙木思迪音公去思碑》,《四库全书》文渊阁本。
⑤ (元)程端礼《畏斋集》卷五《庆元绍兴等处海运千户朱奉直去思碑》。
⑥ (元)况逵《丰惠庙碑记》,(元)《至正四明续志》卷九,《宋元方志丛刊》本,中华书局1990年版。
⑦ (元)叶恒《马道记》,(清)光绪《鄞县志》卷六三《古迹三》。

要线路。"自中原乱起,滋蔓淮浙,辙环既梗,邮传尼而不行。凡京师信史下江南者,率由海上浮桴以达。若征漕运,若责赏贡,若治兵戎,若亲谋方面,若咨询于宥密,若将命于相府,若持大赉以赏边勋,动则骈肩接踵,悉会于鄞,转而他之"①。由此,庆元的海上交通的重要位置突显。元朝末年,各地农民起义风起云涌,海运濒临衰歇。至正十四年(1354年),淮海漕粟无法运进京仓,元廷十分忧虑。至正十五年三月,派曲有诚任署海道防御官,"亲率其徒旅,护漕舶千余艘,转粟数百万斛以归"②。至正十六年三月,元廷任命方国珍为海道运粮漕运万户,依靠他备船转输张士诚征集的粮食。海道都漕运万户府由平江路苏州移建至庆元路,方国珍还在庆元城明远楼西北建万户府。直到今天,我们还能在宁波天一阁明州碑林见到《移建海道都漕运万户府记》残碑。漕府徙庆元后,"漕运数年不辍,且就桴筏为驿传"③。至正十九年秋,元廷遣尚书来治漕事,止三十分取一,得11万石。至正十九年冬,长信寺经历曹德辅奉命来催漕运粟。至正二十年夏,得到一批粮食,转输于海舶。④ 同年,尚书王公至,得粟13万石。至正二十一年九月,朝廷想从平江赋粟百万石,以户部尚书彻彻不花负责。结果,仅从平江得13万石,方国珍勉强提供了30多万石。至正二十二年五月登海舶,运回大都。⑤ 但由于粮食征收困难,再加上"漕户凋敝,填委沟壑者过半,其仅存者虽斧钺弗畏"⑥,当年岁输300万石粮的盛况一去而不复返了。

---

① (元)刘仁本《羽庭集》卷五《饯将作院使曲有诚公序》,《四库全书》文渊阁本。
② (元)刘仁本《羽庭集》卷五《饯将作院使曲有诚公序》。
③ (元)刘仁本《羽庭集》卷五《饯将作院使曲有诚公序》。
④ (元)刘仁本《羽庭集》卷五《饯长信寺经历曹德辅序》。
⑤ (元)刘仁本《羽庭集》卷五《送户部尚书彻公通理趣漕回京序》。
⑥ (明)乌斯道《春草斋集》卷三《送高本中知司秩满序》,《四明丛书》本。

第四章

元代宁波的文化

- 教育
- 哲学与经学
- 宗教
- 史学与方志
- 文学与艺术
- 医学

南宋时期,明州是近京畿的地区,故而文化氛围比较好,"士生其间者,率伟茂博洽,有古作者之遗风"①,人称"明州称多贤,文献聚如积"②。南宋灭亡以后,东南地区儒家读书人的社会地位一落千丈,日益被边缘化。庆元路读书人开始做遗民,后来在元朝恢复儒学、科举的情况下,又逐步走上读书做官之路。然而,在元政权统治下,汉族士人只能做一些学官,至多做到教授,像袁桷入朝、进翰林院做一个虚职史官,算是比较特殊的事例。在政治前途无望的情况下,比较理想的状况是走学术之路,然而当时学术文化发展的条件并不好,读书人多读书不足,横向的交流缺乏,更何况当时的学术缺乏独立性,没有独立的发展空间。这样,自然无法出大学者。不过,断了做官念头,走民间化之路,多少有利于学术文化的建设。元代宁波的文化成就,就是在这种背景下取得的。

第一节 教育

元朝建立后,"治用儒术,诏天下郡邑悉建学,学有庙。盖本之以教养,而昭示其尊崇也"③。同时,大力提倡程朱理学。"崇学校,定国

---

① (元)戴良《九灵山房集》卷二一《求我斋文集序》,《四库全书》文渊阁本。
② (元)郑觉民《送王叔载教谕象山》,李邺嗣《甬上耆旧诗》卷三《教谕郑先生觉民》,《四库全书》文渊阁本。
③ (元)刘仁本《羽庭集》卷六《定海县兴修儒学记》,《四库全书》文渊阁本。

子学成宪,皆东南儒先。而朱文公所说,咸取以为经史模楷。于是穷徼绝域,中州万里之内外,悉家有其书。"① 学校教育趋于理学化。

一、庆元路的学校

1. 庆元路儒学

庆元路儒学教育体系完整,"夫子庙学甲东浙"②。平宋之后,元政府设置教授、学正、学录管理地方儒学校。庆元路的儒学很快得到恢复,所属昌国州、奉化州、鄞县、定海、象山、慈溪等州县儒学也相继恢复,而此时宁海与余姚州的儒学也恢复了。

元朝儒学"大小"相配,"讲堂有席,养蒙有堂",学内既有"大学部",又有"小学部"。至元二十八年(1291年),在江南诸路学及各县学内,设立小学,选老成之士任教。庆元路的小学在此后也相继建立,庆元路学中的小学在至元二十八年由教授吴宗彦奉上司明文设立。小学相副教授史复伯砌序拜亭五间,称为"养蒙堂"③。至元二十九年,奉化县尹丁济创"养正堂",进行小学教育。④ 元贞元年(1295年),昌国州判官冯福京在州学内建"育德堂",作为训蒙之所,请乡之耆宿郭荐、应季挺任教导。⑤

庆元地区中,庆元路儒学的规模最大。至元十九年的一场大火,使得屋宇被焚,只剩大门。之后,学官潘梦桂、黄裳、吴宗炎等人进行修缮,"经始礼殿,门庑斋舍,浸以略具"。此时建筑有养蒙堂、明伦堂、宾序斋、斋舍、廨舍、仓廒等,但设施仍"草创未就"⑥。到了至元二十

---

① (元)袁桷《清容居士集》卷一八《庆元路鄞县学记》,《四库全书》文渊阁本。
② (元)任仲高《大成殿记》,(元)《延祐四明志》卷一三《学校考》,《宋元方志丛刊》本,中华书局1990年版。
③ (元)《延祐四明志》卷一三《学校考》,《四库全书》文渊阁本。
④ (元)《延祐四明志》卷一三《学校考》。
⑤ (元)《延祐四明志》卷一三《学校考》。
⑥ (宋)王应麟《重建学记》,(元)《延祐四明志》卷一三《学校考》。

九年(1292年),浙东海右道廉访副使陈祥在原址上兴建尊经阁及仪门。而庆元路儒学最大的修建在武宗年间。至大二年(1309年),大火,路学被毁。廉访副使赵宏伟在地方官的协助下重修儒学,兴建大成殿,至大三年三月完成。经过此次整修,儒学面貌大为改观,"藏书有阁,肄业有斋,讲堂数十楹,周垣数百尺"①。此后,又经过多次重修,如泰定三年(1326年),庆元路总管郭郁重修大小学。后至元四年(1338年),廉访副使顺昌因尊经阁朽坏,要求总管张荣祖负责重修,其他"若殿门、先贤祠、八斋、大小学、庖廪莫不缮治"②。

元中叶科举制度的推行,一定程度上促进了地方儒学的建设。皇庆二年(1312年),仁宗下科举诏,鄞县地方官决定重修鄞县儒学。同时,建先贤祠,祭祀鄞县历代先贤。泰定元年十月,昌国州重修儒学,用工2800个,花钱2500缗,次年成。③ 泰定三年二月,鄞县儒学重修告成。为了广教以振士类,鄞县儒学立小学师2人,增弟子员50人。④ 科举重兴后十年,庆元"岩居谷隐,习其学者,家传而户授"⑤。

在儒学中学习的主要是地方官僚子弟以及儒户子弟。元政府设置儒户,免除科差和杂役。至元二十五年十一月规定:"今后在籍秀才,做买卖纳商税,种田纳地税,其余一切杂泛差役,并行蠲免。所在官司,常加存恤。仍禁约使臣人等,毋得于庙学安下,非理骚扰,准此。"⑥元人也说:"时制,世业儒,得编儒。"⑦也就是说,以儒家经史为业的秀才,可以编为儒户。儒户的义务就是在州县学中接受教育、抄写书籍等。庆元路各级儒学都拥有一定数量的儒户。庆元路学最多,

---

① (元)任仲高《大成殿记》,(元)《延祐四明志》卷一三《学校考》,《宋元方志丛刊》本,中华书局1990年版。
② (元)陈旅《安雅堂集》卷八《庆元路儒学新修庙学记》,《四库全书》文渊阁本。
③ (元)袁桷《清容居士集》卷一八《昌国州重修学记》,《四库全书》文渊阁本。
④ (元)袁桷《清容居士集》卷一八《鄞县书兴造记》。
⑤ (元)袁桷《清容居士集》卷二四《送刘生归乡试序》。
⑥ (元)大德《昌国州图志》卷二,《宋元方志丛刊》本,中华书局1990年版。
⑦ (元)舒頔《贞素斋集》卷七《题方行可教授讲堂》,《四库全书》文渊阁本。

拥有儒户1927户。昌国州有儒户58户,这是至元二十九年抄定的数据。"其时强有力之司存颇多,间有逃而之彼者。今虽欲归儒,非申请于上不可。"①也就是说,当初有的人并不喜欢被划为儒户,但到了大德年间,想要成为儒户,必须先行申请。

庆元儒学重视藏书。如泰定二年(1325年),新任定海知县参观县学后就说:"县固有学,学必聚书。冥行空言,讲习何补?武城弦歌,先圣是取。进乡小民,首于文辞,其必自聚书始。"于是,置经史若干卷。又谕学之耆老曰:"经以穷理,史以究成败,广闻修辞,惟子、集是宜,是亦不可缺。"②复得若干卷。因此,庆元路儒学藏书相当丰富。据《延祐四明志》的记载,庆元路儒学除了拥有印书刻板1000多片外,还收藏有相当数量的书籍,书籍基本根据性质按照经、史、子、集四部进行分类。经书有"四书"、"五经"等共200册,史书包括《资治通鉴》、《通鉴纪事本末》、《魏书》、《唐书》、《五代史》等768册,诸子文集有《老子》、《庄子》等共296册,诗集和类书共319册。根据《延祐四明志》、《至正四明续志》的记载,庆元地区儒学都拥有相当数量的书籍收藏,如奉化州儒学有书153册,昌国州儒学有书200多册,定海县儒学有书800余册。这些书籍有一些是前朝遗留下来的;也有地方官员购买或刊刻的,如奉化州知州马称德就用活字刊印《大学衍义》20册;③还有一些是地方官员和儒户捐献的,如庆元路儒学的藏书中许多是庆元路照磨吴子辉父子提供的,④定海县儒学的书籍则由"各官儒职助到"⑤。

为了从经济上支持江南诸路学校,忽必烈在平定江南之后将江南官府所占有的学田全部归还地方学校。至元二十八年(1291年),元

---

① (元)大德《昌国州图志》卷二,《宋元方志丛刊》本,中华书局1990年版。
② (元)袁桷《清容居士集》卷一八《定海县学藏书记》,《四库全书》文渊阁本。
③ (元)《至正四明续志》卷七《学校》,《宋元方志丛刊》本,中华书局1990年版。
④ (元)《至正四明续志》卷七《学校》。
⑤ (元)《至正四明续志》卷七《学校》。

政府准予江淮"合将在前僧人强行占据诸人房屋、田土、山林、池荡,并宫观、庙宇、学舍、书院,照依归附时为主,尽行归还原主"①。在元政府的支持下,庆元路儒学的经济实力非常雄厚,所拥有的资产分布在录事司以及鄞县、奉化州、昌国州、定海、慈溪各地,包括田、地、山、湖、砂岸。其中,仅庆元城就有赡学田土13066亩,鄞县有田11730亩。奉化1023亩余;慈溪406亩余;定海(镇海)2145亩余;象山603亩余。这些田土都是用来收取租税以供学校使用的。仅庆元田土每年出租所收供学校支出的钞币就有中统钞248锭多,米2010石,谷1470石。②

庆元地区儒学教育的恢复和发展,除了元政府在政策上的支持外,也和各级地方官员的关心、支持以及地方学者、儒户的热情投入密不可分。庆元地区儒学的许多设施都是在元代重建的。鄞县儒学在至元十九年(1282年)增建养正四斋,至元二十八年重修。奉化州儒学因飓风损坏而重建,至元二十九年县尹丁济建天寿殿、养正堂、觉后亭。延祐七年(1320年),知州马称德建尊经阁、讲堂等。③ 至元二十八年,廉访使王俣倡议扩大余姚州儒学规模。后至元二年(1336年),汪惟正、刘绍贤相继新复。至正八年(1348年),知州汪文璟增建州学。至正二十三年,邑儒黄吁出资兴修州学。④ 至元二十六年,宁海兴建县学讲堂,之后,继续兴建孔子殿等建筑。在诸人的努力下,宁海县学设施完备。⑤

随着时间的推移,元朝末年,庆元的儒学教育也出现了一些问题。至元十三年以来的庆元府学教官有10多人,袁桷都有所了解。他对这些教官以及教育作这样的评价:"岁时表章经说疑义,卒假耆旧以阴

---

① 《庙学典礼》卷三,《四库全书》文渊阁本。
② (元)《延祐四明志》卷一三《学校考》,《宋元方志丛刊》本,中华书局1990年版。
③ (元)邓文原《奉化州儒学重修记》,(元)《至正四明续志》卷七《学校》,《宋元方志丛刊》本,中华书局1990年版。
④ (明)嘉靖《浙江通志》卷二七《学校二》,《天一阁方志丛刊续编》,上海书店1990年版。
⑤ (元)舒岳祥《阆风集》卷一一《宁海县学记》,《四库全书》文渊阁本。

助。诵声寥寥,讲授不立,不复以师道自任。由是,诸生之亡赖者,挟短长以剽窃廪稍。而贵骄之子弟,恃其可侮,益得以恣睢,有终岁不入于学宫,极于弊坏,而劝学之诏屡下,为虚文矣。"①教授不以师道自任,学生不进学宫,这正是儒学地位下降的表现。

书院。州郡有书院,自北宋太平兴国开始。元政府重视书院的建设,凡"先儒过化之地,名贤经行之所,与好事之家出钱粟赡学者,并立为书院"②。元代书院设山长一人,由朝廷任命,掌教养之事。③ 庆元路著名的书院有:鄮山书院、甬东书院、鲁斋书院、慈湖书院、翁洲书院、岱山书院、杜洲书院。其中许多都是在元代兴建的,如鄮山书院在庆元城西五里,为赵寿所捐助。大德二年(1298年),世习儒学的赵寿慨然请于朝曰:"伊吾祖鄮州善,待从文公游。今天子兴是学,愿割田别居以祠,而名曰鄮山。"朝廷同意,惜赵寿谢世。大德七年,建成。④杜洲书院原先为童金所建义学,后至元二年(1336年)被批准立为书院。鲁斋书院为后至元六年都元帅锁南班应陈仁之请所建。惟甬东书院例外,由陆氏为纪念朱子而捐建,因"未得请额于朝",故历任院长都是聘任的,"以其未得命而祠官之位虚,率以他职来摄。故其间有贤有愚,或久或暂,不能以称厥事焉"⑤。

元代书院皆有学田,庆元的书院也都拥有一定数量的学田来作为维持书院日常运营的费用,像学舍的维修,祭器、书籍的购买,生徒的廪饩等。如翁洲书院大德年间就有赡学水田40亩,还有涂田150亩。⑥ 慈湖书院至正年间有田117亩多,地4亩多,还有渡口6处。⑦这些田地一般是交给无地的百姓耕种,收获后向书院缴纳一定数量的

---

① (元)袁桷《清容居士集》卷二二《送俞教授回里序》,《四库全书》文渊阁本。
② (明)宋濂《元史》卷八一《选举志一·学校》,中华书局1976年版。
③ (元)朱德润《存复斋文集》卷五《送郑学可山长序》,《四库全书存目丛书》。
④ (元)袁桷《清容居士集》卷一八《鄮山书院记》。
⑤ (元)刘仁本《羽庭集》卷五《送陆德阳摄东湖书院序》,《四库全书》文渊阁本。
⑥ (元)大德《昌国州图志》卷二《学校》,《宋元方志丛刊》本,中华书局1990年版。
⑦ (元)《至正四明续志》卷八《学校》,《宋元方志丛刊》本,中华书局1990年版。

谷物。租额多少不等,如翁洲书院水田每年每亩租额 1 石 5 斗,海涂田租谷每年与佃户两平抽分;而郯山书院水田每年每亩的租额却达 2 石 6 斗多。

表 4—1 元代庆元书院

名称	地点	创建、增修情况
甬东书院	录事司	南宋绍定年间建
东湖书院	录事司	元时邑人陆天祐建
郯山书院	录事司	大德二年赵寿建
鄞江书院	录事司	元时邑人张式良建
鲁斋书院	鄞县	至元六年都元帅锁南班建
慈湖书院	慈溪	延祐六年重修
杜洲书院	慈溪	至大二年童金建
龙津书院	奉化州	元贞间达鲁花赤察罕兴复
松溪书院	奉化州	至正七年李德说建
翁洲书院	昌国州	延祐七年干文传兴建,至元二年朱廷鸾起斋舍,四年徐敬建讲堂、斋舍,六年曹性之重修
岱山书院	昌国州	至元三十年徐应举买民宅迁于市,至元二年许广大兴建
湖山书院	定海	至元间建,至正间毁,黄礼之复建

资料来源:(元)《延祐四明志》卷一四《学校考下》,(元)《至正四明续志》卷八《学校》,(清)雍正《浙江通志》卷二六《学校》。

2. 庆元路社学与义学

社学是建立在乡社一级的学校,元政府在成宗时曾诏令地方社创立学校,但地方并未完全贯彻,其中比较突出的是奉化州。据文献记载,延祐年间马称德担任知州期间,奉化州有乡学 600 余所。[①] 庆元路

---

① (元)李浯孙《知州马称德去思碑记》,(清)乾隆《奉化县志》卷一二《艺文志》,乾隆三十八年刻本。

的社学有奉化社学,在奉化州三十七都大步头,为至正二年(1342年)儒士余伯瑀与余伯璋将自己的房屋一所10间,四围园地10余亩捐出设立。①

庆元的义学,有位于鄞县东三十里的东湖义学,由乡人陆居敬与陆思诚在天历元年(1328年)创立。鉴于"今之郡县学书院非士类不入,而农工商无所于肄"的情况,陆氏兄弟共捐田160亩,使得一乡之子弟"讲有席,息有榻",得到一定程度的教育。②

3. 庆元路蒙古字学

元朝诸路蒙古字学,创立于至元六年(1269年),为设在路一级学习蒙古文字的学校,目标是培养使用、教授蒙古语言文字的人才。至元十九年,蒙古字学的设置推向府、州一级,学官有教授、学正等,主要传授译写成蒙古文的《通鉴节要》,还采用《蒙古字百家姓》、《蒙古字韵》等,学生学成经考试合格后,可充任学官、译史等职。③ 至元二十九年,元政府开始在天下州郡设立蒙古字学,庆元路蒙古字学的建设一直到大德十年(1306年)才开始,地点在庆元城西南隅仓桥侧,学官有教授、学正各一人,后来迁到东南隅帝师殿东庑,召集官员子弟和民间俊秀可教者进行学习。④ 奉化州的蒙古字学虽然设置了学官,但一直未建立学校。除此之外,庆元路其他州县未建蒙古字学。

4. 庆元路阴阳学

元统治者出于巩固统治地位的需要,重视对从事天文、历数、卜筮等活动的所谓"阴阳人"的培养。元朝诸路设置阴阳学校的历史要上溯到至元二十八年六月,"若有通晓阴阳之人,各路官司详加取勘,依儒学、医学之例,每路设教授以训诲之"⑤。但实际上,庆元路负责教授

---

① (元)《至正四明续志》卷八《学校》,《宋元方志丛刊》本,中华书局1990年版。
② (元)程端学《东湖义学记》,(元)《至正四明续志》卷八《学校》,《宋元方志丛刊》本,中华书局1990年版。
③ (明)宋濂《元史》卷八一《选举志一·学校》,中华书局1976年版。
④ (元)《至正四明续志》卷七《学校》。
⑤ (明)宋濂《元史》卷八一《选举志一·学校》。

天文、历数、卜筮等各种专门知识的阴阳教授司是在武宗至大元年（1308年）建立起来的，设置教授、学正、学录各一人，管理当地阴阳、历算、巫术之事。① 至大二年（1309年）十二月，教授朱道宁才到任。但一直没有办公机构，直到至顺二年（1331年），庆元路才将府城西南隅仓桥东原来蒙古字学的旧设施作为办公机构。②

5. 科举

众所周知，元朝建立之后的很长一段时间里，废除了前朝传统的科举取士制度。科举制的取消，等于断绝了许多读书人入仕的道路。这时选举的方式主要是门荫、岁贡、国子学等。朝廷有时也会使用传统征辟的方式，由地方推荐一些才学优异、品行淳良的士子进入仕途。袁桷、袁士元、薛敬、徐仲达、吴元泽等人就是通过这种方式进入仕途的。③

元中期以后，随着元政权上层统治者汉文化素养的逐渐提高，儒学正统地位的确立，为了选拔人才，元政府恢复了科举取士的旧制。延祐元年（1314年），元政府正式恢复科举取士。科举恢复后，每三年一次，分为乡试、会试、殿试三道，层层选拔。由于元朝施行科举时间不长，故元代宁波中乡举的汉人数量不多，有薛观、孙士龙、岑良卿、翁传心、虞泰、岑士贵、杨彝、刘希贤、陈敬文、宋元禧、杨燧，中进士的汉人有岑良卿、史驺孙、程端学、李开先、岑士贵、翁传心。④ 元代宁波地区有一些色目人因为仕宦、从军等原因居住在这里，他们中的一些人受到汉文化的濡染，也在乡试以及殿试中中举。这些人主要是哈剌鲁（又译作"合鲁"）人，中乡举的有揑古柏、莫伦赤，中进士的有塔海、铁间、揑古柏等数人。⑤

---

① （元）《延祐四明志》卷一四《学校考下》，《宋元方志丛刊》本，中华书局1990年版。
② （元）《至正四明续志》卷三《在城公宇》，《宋元方志丛刊》本，中华书局1990年版。
③ （清）雍正《浙江通志》卷一二九《荐辟》，《四库全书》文渊阁本。
④ （元）《至正四明续志》卷二《人物》；（清）雍正《浙江通志》卷一二九《选举》。
⑤ （元）《至正四明续志》卷二《人物》。

二、程端礼与《读书分年日程》

随着理学的兴起,教育的理学化趋势也越来越明显。程端礼无疑是为元及明清时期儒学教育作出重大贡献的教育家。

程端礼(1271—1345年),字敬叔,号长斋,人称畏斋先生,庆元路鄞县人。自幼聪颖,"十五岁能记诵六经,晓析大义"[1]。历任广德建平(今安徽郎溪县)、池州建德县(今属浙江)儒学教谕,历信州稼轩、集庆江东两书院山长,铅山州儒学学正。任期满后,以将仕佐郎、台州路儒学教授致仕。从此,归老林下,退居乡间。至正元年(1341年),程端礼被庆元路王居敬选为训导,根据朱子读书法六条,刊定《读书分年日程》,督导诸生学习,诸生们得知发奋"四书五经"传注学习。从此,庆元路学校方有教养之实。[2]

程端礼教学四十余年,气宇平和,"善诱学者,使之日改月化"[3]。在集庆路江东书院,程端礼"首设讲,为人敦厚谨畏,终日危坐,与诸生相对。必使熟读精思,真知实践"[4]。其弟程端学,言行皆有法度,学者们因为其果断严明而生敬畏之心。

程端礼学宗程朱,平素就有兼济天下之志,只是没有入世机会。程氏教育思想,核心在于:"学问之道,具在圣经贤传。读之有法,吾尝述之矣。真知实践,则存乎其人。"[5]

程端礼在教育上最大的成就是倡导朱子读书法六条。受史蒙卿的影响,以为"教之根本,在乎朱子读书法"[6]。程氏《读书分年日程》

---

[1] (明)宋濂《元史》卷一九〇《程端礼传》,中华书局1976年版。
[2] (元)程端礼《畏斋集》卷四《送冯彦思序》,《四库全书》文渊阁本。
[3] (元)黄溍《文献集》卷九下《将仕佐郎台川路儒学教授致仕程先生墓志铭》,《四库全书》文渊阁本。
[4] (元)程端学《积斋集》卷三《送蒋远静山长序》,《四库全书》文渊阁本。
[5] (元)黄溍《畏斋程先生墓志铭》,见(明)程敏政《新安文献志》卷七一。
[6] (元)程端礼《畏斋集》卷四《送冯彦思序》。

的编纂,与元朝科举的复兴有一定的关系。当时,他正在建德儒学教书。他说:"改元延祐,而设科取士之制行,喜与余之所教明经作义之法大略相同。……余首遵科制,参朱子读书法,以其先后本末节目,分之以年,程之以日,悉著于编,为学校教法,藏于六经阁。"① 由此可见,科举制度促进了地方儒学教育的规范化,程端礼总结教育经验,撰成《读书分年日程》。教育史界通行的说法是,程氏家塾《读书分年日程》是一部著名的家塾教学计划。这显然是一种望文生义的说法。

程端礼《读书分年日程》的编纂,有其当时明确的社会问题意识所在。程端礼肯定元朝科举立制本意,体现了理学与举业相统一的精神,这是超越前朝科举之处。② 程氏以为,当时最大的问题是,"曾未读书明理,遽使之学文"③。程氏的理想是学问与举业相结合,先学问,后举业。如果为举业而举业,就主次颠倒了。

《读书分年日程》本辅汉卿《朱子读书法》而推广之。全书共分四个部分。第一部分为全书"纲领"。首录朱熹拟订的"白鹿洞书院教条",实际上是朱熹为社会拟定的教育总纲。接着录《程(端蒙)、董(铢)二先生学则》,共18条,基本上是对朱熹的许多箴言和铭记所作的概括与发挥。第二部分为全书的第一卷、第二卷。这是程端礼根据朱熹的教育思想制定的教育程序和教学计划。第三部分为全书的第三卷前一部分,即录王柏辑《正始之音》,以明辨音义之方法,这是字音教学的参考书与工具书。第四部分为全书第三卷的后一部分,录集庆路江东书院讲义——《朱子读书法》。

《读书分年日程》最有创意的部分,应该是"分年日程"思想的提出。它实际上是一份学习流程计划表。所谓"分年",就是将青少年的教育按年龄不同划分为三个阶段,不同阶段读不同的书。(1)预备教育阶段:8岁入学之前,在家进行预备教育,家长负责给孩子教读程逢

---

① (元)程端礼《畏斋集》卷四《送冯彦思序》,《四库全书》文渊阁本。
② (元)程端礼《读书分年日程序》,《四库全书》文渊阁本。
③ (元)程端礼《读书分年日程序》。

原改编的《性理字训》,这是一本渗透了理学思想的儿童启蒙读物。同时配合讲解朱熹的《童蒙须知》,目的是为今后上学读书作好准备。这就是中国古代明文规定的"学前教育"。(2)基础教育阶段:8岁入学之后,在学校进行基础教育与读书训练。首先教师教学生读朱熹的《小学》,然后再教读"四书"及《孝经》。按以上程序教读经书,基础才扎实,才能使学生对经书的理解一步步深化,逐渐掌握儒家经典著作的精髓。读"四书""五经"要注意读、背、思、说四个环节。这四个环节注意到了,就可达到"烂熟"的程度,这就算基础打好了。此外,为配合读背经书,还要练习习字、考字、演文。(3)提高教育阶段:15岁以后,在学校提高与深化学生前一阶段所学的内容。

读书顺序,先经,中史,后文。《读书分年日程》首先让学生读朱熹的《四书章句集注》,为学生学史、学文打好基础,然后读史书《资治通鉴》,参看《纲目》,以加深对朱熹理学思想的认识。同时,让学生不断抄读、复习各经书,以达到"温故而知新"的目的。在读经书、学史的基础上学习韩愈的文章和《楚辞》。程端礼认为,学生读了儒家经书后,有了判断是非的标准,再学史、学文就有了明确的方向。在学经、学史、学文的基础上,还要求学生将"性理"、"制度"、"治道"三方面综合起来学习。并认为制度书多兼治道,而治道又以性理为依据。他主张从制度入手,且择其大者。这样就将经、史、文、性理、制度、治道等熔为一炉,一并学习与思考。学生在20岁以后,再集中用两三年的时间,专力学文,"作科举文字",准备应科举考试。他认为这样学习,看起来是迂阔笨拙,但却克服了学生为了应科举考试而忽视基础知识、过早学文的弊病,这是朱熹的"宽着期限,紧着课程"的教学思想在课程计划中的体现。只有经过长期不懈的学习,才能基础扎实,学识丰厚,根深叶茂,也必然有众多的收获,更不愁写好各种应试的文章了。

规定了具体的日程计划。所谓"日程",就是指学生每天每月的读书学习计划,每天划分为早上、白昼、晚上三个单元时间,又将数天定为一周(实为一个教育流程)。他制定的五种表格是:读经日程、读看史日程、读看文日程、读作举业日程、小学习字演文日程。如此周而复始。每读一书立一簿,按单元、日、周、月一一记录,逐项检查。学生每人各置一簿,当天注明各门功课学习的进度及纲要,第二天学生再把日程簿交给教师审阅。教师则根据平日记录情况,掌握学生学习的进度,以便全面掌握学生各门功课的情况,考查学生各门功课的成绩。如此重视教学进度和日程,说明程端礼对教学程序、教育计划及教学进度的认识,比前人深刻得多,教学已从随意、松散、自由的状态,向有目的、有计划、有步骤的方向前进了,这在中国古代教育史上,是巨大的进步。

遵循朱子读书法六条,提高学生的阅读理解能力。"朱子读书法"散见于朱子诸著作中,朱熹门人荟萃朱子平日之训而节取其要,定为读书法六条。这六条是:(1)循序渐进。读书学习应遵循书籍教材的客观顺序与学生的主观能力去规定学习的课程和进度,不可求速,不可草率超前。(2)熟读精思。要把经书背得烂熟,并反复寻绎文义。(3)虚心涵泳。读书学习要抱客观的态度,不执著旧见,不先入为主,不好高务奇,不穿凿立异,还经书的本来面目,接受简明平正的解说。(4)切己体察。读书学习时,要使书中道理与自己的经验和生活结合起来,并以书中道理去指导自己的实践。(5)着紧用力。读书学习时要有刚毅勇猛、坚持到底的精神,要紧张扎实从不懈怠,但读书学习计划要从容自如,留有余地。(6)居敬持志。读书学习时要严肃认真、精神专注、树立一个具体目标或根据一个特殊问题去深入钻研,不为物欲侵扰,充分发挥认识主体在思维活动中的主导作用。"朱子读书法"真知和谬误交织在一起,如加以辨别,是可以从中取出有一定价值的读书经验的。

《读书分年日程》的教学特点是:第一,重视读经、读史、读文的整个教育程序,教学计划的集中专一和循序渐进;第二,强调读、写、作的基础教育,包括字音字义、阅读习写、抄书作文等基础知识和基本功的严格训练;第三,注意经常复习、反复考核、详细记录教学日程等多种教学手段的交替使用。这对当时及以后的学校教育教学活动都产生过一定的影响。当然,程氏家塾《读书分年日程》是以朱熹的理学教育思想为指导的,主张以朱熹的理学思想来熏染学生的心灵,学生学习的目的是"读书明理",应科举考试。它规定的教学程序和计划都是为这一目的服务的。①

《读书分年日程》是程端礼为儒学教育制定的一套教学程序和计划。成书后,受到南方部分地区的重视,如崇德吴氏义塾、台州路学、平江甫里书院陆氏、池州建德县学友朋冯彦思、定安刘谦父都曾经刊刻此书,集庆江东书院及安西、高邮、六合、江浙友朋则有抄本。而程氏家塾自用的刊本刻于元统三年(1335年),②一般作《程氏家塾读书分年日程》。③ 刊行于世后,"守其辙者,往往有成"④。据记载,"国子监既颁于郡县,学使以为学法,中书复以闻而申敕之,使遵行焉"⑤。也就是说,程端礼制定的教学程序和计划已被官方所接受,这应该是至正五年程氏卒后的事。《读书分年日程》对此后的儒学教育产生了很大的影响。元末明初人陶安称此书"节目次第,筋联脉贯,使攻儒术者有楷式。遂遵效其略,持循累岁,真若承严师而亲畏友也。既长为童稚师,独爱导以程说"⑥。明中叶儒士章懋云:"见有刻版在太学中,可印一本置诸座隅。能用其法以为学而用功焉,必将大有进益矣。"⑦嘉靖间,福建学人蔡元伟"见程端礼《家塾日程》皆宗晦翁教人之法,叹曰:'学当如是。'即手抄服行,慨然有求道之志,非圣贤书不观,非孝弟

---

① 以上介绍《读书分年日程》内容,参考郭齐家《程端礼程氏家塾读书分年日程》,见江苏广播电视大学多媒体课件《中外教育名家名著介绍》。
② (元)程端礼《读书分年日程跋》,《四库全书》文渊阁本。
③ 今有国家图书馆藏明刻本《四库全书》文渊阁、《四部丛刊续编》、《丛书集成初编》等版本,另有姜汉椿校点本,黄山书社1992年版。
④ (元)程端学《积斋集》卷三《送蒋远静山长序》,《四库全书》文渊阁本。
⑤ (元)黄溍《畏斋程先生端礼墓志铭》,(明)程敏政《新安文献志》卷七一,《四库全书》文渊阁本。
⑥ (明)陶安《陶学士集》卷一二《送王生序》,《四库全书》文渊阁本。
⑦ (明)章懋《枫山集》卷二《与张冬官用载大》,《四库全书》文渊阁本。

之志不存"①。到了清初,陆陇其还说:"程氏《读书分年日程》一编,真可为学者准绳。"②由此可知,《读书分年日程》实际上是元、明、清三代儒学教育的一个典型的教学计划。

第二节 哲学与经学

入元以后,南方地区政治地位下降,学术也走向民间。浙东的陆学,有赵偕诸人在不遗余力地加以倡导。同时,自黄震、史蒙卿以来,朱学在浙东也有了一定的影响。史蒙卿弟子程端学无疑是代表人物之一。

一、赵偕及其宝峰学派

赵偕(1294?—1367年),字子永,人称宝峰先生,慈溪人。早年习举子业,这应该是元中叶延祐元年(1314年)兴科举前后的事。后来,发觉科举仅是"富贵之梯,非身心之益也"③,于是,放弃了举子业,隐居慈城西门外大宝山东麓。有人劝他出去做官,他说:"吾故宋宗室子也,非不欲仕,但不可仕。且今亦非行道之时也。"④不可仕,不能仕,希望读书益身心,是赵偕放弃科考,走向思想探讨的直接因素。

由于知识分子无缘入世,几个志趣相投的朋友就组成一个小团体。慈溪县城中影响最大的学者是南宋前期的杨简(1141—1226年),其时逝世已经有一百多年,他成了赵偕他们学习的榜样。多处文献提到这么一个情节,称赵宝峰与朋友王约(相山)、时观(子中)、向

---

① (清)沈佳《明儒言行录》卷六,《四库全书》文渊阁本。
② (清)陆陇其《松阳钞存》卷上,《四库全书》文渊阁本。
③ (清)全祖望等《宋元学案》卷九三《静明宝峰学案·隐君赵宝峰先生偕》,《续修四库全书》本。
④ (清)全祖望等《宋元学案》卷九三《静明宝峰学案·隐君赵宝峰先生偕》。

寿(乐斋)得读慈湖遗书,"恭默自省,有见于'万象森罗,浑为一体,吾道一贯'之意。曰:'道在是矣,何他求为?'乃确然自信三代之治可复,百家之言可一也"①。这被认为是"得本心之要"的自觉转变。从此,他们一群人讲学湖上,"攻治身明道之学"②。一时间,上门求学者"殊众"③。此后,赵偕与朋友、弟子们"有时讲明古训,有时闲谈世事,举茶对酒之间,真情发见"④。这些都比较真实地反映了赵偕隐居期间读书讲学的生活。

赵偕之学有两大特色:

一是坚持慈湖心学。赵偕是元朝南派陆学代表人物之一,在哲学上以静虚为主,强调通过静坐、凝神达到精神上的安定。赵偕在《为叶伯奇学虚而书》中指出:"于夙兴入夜之时,宜静坐以凝神",此后,"无非此道也"。在《题修永斋》中又说:"万物有存亡,道心无生死。"也就是说,道或心是超越万物之外永恒存在、无死无生的本体,是万物的根源,任何事物都不过是心的变化或表现,只有心才是唯一真实的东西。⑤ 讲究静坐、体悟,这是思考的特征,尚不能归为禅门。全祖望认为赵偕之学"以静虚为宗","要其立身行己,自可师也",至于有的人"坠于禅门者,则固慈湖之余习"⑥,不是赵偕的过错。

二是关注社会。赵偕虽宗慈湖之学,但并不是一个为理学而理学的务虚人物,他最终的目标是要以心学改造社会。赵偕的信念是:"纵读人间万卷书,身无实行亦徒为。良心九死谁不变,去圣千年今可悲。"⑦他曾经对人说:"孔子以道设教而未尝一日心忘天下。"⑧所以,

---

① (清)全祖望等《宋元学案》卷九三《静明宝峰学案·隐君赵宝峰先生偕》,《续修四库全书》本。
② (清)全祖望等《宋元学案》卷九三《隐君向乐斋先生寿》。
③ (明)乌斯道《春草斋集·文集》卷一《梦墨斋记》,《四库全书》文渊阁本。
④ (元)赵偕《赵宝峰先生文集》卷下《代大章祭周砥道文》,《续修四库全书》本。
⑤ 张如安《元代宁波文学史》,第160页,中国文史出版社2002年版。
⑥ (清)全祖望等《宋元学案》卷九三《静明宝峰学案·隐君赵宝峰先生偕》。
⑦ (元)赵偕《赵宝峰先生文集》卷下《题慈湖书院山长徐勉之女封股诗卷》。
⑧ (清)全祖望等《宋元学案》卷九三《静明宝峰学案·隐君赵宝峰先生偕》。

他虽处山林,时有忧世之色。《送阿里择之都目之浮梁》中写道:"古人在畎亩,尚不忘乎君。为官不尽职,何以为人臣?吾观四海内,茫然浩无垠。兵甲尚未息,伤哉此良民!省台与州县,冠盖多如云。真知小民苦,落落今几人。"①这些诗,体现出赵偕强烈的忧国忧民之心。

他尤其相信三代之政可复。赵偕认为"尧舜之道,即百姓日用之心"②,确信可以恢复三代之治,"以为三代之政可行,百家之言可一,挺然而立,毅然而行"③。赵偕"平日好论尧舜道",受其影响,学侣向寿"每论为政之要,而略汉唐而本三代"④。门生李恒"每言三代之政可以施于今日,绝无高远难行"⑤。

赵偕以道为宗。他有着传统儒家知识分子那种强烈的入世精神,纲常伦理同样是他坚持的道学核心。他所谓的道,也就是理学家的纲常思想。"人生天地之中,在明此道而已。夫君臣、父子、兄弟、夫妇、长幼、朋友,有尊卑等级,忠孝信义,恭敬慈爱,亘万古而不变者此道也。"⑥强调为政用君子化小人,有纲有纪,要慎选贤明。这些与理学家的主张是一致的。

赵偕在《又代诸友作》中写道:"济世安民大丈夫,襟怀落落有良谟。堪扶圣主施神武,却向深山守静孤。"由此看来,赵偕走的是独善济世之路。他有一颗火热的心,希望"道行于时,匡济斯民"。但平生入世之愿无法实现,只能守住自己内心的安静,只能"三抱遗经发长叹"。他在《和负暄行韵》中自勉:"巍然独坐老不僵,大道不行宜守节。"⑦至正十六年(1356年),方国珍统治庆元,曾想请赵偕出山,但为赵偕谢绝了。

---

① (元)赵偕《送阿里择之都目之浮梁》,《御选元诗》卷二十,《四库全书》文渊阁本。
② (元)赵偕《赵宝峰先生文集》卷下《代李元善送叶伯奇之台州倅序》,《续修四库全书》本。
③ (元)赵偕《赵宝峰先生文集》卷首《门人祭宝峰先生文》。
④ (清)全祖望等《宋元学案》卷九三《隐君向乐斋先生寿》,《续修四库全书》本。
⑤ (清)全祖望等《宋元学案》卷九三《李先生善》。
⑥ (元)赵偕《赵宝峰先生文集》卷首《门人祭宝峰先生文》。
⑦ 以上未出注之赵偕诗,均出《赵宝峰先生文集》卷下。

赵偕"近宗慈湖,远接洙泗,以道学鸣于时,向慕尊崇者,抠衣云集"①。门人有桂彦良、乌本良、陈麟、周坚、郑原殷、冯文荣、罗拱、方原、向寿、李善、乌斯道、王真、顾宁、罗本、叶心等三十多人,《宋元学案》将之组成"宝峰学案"。

陈麟(1312—1368年),字文昭,温州人,至正十四年(1354年)进士,出任慈溪县尹。曾向赵偕讨教守备之策,"诣门请业,行弟子礼"。赵偕师生以治民"十簿书"告之,中心是"此心静正,可烛是非"。结果,行之三月,慈溪得以大治。② 由于陈麟不肯投奔方国珍,被流放昌国州十年,明初卒于福建。③

桂彦良(1321—1387年),名德偁,以字行,慈溪人。桂氏自石坡先生桂万荣以来,世守杨简治学之道。桂彦良为元乡贡进士,曾任平江路学教授,后罢官归乡。张士诚、方国珍争相延请他入幕,他都没有应允。洪武六年(1373年),征为举人,授太子正字。强调帝王应该关心治世安人之道,朱元璋也非常赞同。④ 后桂彦良升迁为晋王府右傅,朱元璋亲自写文章赐给他,并且称赞他:"江南大儒,惟卿一人。"洪武十五年,桂彦良朝京师,上《太平十二策》。其一曰法天道,二曰广地利,三曰顺人心,四曰养圣德,五曰培国脉,六曰开经筵,七曰精选举,八曰审刑罚,九曰敦教化,十曰怀远人,十一曰搜才俊,十二曰广咨访。⑤ 朱元璋称赞说:"彦良所陈,通达事体,有裨治道。世谓儒者泥古不通今,若彦良可谓通儒矣。"⑥

乌本良(?—1372年),字性善,人称春风先生,慈溪人。跟从王相山、赵宝峰、时子中习慈湖心学,颇有心得。每天讽诵杨简的遗书,

---

① 赵继宗《后序》,见《赵宝峰先生文集》,《续修四库全书》本。
② (明)乌斯道《春草斋集·文集》卷五《先兄春风先生行状》,《四库全书》文渊阁本。
③ (元)戴良《九灵山房集》卷二三《元中顺大夫秘书监丞陈君墓志铭》,《四库全书》文渊阁本。
④ (明)乌斯道《春草斋集·文集》卷二《清节先生传》。
⑤ (明)乌斯道《春草斋集·文集》卷二《清节先生传》。"怀远人",清初作品,如《明史纪事本末》卷一四、《明儒言行录》卷一,作"驭夷狄"。
⑥ (明)宋濂《元史》卷一三七《桂彦良传》,中华书局1976年版。

"如在春风中,就以春风名斋"。并和其弟相互谈文论道,"若朋友然"①。

乌斯道(1314—1390年后),字继善,人称春草先生,慈溪人。《云山图歌》称他"少时贪读书,壮年立志卑唐虞"。洪武五年(1372年),被人推荐入仕,任石龙县知县。洪武九年,调永新。次年,因病辞官归乡。宋濂称其文"俊洁如明月珠,汹涌如春江涛",明中叶人杨父称其诗"竦秀若雨后春山,绮丽若云中萃嶻"。著有《秋吟稿》、《春草斋集》。②

向朴,字遵博,慈溪人。其父向寿是宝峰学侣,有《从政章》11篇传世。洪武二十五年,朝廷命督府都事张允直访求人才,张允直就推荐了向朴,后担任献县令。当时献县战乱之后,满目疮痍,荆榛遍野。他教百姓农桑,与之同甘共苦,许多百姓都回到家乡重新从事农业生产。朱棣发动靖难之役,向朴被燕师擒获,不屈而被害。③

周坚(1307—1363年),字砥道,自号皓斋,慈溪人。经常同赵偕游历,赵偕与门生间的论学生活,乌斯道的《周皓斋墓铭》有详尽叙述。④

因当时的官学是程朱学,陆九渊象山之学成了批判的对象。而且,南方学人基本处于民间地位,弟子们"冀吾道之亨,以少补斯世",但这个愿望在元朝无法实现。此后,弟子们死的死,散的散,即便活着的人,也无法发挥学术作用。一般的看法,宝峰学派只是坚守、遵循陆氏"门墙",没有为陆学注入新的血液,理论上发展不大,他们的贡献在于使中断了近百年的四明陆学得到恢复。其实,这个定位要作一些修正。宝峰学派的最大贡献在于改造陆学,使陆学由虚而实,走向了经世之路,为明朝输送了一批政治人才。古代中国为理论而理论的纯理

---

① (明)乌斯道《春草斋集·文集》卷五《先兄春风先生行状》,《四库全书》文渊阁本。
② (清)雍正《浙江通志》卷一八〇《乌斯道》,《四库全书》文渊阁本。
③ (清)雍正《浙江通志》卷一六四《向朴》。
④ (明)乌斯道《周皓斋墓铭》,(清)黄宗羲《明文海》卷四四〇,《四库全书》文渊阁本。

论家不多,最终的目标都想经世。注重经世,正是浙东学派的特色所在。

二、四明朱学传人程端学

程端学(1278—1334年),字时叔,号积斋,庆元府鄞县人。早年不屑为举子业,精心治学。至治三年(1323年)中江浙行省举人,次年,即泰定元年(1324年)中进士。其时,已经47岁,完全是一个成熟的中年学者了。程端学被擢为国子助教,后升翰林国史院编修官。在翰林院,其所论撰,时常为学士虞集所推服。不久,出为筠连州(今四川筠连县)幕长。元统二年(1334年)十一月,卒于任上,享年57岁,入仕时间才10年。欧阳玄称程端学"心与貌俱古,文与行俱卓"①。

程端礼、程端学受业于史蒙卿,尽得朱子之学明体达用的精要。兄弟二人人品端谨,平日一举一动,必合乎礼法。

在教学上,程端学强调真正掌握程朱理学思想,致知与力行相结合。他认为夏商周三代,教化风行,风俗淳美,学校教育以"穷理修己"为目的,选拔人才也是"莫不论德艺以为优劣"②。三代以降,秦汉以来,学校荒废,教育衰微,"诗书虽存,而其用泯矣。然幸而孔子之书存乎世,幸而曾子、子思、孟子之徒诵而述之,幸而程朱之徒理其湮,究其赜,而其言已明"。因此,他指出:"今学者苟能因程朱以求孔孟之说,因孔孟以求诗书之用,庶乎有以知尧、舜、禹、汤、文、武、周公之所以相传者如此,孔子之所以教人者如此,权衡丈尺秩然在我。又以身体而力行之,敬以存之,恕以推之。接物之际,合圣人之法为之,非圣人之法改之。积力既久,自至一贯之地。"③最后,程端学提出:"处今之世者,惟有循序读书,以明其理。理明而后有以辨古人之得失,察事物之

---

① (元)欧阳玄《积斋程君(端学)墓志铭》,程敏政《新安文献志》卷七一,《四库全书》文渊阁本。
② (元)程端学《积斋集》卷三《赠潘氏二子序》,《四库全书》文渊阁本。
③ (元)程端学《积斋集》卷三《与单良能论学书》。

是非,而后可由敬恕以养本心也。"① 读书明理,涵养本心,最后达到融会贯通的目的,这是程氏基本的理学思想。

程端学还是元代著名的《春秋》研究专家。大概在大德七年(1304年),程端学与孙会叔谈话时,已经注意到了《春秋》存在的问题。从此,开始有意识搜集材料,遍索前代研究《春秋》的著作176部。折中异同,续作《春秋》记,由是潜心钻研二十余年。程端学一生"精神心术,尽萃是书",达到了"朝夕删改不已,寝食为废"②的程度。程端学一直无心科举,当与他专门研究《春秋》有关。泰定元年(1324年),程端学入国子监后,闲暇之余,即与欧阳玄讨论其所作《春秋本义》。泰定四年,终成《春秋本义》30卷。稍后,又作《春秋三传辨疑》20卷,《春秋或问》10卷。③ 卒后9年,即至正三年(1343年),浙东廉访使庆喜上其书于朝廷,皇帝下诏庆元路儒学版行天下。

《春秋本义》,首为通论一篇,问答一篇,纲领一篇。其下按照经文附录诸家学者观点,将言论分类排列,其间夹杂案语,体例颇为糅杂。其主要原则仍是常事不书,有贬无褒。清人批评《春秋本义》繁琐。其实,早在元朝,就有人提出过。程端学的解释是:"此编窃仿朱子集注之意,先训诂而后事实,而后议论。"④。

程端学治《春秋》,走的是抛弃三传,直求《春秋》义理之路。程端学认为,《春秋》是"明礼义,正名分,辨王伯,定中外,防微慎始,断疑诛意。其书皆天下国家之事,其要使人克己复礼而已"⑤。

程端学认为圣人没有先定凡例而后修《春秋》。在这个大前提之下,程端学反对凡例褒贬,称"《春秋》之不明,凡例褒贬害之也"⑥。既然是历代的注释蒙蔽了"圣人经世之志",自然要做恢复工作。最后,

---

① (元)程端学《积斋集》卷三《与单良能论学书》,《四库全书》文渊阁本。
② (元)欧阳玄《积斋程君墓志铭》,(明)程敏政《新安文献志》卷七一,《四库全书》文渊阁本。
③ (元)欧阳玄《积斋程君墓志铭》,(明)程敏政《新安文献志》卷七一。
④ (元)程端学《春秋本义·通论》,见《春秋本义》卷首,《四库全书》文渊阁本。
⑤ (元)程端学《春秋本义·原序》,《四库全书》文渊阁本。
⑥ (元)程端学《春秋本义·通论》。

程端学提出:"读《春秋》者,但取经文平易其心,研穷其归,则二百四十二年之事之义,小大相维,首尾相应。支离破碎,刻巧变诈之说,自不能惑。圣人恻怛之诚,克己复礼之旨,粲然具见,而鉴戒昭矣。"①我们知道,宋元人所看到的五经,都是汉唐时代形成的。反对从字句褒贬上做文章,而是要从理论上把握《春秋》的精神,这在朱熹那里就已经提出。程端学做的工作,实际是否定汉学,提倡宋学。此风开于中唐啖助、赵匡、卢仝,其后,析为三派,②和宋明时代大的儒学思潮走向是一致的。

清人肯定了程端学的书法纠正之功,"至于褒贬之义例,则左氏所见原疏;公、穀两家书由口授,经师附益,不免私增,诚不及后来之精密。(程)端学此书,于研求书法,纠正是非,亦千虑不无一得,固未可恶其刚愎,遂概屏其说也"③。

程端学治《春秋》最大的缺陷是否定《左传》。众所周知,《左传》是一部在中国史学史上成就巨大的编年体史书。但程端学却认为"《左氏》事实多出伪撰"。为达此目的,《春秋本义》"往往缴绕支离,横加推衍,事事求其所以贬"④,极力贬低《左传》的价值。对此,四库馆臣认为:"平心而论,左氏身为国史,记录最真;公羊、穀梁去圣人未远,见闻较近。必斥其一无可信,世宁复有可信之书!此真妄构虚词,深诬先哲。"⑤程端学"勇于信心而轻于疑古,颇不免偏执胶固之弊"⑥。最后,清人这样评价程端学《春秋》的研究:"端学诸人务伸己说,其弊亦不免废传以说经。读宋元以来之《春秋》者,取其所长,而知其所短可矣。"⑦

---

① (元)程端学《春秋本义·原序》,《四库全书》文渊阁本。
② 《四库全书总目》卷二八《春秋三传辨疑提要》,中华书局1965年版。
③ 《四库全书总目》卷二八《春秋三传辨疑提要》。
④ 《四库全书总目》卷二八《春秋本义提要》。
⑤ 《四库全书总目》卷二八《春秋三传辨疑提要》。
⑥ 《四库全书总目》卷一六七《积斋集提要》。
⑦ 《四库全书总目》卷二八《春秋或问提要》。

第三节 宗教

元代在宗教政策上是非常宽容的,佛教、道教、基督教、伊斯兰教的信徒们不用担负一般民户所担负的差役,仅仅缴纳地税和商税。在政府的支持下,元代的宗教得到了较大的发展。

一、元代宁波的宗教

庆元所在的浙东地区,自古就是信奉鬼神之地。到了元代,此种风气并没有改变,袁桷就提到"吴越旧俗,敬事鬼神,后千余年,争崇尚浮图、老子学,栋甍遍郡县"①。

1. 佛教

在庆元地区势力最大、影响力最强的当属佛教。陈著就指出:"佛氏教今为最盛,明素多甲刹,而次第创建者星罗棋布,联络诸山气脉,以便其徒之居之游,为无穷地。"②元末刘仁本也指出:"四明为三佛地,多宝坊、兰若。"③从唐宋以来,本地区就存在着大量的佛教寺院。到了元代,由于统治者崇信佛教,并对佛教予以大力支持,如成宗就多次遣使臣到昌国州宝陀寺(今舟山普陀山)降香礼佛,并资助修缮佛像与庙宇。在此情况下,庆元又新建和重建了一批寺院。这样,元代本地区的寺院数量在宋代基础之上又有增加,佛教又有了进一步的发展。因此,《至正四明续志》这样说道:"四明山水渊秀,竺乾氏居之。自唐抵今,废不一二而兴者累十百。其徒传度既广,基业日以饶衍。"④

佛教在庆元有数量众多的寺院,从教派类型上有禅宗的禅寺,天

---

① (元)袁桷《清容居士集》卷一九《陆氏舍田记》,《四库全书》文渊阁本。
② (宋)陈著《本堂集》卷五二《天寿保国接待院记》,《四库全书》文渊阁本。
③ (元)刘仁本《羽庭集》卷六《定海县真修寺事迹记》,《四库全书》文渊阁本。
④ (元)《至正四明续志》卷一〇《释道》,《宋元方志丛刊》本,中华书局1990年版。

台、华严、法相、净土诸宗的教院,律宗的律院。从住持的选取上,有由四方名宿担任住持的十方院,有由弟子轮流住持的甲乙徒弟教院。另外,还有供女性信徒修行的尼寺、庵舍。根据《延祐四明志》、《至正四明续志》等记载,庆元地区的佛教各类寺院就有312座。其中最为著名的寺院有昌国州的宝陀寺,鄞县的阿育王寺、天童寺,奉化州的雪窦寺、岳林寺等。这些佛寺有大量的僧人,即使是穷乡僻壤的小寺院,也"不下数十人"①。另外,佛教寺院还占有大量的土地。昌国州的许多寺院都拥有相当数量的田产,动辄数十顷。如普慈寺有田地40多顷,山60多顷;延福寺有田地50多顷,山64顷。其他州县寺院的田产数量也不在少数,如奉化州的天寿报本寺就有耕地200多亩,山林150亩。② 这其中有皇家的施舍,如成宗大德初年就曾命割鄞县湖田20顷给宝陀寺。而僧人的刻意经营和巧取豪夺,也使寺田大量增长,尤其是江南归附后元政府对于僧、道的优待,使得"僧、道士稍肆,或兼并以自私,田多至数百千亩"③。也有一些官僚、地主向寺院施舍田地;寺院还组织开垦荒地和改造滨海滩涂得到一些土地。到至正二年(1342年),庆元僧寺田的数量是1328顷61亩,道观田58顷94亩。其中,僧寺田主要集中在昌国州,有1005顷11亩,占全州耕地总面积的三分之一。由于庆元众多佛寺拥有大量的寺院和田产,与僧人们平素所宣扬的清心寡欲、六根清净形成了强烈的反差,有些文人就对这种现象提出了批评:"窃怪乎世之学佛者,崇侈其宫室,广置其土田,事有常规,养有常具,用有常赀,役有常仆,凡所以为身谋者,动无不周,视绝俗毁体以自苦者异矣!"④

一些僧人由于自身具有较高的禅学和文学修养,与地方一些士人

---

① (元)岑良卿《普济寺舍产净发记》,(清)光绪《余姚县志》卷一六《金石上》,《中国地方志集成》本,上海书店出版社1993年版。
② (元)戴表元《剡源戴先生文集》卷五《天寿报本寺记》,《四部丛刊》本。
③ (元)昙噩《金仙寺泰上人舍田之记》,(清)光绪《慈溪县志》卷五〇《金石上》,《中国地方志集成》本,上海书店出版社1993年版。
④ (元)昙噩《金仙寺泰上人舍田之记》,(清)光绪《慈溪县志》卷五〇《金石上》。

交往密切,他们往往以诗文相酬唱,结下了深厚的友谊。这在当时文人的文集中不难见到。一些僧人还专门对寺院的一些环境进行精心营造,以吸引文人雅士,如余姚灵源山明真寺住持时阜就将明真寺及其周边的环境加以修饰,亭台布置曲尽其妙。一些人甚至在寺院中求学,如天童寺的妙坦禅师就接纳了学徒数百人。①

元代宁波地区宗教的兴盛也带动了宗教文化的发展,尤其是佛教文学非常兴盛。当时在文学方面卓有建树的僧人很多,如释大观、横川如珙、此山断江、华国、祖铭、昙噩、梵琦等等。他们大多擅长诗文,当时的文人给予了很高的评价。如梵琦(1296—1370年),字楚石,象山人,著有《楚石禅师语录》20卷,此外,还有诗文集《北游集》、《凤山集》、《西斋集》、《净土诗》等。

2. 道教

相对于庆元佛教的兴盛,庆元的道教可谓相形见绌。应该说,道教自宋以来在庆元的势力就比较弱,尤其是元平定江南之后,忽必烈任命的江淮释教总统杨琏真伽在江南地区"倚恃权势,肆行豪横,将各处宫观、庙宇、学舍、书院、民户房屋、田土、山林、池荡及系官业产,十余年间尽为僧人等争夺占据"②。杨琏真伽利用手中权力大肆排斥道教,许多唐宋时代建立的规模稍大的道教宫观被他改建为佛寺。不仅如此,他还迫使道士改宗佛教,肆意改装道观里面的塑像,烧毁道观的匾额,"不下千百所"③。其中就包括一些著名的道教宫观,如杭州的四圣观、龙翔宫等。由于受到迫害,许多道教徒放弃信仰,改宗佛教,如昌国州道隆观道士陈可尚就改宗佛教,道观也改成寺庙。④ 虽然此后杨琏真伽失势,然而被毁废的道观大多没有恢复,所以,贯云石就指出:"老氏之庐抑犹有未振者也。"因此,在庆元城以及所辖州县虽有道

---

① (元)黄溍《金华黄先生文集》卷四一《天童坦禅师塔铭》,《四部丛刊》本。
② 《庙学典礼》卷三,《四库全书》文渊阁本。
③ (元)贯云石《道隆观记》,(元)《延祐四明志》卷一八,《宋元方志丛刊》本,中华书局1990年版。
④ (元)《延祐四明志》卷一八。

教宫观存在,但只有34座,其数量和规模,与佛教寺院相比,不可同日而语。如昌国州的道观就寥寥可数,对此,贯云石就叹息说:"吾闻是州浮屠之居溢三十,老氏仅一区。使胥而为浮屠,则老氏之教不几息。"① 庆元路道教场所中最著名的是城内的玄妙观。

3. 伊斯兰教

宋代以来,随着对外贸易和交往的扩大,宋真宗咸平年间,回教徒就在明州城建起了清真寺。到了元代,尽管在庆元的"回回"人户数量并不多,在录事司还是有两所伊斯兰教礼拜寺,一所在东南隅狮子桥北,这应该是宋遗留下来的"回回"堂,另一所在东北隅庆元、绍兴海运千户所西侧。② 从庆元地区存在答失蛮户(伊斯兰教士)和"回回"户来看,尽管信仰者数量可能不多,伊斯兰教在庆元地区还是有一定的市场。

二、宁波与日本的佛教文化交流

在元代庆元的对外贸易过程中,文化交流也成为重要内容。从目前的资料来看,尤其是与日本的文化交流非常频繁。一些宁波僧人搭乘来庆元贸易的日本商船去日本,其中著名的如无学祖元、一山一宁等。

无学祖元(1224—1286年),俗姓许,字子元,庆元府人。曾任灵隐寺二座,台州真如住持,四明天童寺首座。至元十六年(1279年)到日本,次年为园觉寺主持。卒后谥佛光国师。③ 无学祖元具有很高的文学修养,他到日本后传授禅法,培养弟子,人格与学识都受到人们的敬重,对日本的禅宗和文学发展作出了重要的贡献。

一山一宁(1247—1317年),俗姓胡,台州临海人。早年在宁波普光寺、真应寺、延庆寺、天童寺、育王寺等地游学。至元十六年,开法于昌国(今舟山市)祖印寺。至元二十六年,经愚溪如智的推荐,为普陀

---

① (元)贯云石《道隆观记》,(元)《延祐四明志》卷一八,《宋元方志丛刊》本,中华书局1990年版。
② (元)《至正四明续志》卷一〇《释道寺院庵舍》,《宋元方志丛刊》本,中华书局1990年版。
③ 乐承耀《宁波古代史纲》,第438页,宁波出版社1999年版。

山补陀寺住持。如智曾在至元二十一年前出使日本,但没能到达日本。因为这个原因,大德三年(1299年)三月,朝廷命补陀寺僧一山以"妙慈弘济大师、江浙释教总统"头衔出使日本,附商舶以行。① 到日本后,为镰仓幕府留滞,任为建长寺住持。1302年,又兼圆觉寺住持。1313年,任京都南禅寺住持。1317年卒,被赐"国师",著有《一山国师语录》二卷。一山一宁博学多识,通晓儒、释、道等学问,还谙熟小说、野史、俗语,并擅长书法。一山在日本前后传播佛教二十年,开创了"一山派禅学",推动了日本禅宗中心由镰仓向京都的转移。木宫泰彦指出他在日本的二十年生涯中,"对于日本的学术、文学、书法、绘画等方面的刺激一定是很显著的"②。

明极楚俊(1262—1336年),为天童寺僧。天历二年(1329年)六月,以天童首座的身份,随日本僧赴日本。历住建长、南禅、建仁诸名刹,传播临济宗法,为日本五山文学的发展起了一定的推动作用。

东陵永玙(?—1365年),鄞县人,为天宁寺僧。至正十一年(1351年),东渡日本,历住大龙、南禅、建长、圆觉等寺,开日本禅宗"东陵派"。

大量的日本僧人也搭乘来华贸易的日本商船来到庆元。据木宫泰彦研究,至少有220位日本僧人来华学习和游历。与庆元相关的有:至元十五年,日僧宗英来庆元;大德九年,日僧龙山德见来庆元;大德十一年,雪村友梅来庆元;至大二年,日僧嵩本居中来庆元;至大四年,孤峰觉明来庆元;延祐元年(1314年),祖继大智来庆元。③ 泰定三年(1326年),日僧不闻契闻跟随商船在庆元定海靠岸;至正二年(1342年)十月,日僧性海灵见在庆元登陆。木宫泰彦指出:此时来元

---

① (明)宋濂《元史》卷二〇《成宗纪三》,中华书局1976年版。
② [日]木宫泰彦《日中文化交流史》,第413页,商务印书馆1980年版。详参王连胜《一山一宁与"二十四派日本禅"》,孟建耀主编《浙东文化集刊》2006年卷第二辑,上海古籍出版社2006年版。
③ 以上参木宫泰彦《日中文化交流史》。

的日本僧人已经不热衷于宗教的传播,而是羡慕江南山川风物的美丽,想要尽情领略其风情。"这从禅学的钻研来看,也许可以说是走上了邪途,但从一般文化的移入来讲,毋宁说是幸运。由他们带回来的元朝文化,从诗文学、儒学、史学、书法、绘画、印刷、茶道等直到日常生活中的衣食住等事,极为广泛"。[1]

三、元代宁波的民间信仰

1. 宗教信仰

在庆元的民间信仰中,主要有宗教信仰与神灵崇拜两大类。两者之中影响最大的是宗教信仰。由于这一地区佛教的兴盛,所以崇信佛教的百姓数量相当大。宗教信徒们经常组织各种宗教活动,从慈溪《元宵忏会记》碑文中,我们可以了解当地一些佛教信徒进行宗教活动的基本情况。碑文记述了慈溪县的一些佛教信徒从至元二十一年(1284年)开始,在每年的上元节(也就是正月十五元宵节)时在青林祠聚集,举行忏摩(梵语,即忏悔)仪式,表达悔改错误心情的情况。在活动中要燃灯三日,"建请观世音菩萨,忏摩一昼夜"[2]。这是一次地方佛教信徒结社进行佛事活动的典型事例。具有佛教信仰的信士与信女30多人在会主姜文奎等人的主持下结成"忏会"这样的佛教团体。活动的经费是如何筹措的呢?每个成员拿出稻谷一石做本,通过向别人借贷逐渐积累,数年间获得的利润购置肥沃的田地,然后将土地上的收成作为法事活动的斋粮。从中我们可以了解庆元地方佛教结社活动的内容和资金来源。然而,值得注意的是,其所进行佛事活动的青林祠供奉着的可能是世俗神,可见庆元地方佛教信仰并不纯洁,而是杂糅了一些世俗神祇。一些居住在庆元的蒙古人也与佛教联

---

[1] [日]木宫泰彦《日中文化交流史》,第465页,商务印书馆1980年版。
[2] (元)善人《元宵忏会记》,(清)光绪《慈溪县志》卷五〇《金石上》,《中国地方志集成》本,上海书店出版社1993年版。

系密切,还有的甚至出家为僧,如侨居于此的亦速台与慈溪定水寺僧人来复经常来往,亦速台死后,来复度其次子为僧。①

2. 神灵崇拜

除了信仰佛、道之外,神灵崇拜在庆元也有相当的市场。庆元地区存在着大量的民间神祇,所辖州县遍布众多的供奉民间神祇的神庙,这些神祇主要有自然神与人物神。自然神主要是山川、生物等已经人格化的神祇。在庆元路比较有影响的自然神崇拜主要是东岳崇拜。东岳作为五岳之首,对于它的祭祀受到历代统治者的重视。在元代,全国各地都广泛分布着崇拜东岳神的庙宇,庆元也不例外。在庆元地方州县都有东岳行宫存在,庆元城中还有两座东岳行宫,一座是位于报恩光孝观东的东岳行宫,一座是位于东南隅狮子桥东的东岳奉圣行宫。

人物神则是本地区一些在历史上作出重要贡献或光辉事迹的人,被后世逐渐神化。其中具有普遍性的是在唐五代开始出现的城隍信仰,在庆元城市及所辖二州四县皆有城隍庙。录事司城隍庙在城西南五十步,始建于五代后梁贞明二年(916年)。而象山县的城隍庙历史最为悠久,建于唐中宗神龙二年(706年)。此外,在城内的纯德征君庙供奉东汉时期的孝子董黯,灵应庙供奉西晋时的义士鲍盖。鄞县的遗德庙,纪念唐开元中守令王元昕。

3. 天妃崇拜

天妃崇拜是中国沿海的海神崇拜。"海之利天下,其功用为最大。……然天下惟海为至险,况夫操不可恃之器,而陵不可测之渊,其遇卒然之变,有非人力可得而御者。"②天妃的传说始于北宋初,这与中国沿海海洋贸易的兴起有关。据说天妃是福建路兴化军莆田湄州岛上的林姓女子(后人称林默,960—987年),死后成为神仙。北宋元祐(1086—1093年)间,莆田民间开始设祠祭祀,据说遇到"水旱厉疫、舟

---

① (元)刘仁本《羽庭集》卷三《赠僧铉二首》,《四库全书》文渊阁本。
② (明)朱珪《名迹录》卷一《重修灵慈宫碑》,《四库全书》文渊阁本。

航危急,祷辄应"①。宣和五年(1123年),因保护去高丽使臣之功,受到官方重视,莆田妈祖庙被赐为"顺济"庙。南宋以后,灵惠夫人升为灵惠妃,②封赐级别越来越高。天妃崇拜开始只限于福建沿海地区,但随着岁月的流逝,其影响逐步扩大,成为福建、浙江沿海地区普遍崇拜的神祇。无论是地方官员,还是出海的商人、水手,都把她作为海上的保护神。到了元代,由于海运的发展,"以数百万斛委之惊涛骇浪,冥雾飓风,驭樯失利,舟人瘝守,危在瞬息,匪赖明神有祷斯答,其罔攸济"。天妃的祭祀被列入国家的祀典,每年朝廷都派遣使臣致祭,其场面与祭祀山岳、江河一样隆重。③至元十八年(1281年),元政府首次将其封为"天妃"。明州作为南宋主要的中外贸易港口,天妃崇拜也流行较早,且建起了祠庙。明州天妃庙称为"灵慈庙",建于南宋绍兴三年(1133年),④比始建于庆元二年(1196年)的泉州天后宫早63年时间,是中国沿海贸易港口较早出现的天后宫。明州"灵慈庙"由船长沈法询所建。据说,沈法询有次到海南做生意,途遇台风,幸得转危为安,以为是天后显灵,于是到福建湄州岛谢恩,顺便请了一尊妈祖神像,放在明州家中。结果"见红光异香满室",于是"舍宅为庙址,益以官地,捐资募众,创殿庭,像设毕具"。灵慈庙于是成为出入宁波港商人的看护神,祭祀活动由沈氏世代掌管。皇庆元年(1312年),海运千户范忠与漕户倪天泽等"复建后殿、廊庑、斋宿所,造祭器"。天历二年(1329年),改为灵济庙。至元五年(1339年)六月,因海运千户所朱侯倡议,重修灵慈庙。至正元年(1341年)十月完工。⑤灵慈庙位于东渡门外、来远亭北面(今世贸中心前面),康熙三十四年(1695年)重

---

① (元)程端学《积斋集》卷四《灵济庙事迹记》,《四库全书》文渊阁本。
② (宋)楼钥《攻媿集》卷三四《兴化军莆田县顺济庙灵惠昭应崇福善利夫人封灵惠》,《四库全书》文渊阁本。
③ (元)程端学《积斋集》卷四《灵济庙事迹记》。
④ (元)程端学《积斋集》卷四《灵济庙事迹记》。一般学者据"四明六志",称绍熙三年(1192年)建立,误。
⑤ (元)程端礼《畏斋集》卷五《重修灵慈庙记》,《四库全书》文渊阁本。

建,改称"灵慈宫"(见《重建敕赐宁波府灵慈宫记碑》)①,1949年9月,灵慈宫毁于战火。

众多的地方神祇和佛教、道教构成了庆元民众的信仰空间,在庆元人民的社会生活中扮演着重要的角色。寺庙等处寄托着人们日常生活中对富足、安定生活的向往和良好愿望,如"补陁、育王,自天子至于王公百司,乘驲奉香币,不绝于道。四方之民,终岁膜拜"②。尤其在遭遇自然灾害而无可奈何之际,这些寺庙道观作为当地官吏与百姓寻求精神寄托,求得神灵庇佑,禳避灾祸的重要场所,发挥着不可替代的作用。如位于鄞县的伙飞灵翼庙,凡遇水旱灾疫,祈祷无不应验。而一些宗教人士也由于在对抗灾害中的活动偶然灵验而被崇拜。至正元年(1341年)庆元旱,道士吕希夷"祷雨郡治,云起西北,状如天神,执仗官吏惊呼再拜,顷之大雨"③。这些活动也扩大了宗教的影响力,尽管僧道们主持的禳灾活动的作用被夸大了,但反映出这些活动在社会生活中的重要作用。

第四节 史学与方志

到了元代,浙东史学的发展一度衰微,但宁波地区还是出现了袁桷、陈桱、乃贤等著名的史学家,他们成为元代浙东史学的一支重要力量。

---

① 林士民《浙江宁波天后宫遗址发掘》,见林士民《再现昔日的文明——东方大港宁波考古研究》,第307~322页,上海三联书店2005年版。
② (元)袁桷《清容居士集》卷二〇《海会庵记》,《四库全书》文渊阁本。
③ (明)危素《说学斋稿》卷一《玄儒吕先生道行记》,《四库全书》文渊阁本。

一、史学

1. 袁桷的史学成就

袁桷(1266—1327年),字伯长,号清容居士,庆元鄞县人。袁桷出身世家,袁氏自南宋以来就是四明大族。袁桷自幼勤勉好学,孩童时就已声名鹊起。至元年间,曾为丽泽书院山长。大德初年,经人推荐担任翰林国史院检阅官。之后在武宗、仁宗、英宗时期先后担任国史院编修官、翰林直学士、侍讲学士。泰定初年,袁桷辞官归故里。泰定四年(1327年)八月三日卒于家,享年62岁。卒后元政府赠中奉大夫、江浙等处行中书省参知政事、护军,追封陈留郡公,谥文清。袁桷一生著述甚丰,主要有《易说》、《春秋说》、《四明高僧传》、《延祐四明志》、《清容居士集》等。

袁桷出身名门,家庭环境优越,家富收藏。由于家学的渊源以及浙东宿儒耆老学术的感染,袁桷在文学、史学、书法等领域都取得了一定的成就。戴表元就曾经这样评价袁桷:"伯长持身有士行,居家有子道,天资高,文章妙,博闻广记,尤精于史学。近复贯穿经术。他如琴书、医药诸艺,深得其理。"①

在史学方面,袁桷自幼受到师长们的影响,"长从王应麟讲求典故制度之学,又从天台舒岳祥习词章,既又接见中原文献之渊懿,故其学问核实而精深"②。"近长师深宁(王应麟)王先生,授以文献渊懿,深有警发,尤长于论史,悉究前朝典故,人扣之亹亹谈不倦。"③入仕之后的袁桷长期在朝廷担任史职。成宗大德初,他被荐为翰林国史院检阅官,因熟悉掌故、文笔流畅而受到同僚的赞赏。仁宗延祐年间,升应奉

---

① (元)戴表元《剡源戴先生文集》卷一二《送袁伯长赴丽泽序》,《四部丛刊》本。
② (元)苏天爵《滋溪文稿》卷九《元故翰林侍讲学士知制诰同修国史赠江浙行中书省参知政事袁文清公墓志铭》,《四库全书》文渊阁本。
③ (元)《至正四明续志》卷二《人物》,《宋元方志丛刊》本,中华书局1990年版。

翰林文字兼国史院编修官,之后任翰林院直学士。

在职期间,袁桷多次参与史书的修撰,主要是预修《成宗实录》、《武宗实录》、《仁宗实录》。其中最为重要的是主持辽、宋、金三史的修撰。元统一后,多次动议修宋、辽、金三史,但均未成功。英宗对袁桷的博学十分赏识,又由于丞相拜住的支持,袁桷担当了修撰辽、金、宋三史的大任,"公亦奋然自任",并且将三史的体例以及所参考的书籍都写出来,上呈给朝廷以供参考。"是皆本诸故家之所闻见,习于师友之所讨论,非牵合剽袭、漫焉以趋时好而已。"①袁桷的《修辽金宋史搜访遗书条列事状》,除了要求搜罗史料外,对于《宋史》修撰的体例、笔法,史料的真伪提出了许多具体的意见,可见袁桷较为深厚的史学功底。② 尽管修撰三史之事由于"南坡之变"而中辍,但袁桷的工作对三史的最终完成起到了奠基作用。至正初年,元政府开始修撰三史,"先朝故老存者无几",大家相当怀念袁桷。修三史时,朝廷派使者分行各地,网罗遗文旧事。此时,"江南旧家尚多畏忌,秘其所藏不敢送官"。袁桷孙子、诸暨州同知袁昈拿出家中藏书"数千卷",为三史书的修成创造了条件。③ 从元末脱脱修成的《宋史》内容上看,对许多问题的处理很可能是吸收了袁桷的意见。

除此之外,袁桷的文集《清容居士集》亦有不少论史之文。

2. 陈桱与《通鉴续编》

陈桱,字子经,奉化人,生卒年不详。陈桱出身于一个仕宦家庭,祖陈著(1214—1297年)是宝祐四年(1256年)进士,官至台州知府,父陈泌官至饶州路教授。陈著和黄震是同年进士,关系甚笃,学术上遥相呼应,《宋元学案》称之为"东发学侣"。陈桱伯父陈深是黄震族

---

① (元)苏天爵《滋溪文稿》卷九《元故翰林侍讲学士知制诰同修国史赠江浙行中书省参知政事袁文清公墓志铭》,《四库全书》文渊阁本。
② (元)袁桷《清容居士集》卷四一《修辽金宋史搜访遗书条列事状》,《四库全书》文渊阁本。
③ (元)苏天爵《滋溪文稿》卷九《元故翰林侍讲学士知制诰同修国史赠江浙行中书省参知政事袁文清公墓志铭》。

弟的女婿,故黄陈两家关系甚为密切。陈著有中国史"四字经"《历代纪统》一书。这部自编中国史教材,教育了陈桱父子两代。陈桱受家庭影响,除内承家学外,还宗仰黄震之学,故学问早成,特别长于史学。早年即在祖父《历代纪统》、父亲陈泌《纪统传》的基础上,辑历代大事,成《历代笔记》百卷。是书未刊,今已失传。

元朝末年,平江路(今苏州)是南方的文化中心。想出头露面的陈朴、陈桱兄弟,不想走学官之路谋求更大的发展。至正初,中年的陈朴、陈桱,移居平江路长洲县,参与吴中文人聚会。适逢"三史"修成,出于正统论观念,当时南方许多汉族知识分子对宋、辽、金三史分修意见较大,他们坚持要以宋为正统,重新改写这段历史。为了纠正这种倾向,陈桱决心以个人之力,用编年体写了《通鉴续编》一书。此书始撰于至正十年(1350年)六月,至正二十一年十月,全书成稿。次年,由平江路总管马氏出资,在平江刊刻于世。不久,陈桱又受马氏命,将前人金履祥《通鉴前编》改编成《通鉴前编举要新书》2卷,刊刻于世。张士诚在苏州建立政权时,陈桱曾做过编修。①

元亡前,陈桱曾和戴良合著《治平类要》一书,摘录历代经史著作中有关二帝三王与汉唐宋时代统治经验的言论而成。这可以看作是向新皇帝的献礼之作。吴元年(1367年),陈桱投入朱元璋手下,做了翰林院修撰。他找了权臣杨宪做政治靠山,因此青云直上。洪武二年(1369年),升直学士(正五品),和詹同地位相等。洪武三年,降为翰林待制(从五品)。此后名字不见记载。查继佐说他"坐法死",全祖望也说他"以非罪死",这表明,陈桱牵连进了洪武三年的杨宪案子,为朱元璋所杀。而明中叶苏州人吴宽则明确地说:"(陈)泌之子(陈)桱,仕国初,死于起居注,有史才,即尝著《通鉴续编》者。"②陈桱卒后,归葬苏州长洲县。"(陈)桱无子,其遗书皆归外孙古氏,古氏自四明徙

---

① (明)黄瑜《双槐岁抄》卷一《宋元通鉴》,齐鲁书社1995年版。
② (明)吴宽《家藏集》卷四九《跋陈秘书遗墨》,《四库全书》文渊阁本。

居余杭。"①明中叶,宁波地方人士将之列为先贤,黄润玉《奉川陈先生桱》称"煌煌列祖,绳绳进士。风节蝉联,卓冠《宋史》。先生父子,家学有传。千载直笔,《通鉴续编》"②。

《通鉴续编》24卷,分三部分,第一部分称《通鉴世编》,一卷,取《笔记》所述盘古至高辛氏,以补金氏所未备;第二部分称《通鉴外编》,摘录契丹在唐及五代时事,以记录其得天下之缘由;第三部分称《通鉴新编》,22卷,皆宋事,始自太祖,终于帝昰、帝昺二王。四库馆臣指出:此书因其继《通鉴》之后,所以以"续编"为名。然而其体例上模仿的是朱熹《通鉴纲目》,因此这本书应当称作"续纲目",沿袭"通鉴"的名称是不对的。③由于此书的主体是宋史,故也有人称为"宋鉴纲目"④。

后人对此书的意见不少,主要有以下方面:一是史实问题,考核不够精确。何乔新称陈氏采不经之谈,失疆域之辨。"他如取宋太祖烛影斧声之讹,载文天祥黄冠故乡之语,漫无考证,轻信传闻。"二是观点问题,褒贬失当。陈桱以褒贬自任,书法多有可议之处,如太平兴国四年(979年)平北汉以后始予宋正统,"吕文焕降元不书叛,张世杰溺海不书死,曹彬、包拯之卒不书其官";⑤金完颜承麟称末帝,为之纪年;西辽自德宗以下诸主年号,亦详为分注。以上诸点后人多有非议。三是史德有阙。黄溥《简籍遗闻》称陈桱在书中记载其先祖户部尚书陈显、吏部尚书陈伸、工部尚书陈德刚诸事,《宋史》中都没有记载。明成化年间编著的《续纲目》,将这些内容尽行删去。学者认为可能系陈桱出于妄托,或者挟私滥载,不能做到公正无私。⑥ 书法褒贬属于政治价值评判,是一个因人而异的问题,后人不必在意,而史德问题,任何时代

---

① （明）石东居士《赋题备忘跋》,见（清）王士祯《居易录》卷三一引,齐鲁书社1995年版。
② （清）雍正《浙江通志》卷二六八《先贤赞》,《四库全书》文渊阁本。
③ 《四库全书总目》卷四七《通鉴续编》,中华书局1965年版。
④ （明）黄瑜《双槐岁抄》卷一《宋元通鉴》,齐鲁书社1995年版。
⑤ 《四库全书总目》卷四七《通鉴续编》。
⑥ 《四库全书总目》卷四七《通鉴续编》。

不可忽略。至于金末帝,西辽的记录,完全是正确的。考核不确,相信是客观存在的事实。南宋后期至明代前期,正是理学化史学高潮时期,此时史学,只重褒贬,忽视考据,是一个普遍现象。值得注意的是,即便在当时理学化史学充斥的时代,陈桱的正统论观点可能也被视为偏激。《通鉴续编》出版不久,同在吴中的绍兴籍朋友姜渐去信表达了对《通鉴续编》书法的意见。对此,陈桱一一作答,成《宋史辨》,重申了《通鉴续编》坚定的书法立场。在宁波,王应麟孙子王厚孙(1301—1376年)"论金宋旧事,极言奉化陈桱《续通鉴》、会稽杨维桢《正统辨》之失"①。显然,王厚孙的正统论,既不同于官方,也不同于民间学人陈桱、杨维桢。

但无论如何,《通鉴续编》有其历史地位,主要有两点:

第一,它是现存第一部"宋史纲目"。四库馆臣指出:陈桱是《通鉴纲目》之后的第一个续作者,此后明代王宗沐、薛应旂等虽然也有增修《通鉴》之作,而才识无法与陈桱相比。② 这里需要指出的是,朱熹《通鉴纲目》之后,有南宋后期无名氏《中兴两朝编年纲目》、《续编两朝纲目备要》,即便是完整的纲目体史书,也还有杨维桢的《宋史纲目》,成书时间与《通鉴续编》不相前后,惜未传下来。确切地说,《通鉴续编》是现存第一部"宋史纲目"。戴良称赞此书:"庶几上补金氏之所旷,下接司马氏之所缺,而开辟以来至于今,上下数千年间,其致治之本,与夫为治之道,历历可见。"③

第二,它确立了以宋为正统的格局。具体地说,《通鉴续编》一是将辽金夏纪年系于宋纪年之下,二是承认南宋末二帝的地位。后人对此评价甚高:"述近理,删繁词,比事于《通鉴》,较义于《纲目》,斟酌前编,而不必苟同。至于尊正统以定大分,凛然大义,万世不可易也。

---

① (明)郑真《荥阳外史集》卷五五《故四明遂初老人王先生诔辞》,《四库全书》文渊阁本。
② 《四库全书总目》卷四七《通鉴续编》,中华书局1965年版。
③ (元)戴良《九灵山房集》卷一二《通鉴前编举要新书序》,《四库全书》文渊阁本。

……其文核,其事该,其旨渊以正,可不谓良史尔矣乎!"①《通鉴续编》一书之所以在明代前期受到高度肯定,正在于它开明人以正统论改编《宋史》之先河。

3. 乃贤与《河朔访古记》

乃贤(1309—1368年),字易之,也称马易之,哈剌鲁人,祖上时迁居浙东。② 他自幼深受儒家文化影响,博学能文,尤其擅长作诗。与兄塔海一起,跟从乡先生郑以道(觉民)游历,得传其学问。此后乃贤曾在大都入国子学,后至元六年(1340年),乃贤返回庆元。至正五年(1345年),乃贤与会稽韩玙、金华王祎同至京师。韩玙长于书法,王祎善古文,乃贤以诗著称于世,时称为"江南三绝"。至正十二年,由于长期得不到当权者的重视,乃贤失意返回家乡。方国珍统治宁波时期,乃贤由于出身的原因,隐居不出,讳言时事。至正二十二年三月,元廷任命他为翰林国史院编修。之后,刘仁本聘乃贤为东湖书院山长。③ 次年,他出海北上大都。至正二十八年,出参桑哥失里军事,不久病卒。④ 有诗集《金台集》2卷存世。

至正五年,乃贤"挈行李出浙,度淮溯大河而济,历齐鲁陈蔡晋魏燕赵之墟,吊古山川城郭、丘陵宫室、王霸人物、衣冠文献、陈迹故事,暨近代金、宋战争疆场更变者,或得于图经地志,或闻诸故老旧家,流风遗俗,一皆考订。夜还旅邸,笔之于书。又以其感触兴怀、慷慨激烈成诗歌者继之,总而名曰《河朔访古记》,凡一十六卷,其博雅哉"⑤。刘仁本序作于至正二十三年,这应是最后成书时间。《河朔访古记》的卷数,刘仁本序称"凡一十六卷",而王祎序则称"二卷",明永乐间的《文渊阁书目》作"一册"。考王祎是与乃贤同上大都的人,刘仁本是

---

① (明)廖道南《殿阁词林记》卷四《翰林院直学士陈柽》,《四库全书》文渊阁本。
② (明)王祎《王忠文集》卷五《河朔访古记序》,《四库全书》文渊阁本。
③ (明)朱右《白云稿》卷五《送郭啰洛易之赴国史编修序》,《四库全书》文渊阁本。
④ (清)李邺嗣《甬上耆旧诗》卷三《编修马易之》,《四库全书》文渊阁本。
⑤ (元)刘仁本《羽庭集》卷五《河朔访古记序》,《四库全书》文渊阁本。

乃贤朋友,应该不会错,可能是卷帙划分不同。《河朔访古记》可以看作是人文历史地理作品,于"京都国家之典礼,宫署城池、庙廷祭享、朝班卤簿、圣德臣功、文武士庶,一代威仪制作,尤加详备"①。刘仁本对此书的评价很高:"非惟后日可应史氏采摭,将百世损益,殆有所据焉。"②可惜此书久佚,今有《四库全书》本,是从《永乐大典》中辑录出来的,只有134条,所记载的内容皆在真定河南境内,而其余不存。《河朔访古记》是作者实际调查所得,四库馆臣指出:其中的山川古迹,许多都是以往的地方志记载疏略的,而对于地方的金石文字,记载更是详细,"皆可以为考证之助"③。

二、方志

元代方志在宋代基础上取得了新的成就,除了中央政府编撰的《大元一统志》外,地方州县陆续编纂了大量方志,而且从体例和内容上更加成熟。据张国淦《中国古方志考》统计,元代所修方志约160种,以浙江最多,约40种。令人遗憾的是,宋元时代,方志刊刻的数量少,传播不广,复经元末动乱,故而大多散失。现在所能见到的元代方志只有15种,其中宁波占3种。

1. 大德《昌国州图志》

最早成书的是大德《昌国州图志》,7卷,冯福京修,郭荐纂。冯福京,潼川人,先任庆元路学教授,元贞、大德年间曾任昌国州判官。④ 郭荐,昌国州人,乡贡进士,曾任鄞县教谕。⑤ 元贞元年(1295年),应冯福京之请任昌国州州学小学教导。⑥ 该书成于大德二年(1298年)七

---

① (元)刘仁本《羽庭集》卷五《河朔访古记序》,《四库全书》文渊阁本。
② (元)刘仁本《羽庭集》卷五《河朔访古记序》。
③ 《四库全书总目》卷七一《河朔访古记》,中华书局1965年版。
④ (元)《延祐四明志》卷二《学官》,卷三《昌国州判官》,《宋元方志丛刊》本,中华书局1990年版。
⑤ (清)陆心源《皕宋楼藏书志》卷三二《大德昌国州图志》,中华书局1990年版。
⑥ (元)大德《昌国州图志》卷二《学校》,《宋元方志丛刊》本,中华书局1990年版。

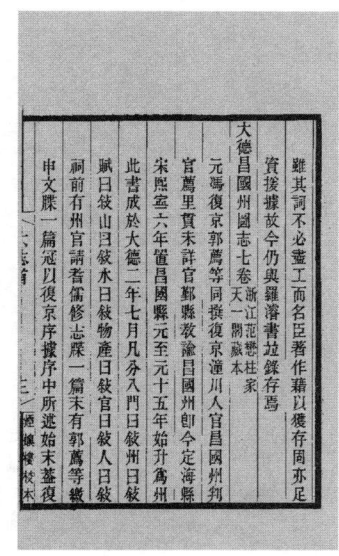

大德《昌国州图志》书影

月,根据冯福京该书序言称,自乡民手中购得旧志,嫌其浮夸,"欲刊削,且书混一以来之沿革",于是,"乃趣学官,捃摭旧载,芟其芜,黜其不实,定为传信之书"。又据书后冯福京跋语,"《昌国州图志》成于是乡儒而耆者之编"。可见该书是由冯福京发起,由昌国州学官与耆儒编纂而成的。据陆心源《皕宋楼藏书志》所抄录元刊本卷末《郭荐等缴申文牒》所列作者衔名,此书参与编纂的学者非常多。可见大德《昌国州图志》题名虽是郭荐纂,但实际上并非郭荐一人之力完成的。①

原本卷首有环山、环海、普陀山三图,故名《图志》,现图已缺失。全书分为八门:《叙州》、《叙赋》、《叙山》、《叙水》、《叙物产》、《叙人》、《叙官》、《叙祠》,内容虽然简略,然而语言简明扼要,内容真实细致,颇得要领。因此,该书突出本地特点,非常具有地方特色,为我们了解元代昌国州的赋税、地方建制、地理、物产、学校、寺观等情况提供了珍贵的史料。四库馆臣对该书评价颇高,认为它"简而有要",水准不亚于明代以简明精练著称的康海《武功志》,韩邦靖《朝邑志》。② 但实际上,后两志由于过于简略,常受到后世学者的诟病。而大德《昌国州图志》去冗删杂、刊削浮词,正如冯福京所说的那样,"寓详于约",编纂水准远在其上。

2.《延祐四明志》

《延祐四明志》20 卷,马泽修,袁桷纂。成书于延祐七年(1320

---

① (清)陆心源《皕宋楼藏书志》卷三二《大德昌国州图志》,参周生春《〈〈四库全书〉文渊阁总目〉元代方志提要补正》,《中国地方志》1996 年第 6 期。
② 《四库全书总目》卷六八《大德昌国州图志》,中华书局 1965 年版。

年),刊于至治元年(1321年)。马泽,字润之,延祐六年任庆元路总管。此书产生的原因,是元统一后原有的宋代四明志书已经不能适应时代的需要,"然而郡志缺落,其遗轶未备焉"。袁桷出身世家,文史修养深厚,对家乡风土掌故更是谙熟,是修志的最佳人选。于是袁桷受马泽嘱托,对四明方志进行续修。①

志分二十卷十二考,分为沿革、风土、职官、人物、山川、城邑、河渠、赋役、学校、祠祀、释道、集古十二考,各考之下又详分子目,今本缺城邑考,河渠考上、下共三卷。志书详细记载了古代四明地区的州郡沿革、职官人物、山川物产等等,目的在

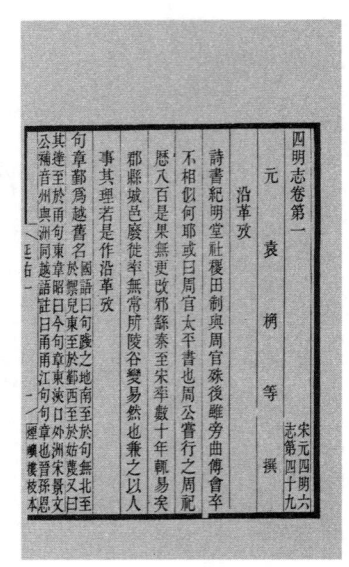

《延祐四明志》书影

"先牧民之本,推其沿革,览其山川,知昔时得人之盛,宫室户口之无恒,释道遗文之盛衰,是皆足以增其咏叹焉者矣!"②后世对此书评价甚高。四库馆臣称赞道:"其于乡邦旧典,尤极贯串。志中考核精审,叙述清晰,不支不滥,颇有良史之风。视《至元嘉禾》、《至正无锡》诸志更为赅洽可称。"③

有学者指出:以"考"为类目名称,是受到马端临《文献通考》的影响。这种模仿史志、政书的形式,以书、志、考、略、典为名设目的方志,自元代出现后,逐渐流行,遂成方志的一种类型。此前的三种四明方志体例尚不够成熟,《延祐四明志》以郡为纲,事以类聚,体例非常恰当。因此,四库馆臣云:"条例简明,最为体要。"④如沿革考分辨证、境

---

① (元)《延祐四明志·四明志序》,《宋元方志丛刊》本,中华书局1990年版。
② (元)《延祐四明志·四明志序》。
③ 《四库全书总目》卷六八《延祐四明志》,中华书局1965年版。
④ 《四库全书总目》卷六八《延祐四明志》。

土两目,城邑考分城、公宇、堂宅、亭、楼阁、台榭园圃、递铺、社、乡都、镇、市、坊巷、桥道等目。

3.《至正四明续志》

《至正四明续志》12卷,王元恭修,王厚孙、徐亮纂。王元恭字居敬,号宁轩,真定(今河北正定)人。至元六年(1340年)任庆元路总管。王厚孙(1301—1376年),字叔载,自号遂初老人,宋末著名学者王应麟之孙。曾任庆元儒学训导、象山教谕等职。① 此书为《延祐四明志》的续作,王元恭在叙述修书的缘起时说:"余叨守是邦,思所以亘历今古,补其缺略,乃命耆髦之士,日与讨论,复成续志凡一十二卷,庶几先后该贯,观览无遗,少裨立国立政之本要,以备太史氏之采择云。"② 书成于至正二年(1342年),内容有沿革、土风、职官、人物、城邑、山川、河渠、土产、赋役、学校、祠祀、释道、集古等类,可见在体例上基本遵循了袁桷的旧例,只是在内容上补充了延祐之后庆元地区政治、经济、军事等方面的内容,如人物卷中补入了袁桷遗漏的一些先贤及袁桷本人的小传。该书

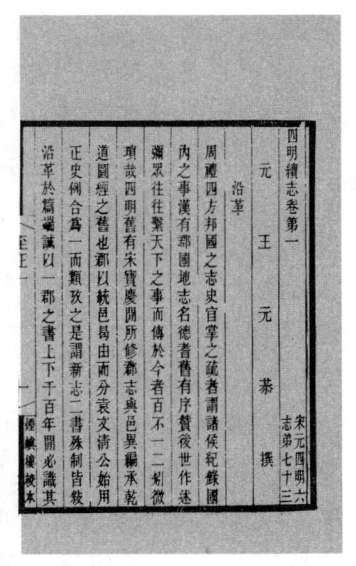

《至正四明续志》书影

的最大价值是关于元代宁波河渠、市舶物货情况的记载,弥补了《延祐四明志》记载的缺失与不足,是研究元代庆元水利与海外贸易的重要资料。另外,志书还全文录入了许多元代四明碑刻文献,如《沿海上万户达鲁花赤哈剌𩱧德政记》、《在城都税务记》、《马道记》、《镇东楼记》、《昌国州谯楼记》,是研究元代宁波政治、经济、军事情况的珍贵

---

① (明)贝琼《清江文集》卷三〇《故福建儒学副提举王公墓志铭》,亦见《明文衡》卷八四,《四库全书》文渊阁本;(明)郑真《荥阳外史集》卷四六《遂初老人传》,《四库全书》文渊阁本。
② (元)《至正四明续志·四明续志序》,《宋元方志丛刊》本,中华书局1990年版。

史料,文献价值非常高。

以上提到的三部元代宁波地方志书与南宋的乾道《四明图经》、宝庆《四明志》、开庆《四明续志》合在一起,称"四明六志",成为研究宋元时期宁波政治、经济、军事、文化等方面情况必不可少的宝贵史料。因此,这几部书一直受到后世的重视,《延祐四明志》、大德《昌国州图志》被收入《四库全书》。清道光年间,鄞县学者、藏书家徐时栋,搜集整理、校勘四明六志,考异订讹,有《四明六志校勘记》31卷,并将其刊刻,这就是著名的烟屿楼(徐时栋藏书楼)校本宋元四明六志,为保存地方文献、弘扬地方文化作出了重要贡献。1990年,这六部珍贵的地方志书被编入中华书局的《宋元方志丛刊》中。

第五节　文学与艺术

宁波向有"四明文运代不泯"之说。① 就元代统治宁波的九十余年间而言,政局相对稳定,而本地区重视文化的传统,使元代宁波在文学上取得了卓越的成就,涌现出一大批成就卓著、在文学史上具有重要地位的作家,其中成就突出的有戴表元、袁桷、张可久、任昱、乃贤及寓居庆元的高明、戴良、刘仁本等人。据当今学者研究,元代鄞县著有诗文集的不下40人,诗文集不下60部,在慈溪、奉化著有诗文集的也各有10余人,而其他各县也多有自己的文学人才。粗略估算,元代宁波地区的作家别集近100部。② 就其所取得的成就而言,主要集中在戏曲、诗文两个方面。这里主要介绍在当时文坛具有重要地位和影响的几位文人。

---

① (明)乌斯道《春草斋集·文集》卷二《赠杨允铭小篆歌》,《四库全书》文渊阁本。
② 张如安《元代宁波文学史》,第1页,中国文史出版社2002年版。

一、戴表元的文学

戴表元（1244—1310年），字帅初，一字曾伯，自号剡源先生，庆元奉化州人。戴表元自幼聪慧好学，"五岁知读书，六岁知为诗，七岁知习古文"①，以当时大儒王应麟、舒岳祥为师。南宋咸淳七年（1271年）登进士，授迪功郎，后任建康

戴表元墓（钱茂伟摄）

府教授。德祐元年（1275年）迁临安府教授，不就，归居故乡。宋亡后，戴表元在乡间以教书、卖文为生。大德八年（1304年），曾担任信州儒学教授，任满调婺州，后以病而辞官。至大二年（1310年）病逝于家中，终年67岁。戴表元墓位于今宁波奉化市班溪镇岩头村三石岭。

戴表元一生勤于创作，其文学作品主要见于其《剡源集》。在元代文学史上，戴表元的地位是非常重要的。《元史》中就这样称赞他："至元、大德年间，东南以文章大家名重一时者，唯表元而已。"②其弟子袁桷指出："其文清深整雅，蓄而始发。间事摹画而隅角不露，施于人者多，尤自秘重不妄许与。"③《元史》称"其学博而肆，其文清深雅洁，化陈腐为神奇"。明初著名学者宋濂则这样评价："及览先生之作，新而不刊，清而不露，如青峦出云，姿态横逸而连翩弗断；如通川萦纡，十步九折而无直泻怒奔之失。"④

---

① （元）戴表元《剡源文集·原序》，《四库全书》文渊阁本。
② （明）宋濂《元史》卷一九〇《戴表元传》，中华书局1976年版。
③ （元）袁桷《清容居士集》卷二八《戴先生墓志铭》，《四库全书》文渊阁本。
④ （明）宋濂《戴剡源先生文集序》，《剡源戴先生文集》卷首，《四部丛刊》本。

戴表元的文学成就主要表现在诗歌和散文两个方面。

戴表元一生勤于诗歌创作,用力甚多。在回忆自己的诗歌创作生涯时,他说:"余自垂髫学诗以至皓首,其间涉历荣枯得丧之变,是不一态,诗之难易精粗深浅亦不一致。虽不敢自谓已有所就,然不可谓之不勤其事也。方其勤之之初,颦呻蹙缩,经营转折,几亦自厌其劳苦。及为之之久,积之之熟,则又幡然资之以为乐。"①因此,在诗歌方面,戴表元的成就卓著。

文学理论上,戴表元认同叶适、舒岳祥等人"科举兴而诗事废"的观点,提出"后宋百五十余年理学兴而文艺绝"的观点。他认为宋代诗歌不够昌盛是由于士子们受到科举功名利禄的诱惑,不再潜心于诗歌,而对能够使之飞黄腾达的文章词赋趋之若鹜。在其《方使君诗序》中就指出,南宋末临安士人高谈性命的文章只是金玉其外,随时悦俗的"破碎之文",没有人肯专注于诗歌的创作。而正是由于科举的影响,使宋代诗坛了无生气。因此,戴表元认为只有废除科举制,才能使诗歌走向繁荣。这样的观点在当时是难能可贵的。针对理学对诗歌的消极影响,戴表元提倡性情说,他认为文学中只有诗根源于作者的性情,是作者真情在不经意间流露、表现出来的,并不是依靠自身的学识能够产生的,而性情又容易受到各种客观因素的影响而失去本来的面目。诗人只有摆脱外界的各种诱惑,做到"寒暄荣悴嚣寂禽虫卉木百物之变出没于前,忧愁喜乐穷达贵贱史册古今之感往来于中,一一可与吾接而不得为吾累也"②。真正体验社会的疾苦,才能表露真性情,写出惊天地、泣鬼神的作品,才不会言之无物。

因此,他矫正了南宋江西诗派奇峭艰涩的弊端,认为唐诗是诗的典范,成为宋元之际"宗唐得古"的首倡人物。在中国诗歌发展史上,戴表元的贡献也在于此。从他风格多变、手法多样的诗歌中,我们不难得到这一体会。清人顾嗣立曾指出戴表元的诗"诗律雅秀,力变宋

---

① (元)戴表元《剡源集》卷九《许长卿诗序》,《四库全书》文渊阁本。
② (元)戴表元《剡源戴先生文集》卷一一《千峰酬唱序》,《四部丛刊》本。

季余习"。这主要是指他的近体诗而言。在戴表元《西兴马上》诗中,作者有这样的描写:"去时风雨客匆匆,归路霜晴水树红。一抹淡山天上下,马蹄新出浪花中。"①此诗格调清新淡雅,形象生动鲜明,一改宋诗曲折说理的积弊,呈现出唐风气韵,给当时的诗坛注入了新的活力。

戴表元生长于宋元鼎革之际,长期的动荡生活使其饱尝了世间的疾苦,之后又长期生活在民间,这使戴表元的诗作拥有了深刻的社会意义。在他的诗歌中,戴表元用大量的篇幅记载了残酷的战争给人民带来的巨大灾难,表达了他对当时百姓困苦生活的悲悯同情,如《行妇怨次李编校韵》、《夜寒行》、《江行杂书》、《南山下行》等等,都是伤时悯乱、悲忧感愤之辞,读来感人至深。

戴表元自幼生长于浙东,晚年又隐居在家乡奉化,也留下了大量描绘庆元山川美景的诗作,如《四明山中十绝》,就勾画了四明山四季美丽的风光。另外,戴表元诗中相当篇幅记载了乡土风物和民俗。《采藤行》描写了四明山下以采藤为业的山民,通过辛苦的劳作将采来的藤条卖给海商大贾艰难度日;《剡笺送任叔实》则称赞当地特产——剡笺:"大笺敷腴便竿牍,小笺轻盈日千束";《观村中祷雨》则描写了乡村百姓在天旱时请龙神帮助下雨的当地风俗。时至今日,还能感觉到作者对于家乡的浓浓爱意,其诗作也成为我们研究元代浙东社会和经济的珍贵史料。今天,我们能够见到的戴表元的诗作有 465 首。

戴表元也是元代具有代表性的散文作家。《元史》称"表元悯宋季文章气萎苶而辞骩骸,积弊已甚,慨然以振起斯文为己任"②。戴表元对元初散文界最大的贡献在于革除宋末文坛的弊端,提出了道与艺并重的观点。戴表元认同文以载道,但也提倡创作散文时应该抒发自己独到的见解,强调真实的人生体验。因此,戴氏的散文既富有抒情性,又具有哲理性。在戴氏的散文中,我们常常能体会到他对人生的感悟与思考。如在《二歌者传》中,戴表元就塑造了两位在宋末动荡的

---

① (元)戴表元《剡源戴先生文集》卷三〇《西兴马上》,《四部丛刊》本。
② (明)宋濂《元史》卷一九〇《儒学传二·戴表元传》,中华书局1976年版。

社会背景下处境截然不同的歌伎,一位被军将宠爱而锦衣玉食,生活优裕;另一位嫁给了平民百姓。富贵了的歌伎不忘贫贱之交,三番四次地邀请嫁与平民的歌伎共享荣华富贵,但这位歌伎却是贫贱不能移,不愿意接受富贵姐妹的恩惠。最后,武将宠姬专门创办了一所歌舞学校,让平民妻担任教师,用这种折衷的办法来帮助她,让她发挥自己的特长,靠自己的技艺生活。通过对两位歌伎的描写,戴表元歌颂了歌伎之间高尚的情操和纯真的友谊。

而戴氏一些散文的细节描写也颇具特色,如《千户高君行述》,短短一篇文字,作者将事情描述得离奇生动,跌宕起伏,一波三折,细节刻画鲜明,心理描写与气氛渲染的技巧都运用自如,非常具有可读性。可以说,戴表元为当时的散文创作带来了新的气象。

二、清丽派代表张可久

元代后期,散曲的创作中心转移到南方,一些南方文人开始崭露头角,其中的代表人物就是庆元人张可久。

张可久,名久可,字可久,号小山,庆元路人,约生于至元十七年(1280年),卒于至正十二年(1352年)前后。[①] 张可久出身于书香门第,饱读诗书,40岁之前并未担任官职。[②] 曾做过负责地方税务的"首领官"、桐庐典史等吏职。在至正初年,还担任徽州松源监税及昆山幕僚。张可久一生主要的活动地点,在江苏、浙江一带,也到过东南其他地区。[③]

作为元代散曲大家,张可久散曲的内容非常广泛,涉及山水、咏物、怀古、闺情、宴游、交往等诸多方面。他一生足迹遍布江浙一带,对江南美景有着切身的感受,因此,其散曲作品也以写景居多。如《普天

---

① 杨镰《张可久行年汇考》,《文学遗产》1995年第4期。
② 杨镰《关于天一阁旧藏〈小山乐府〉》,《文史》25辑,中华书局1985年版。
③ 杨镰《张可久行年汇考》。

乐·西湖即事》就用细腻的笔触描绘了西湖的壮美景致:"蕊珠宫,蓬莱洞。青松影里,红藕香中。千机云锦重,一片银河冻。缥缈佳人双飞凤,紫箫寒月满长空。阑干晚风,菱歌上下,渔火西东。"多么富有诗情画意!《天净沙·江上》:"嗈嗈落雁平沙,依依孤鹜残霞,隔水疏林几家。小舟如画,渔歌唱入芦花。"作者仿佛是一个丹青高手,寥寥数笔,便涂抹出一幅疏密相间、意境悠远的文人写意画。

闺情是元代散曲中常见的题材,张可久也以描写闺情见长,留下来不少这方面的佳作。如《朝天子·闺情》有这样的描写:"与谁,画眉?猜破风流谜,铜驼巷里玉骢嘶,夜半归来醉。小意收拾,怪胆矜持,不识羞谁似你。自知,理亏,灯下和衣睡。"作品刻画了闺中少妇在深夜等待丈夫归来,久等不至,不禁猜测他有什么风流韵事。等到丈夫醉醺醺地回来了,还要小心服侍,丈夫还摆架子。少妇就责备丈夫,丈夫自知理亏服软。下笔细腻入微,注重小两口的心理描写,将夫妻的家庭小矛盾写得活灵活现。

张可久一生怀才不遇,遭遇坎坷,这使他的散曲蕴含着一种浓浓的悲剧意识。一方面是对自身遭遇的述说,如《卖花声·客况》就有"十年落魄楚江滨,几度雷轰荐福碑,男儿未遇暗伤怀",以及"天南地北,尘衣风帽,漫天成,十年驰骤"的喟叹;一方面通过怀古来抒发自己的感慨,这从其大量的怀古题材的散曲中不难看出,如《山坡羊·长安怀古》写道:"骊山横岫,渭河环秀,山河百二还如旧。狐兔悲,草木秋,秦宫隋苑徒遗臭,唐阙汉陵何处有? 山,空自愁;河,空自流。"面对历史,作者流露出壮志难酬意难平的现实悲愤。

张可久生活在元末的动荡年代,对世态炎凉的抨击是其散曲的另一特色。如《醉太平·感怀》:"人皆嫌命窘,谁不见钱亲?水晶环入面糊盆,才沾粘便滚。文章糊成了盛钱囤,门庭改做迷魂阵,清廉贬入睡馄饨,葫芦倒提稳。"作者辛辣地讽刺了不择手段、爱财如命的势利小人,也是对当时黑白颠倒的社会的深刻写照。

与同时代其他散曲作家的作品相比,张可久的散曲在总体上呈现出俊巧精美的形式,清丽典雅的格调。在艺术特色上,注重意境的渲染和营造,他的散曲以造境为主要表现手段,讲究画面的造型布局,这使他的散曲就好像文人的写意画。张可久的散曲还刻画形象传神,不仅注重外在的描写,同时还注意心理活动的刻画,创造了众多别具风格、性格鲜明的人物形象,尤其是在他笔下塑造的妇女形象惟妙惟肖,别具风韵;在格律上异常严谨,讲究曲韵和音韵,格律严整;在语言上,一般不使用俚俗语汇,而更多地融化诗词语汇和意境,显示简淡清雅、委婉蕴藉的韵致。①

张可久清新的散曲风格获得了许多士大夫的认同和好评。钟嗣成指出,张可久"有《今乐府》盛行于世,近有《吴盐》、《苏堤鱼唱》"②。其作品在当时就已经结集流传,受欢迎程度可见一斑。

张可久专攻散曲,特别致力于小令,他的《小山乐府》存小令855首,套数9首,为元人留存散曲最富者,与乔吉并称元散曲两大家。他所倡导的雅正清丽的曲风给当时的作家的影响深刻。所以后人对张可久散曲的评价很高。明人朱权在《太和正音谱》中说:"其词清而且丽,华而不艳,有不吃烟火食气,真可谓不羁之材;若被太华之仙风,招蓬莱之海月,诚词林之宗匠也。"近人称"元曲家张可久在元代散曲史中的地位是无可替代的。仅就今存作品占元散曲的五分之一而言,在整个中国文学史上地位是显著的"③。

三、袁桷的文学

袁桷年幼时就以才名称誉乡里,学习非常刻苦,经常通宵达旦地

---

① 参看张如安《元代宁波文学史》,第234~243页,中国文史出版社2002年版。
② (元)钟嗣成《录鬼簿》,宁波天一阁藏本。
③ 杨镰《张久可行年汇考》,《文学遗产》1995年第4期。

读书。① 当时著名学者苏天爵就这样评价他："故其学问核实而精深，非尚事记览、哗众取宠者所可拟也。"②陈基认为："其学问之博洽，议论之宏深，文章之雄且丽，蔚然师表一世。"③称赞他学问博大精深，议论深刻而有见地，文章雄壮而瑰丽，是一代文人的表率。袁桷进京后，才能得到进一步的施展。"公在词林几三十年，扈从于上京凡五，朝廷制册勋臣碑版多出其手。"④由于他的文章享誉海内，士子们都将其作为学习的样本，使当时的文风为之一变，对元代文坛产生了很大影响。明代学人黄润玉在《先贤赞》称袁的文章"流水高山，吁嗟绝响"。四库馆臣的评价则更高："盖桷本旧家文献之遗，又当大德、延祐间为元治极盛之际，故其著作弘富，气象光昌，蔚为承平雅颂之声，文采风流遂为虞（集）、杨（载）、范（梈）、揭（傒斯）等先路之导，其承前启后，称一代文章巨公，良无愧色矣。"⑤

袁桷在文学方面的成就见于其《清容居士集》50卷。在诗歌方面，袁桷勤于创作，今存诗1480首，是元代做诗最多的宁波作家。作为戴表元的学生，袁桷继承了戴表元"宗唐得古"的主张，但他又主张学古有法，主张广博以求，不可拘泥。这使他的诗能够博采众家之长。钱基博在《中国文学史》中就评价袁诗："语多比兴，杂以游仙，其原出于陈子昂、李白，而上阐张协、郭璞，下参晚唐李商隐，以博丽救宋诗之野，以缥缈药宋诗之直。"他的诗歌主张对当时的诗歌创作产生了一定的影响。有学者指出，袁桷进京后，与当时文坛另一领军人物赵孟頫一起将南方的这种诗歌风气传入北方，从而和北方的复古诗风汇合，

---

① （元）苏天爵《滋溪文稿》卷九《元故翰林侍讲学士知制诰同修国史赠江浙行中书省参知政事袁文清公墓志铭》，《四库全书》文渊阁本。
② （元）苏天爵《滋溪文稿》卷九《元故翰林侍讲学士知制诰同修国史赠江浙行中书省参知政事袁文清公墓志铭》。
③ （元）陈基《夷白斋稿》卷二一《送觉上人序》，《四库全书》文渊阁本。
④ （元）苏天爵《滋溪文稿》卷九《元故翰林侍讲学士知制诰同修国史赠江浙行中书省参知政事袁文清公墓志铭》。
⑤ 《四库全书总目》卷六八《延祐四明志》，中华书局1965年版。

很快成为席卷诗坛的汹涌潮流,成为元诗盛期的主要取向。①

袁桷的诗作内容广泛,主要是写景抒怀、往来赠答以及各种题咏。与戴表元的诗歌不同,袁桷的诗歌更多地体现出元朝盛世的风貌、承平的景象。如《安山晓泊》就有这样的描写:"两袖飞仙舞玉龙,晓来朝岳日华东。门当杨柳湾湾碧,水贴芙蓉岸岸红。隔艇茶香知楚客,连罾鱼熟总吴侬。白头已忘干戈事,不用乘轩问土风。"②在作者的笔下,战火纷飞的日子早已被人遗忘,人们都在享受盛世的美好时光。因此,他的诗歌在情感上是积极向上、意气风发的,充满了"天生我材必有用"的自信,如《送郭天锡还京口》中作者这样写道:"人生会合定有乐,念此别意空绸缪。"③以往文学题材中被视为悲凉意蕴的离别在袁桷笔下体现出一种豁达的人生态度。即使有一些诗歌反映了人民的苦难,也往往是宽慰之笔,力度略显不足。这与袁桷的地位与其所处的社会环境有着密切的联系。在艺术特色上,袁桷的诗歌注重求真写实,形成了诗歌的写实风格,尤其在描写自然风物方面,真实明快,质朴平实。

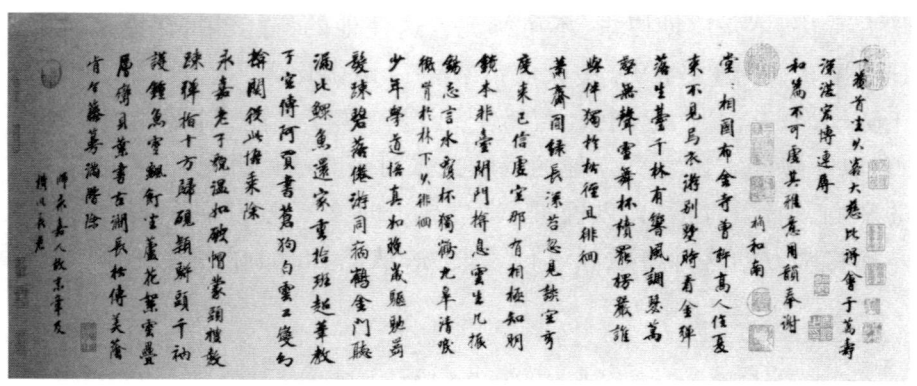

北京故宫博物院藏袁桷《奉谢一庵首座四诗帖》

---

① 张如安《元代宁波文学史》,第63页,中国文史出版社2002年版。
② 袁桷《清容居士集》卷一二,《四库全书》文渊阁本。
③ 袁桷《清容居士集》卷六。

与其诗歌相比，袁桷的散文引经据典，善于论说，所以其散文文学价值不高，但文献价值较高，这在《清容居士集》中不难得到证明。而袁桷的一些题跋性质的小品文，短小精炼，生动有趣，颇具艺术性。

四、《琵琶记》在庆元

高明，字则诚，号菜根道人，浙江温州瑞安人，约生于元大德年间，卒于明初，一说卒于至正十九年（1359年）。至正五年，高明中进士，开始走上仕途。至正十七年高明调任福建行省都事，途经庆元时，方国珍强留他为幕僚。高明坚决不从，隐居庆元鄞县栎社，闭门谢客，一心从事戏曲创作。

关于《琵琶记》的写作地，一直存在着争议。一种说法是在丽水，然而，这种说法出现较晚，且缺乏佐证，不足取信。目前，为大多数学者所认同的写作地是在庆元鄞县，有明谈迁的《枣林杂俎》、嘉靖《宁波府志》为佐证。

《琵琶记》是高明根据南宋以来在民间广泛流传的南戏《赵贞女》改编的。高明对原故事进行了较大幅度的修改，出于宣扬封建道德的创作意图，将《赵贞女》中受人谴责、背亲弃妇的蔡伯喈改为《琵琶记》里受到歌颂的忠孝两全的蔡伯喈，携赵氏、牛氏同归故里，一夫二妇庐墓守孝，并受到皇帝的旌表。《琵琶记》的结构极富特色，依据男女主人公的两地处境，分成两条线索交错递进。一面是蔡伯喈一步步陷入功名富贵的罗网；一面是赵五娘独自支撑门户，苦苦挣扎。它将统治者的飞扬跋扈、安富尊荣和农村灾年一派残破的生活情景同时写入戏中。鲜明的对比折射出社会的深刻矛盾。尤其是赵五娘这个人间苦难负荷者的形象，更具震撼人心的艺术感染力。由于作家主观上想通过塑造"有贞有烈赵贞女，全忠全孝蔡伯喈"的形象来宣扬封建道德，作品中的人物都被涂上了封建说教的色彩。《琵琶记》作为一部有意识宣扬道德教化的剧作，在后世受到统治者的欢迎。据说，明太祖朱元璋认为它的可贵,甚至超过"四书"、"五经"。高明的《琵琶记》保存了南戏《赵贞女》的部分动人的情节,又改变了它的悲剧结局,这样,《琵琶记》就开始在民间流行,而原来的《赵贞女》却慢慢被湮没了。

《琵琶记》在中国戏曲史上具有重要的地位。高明生长在南戏的发源地温州,熟悉南戏的舞台艺术,对传统历史文化有深厚的修养,《琵琶记》又是他精心编撰的作品,因此艺术上的成就更为显著。高明在改编《赵贞女》的时候,不是简单地改变了原著的结局,而是从主题思想出发重新安排全部剧情和人物。高明的这一艺术加工,标志着南戏完成了从民间传唱向文人创作的过渡。《琵琶记》一改早期南戏粗糙芜杂的弊病,结构完整流畅,曲词典雅精美;还改变了早期南戏不讲究宫调配合的做法,而是根据剧情的需要,考虑曲牌的缓急、性质的粗细、声情的哀乐,以及相互间的搭配,加以妥帖的安排。对句格、四声的运用,也比较严密细致。它在这方面被明清传奇奉为圭臬,因此《琵琶记》被推为"南戏之祖"。它标志着南戏从民间俚俗的艺术形式,发展到成熟的阶段。①

第六节　医学

元代宁波科技的发展主要表现在祖国传统医学的进步上,出现了众多的名医,他们以其高超的医术为我国中医学的发展作出了贡献,为我国中医学史添加了浓墨重彩的一笔。

一、官办医学

中国传统医学在元代又有了进一步的发展,表现在分科上更加科学、精细。元朝非常重视医学,地方政府设置医学,作为医学教育机构

---

① 张如安《元代宁波文学史》,第 173~174 页,中国文史出版社 2002 年版。

培养医学专门人才。模仿儒学,设立专职的医官,培养学生。元朝医学崇奉三皇(伏羲、神农、黄帝),故各地医学建有三皇殿。每年分为春秋两祭,春在三月二,秋在九月九。"于是,任日专,学益盛,而三皇之祀遍天下矣。"①庆元路的医学于至元十八年(1281年)创设,位于府城东北隅贯桥南。起初并没有专用设施,而是租用民房,比较简陋。医学设置教授1员,学正1员,学录1员,并有医学生员。而庆元医学的管理机构是官医提领所,至元二十五年设置。至元二十九年,在肃政廉访副使陈祥的主持下在西南隅新建庆元路医学,至大二年(1309年)被大火烧毁。延祐二年(1315年),在医学教授徐道源的建议下,将旧地变卖,所得钱财用来购买砖石木料,并于魏家巷重建庆元路医学。② 除庆元路医学之外,在庆元周边奉化州、昌国州、慈溪县也各设有医学。慈溪医学建于至元十五年,奉化医学在延祐元年(1314年)改洞真观而成医学,立三皇像。

另外,元政府还设置惠民药局作为医药机构。庆元路的惠民药局在清澜桥北,建立于大德三年(1299年)。有本钱中统钞50锭,本钱借贷给百姓,每月得利息中统钞1.5锭。药局用利息购买药材,配置药物,然后发放给病人,或者交由所属州县发放。

二、民间名医

在元代宁波地方,还活跃着一批在医学上卓有成就的民间名医。袁桷《庆元路医学记》称:乡里有许多名医,他们行事谦虚谨慎,表面上看言语迟钝,但在为病人诊病的时候,却仔细看察病人的面色与脉相,注意身体经络的微小变化,所开出的汤药合乎病人的身体状况。他们参考经典医书来诊断病情,所以很少出现失误。遇到疑难问题就请教医术高于自己的医生,而没有嫉妒或者恼怒的心理。大家志趣相投而

---

① (元)张养浩《归田类稿》卷四《济南路改建三皇庙记》,《四库全书》文渊阁本。
② (元)袁桷《清容居士集》卷一八《庆元路医学记》,《四库全书》文渊阁本。

和和气气,以礼义之道相处。① 他对家乡名医的医术和品德给予了很高的评价。

1. 滑寿

元代宁波成就最为卓著的医学家是滑寿。滑寿(约1304—1386年),字伯仁,晚年自号撄宁生,祖籍河南襄城,生于江苏仪征。祖父时入浙,先居于鄞县,后徙居余姚。滑寿幼时即聪慧好学,能诗文。曾从儒学大师韩说学习,他每日做文章千余言,"操笔为文,辞有思致",非常有思想内涵,尤其擅长乐府诗的创作。之后,京口名医王居中来仪征行医,滑寿数次前往拜访。在王居中的指点下,滑寿遂从其学习《素问》、《难经》等医学典籍,其间颇有心得。学业完成之际,滑寿指出了《素问》、《难经》存在的问题,并根据读书的体会著述了《难经本义》、《读〈素问〉钞》等书。王居中对滑寿非常赞赏,感叹道:你是善于学习的人,而且找到了学习的方法。我一直遵循老师的教诲,而你却能够将学到的知识透彻地理解并融会贯通,你的医术超过我了,日后以医术而闻名的人,非你莫属!② 滑寿又研习张仲景、刘守真、李明之三大医家的医学理论,医术大有长进。

其后,滑寿并不满足自己掌握的知识,针对当时医学界不够重视针灸,方药之说盛行而针灸治疗日趋衰微的情况,他开始了对针灸治病的研究。他拜著名的针灸专家高洞阳为师,学习针灸。经过数年的刻苦钻研,参考诸多典籍,取《内经骨空》诸论及《灵枢篇》所述经脉,著《十四经发挥》3卷。③

《十四经发挥》是滑寿针灸学的代表作,成书于至正元年(1341年)。书分为3卷,对人体穴位的分布与位置、经络的运行等,都进行了细致的考察,确定了人体657个穴位。在书中,滑寿提升了奇经八脉中任、督二脉的重要性,指出任、督二脉与其他奇经不同,应与十二

---

① (元)袁桷《清容居士集》卷一八《庆元路医学记》,《四库全书》文渊阁本。
② (明)朱右《撄宁生传》,(明)程敏政《明文衡》卷五九,《四库全书》文渊阁本。
③ (清)张廷玉《明史》卷二九九《方伎传·滑寿传》,中华书局1974年版。

经脉相提并论而成十四经,并重视脉的分部及其与脏腑的关系。将任、督二脉与十二经并提并加以阐述,称为十四经学说。滑寿还在《素问》《灵枢》的基础上,通考腧穴657个,考证其阴阳之往来,推其骨孔之所驻会,详加训释。在针灸之道湮而不彰、经络之学已被忽视之世,滑氏《十四经发挥》力挽狂澜,促进了针灸在元代的盛行,并成为后代针灸医学的规范。此书还流传到了日本等国,推动了日本针灸医学的兴盛。[1]

滑氏还是诊治麻疹病的专家,在数十年的行医生涯中积累了大量的经验,著有《麻疹全书》4卷。书中论证108条,设方360余首,论药处方,性味功效逐条详注,在护理方法上也作了论述。并且明确指出了麻疹具有传染性和终身免疫力,尤其是对内疹的发现,即麻疹前期,出现口腔黏膜疹,并证实此疹决非鹅口疮。这一发现早于欧洲五百余年。

滑寿的《诊家枢要》也是其在医学领域的另一重要贡献。书中就脉象在临床诊断上的学术价值和切脉辨证的方法,以及各种不同脉象的主病等,颇多独到见解,对于指导临床诊断发挥过重要的作用。[2]

滑寿的其他医学著作还有《读〈伤寒论〉抄》、《痔瘘篇》、《医韵》,皆有功于世。

2. 吕复

吕复,生卒年不详,字元膺,号沧洲翁。幼年随长辈由婺州路迁居鄞县。先修习《尚书》、《周易》,又学习诗赋。后来,由于母亲得病,遂对医学产生了兴趣。他拜三衢名医郑礼之为师,学习医术,得到郑礼之传授的药方及《色脉》、《药论》等书。郑礼之让吕复每日记录治疗病人的情况,考订药方的治疗效果。[3] 经过数年刻苦的学习和深厚的积累,吕复为人治诊病症,疗效都非常好。鄞县的病人以及停留在鄞

---

[1] 云峰《中国元代科技史》,第130页,人民出版社1994年版。
[2] 白寿彝主编《中国通史》第八卷《元时期下·滑寿传》,第710页,上海人民出版社1997年版。
[3] (元)戴良《九灵山房集》卷二七《沧洲翁传》,《四库全书》文渊阁本。

县而患病的人,都找吕复诊治。吕复来者不拒,都给予治疗。

对于吕复的医术,元末文学家戴良有这样的评价:从表面上看,他治疗病症时似乎不加思索,但实际上,他能够恰到好处地借鉴古人疗病的方法,而且根据病人的具体情况对症下药。他对于古代医学的典籍理论和治疗方法,都会细心地研究和考证;对于其他医生医术的优劣,治疗方法的好坏,他都会加以研究和鉴别,一点也不放过。①

吕复还著有《内经或问》、《灵枢经脉笺》、《切脉枢要》、《运气图说》、《养生杂言》、《脉绪》、《脉系图》、《难经附说》、《四时燮理方》、《长沙伤寒十释》、《运气常变释》、《松风斋杂著稿》等书。

3. 陈公亨

陈公亨,生卒年不详,字以通,父祖都以医术闻名。出身医学世家,自小有志于家学,对于医家的经典如《灵枢》、《素问》、《难经》以及诸家奇方秘论,陈公亨都非常熟悉,了然于心,经常与父亲、兄弟研讨医术。经过不懈的努力,陈公亨20多岁时,就以高超的医术为人所称道。他所配制的药剂都选取当地所产精良的药材,而在配制的分量上,煎熬的火候上,都根据病人的实际情况而不拘泥于古方,所以"故药无不善,用无不效"。最难能可贵的是,陈公亨具有高尚的医德。郑真说:无论是富人、达官,还是闾巷的平民百姓,只要来请他诊治,他就会不顾风雨寒暑,上门疗病。而且在出售这些药剂的时候,往往不计较药剂的成本。对于那些贫困而无钱买药的病人,就无偿地送给他们,唯恐迟缓。② 陈公亨精良的医术与高尚的医德,使得他在庆元享有很高的声誉,受到百姓的爱戴。元政府还任命他为江浙行省医学提举,但陈公亨辞而不就。

4. 项昕

项昕,生卒年不详,号抱一翁,永嘉人,曾在庆元宣慰司都元帅府做令史。自幼研习医家经典,之后又遍访名医,医术也很高明,"为人

---

① （元）戴良《九灵山房集》卷二七《沧洲翁传》,《四库全书》文渊阁本。
② （明）郑真《荥阳外史集》卷四三《陈以通父葬记》,《四库全书》文渊阁本。

治诊病、决死生,无不立验"①。项昕行医 40 年,治愈了许多患者。一些患者给他丰厚的报酬报答他的诊治,他都婉言谢绝;而遇到无钱买药的穷人,项昕照样给他们用药,几十年如一日。项昕生平所著医学著作有《脾胃后论》、《医原》等。

5. **其他名医**

许仲举,余姚人,以善治毒疮而闻名,他遵循古法而不随意,所以在很短时间就能够见效。②

慈溪的余益之也善治毒疮。他不用灼艾,不用利刃,用了他的独家秘方之后,毒从体内排泄出来,不伤害身体脏器。腐烂的地方会长出新肉,感染的地方也会痊愈。文人宋禧称赞说:"治疽如余君,未见出其右者。"③

四明李生善治各种奇怪的疾病,尤其是疣和痔疮等病。应生眼睛上长了一个疣,有核桃一般大小,而且还不断生长,经过李生的治疗,就治愈了。郭子振患痔疮很长时间,痛苦不堪。经过李生治疗后仅十天,痔疮就干结脱落,顽疾很快痊愈了。④

---

① (元)戴良《九灵山房集》卷一九《抱一翁传》,《四库全书》文渊阁本。
② (明)宋禧《庸庵集》卷一三《赠许仲举序》,《四库全书》文渊阁本。
③ (明)宋禧《庸庵集》卷一三《赠余益之序》。
④ (明)宋禧《庸庵集》卷一三《赠李生序》。

第五章

明代宁波的政治

- 明朝在宁波的统治
- 宁波官员的地方吏治
- 明代宁波的治安
- 明代宁波的人丁与赋役管理

传统中国是一个政治主导一切的社会,政治管理在社会生活中具有举足轻重的地位。明朝近三百年的历史中,宁波地方政治如何演变,这是后人想了解的。由于史料所限,今天,要全面了解明代宁波各个时期的政治状况较为困难,幸好地方志中有《名宦传》,简略地记录了明代各个时期宁波地方官员所做的一些大事,藉此可以概略地了解明朝宁波政治的演变过程。

第一节　明朝在宁波的统治

一、明朝统治在明州的确立

1. 方国珍在庆元统治的结束

　　1368年的元明更替,是统治民族的变化,即从以蒙古族为首的统治民族向以汉族为首的统治民族转型。对于浙东来说,则是从方国珍的地方政权转为明朝中央直接统治的政权。随着明朝的建立,方国珍走投无路,不得不投降明朝。吴元年(1368年)十二月,明政府将庆元路改为明州府。"明州"是唐开元时宁波的称法,当时是州名,此时则成为府名。经过战争的破坏和新王朝的建立,地方机构也需重建。明代宁波首任知府张琪在任期间(1368—1375年),改建明州府衙门,崇学校,一番更新。

2. 平定昌国反抗力量

方氏政权倒台后，浙东的政治形势并没有马上太平。当时，在舟山群岛上还有一小股力量并不支持新建立的明政府。昌国州所属的兰山、秀山居民向以"悍勇善斗击，习海事"出名。早在至正十年（1350年）冬方国珍起义时，吏员赵观光就建议昌国州尹帖木儿不花重金招募民兵，为政府所用，专门对付方国珍。赵的建议得到采纳，他本人也受令主持招募工作，顺利地将兰、秀二山居民编列为政府的民兵组织。次年正月，他们参与了镇压方国珍起义的活动。[①] 至正二十七年十二月（公历应为1368年初）方国珍投降后，这支为元朝"尽忠报国"的民兵组织，转而对抗新建立的明王朝。洪武元年（1368年）正月，汤和带水师攻打福建的陈友定，班师回明州时，因"不申明号令"，遭到昌国州兰山、秀山叶希戴、陈君祥部的袭击，明军徐珍、张俊两指挥战死。三月，叶希戴等带兵乘胜追击，驾船二百余艘，通过甬江，攻打明州府城。当时守卫明州府的是朱元璋的驸马都尉王恭，他组织明军反击，大败兰山、秀山兵，首领叶希戴等被歼。在定海（今镇海）招宝山港口，兰、秀山兵另一首领陈魁四领着船队等候，拦截明军。明朝政府下决心出兵镇压。四月，征南副将军吴祯平定福建陈友定后，率水师进入昌国，全力围剿。四月十八日，在于崎头两军交锋。陈君祥队伍溃败，退守夏山，[②] 后来陈君祥等部分余党逃往高丽。

五月，一部分余党退攻象山，俘虏了象山县丞王茫，逃亡海上。前任台州路学录王刚甫与蒋公直组织乡兵几百人击败兰山、秀山兵，救回王茫，处决大小头目二十余人，释放了其他人员。[③]

洪武三年六月，在高丽的明州人鲍进保向明朝政府报告，称陈君祥等在高丽。于是，六月二十四日，明朝派千户丁志、孙昌甫等到高

[①] （明）王祎《王忠文集》卷二四《赵君墓志铭》，《四库全书》文渊阁本。
[②] ［日］末松保和《训读吏文》卷二，转引自陈尚胜《怀夷与抑商：明代海洋力量兴衰研究》，第32页，山东人民出版社1997年版。
[③] （明）方孝孺《逊志斋集》卷二一《象山王府君行状》，《四库全书》文渊阁本。

丽,要求引渡陈君祥,称陈君祥"诡辩偷生,奸心实在。若使久居王国,将见染善良,为患匪轻"①。高丽王迫于明朝的压力,下令将陈君祥兄弟及其余党一百多人移交明朝使臣。至此,兰山、秀山之乱彻底平定。兰山、秀山之乱,可以看成是新旧王朝间交锋的余波。这场战争对昌国的破坏巨大。战后的昌国,"疮痍呻吟者,未尽起也;饥渴困踣者,未尽苏也;流徙转移者,未尽复也"②。

3."明州"易名"宁波"

洪武十四年(1381年)二月二十四日,鄞县学者、国子监助教单仲友向朱元璋提出建议,称明州与明朝国号相同,触犯国讳,请求改名。朱元璋觉得有理,要求单仲友提供一些地方吉祥素材。单仲友提到了童谣"状元出定海",朱元璋一听,高兴地说:"海定则波宁,是宜改名宁波。"③此后,宁波的叫法沿袭至今。取名宁波,无疑是希望宁波成为太平的海防前哨。

二、明代宁波的行政管理体制

1. 府、县体制

中国传统的行政体系,到了明代,渐趋定型。在中央集权体制下,明代地方实行省、府、县三级行政管理体制。浙江是当时15个省级行政区之一,宁波是当时浙江11府之一。

明初,罢各路总管府,于各省分置诸府。明代宁波府的地理空间不同于今天的宁波市。明朝统治在宁波确立后,对元朝的庆元路下辖行政区划作了些调整,将录事司并入鄞县,另设明州卫。洪武二年,又将奉化州、昌国州两州降为属县。这样,明初宁波府有6个属县,即鄞县、慈溪、奉化、定海、昌国、象山。洪武二十年,明政府准备加强海防,

---

① [朝]《高丽史》卷四二《恭愍王世家》,第637页,平壤1957年版。
② (明)郑真《荥阳外史集》卷二八《赠昌国县典史马君德明序》,《四库全书》文渊阁本。
③ (明)黄瑜《双槐岁抄》卷一《海定波宁》,第28页,中华书局1999年版。

以为昌国县悬居海岛,时有百姓通倭之事发生,不便管理,下令将昌国百姓迁移到大陆。这样,宁波就只有5个属县(鄞县、慈溪县、奉化县、定海县、象山县)。至于今天的宁海,当时属于台州府,而余姚属于绍兴府。

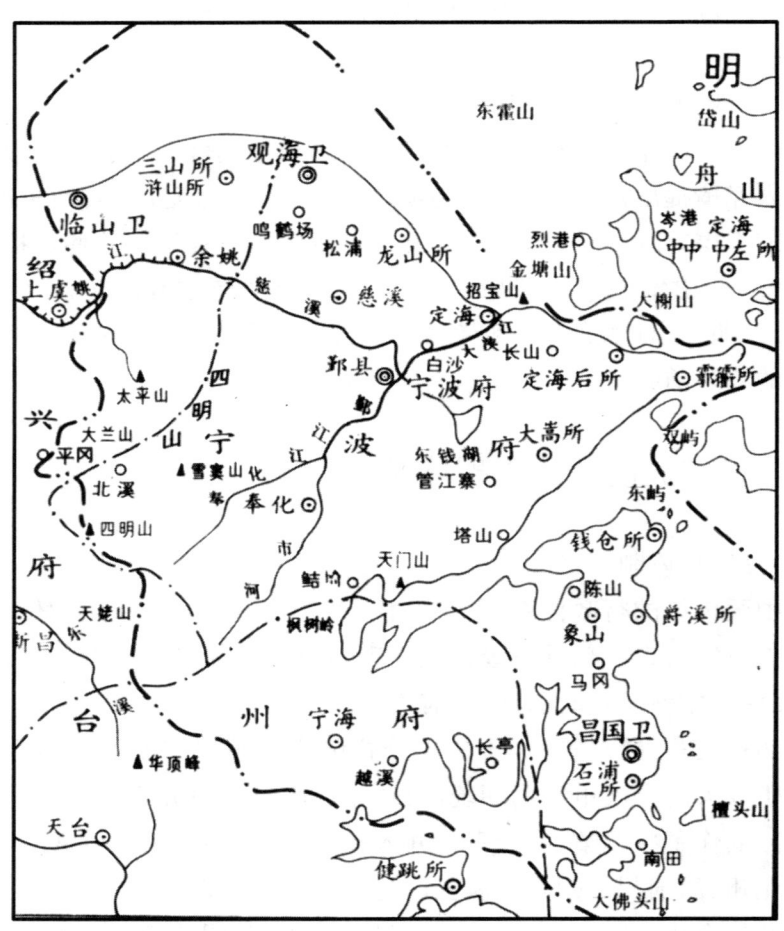

明代宁波区域图(选自俞福海主编《宁波市志》,中华书局1995年版)

府级机构。宁波府府一级机构及官员主要设置有"一正四副":知府1人,同知1人,通判2人,推官1人,共5人。下设六房等22名官,其中宗教管理4人,只给编制,不领俸禄。所以,正式的官只有18人。这样的编制,从数量上说是不大的。县级机构,主要有知县1人,县丞1人,主簿1人,典史1人。

明代地方政府机构规模不大,人员不多。据雍正《宁波府志》统计,有明一代,宁波府历任知府74人,同知72人,通判109人,推官50人,合计305人。这三百多人,就是明代宁波府的主要官员。县历任知县数为:鄞县61人,慈溪66人,奉化66人,定海64人,象山64人,合计321人。这三百多知县,是宁波府属县的正职。这种机构设置的特点是行政管理职能突出,经济管理相对薄弱。

2. 府县的运作机制

明朝的地方政府管理体制,有以下几个特点:

实行高度的中央集权体制,行政权力集中于朝廷。各省、府、县"官"的人事任命权全在中央吏部。知府与知县之间,只有上下级政治隶属关系,没有任命与被任命关系。明朝惯例,一般三年一任,知府与知县的任期同步进行。当然,也有提前调任或期满延任者。总体而言,明朝历任知府的更换速度较快。

"官"、"吏"异流。官是各地方政府、各部门的主管领导,掌握权力,而吏则是各部门的办事员。它们不仅权力大小不同,而且来源的地域也不同。官的数量少,来源异地化;吏的数量大,来源本地化。如此,在各个地方政府中,就形成了有权的外地"官"与无权的本地"吏"相互牵制的权力结构。

第二节 宁波官员的地方吏治

明王朝是一个农业帝国,明朝地方政治的特色,最充分地展现了这种特性。不少地方官出于统治区域长治久安的需要,反对政府过分压榨百姓的行为。

一、规范赋税征收

1. 与民休息

经过长期的战乱,宁波百废待兴。为了稳定地方,明州的地方官员招抚流亡人口,安居家业;①尽量简化政事,"政尚宽平,鞭扑不用"②,让百姓有一个喘息机会,结果"民翕然从化"。到了洪武三十一年(1398年),地方官仍"以复流移,革宿弊为己任"③。永乐以后,地方官时常"刑罚不妄施,惟以礼训人"④。嘉靖末年,刘世曾为慈溪知县,"省刑缓征,与民休息"⑤。万历间,颜欲章为宁海知县,"处心恬静,与民休息"⑥。对于那些欠粮逋税的穷人,也不强制执行,只要求他们逐渐交纳。⑦ 宁波地方官不同时期的"与民休息"措施,在一定程度上减轻了百姓的负担。

2. 改革弊政

明代地方政府的人治色彩较浓,政策经常处于调整之中。"革除宿弊,简省徭役"⑧是最受百姓欢迎的措施。洪武十一年,余文升接任宁波知府,以"宽恕"精神治民。当时的四明驿比较空闲,接待任务不多,接待船只显得多余。余文升下令裁革多余的船只,船夫划归别的部门使用。⑨陈缟任职鄞县知县期间,"厚储蓄,增社学,创义冢,葺邮传,查革丁产之漏窜,禁绝输税之分例"⑩。宣德初,郑珞知宁波府,

---

① (民国)《镇海县志》卷二一《杜彬》,《中国地方志集成》本,上海书店出版社1993年版。
② (清)雍正《浙江通志》卷一五二《何公肃》,《四库全书》文渊阁本。
③ (民国)《镇海县志》卷二一《高敏》。
④ (清)雍正《浙江通志》卷一五二《田南亩》。
⑤ (清)雍正《浙江通志》卷一五二《刘世曾》。
⑥ (清)雍正《浙江通志》卷一五三《颜欲章》。
⑦ (清)雍正《浙江通志》卷一五二《乔万里》。
⑧ (清)雍正《浙江通志》卷一五二《龙伯》。
⑨ (清)雍正《浙江通志》卷一五二《余文升》。
⑩ (清)雍正《浙江通志》卷一五二《陈缟》。

"禁绝军兵逻捕之扰,而盗贼亦屏息。条减织染、弓张二局及诸色岁办,物价均,节赋力,汰其浮羡"①。郑珞是明代宁波历任知府中任职时间最久的一位,前后十年多,"治行称最",深为百姓怀念。嘉靖四十三年至四十五年(1564—1566年)间,宁波知府吴道直多方采纳士大夫意见,连下诘虦令、缉盗令,对付猾豪、游民。下河防令,修筑堤堰。②鼓励教育,重视河防,打击豪强与游民,这些都是维护社会安定的工作。在地方志中,地方官多被描写成以民为本的人。

3. 减免赋税

百姓总有一些不合理的负担,地方官员以民为本,尽量给予减免。这些不合理税收,主要有:(1)涂田税。如明初,宁海有濒海涂田五十余顷,早已荒废,但税收仍存账面,百姓当然为此受累。洪武二十二年(1389年),宁海县丞周公辅了解这一情况后,亲自到南京上奏。朝廷派人来宁海实地调查这件事,证实情况不诬后,同意免税请求,于是这些涂田的"浮税得除"③。(2)山税。隆庆六年(1572年),宁波府推官周光镐代理象山知县期间,经常让人驾着"巾车",直接到田野调查,得知"山税"成为百姓一大负担,即向"两台"汇报,得到同意,象山一下减免山税、荡税额银一千多两,山地百姓、荡田百姓欢呼新生。④(3)茶贡。慈溪每年要贡芽茶260斤,但后来情况发生变化,茶树都死了,但贡额未变。于是,只能买茶叶来贡。这钱自然得由百姓承担,由此成为慈溪一害。万历间,新知县张似渠了解情况后,改变了政策,"尽从官给",由政府出资,"一毫无所扰于民"⑤。这里体现的是地方政府保护地方百姓利益的精神。

---

① (清)雍正《浙江通志》卷一五二《郑珞》,《四库全书》文渊阁本。
② (明)张时彻《芝园定集》卷三三《送泰衡吴公陟曹濮兵宪叙》,《四库全书存目丛书》。
③ (清)光绪《宁海县志》卷八《周公辅》,光绪二十八年刻本;(清)雍正《浙江通志》卷一五四《周公辅》。
④ (清)雍正《浙江通志》卷一五二《周光镐》。
⑤ (清)雍正《浙江通志》卷一五二《张似渠》。

4. 规范赋税征收工作

地方官的首要任务是负责征收赋税。赋税征收是一项十分繁杂的工作,也容易出问题。为了百姓的利益,宁波地方官想了一些办法。归纳起来,主要有以下几个方面:

一是方便百姓纳粮,随到随收。宁波府原来的纳公粮方式,零星者合并成110石才开一单子。这种方式,显然是便利了收购粮食的官吏,麻烦了缴公粮的农民,且"有包揽之弊"[①]。知府余文升下令百姓只需备足5石米,即可单独送入仓库,即到即收。这种改革,方便了农民。

二是建立科尺制度。明初,鄞县政府征收物料,一般通过中介人。中介人往往随意称量,结果百姓不胜其害。洪武三十一年(1398年),李亨为鄞县知县,建立科尺制度,制定科尺,公开放在县府厅堂,知县亲自"科量出纳,民咸称平"[②]。

三是杂役制度化。永乐七年(1409年),魏宗为宁波知府,改革了宁波府的杂役制度,"验民丁税之数,以多寡贫富为差"[③]。而且,将新的杂役标准成文化,贴在公开的告示栏。百姓知道了自己的服役量化标准,吏员就无法从中作弊。

四是加强赋税征收的监督。嘉靖七年(1528年),定海知县周懋征科时,直接在县庭置棚,坐镇其中,要求百姓直接来缴纳。征收摊前悬放着一面鼓,一旦发现超过征收数额,百姓可以鸣钲上告。到了晚上,将仓库贴上封条。如此,乡村百姓没有催科的骚扰,官员不用督责,吏员中间侵渔的现象大为收敛。[④]

五是制定票据,防止作弊。万历三十八年(1610年),柯昶出任鄞县知县。柯昶上任后,通过调查访问,了解到鄞县粮食征收上存在的

---

① (清)雍正《浙江通志》卷一五二《余文升》,《四库全书》文渊阁本。
② (清)康熙《鄞县志》卷八《李亨传》,康熙二十五年刻本。
③ (清)雍正《浙江通志》卷一五二《魏宗传》。
④ (清)雍正《浙江通志》卷一五二《周懋》。

"逋、缺"弊病,都是由胥吏勾结所致。于是采取相应措施,制作了一种双连印票,典柜与纳户各执一份,征收时,进行核对。这么一来,虚开乱填的弊端顿时绝迹。又增做了一种收粮票籍,一式三份,一备阅,一给里,一存房。这对上下来说都是一种约束,尤其对政府。自然,百姓乐意输送公粮。每年起解钱粮的工作,苦乐悬殊较大,百姓意见较大。对此,柯昶设立均解均存之法,"耗折既少,劳佚相等,而包揽自息"①,得到百姓的肯定。

二、减少扰民机会

1. 违抗上级指令

下级必须服从上级,但某些地方官为了维护当地百姓利益,有时也敢违反这一规则,对抗上级指令。如工部要求宁海义务征调百姓两万人,去东面参加象山堤的修筑,到西面参加黄岩河的疏浚。上级衙门的吏卒督促相当急。宁海知县周公辅说:我们自己县中需要修筑、需要疏浚的水利工事相当多。今年收入不好,百姓生活不易,政府不敢轻易役使百姓做事,更何况役使百姓替邻县做事? 无奈之余,周公辅叹道:作一个臣僚,上不能匡君,下不能救民,活着还有什么用? 结果,在官舍中上吊自杀。② 正德间,有些官员为了加强地方的治安,要求增募乡兵,下令按编户输粮。当时适值粮食歉收之年,百姓非常贫困,宁波知府林富以此为由,坚决反对。象山县粮食歉收,百姓脸上多露菜色,知县唐师锡不忍心强行征饷,负责催饷的官员批评唐师锡延误了时间,唐师锡笑着说:我哪忍心敲扑百姓的残命? 我宁可担当"催科政拙"罪名。结果被免官职。③

---

① (清)康熙《鄞县志》卷八《柯昶》,康熙二十五年刻本。
② (清)光绪《宁海县志》卷八《周公辅》,光绪二十八年刻本;(清)雍正《浙江通志》卷一五四《周公辅》,《四库全书》文渊阁本。
③ (清)雍正《浙江通志》卷一五二《唐师锡》,《四库全书》文渊阁本。

2. 工事不扰民

政府免不了要建造一些房室,这些得由百姓来施工,如何做政府工事,也成了地方官员水平、立场的一大考验。明朝的巡抚是临时派出的大员,没有自己的机构。万历初期,海上巡视想在定海建立一个办事机构,定海知县拟"毁民庐,创开府"。定海百姓听说后,意见很大。万历五年(1577年),赵思基为定海知县,百姓来到县衙反映情况。赵思基在城隍庙西面找到了一块蔬菜园地,选在那里建办公机构。最终,"府成而闾里安堵如故"①,两全其美。慈溪县城地势北高南低,南面的县府被北面的大山所包围,远远看上去,像帽子一样盖在县衙上面,风水先生说"形局失宜",建议移位重建。知县何伟觉得有道理,但如何使用劳力建造县衙,何伟多了一层思考。万历十三年,慈溪发生大饥荒,政府开粮仓救济,仍供不应求。何伟想出一个两全其美的办法——"令饥民傭力受粟"②。此法的核心是"以力易食",让饥民通过劳动获得"佣资",维持生计,既解决了饥荒问题,又可完成县衙修建工事。③

3. 约束吏胥

明朝体制,官、吏分为两大层次。官变动较大,往往三年一任,而吏则变化小。吏任职时间长,资历深,技巧熟练,多有危害地方百姓之事。"受计则牟赋,稽籍则骰户,守藏则家于帑,侦盗则薮逋逃,勾摄则乱鸡犬,讥关则朘商贾,凡此皆掾所事毒民者也。"④吏员危害百姓的种种手法,正是百姓对政府意见较多的原因之一,所以,对吏胥的行为加以约束,也就成了地方官的任务之一。地方官约束吏胥的手段,首先是立威,"慑吏以威"⑤。如顾存仁为余姚知县时,他先暗中调查吏胥作弊情况,待掌握证据以后,突然将吏胥召集起来,公开批评说:某弊

---

① (清)雍正《浙江通志》卷一五二《赵思基》,《四库全书》文渊阁本。
② (清)光绪《慈溪县志》卷二三《何伟》,《中国地方志集成》本,上海书店出版社1993年版。
③ (清)雍正《浙江通志》卷一五二《何伟》。
④ (民国)《镇海县志》卷二一《樊王家》,《中国地方志集成》本,上海书店出版社1993年版。
⑤ (清)光绪《慈溪县志》卷二三《陈岩》。

由某某、某某舞某法,立改之,不者非死而戍矣。于是,"诸吏胥咸战栗,若负霜背,宿蠹为扫"①。其次是地方官自身要求严。如万历九年(1581年),唐师锡任象山知县,平时布衣蔬食,不曾白拿民间一束菜。结果,"胥掾皆畏之,奉三尺惟谨"②。知县如此严格要求自己,下面吏员自然也就遵纪守法了。其三是打击部分顽吏。"吏之桀黠者,悉论鞫如法"③。

4. 禁驻军扰民

宁波是海防前线,驻军多,驻军扰民事件时有发生。洪武十九年(1386年),陈诚逊为慈溪知县。当时,部分驻守慈溪的军人,假借公事,到慈溪西乡勒索百姓财物。适遇政府严禁沿海居民私自贩盐,那些士兵就以贩私盐名义诬陷百姓。陈诚逊知道后,下令将这些士兵全部逮捕,绳之以法。④ 天顺间,王宋为龙山所守御,手下的军士强横霸道,骚扰居民,王宋"痛加禁革"⑤,深得百姓称颂。宣德初,宁波知府郑珞也曾下令"禁绝军兵逻捕之扰"⑥。

5. 锄强扶弱

朱元璋确立了打击豪强的政策,在不同时期得到不同程度的执行。如张佶为鄞县知县时,"锄芟豪右,善良赖以植立"⑦。成化十八年(1482年),张弘宜任宁海知县,"大家怙势作威者缩首敛迹,而小民为之吐气"⑧。正德间,张羽知宁海县,"抑豪右,惠困穷"⑨。嘉靖六年(1527年),唐愈贤知宁海县,"剔蠹剪弊,扶弱抑强"⑩。崇祯末年

---

① (明)王世贞《弇州续稿》卷一三〇《中大夫太仆寺卿东白顾公神道碑》,《四库全书》文渊阁本。
② (清)雍正《浙江通志》卷一五二《唐师锡》,《四库全书》文渊阁本。
③ (民国)《镇海县志》卷二一《樊王家》,《中国地方志集成》本,上海书店出版社1993年版。
④ (清)雍正《浙江通志》卷一五二《陈诚逊》。
⑤ (清)《慈溪县志》卷二三《王宋》,《中国地方志集成》本,上海书店出版社1993年版。
⑥ (清)雍正《浙江通志》卷一五二《郑珞》。
⑦ (清)乾隆《鄞县志》卷一一《张佶》,《续修四库全书》本。
⑧ (清)雍正《浙江通志》卷一五四《张弘宜》,《四库全书》文渊阁本。
⑨ (清)雍正《浙江通志》卷一五四《张羽》。
⑩ (清)雍正《浙江通志》卷一五四《唐愈贤》。

(1644年前),宁波府有"巨猾"让人代己服役,知府陆自岳调查清楚后,下令收捕。那人找到陆自岳说情,希望得到豁免,陆自岳说:"仆为此方除害,公反欲贻患桑梓乎?"①最后,自然是将那豪强绳之以法。

6. 阻太监扰民

市舶太监的任务之一是"和买"地方特产,一旦到宁波,就要求地方政府按时完成摊派任务。这对地方来说,是一大负担,自然会引起地方上的不满。有的地方官不予理睬,如嘉靖初年,奉化知县喻江就"一切不应"②。有的则是上告,如天顺末年(1464年前),宁波知府弹劾浙江市舶司少监福住做事不守法,假借进奉朝廷,克削为害百姓等事。③

太监作为皇帝的代言人,到地方后往往作威作福,驻守宁波的浙江市舶司市舶太监就是如此。地方县官想谒见他,必须贿赂市舶太监左右,才得通报接见。有的地方官不信这个邪,如奉化知县廖云翔就说:"一钱尺帛,皆民脂也。宁忍剥吾民,以博一见耶?"④由于地方上的反对,嘉靖九年(1530年),朝廷终于召还宁波的中官,"腹心之疾除矣"⑤。

7. 慎刑缓刑

明代地方官承担司法案件处理任务。在处理有关案件时,地方官为了百姓利益,比较谨慎,时以"慎独"自戒。洪武间,定海县丞许伯原遇到百姓诉讼,则婉转劝导,使他们自相和解。⑥他们采取了一些有效措施,如:(1)直接听诉。成化初(1465年),龙伯出任慈溪知县。听讼时,减少中间环节,不看状子,直接听当事者本人的申诉,从而得以了解实情。⑦(2)德刑兼用。嘉靖中,张德熹任宁波推官期间,监狱中发生流疫。为防止流疫进一步扩散,导致囚犯死亡,张德熹同意让囚犯

---

① (清)雍正《浙江通志》卷一五二《陆自岳》,《四库全书》文渊阁本。
② (清)光绪《奉化县志》卷一八《喻江》,《中国地方志集成》本,上海书店出版社1993年版。
③ (明)李堂《堇山文集》卷一五《宁波名宦遗事·张瓒》,《四库全书存目丛书》。
④ (清)雍正《浙江通志》卷一五二《廖云翔》。
⑤ (明)戴鳌《戴中丞遗集》卷四《送市舶刘汶村考成入觐叙》,《四库全书存目丛书》。
⑥ (清)雍正《浙江通志》卷一五二《许伯原》。
⑦ (清)光绪《慈溪县志》卷二三《龙伯》,《中国地方志集成》本,上海书店出版社1993年版。

回家,同时约定归狱日期,希望囚犯们不要违约。① 万历四十一年(1613年),陈其柱为慈溪知县,听讼时,尽量不使用鞭扑刑具,只在遇到"市魁"触犯刑网时,才不得已用一下。②(3)提高司法效率。黄应明为奉化知县时,处理司法官司讲究效率,一般不超过半天,当事百姓持半升粮即可返回,县府吏胥无从索贿一钱,人称他为"黄半升"③。缓刑慎刑,也成为地方官维持地方稳定的重要手段。

地方官员是中央政府的代理人,保持上下一致,维护国家利益,是一个基本准则。地方官员违反这个原则,维护地方利益,得罪朝廷利益,一般说来会受到朝廷的处罚,但他们中的一些人大概是想在地方志中留得个好名声,有时也在所不惜了。地方志《名宦传》中所记载的,多半是维护地方利益的好官。不过,减轻百姓负担,保护百姓利益,这些都是因人因事而异的个人行为,不可能成为地方政府官员永久的行事准则。

第三节 明代宁波的治安

治安与国防,向来是政府关注的重心。前者由地方官来负责,是政治责任之一;后者由驻军承担,是军事责任之所在。前者对内,后者对外,共同目标是维护地方的稳定与安全。由于内部的、外部的不安定、不安全因素的存在,明朝宁波的地方治安管理困难不小。

一、明代宁波的治安管理

1. 陆上治安

明朝宁波的地方治安,主要由乡村里老制度、小区巡夜制度和交

---

① (清)雍正《浙江通志》卷一五二《张德熹》,《四库全书》文渊阁本。
② (清)雍正《浙江通志》卷一五二《陈其柱》。
③ (清)雍正《浙江通志》卷一五二《黄应明》。

通要道安全检查制度组成。

乡村里老制度。明代的里老制是一种社会自治组织,在乡村治安中起了很大的作用。里老制以行政"里"为单位,而不以自然村为单位。里老制实际上是老人委员会,每里的里老通常在3名以上、10名以下。出任里老的条件是:年龄50岁以上,平日在乡有德行、有见识,处事公正且为众人所敬服者。明代里老制有多种职能,如监督官吏、劝督生产、劝民为善等,但最主要的是司法与防盗功能。通过"老人"的直接监控,以加强对本里社会治安的控制,防止和减少偷盗或其他恶性事件的发生。明代"老人"制度一直存在,但随着时间的推移,其作用不断被弱化。[1] 弱化的原因,一是"老人"自治缺乏法律的保障,"老人"制度的发展得不到保障。二是政府权力在乡村得到不断强化与渗透,"老人"的独立自治性丧失,沦为官府的帮手。如顾炎武所说的,"近世之老人,则听役于官,而靡事不为"[2]。加强政府对地方的控制与发挥地方的自治性,本来就是一对难以调和的矛盾。老人自治制度反映了民间的理想,但在日益趋紧的国家管理体制下必然难以生存。

晚明以后,部分地区出现了保甲法。万历年间,江秉谦在任鄞县知县之时,采取"严立保甲之法,于城六隅,划地分团,四路置栅,团长编牌,率甲户以防守之,盗屏迹,博塞、酗饮之风亦息"[3]。就是按地理方位,将宁波府城分为不同的"团",各团用木栅加以封闭,每团设一团长,由团长负责安排名单,轮流值班进行守护。可见,所谓保甲法,其实质是划分小区,实行封闭式管理。其管理内容,包括严防盗贼与禁止赌博、酗酒等不良社会行为。保甲法不是国家规定的基层社会管理制度,而是部分官员为加强社会安全管理而采取的治安管理组织形式。保甲制以约束人民行为为目标,以连坐为其效力,显然,使政府对

---

[1] 王兴亚《明代行政制度研究》,第320页,中州古籍出版社1999年版。
[2] (清)顾炎武《日知录》卷八《乡亭之职》,甘肃民族出版社1997年版。
[3] (清)康熙《鄞县志》卷八《江秉谦》,康熙二十五年刻本。

地方基层社会的控制更为有效。

明朝宁波实行巡夜的"铺夫"制度。明初以来,宁波府城内各坊设有巡警铺夫,以防盗防火。巡警铺夫多以穷人充任,富裕的人家一般逃免。余文升任宁波知府后,改革巡警铺夫制度,采取平等原则,不论家境贫富,一律都要承担巡夜任务。①

实行交通要道安全检查制度。明朝的安全机构体系称为巡检司。明朝兵部规定:"凡天下要冲去处,设立巡检司。"②也就是说,巡检司设于各地交通要道口,类似今天的安全检查站。宁波府下属的巡检司有岱山巡检司等18个巡检司。

宁波府通判谕保甲条约
(天一阁博物馆藏)

台州府宁海县有越溪巡检司等5个巡检司。绍兴府余姚县有庙山巡检司、眉山巡检司、三山巡检司。

巡检司长官称巡检,从九品,级别较低。服役的捕盗兵卒称弓兵,一般从百姓中抽调,一年轮岗一次。弓兵不是职业化工作,而是由地方百姓承担的义务。巡检司在地方由府县管理,属于民事机构。巡检司官署规模不大,一般前为厅事3间,后为官廨3间,由左右厢房连接前厅后廨。巡检司的职责主要是侦缉四类人:一是奸细百姓,二是私盐贩子,三是逃军,四是逃亡囚犯。明朝规定:"凡军民人等往来,但出百里者,即验文引。"③这种"文引",按现在的话说就是由政府颁发的"通行证"、"介绍信"。由此可见,明朝对地方百姓的防范相当严,管制相当紧。

---

① (清)雍正《浙江通志》卷一五二《余文升》,《四库全书》文渊阁本。
② 《明会典》卷一一三《兵部八·关津一》,《四库全书》文渊阁本。
③ 《明会典》卷一一三《兵部八·关津一》。

明朝宁波的公共治安管理体制不同于今天的公安体制。府设通判1人,县设典史1人,负责捕盗诸事务。通判、典史是府、县副职之一,属下有一帮衙吏,但下面没有完整的公共安全体系。当时农民的活动空间本身就不大,一般在方圆几里之内,朝出晚归,作息规律,相互之间都熟识,是一个熟人社会。在一个较小范围的熟人社区内,人们往往害怕犯罪,相对来说,犯罪率比较低,治安状况比较好,这也是古代公共安全体制不发达的原因所在。社会上偶尔出了治安事件,地方报官以后,一般直接由通判、典史带队负责处理,有时甚至直接由知府、知县负责处理。如慈溪鸣鹤乡离县城较远,嘉靖年间"盗贼充斥",慈溪知县王德溢亲自去鸣鹤乡"纠察缉蕹",于是,"盗遂屏迹"①。慈溪是海边县,海盗、陆盗特多,所以,知县经常要亲自出面。

2. 海上防御

海上防御主要是军队的职责,但地方官也直接参与海上防御工作。嘉靖二十四年至二十五年间,象山海、陆诸"寇"同时作乱,全县上下十分紧张。象山知县蒋三才倡议建立父子乡兵,互相应援。一旦有人犯境,或私行抢掠,捕获后,一律按法处置,象山得以安宁。② 万历十六年至二十一年间,值"海上戒严",沿海诸县以军事防御为首务,象山知县崔振臬筹备武器,训练民兵,亲自参加县城保卫战,"孤城恃以无恐"③。万历后期,"海寇"骚扰慈溪,知县陈其柱"历要害,增筑三垒"④,慈溪县城终得平安。

协助海上防御。"嘉靖大倭寇"时期,宁波对付倭寇,主要靠福建兵。宁波人显然是反对完全依赖福建兵的,希望加强自身防卫力量的建设。嘉靖二十八年(1549年),宁波知府孙宏轼提出"宁辑海陬"的建议,认为外地商人用货利引诱大陆百姓出没海洋间,确实是一个大

---

① (清)雍正《浙江通志》卷一五二《王德溢》,《四库全书》文渊阁本。
② (清)雍正《浙江通志》卷一五二《蒋三才》。
③ (清)雍正《浙江通志》卷一五二《崔振臬》。
④ (清)雍正《浙江通志》卷一五二《陈其柱》。

问题。"宜即修军政,严哨守,明禁必罚,使毋冘利于死也。"①此议受到重视,得以执行,走私商舶有所减少。由于加强了陆上的缉私活动,故而海上走私贸易活动有所收敛。

实行船户保甲制。嘉靖二十四年至二十八年期间,鉴于宁波沿海海域走私贸易猖獗的情况,定海知县金九成"编立保甲,创置墩堡"②。万历二十七年至二十八年间,沿海居民偷偷乘船出海,政府无法知道他们出海的真实动机。为了解决这个问题,宁波通判黄桦下令实行船户什伍连保制,各船编号,加上标识,一人犯罪,他人连带。在如此严厉的高压政策下,宁波沿海"奸宄肃清"③,治安状况大好。

二、晚明的加饷与兵变、民变

1. 百姓负担的加重

晚明时期,由于内乱外患,军事吃紧,政府不断地征兵、加饷,百姓不堪重负。诗人陆宝的《乡兵行》反映了明末征集乡兵守城的一些情况。按照宁波府规定,每坊出两个乡兵,全城约有上千人。结果,官员有特权,商人能出钱,皆可躲避乡兵之苦,只有穷苦人家子弟来充乡兵。④

陆宝《加赋行》描述了明末政府给民间加赋所带来的痛苦。宁波地处沿海,经常会遭遇水旱之灾,百姓收入本来就不高,常规的赋税交纳后,能够勉强维持生计,已经是相当不易。但是,由于战争,不断的额外加征,一月要三次征收,一年要缴两年的赋税,百姓的收入全部交给了政府。而政府官员则因没有完成上面下达的征收指标,还要责备百姓没有完税。⑤

---

① (明)戴鳌《戴中丞遗集》卷四《送郡守槐溪孙公入觐叙》,《四库全书存目丛书》。
② (清)雍正《浙江通志》卷一五二《金九成》,《四库全书》文渊阁本。
③ (清)雍正《浙江通志》卷一五二《黄桦》。
④ (清)全祖望辑,方祖猷等点校《续甬上耆旧诗》卷一七《甬东诗括选家之三》,上册,第463页,杭州出版社2003年版。
⑤ (清)全祖望辑,方祖猷等点校《续甬上耆旧诗》卷一七《甬东诗括选家之三》,上册,第468页。

2. 弭息兵变

兵变是嘉靖以后经常出现的现象。万历（1573年）以后，由于驻军粮食储备制度不完善，军官"多朘削军资以自饱"，鄞县知县吴安国一度加以禁绝。① 驻防象山县的昌国卫也存在隐占、陋规诸现象。② 所谓"隐占"，就是军官私下侵吞军粮；"陋规"就是军中士兵孝敬长官的习气。简单地说，就是军官盘剥、欺压士兵的问题。

由于缺粮饷、军官欺压等原因，军队容易发生兵变。天启元年（1621年），沈阳沦陷于后金，东北吃紧，兵部向全国征兵，定海关水陆驻军也在被征发之列。因为是长途远行，定海驻军要求多发一些粮食。上级将领不仅没有满足士兵们的要求，还催促着士兵上路，结果引发士兵哗变。督府托病不出，定海中营将领孙锡爵独自处理，几天后，事态稍有平息。可不久水军复哗变，卫军也跟着哗变，情况更为严重。为了平定兵变，孙锡爵想出一套综合治理之法："定营军则反用魁以制情，定水军则密用陆以制势，定卫军则显而合水陆以制形"③，最终将哗变平息。

崇祯五年至六年间，因为兵饷逾期不发，定海驻防军队脱去头巾，准备集体到宁波府城抗议，有哗变的可能。定海知县龚彝听说后，单骑追赶。兵士听到马铃声，回头一看，见是龚彝到了，大家都肃立道旁。龚彝当面劝谕，士兵觉得有理，于是随龚彝回定海。

3. 平定海盗

由于明朝放松了海域领土的管理，故而，沿海海盗猖獗。

平林七老。天启五年三月，外洋有大批劫贼，使用"宽和"年号，悬挂元帅、将军等旗帜，自称红夷第一哨，连船入侵。浙江派官兵反击，六月壬午，大获而胜。④ 天启六年四月，海盗林七老等纠合红夷，伪称

---

① （清）乾隆《鄞县志》卷一一《吴安国》，《续修四库全书》本。
② （清）雍正《浙江通志》卷一五二《何汝宾》，《四库全书》文渊阁本。
③ （民国）《镇海县志》卷二一《孙锡爵》，《中国地方志集成》本，上海书店出版社1993年版。
④ 《熹宗实录》卷六〇，天启五年六月壬午，1962年史语所影印本。

王号,扬帆海面,御货杀商。浙江御史刘之待等率兵镇压,杀林七老等头目。① 这天启五年的事,似同为海盗林七老所为。

平周三老。崇祯元年之前,海盗虽多,但因船小且少,不敢放肆。此后,周三老、李魁奇、郑芝龙等有大船,动以百计。崇祯元年(1628年),周三老、郑芝龙自东瓯入昌国、石浦、爵溪诸处,"连艘数千"②。巡海道副使萧基下令石浦前所指挥正千户邓元春守卫于大洋之冲的井水台。郑芝龙部至,邓元春坚壁不出,等待时机,用巨炮轰炸,海盗夺魄而逃。③ 郑芝龙部继又向北进攻象山县城,巡海道副使萧基亲自督兵守宁波府城,派遣部将蔡维周提督陆师,增援象山,象山知县潘起鹏率乡兵防守。④ 周三老侦察到宁波有防备,只得撤兵,退守大陈山。因周三老久踞大陈山,七月,浙江巡抚张延登会师往剿。十一月,荡平,周三老遁入海洋,擒获渠魁林七老等24人,史称大陈山之捷。⑤

平刘香。崇祯五年七月,海盗刘香趁机进攻福建、广东、浙江沿海府县。近海地方同时告警。十一月甲寅,浙江巡抚罗汝元要求福建巡抚配合,共同对付刘香。⑥ 崇祯八年四月,郑芝龙联合广东兵,在田尾远洋重创刘香部。刘香惨败,自焚后溺死。刘香家属60余人,部下千余人到浙江黄华,向温、处参军投降。⑦ 至此,崇祯年间横行于闽、浙、粤海域的刘香海盗团伙消亡。⑧

此外,天启间,象山县昌国卫将领何汝宾曾率领卫兵"扑洪宇于石浦,覆林洪于近洋,蹙林淑舟,踣张一老"⑨。这应是小股海盗力量。

---

① 《熹宗实录》卷七〇,天启六年四月辛巳,1962年史语所影印本。
② (清)雍正《山东通志》卷二八《张延登》,《四库全书》文渊阁本。
③ (民国)《象山县志》卷二四《邓元春》,上海书店出版社1993年版。
④ (清)雍正《浙江通志》卷一五二《潘起鹏》,《四库全书》文渊阁本。
⑤ 《崇祯长编》卷一五,崇祯元年十一月乙亥,上海书店1951年影印本。
⑥ 《崇祯长编》卷六五,崇祯五年十一月甲寅,上海书店1951年影印本。
⑦ (明)谷应泰《明史纪事本末》卷七六《郑芝龙受抚》,中华书局1977年版。
⑧ 《明史·施邦曜传》有不同的说法,称福建漳州知府施邦曜以刘香母亲为诱饵,抓了刘香。
⑨ (清)雍正《浙江通志》卷一五二《何汝宾》。

4. 农民胡乘龙起义

崇祯十六年(1643年)十二月,奉化农民胡乘龙(一作胡成龙)在奉化雪窦寺造反,建立"大猛"政权,改元"宗贞"(意即崇祯年号,去其头,剥其皮),①自称天萌国大将军。② 关于这次起义,留存的文献记录不多。从文献的记录来看,这个政权称"大猛",应是相对"大明"而言的。"天萌国"的"天萌",应是在"大明"上加笔划,有压倒"大明"之意。从其国号与年号来看,完全与明朝作对。胡乘龙起义规模不小,准备兵分几路,进攻宁波府城。一个地道的农民是想不出国号、年号的,也不会想到进攻府城的,显然有读书人参与了起义,所以才会有计划、有预谋。"时承平日久,民不知兵,闻变惊惶。"③奉化知县陈国训"拨饷调兵,率民守御",众百姓"并力死守"④。新任宁波知府陆自岳非常老练,沉着应对,先将宁波城中6名内应逮捕后杀了,随即招募民兵。陆自岳招募民兵的做法十分奇特,他招了"尪羸"的民兵600人。有人问他:招募民兵一般期望招壮勇之人,您却相反,不知为何?陆自岳回答说:"此饥馑余生,不急收之,只助寇耳。"⑤也就是说,这些都是饥民,不招进来,就会投奔起义部队,壮大起义声势;如果招进来,既可防止起义规模的扩大,又可为政府所用,以饥民对付饥民,两全其美。这也表明,胡乘龙起义完全是在因饥荒而无法生存下去的状况下发生的。民兵聚集后,陆自岳带兵从宁波出发,直抵奉化溪口,包围了雪窦山。经过一场激战,起义军失败,胡乘龙等首领被捕杀。其余部下,采取"勿问"政策,释放了事。一场起义,就这样被平息了。

---

① (清)黄宗羲《弘光实录钞》,《黄宗羲全集》第二册,第63页,浙江古籍出版社1980年版。
② (清)光绪《奉化县志》卷一一《大事记》,《中国地方志集成》本,上海书店出版社1993年版。
③ (清)光绪《奉化县志》卷一八《陈国训》。
④ (清)光绪《奉化县志》卷一八《陈国训》。关于镇压这次起义之功,有不同说法,《陆自岳传》认为是陆氏的功劳,而《陈国训》则认为是陈氏功劳,陆氏窃取而已。
⑤ (清)雍正《浙江通志》卷一五二《陆自岳传》,《四库全书》文渊阁本。

第四节　明代宁波的人丁与赋役管理

人口是国家存在的四要素之一。有了国家,有了政府,就有一个人口管理、赋役管理问题。

一、以赋役征收为宗旨的人丁统计

明朝建立后,在全国范围内开展了一次"图籍"整理工作。洪武元年(1368年),浙江省守臣遵照朝廷要求,下檄要求各府县"新具图籍"。明州府官员自然不敢怠慢,"承奉恐后"。从明州来看,图籍调查是从田业登记开始的。理由是:"赋役之法,其根本系于田业。不先定其田业,虽有良法美意,何从施之?"按照这种思路,明州府命令下辖六县百姓,"凡山田疆里之宜,某税某粮之数,悉登载之"。明州府原来的"征科旧额,间有轻重失宜",百姓意见较大,这次得以一一更正。最后,一部"大编巨帙,胪分类别"的明州府图籍得以如期完成。有了这份图册,政府就有了赋役征收的依据。①

明代的户口簿称为黄册,分"贴"与"籍"两种。"贴"是原始户口记录,保存于百姓家中。"籍"则一式四份,一份上报户部,另外三份藏于布政司(省)、府、县。因上报户部的那份用黄纸封面,故称黄册。

表5—1　明代宁波府及各县户数

年代	宁波府	鄞县	慈溪	奉化	定海	象山
洪武二十四年	209528	83738	51541	28910	33756	11583
永乐十年	176058	66261	47871	25361	29265	7300
宣德七年	143330	70303	31033	22646	13426	5922
正统七年	140138	68557	30831	21931	11914	6905

---

① (明)郑真《荥阳外史集》卷二八《赠昌国县典史马君德明序》,《四库全书》文渊阁本。

续上表

年代	宁波府	鄞县	慈溪	奉化	定海	象山
景泰三年	134714	64310	28832	19552	15309	6711
天顺六年	130193	62306	28451	18835	13799	6798
成化八年	116540	62102	15380	18840	15684	4534
成化十八年	144509	61703	43420	18831	16753	3802
弘治五年	149989	58345	55360	18854	13632	3802
弘治十五年	132313	58345	37260	18854	14052	3802
正德七年	152853	58350	58246	18865	13590	3802
嘉靖元年	114529	58345	21000	18865	12517	3802
嘉靖十一年	113337	58350	19300	18865	13020	3802
嘉靖二十一年	113771	58355	18732	18865	14017	3802
嘉靖三十一年	111045	58361	16000	18865	14017	3802

资料来源：(明)嘉靖《宁波府志》卷一一《户口》。

表5—2 明代宁波府及各县口数

年代	宁波府	鄞县	慈溪	奉化	定海	象山
洪武二十四年	730803	305993	142771	138763	98805	44470
永乐十年	546640	241974	117226	98756	66551	22183
宣德七年	414495	189508	84427	74164	42773	23623
正统七年	414918	195497	82744	71066	44240	19371
景泰三年	396745	187053	79748	69366	43625	16953
天顺六年	396437	386909	79963	67481	43625	18459
成化八年	376963	185921	69890	60207	43962	16983
成化十八年	406150	185913	97893	60100	44432	17812
弘治五年	440387	193371	106983	60207	53014	17812
弘治十五年	401744	193371	81992	60207	48362	17812
正德七年	406323	193376	104351	60334	30450	17812
嘉靖元年	346948	193380	37525	67081	37450	17812
嘉靖十一年	342036	193385	32501	60334	38008	17812
嘉靖二十一年	337697	193395	27455	60334	38701	17812
嘉靖三十一年	332676	193412	23365	60364	38722	17812

资料来源：(明)嘉靖《宁波府志》卷一一《户口》。

据表5—1、表5—2来看,宁波府的总户口数的统计,成化时代与嘉靖时代就不同,成化时代的户数高于嘉靖时代,而口数则正相反,嘉靖时代高于成化时代。何以如此?比较合理的解释是,户的减少是脱籍的增加,而人口的增加则是人户自然繁殖的结果。税户的减少,人口的增加,这都是社会进步的表现。

余姚的户口数,据光绪《余姚县志》卷九《户口》记载,洪武二十四年(1391年)为户51188,口206054。永乐十年(1412年),户55392,口182349。弘治五年(1492年),户41419,口105132。弘治十五年,户41835,口154747。正德七年(1512年),户41841,口156524。嘉靖二年(1523年),户41848,口158364。其中,男子112588口,妇女45776口。万历间,户41847,口158392。其中,男子112616口,妇女45776口。嘉靖时代,余姚的户口统计,有了男口与女口之分,这是值得注意的现象。

明代的户口统计,主要用作赋税单位。象山的户口,从成化十八年到嘉靖三十一年,前后7次统计,户数与口数都没有变化。甚至明朝的户口数与前朝接近。其中原因,在于明朝的户口数,主要是地方政府的纳税人户指标数,不是实际人口数。既然是一个刚性的指标数,自然不必考虑具体的人员变化状况。

按明朝制度,版籍十年更造。从嘉靖《宁波府志》来看,明代宁波坚持了十年一造户口的传统。不过,由于"丁产出入,动有磨刮揎易之弊"。隆庆末年,李时成任余姚知县时,曾加以整理,结果,余姚税粮不再出现"重征"[1]现象。

二、高额的常规赋役负担

明代财政收入来源的特点是赋与役分开征收,"有田则有赋,有丁

---

[1] (清)光绪《余姚县志》卷二二《李时成》,《中国地方志集成》本,上海书店出版社1993年版。

则有役"①。也就是说,作为百姓,既要承担土地税,又要替国家无偿出力。按照嘉靖《宁波府志》的记录,地方对国家应承担的义务,主要有赋与役两大类,各5种,共10种。

1. 五类贡赋

方物:就是由地方直接提供特产。宁波主要是提供海产品,泥螺、紫菜、虾米、鹿角菜、墨鱼干、鳗鱼、银鱼、鲳鱼、鲻鱼等,当时称为"海错"。浙江市舶司直接负责采办,每年通过浙东运河与京杭运河,送到北京。嘉靖初年,裁市舶司,土贡任务也废。

额办:是按工部、礼部规定办的物品。工部的额办主要有斑竹、白猪鬃、弓箭、弦条,礼部的主要是药材,如香附子、穿山甲和麻胶鱼油翎鳔之类。

坐办:如年例水牛底皮,其物有47项。历日纸、冬衣、婚礼衣服、军器等都是。

杂办:主要是春秋祭祀、乡饮酒礼、孤老衣薪、公务支应、部运水手、战船料价等17类。

额征:就是粮食。包括夏税麦、起运京库折银等。

表5—3 洪武二十四年(1391年)宁波府及各县赋税

	宁波府	鄞县	慈溪	奉化	定海	象山
田土(顷)	40264	10929	7209	10993	5821	5409
夏税麦(石)	17933	2713	2132	4816	1937	6333
夏钞(贯)	8640	3196	1914	1509	324	864
秋粮(石)	201176	90608	37923	28697	35064	8882
秋钞(贯)	2982	2982	2577	4440	1751	4023

资料来源:(明)黄润玉《宁波府简要志》卷二《赋役表》。注:田土,包括官、民田地山荡等项。

成化《宁波郡志》卷四《田赋》还提供了宣德七年、正统七年、景泰

---

① 《明太祖实录》卷一六五,洪武十七年九月已未,1962年史语所影印本。

三年的统计数字。

宣德七年，宁波府田土40178顷，鱼池134口，桑柘果木19190株，茶寨433寨。税粮，夏麦1696507石，丝1032两，绵59两，钞977330贯，秋米167003石，钞14000贯，农桑蚕丝40斤，桐油8两。

正统七年，田土40315顷，夏麦16966，钞9801贯，秋米174393石，钞14396贯。

景泰三年，田土40367顷，夏麦16966石，钞9818，秋米174421石，钞14452贯。

天顺六年，田土40406顷，夏麦16967石，钞9832贯，秋米174463石，钞14452贯。

表5—4 嘉靖三十一年（1552年）宁波府及各县赋税

	宁波府	鄞县	慈溪	奉化	定海	象山
田土（顷）	40864	10994	7230	10946	6138	5166
夏税麦（石）	16969	2724	2112	5123	1552	1459
夏钞（贯）						
秋粮米（石）	174563	78593	36644	26412	5369	5312
秋钞（贯）						

资料来源：(明)成化《宁波府简要志》卷二《赋役表》。注：田土，包括官、民田地山荡等项。

《宁波府简要志》不可能有嘉靖年间统计资料，此数据显然为后来所增。其中，鄞县田土数据，有详尽的官田与民田数。官田地1384.63顷，民田地7414.02顷。鄞县秋粮，内京折33259石，存留45337石。

对地方来说，明代的地方土贡制度最为繁苛。土贡不计经济成本，对地方来说是一项沉重的负担。土贡茶叶的取消，最为典型。慈溪的茶叶，质量并不好。但地方官为了讨好上司，主动上贡。久而久之，成为慈溪一项常贡。其实，新鲜的茶叶由慈溪运送到北京时，早已枯萎，质量大受影响。但贡额一旦确定，就难以轻易废除。

2. 五种徭役

包括均徭、驿传、民兵、里甲夫马船只、班匠 5 种。各类都有具体的数字。

表 5—5　明代宁波府各县班匠数

县名	人户数	班户数	工价银
鄞县	996	249	448.2
慈溪	356	89	160.2
奉化	222	57	102.6
定海	184	46	82.8
象山	84	21	37.8

资源来源：(明)嘉靖《宁波府志》卷一三《班匠》。

明代的赋役，摊派、计划色彩相当浓。控制人丁是明朝赋役的特点。明代前期，以 110 户为一里，由富户为里正。如宁海童氏为里正，负责"催民租税"。看见百姓贫穷，交不起租税，童氏大发慈悲，"命减其半，不足宁出己粟以输"①。

地方官的主要任务之一就是征收赋役。正德九年(1514 年)，象山知县徐相，实行"里甲均徭，十年一轮"②。在皇帝家国一体的专制政权下，地方官实质是皇帝的管家，负责地方治安管理，负责收取赋税，满足皇家的物质需求，至于地方是否发展，并不重要。

明代宁波属于赋税较高的地区。多种文献反映，宁波"赋繁"③。

三、赋税制度改革

明代以农立国，相当长的时期内，实行实物化赋税制度，全国的货币总量不大。明朝的赋税制度是向土地所有者征收田税，按人头派差

---

① (明)方孝孺《逊志斋集》卷二一《童贤母传》，《四库全书》文渊阁本。
② (清)雍正《浙江通志》卷一五二《徐相》，《四库全书》文渊阁本。
③ (明)戴鳌《戴中丞遗集》卷四《送郡守沙村郑公入觐序》，《四库全书存目丛书》。

役。

　　明代百姓都有承担赋役的义务。不过,按国家政策,部分人可以享受优免赋役的特权。从全国范围来说,享受优免人口比例不高。如果集中到某一地,赋役不均现象就会突出。余姚无疑是一个典型。当时的余姚是全国科举教育最发达之县,结果也就是赋役不均最严重之县。余姚人翁大立所作的《均徭或问》,就说到:"吾邑科第之家以百家,杂流、举监、生员、吏承以千家,灶丁计一万四千有奇。优免日众,则诡寄日多。良民守法者徭日重,此患不均也。"①科举发达,盐业发达,造成了余姚特殊的赋役不均衡现象。由于根本问题得不到解决,所以,赋役不均与均赋役,始终处于反复之中。

　　由于徭役不均现象突出,余姚的赋役平均改革工作也因此一直走在全国的前列。洪武初年,陈公达为余姚知县。当时,民籍新附,狡黠者从中做手脚,役法不均。陈公达知道后,要求百姓亲自到县府自报,同时,让同里甲百姓集体作证明。通过这种办法,陈公达了解到全县百姓的真实情况。然后,将全县百姓分为上、中、下三种户种,仿效元朝余姚州同知刘辉《鱼鳞图》、《鼠尾册》中的均田赋做法,②造了《鼠尾册》,再将役相应地分为三等。如果轮到哪户人家要服差役,只要查一下册子的等差,就可以知道了。这种办法得到大家的拥护。③

　　不过,随着时间的推移,余姚赋役多奸欺,飞诡影射,不可踪迹。嘉靖前期,余姚知县邱养浩洞察到此弊端,定为《横总册》,一一加以厘正,④人们普遍感到均平。但由于不能法制化,弊端复现。邱养浩以后,豪猾复为奸欺,飞诡漏免。如三办银,"贫民一丁,有出银九钱以上者"。余姚知县顾存仁(1502—1575年)针对此现象,"乃右丁科田,每

---

① (清)乾隆《余姚县志》卷一〇《田赋》,乾隆四十六年刻本。
② (清)雍正《浙江通志》卷一五三《刘辉》:"刘辉,汴人,为余姚州同知。郡守下辉均田赋,时州籍失火,豪猾乘时诡匿。辉手植二柏,祷之曰:事成柏荣,不成则否。乃躬履田亩,置《鱼鳞图》、《鼠尾册》,定等平役,按亩给由,出匿田万余亩。"《四库全书》文渊阁本。
③ (清)雍正《浙江通志》卷一五三《陈公达》。
④ (清)光绪《余姚县志》卷二二《邱养浩》,《中国地方志集成》本,上海书店出版社1993年版。

岁亩出银六厘,充三办"。于是,无田者得以无扰,富者不能贪缘。而且,公开发布,每户一册,全县上下称此法公平。监司知道后,将余姚的做法推广到整个浙江省。①

到了嘉靖后期,问题又严重了。嘉靖四十年(1561年),知县周鸣埙又对赋役进行了改革,银、力二差,一概征银。"审户定籍,丁粮相配,无不均之。编徭征银,悉人人雇募,无不均之。"②其目的是针对势豪之嘱托,奸巧之规避,把夏税、秋粮、存留、起运额若干,均徭里甲、土贡、雇募加银,通为一条鞭总征。

周鸣埙"度田均赋"的举措,得到了大家的欢迎,"民易输粮,无不均之赋"③。余姚百姓作民谣称:"前有顾祖后周父,活我孙子十万户。"④嘉靖四十四年,庞尚鹏巡按浙江,在全省推广余姚、平湖的一条鞭法。庞尚鹏《请均徭役疏》称"近查得余姚、平湖二县,原著一条鞭之法,凡岁征编徭役,俱于十甲之内通融,随粮带征,行之有年,事尤简便"⑤。

隆庆元年(1567年),邓林乔为余姚知县,对条鞭法作了进一步的阐述。他认为,多科征收太复杂,士大夫尚能搞得清楚,而乡下小民何由识其要领!结果,奸猾从中做手脚,"以小呼大,以无捏有,倚项数之多,逐件科敛",百姓苦不堪言。邓林乔主张将县中诸额征并为一项征收,称为"一条鞭"。⑥

明代施行一条鞭法,把国家征收的各种赋役如杂泛、均徭、力差、银差等,合并成一种,将力差归入田赋,一律按田亩核算,化繁就简,统一征收。并可改折银两,允许被征调的差役可出银雇人代役。一条鞭

---

① (清)雍正《浙江通志》卷一五三《顾存仁》,《四库全书》文渊阁本。
② (清)乾隆《余姚县志》卷一〇《田赋》,乾隆四十六年刻本。(明)吕本《期斋集》卷六《余姚县丈量田地序》有较为详细记录,日本内阁文库藏万历刻本。
③ (清)乾隆《余姚县志》卷一〇《田赋》。
④ (明)王世贞《弇州续稿》卷一三〇《中大夫太仆寺卿东白顾公神道碑》,《四库全书》文渊阁本。
⑤ (明)陈子龙等《明经世文编》卷三五七,中华书局1962年版。
⑥ (明)万历《余姚县志》卷一五《田赋志》,万历三十一年刻本。

法施行后，编订了记载各地赋役数额的册簿，称《条鞭赋役册》，即《赋役全书》。首次纂修约在万历十一年（1583年），以一省或一府、一州县为编制单位。开列地丁原额、逃亡人丁和抛荒田亩数、实征数、起运和存留数、开垦地亩和招徕人丁数等。每一州县发两部，一部存官衙备查，一部存学官，任由士民检阅。

张居正施行改革后，条鞭之法虽下，但全国许多郡县"不尽遵行"。余姚由于赋役不均现象突出，所以较早执行了。万历十四年，余姚知县周子文全面贯彻一条鞭法，在仪门立碑公示。宁波府所属各县，执行稍晚。鄞县赋役条项繁琐，万历二十一年，翁宪祥任知县后，纂定一编，名《赋役全书》，刊行民间，成为"治谱"①。象山也是一个征收弊端较多的地方，知县倪甫英经调查后，发现问题全在版籍被废。于是，校定《经赋全书》。公布后，"上下皆便"②。万历二十五年，樊毂任奉化知县。奉化原先的征收办法弊病较多，多收溢出钱，一年多达几百两银子。樊毂上任后，严加芟革，规定"催科立限，取足不取溢"。为了有法可循，将征收标准镌刻在石头上，以垂后世。③

万历三十八年，江秉谦出任鄞县知县，适遇编里审丁工作。原来分为丁、田二事，江秉谦在编排基层组织"里"那天，顺便审核这"里"中的丁口。其时，里中甲首都集中。如果有哪个里首感到负担不均，可以当面对质，尽量做到公平。如此一来，弊端解决，百姓也没有冗费。又考虑到造山田地之数难清，江秉谦于是就定为"由票之式"，每号由票上详细开列土地四至名称，与鱼鳞、黄册买契相符，并填上业主姓名，"立簿用印，给为永业"。这个方法相当详细周密，执行以后，"诡寄悬漏、虚契僭踞之弊绝，税亦无可逃"④。

定海县百姓觉得杂役问题较多，里甲催讨制度上弊病也多。万历

---

① （清）雍正《浙江通志》卷一五二《翁宪祥》，《四库全书》文渊阁本。
② （清）雍正《浙江通志》卷一五二《倪甫英》。
③ （清）雍正《浙江通志》卷一五二《樊毂》。
④ （清）康熙《鄞县志》卷八《江秉谦》，康熙二十五年刻本。

三十七年,定海知县黎民表上任后,"一以条鞭为程,凡所征解,皆官自任之,百姓惟计亩输钱而已"①。黎民表推行条鞭法后,其继任继承执行。在一条鞭法下,"奸宄无所售,众有异议",自然也有反对意见。万历四十七年,顾宗孟为定海知县,"不为挠沮,一切循其法"②。

一条鞭法,反映了货币化趋势,这是进步的征收办法。总的看来,将农业产品折合成银,此法比较适合南方经济发达地区。

---

① (清)雍正《浙江通志》卷一五二《黎民表》,《四库全书》文渊阁本。(明)薛三省《薛介文公集》卷二《邑父母石洲黎侯两膺台荐序》有更详细记录,《四库全书存目丛书》。
② (清)雍正《浙江通志》卷一五二《顾宗孟》。

第六章
防卫与贸易冲突下的明代宁波港

- 倭患频发与海防体系的建立
- 中日间的朝贡贸易
- 国际民间贸易港的崛起与消失
- 晚明时期宁波港的衰落

海陆兼具的宁波,是当时中日交往的前哨,这使得宁波在明代的政治生活中占有十分重要的地位。明代中日两国在宁波港所发生的事情,可以从政府与民间两条线来观察。从两国政府来说,都想建立稳定的朝贡贸易外交关系,由政府垄断中日贸易;而从民间来说,走私贸易频繁,倭患不断。明代宁波港就处于中日两国政府与民间两个层面的纠缠之中。

第一节　倭患频发与海防体系的建立

一、宁波沿海频发的倭患

　　明朝政府建立不久,就遇上了倭寇问题。所谓倭寇,是中国人和朝鲜人对侵扰劫掠中国和朝鲜沿海的日本海盗集团的称谓。[①] 倭寇正式出现在中国沿海,是元朝中期的事。倭寇的产生,有日本特定的社会历史原因。14世纪,日本处于南北朝时期(1336—1392年),前后长达60年。内战的结果,出现了大批的失意浪人;当时又没有一个强有力的政府,能控制这些失意浪人向国外发展。于是,在中国与朝鲜的沿海,就出现了大批没有人管理的日本海盗,即倭寇。

　　明朝建立后,宁波沿海受到了两方面的攻击,首先是舟山群岛上

---

① 范中义等《明代倭寇史略》,第1页,中华书局2004年版。

的方国珍余部,经常出没海上,"焚民居,掠货财"。其次就是倭寇。洪武二年(1369年)正月,传来倭寇进扰山东的消息。三月,倭寇向南进犯,进入浙江境,先是明州,后是温州。同年三月,明朝政府派遣使者杨载出使日本等国,发现"倭寇"不是日本军队,而是日本民间海盗,于是,就想动用国家力量,让日本国王阻止海盗行为。这一招取得了一定的效果。洪武四年十月,日本亲王良怀派了以和尚祖来为首的10人代表团来中国。朱元璋自然高兴,下诏赐文绮。明朝与日本政府间的交往关系虽然建立起来了,但民间的海盗行为却屡禁不止。洪武二十七年二月,倭寇进犯浙东,朝廷命都督杨文等人巡视两浙,复命徐辉祖、吴杰到浙江,训练海上军士。洪武三十一年二月,倭寇侵扰山东、浙东。建文三年(1401年),倭寇从象山登陆。永乐二年(1404年)四月,日本船11只又犯穿山,百户马飞兴战死。五月,倭寇侵浙东,总兵王友充出海捕讨。永乐九年正月,命丰城侯李彬、平江伯陈瑄等率浙江、福建舟师剿捕。五月,倭寇侵浙东。永乐十一年,倭寇进攻象山昌国卫,守兵与战,击退倭寇。永乐十二年,倭寇又犯象山。永乐二十二年,倭寇再犯象山,杀县丞宋真、教谕蔡海。正统四年(1439年),倭寇袭扰台州、宁波。正统七年,倭陷大嵩所。景泰六年(1455年),倭寇侵健跳。成化二年(1466年),再陷大嵩所。弘治十六年(1503年),倭寇侵宁海。正德九年(1514年),倭寇犯宁波濒海乡村。嘉靖之前,民间性倭寇一直未间断对中国的扰乱。

二、海防体系的建立

倭患这种外部力量压迫的结果,促使明朝建立了海防体系。所谓海防,就是一个国家为防御他国从海上侵略所进行的防卫和管理活动。古代中国海防体系的建立是比较晚的事。纵观古代中国的军事冲突,主要发生于长城内外的农耕民族与游牧民族之间,所以,长城是历代军事防卫的重心。至于沿海,由于大海的阻隔,没有强大的异族进攻,历朝政府向来不设防。宋以前的海防,主要针对本国的敌对势力和国内其他各民族。元朝以后,由于日本海盗即倭寇的进扰,中国政府逐渐加强了沿海的防御。从明朝起,逐渐建立起比较完善的海防体系。

明代沿海防御体系的建立,有一个过程。明代开国之初,就建立了"自京师达于郡县"的卫所制度,管理遍布于各行省的200万军队。宁波先由普通陆上卫所调拨军队守卫海防。到了洪武十七年(1384年),沿海倭寇活动加剧,朱元璋决定派老将汤和到浙东指挥防倭事宜。如何建设海防体系,朱元璋采纳了熟悉海事的方国珍侄子方鸣谦的御海计策。方鸣谦认为,倭从海上来,应该在海上防御。可以在沿海量地远近,设置卫所。陆上聚集步兵,海上准备战舰,那样,倭寇就进不了中国沿海。即使进入中国沿海,也靠不上岸。至于防守海上的军队,可在沿海百姓中选择,四个成丁抽一为兵,严加防守,不必麻烦外地兵。① 方鸣谦御海之策的核心是在沿海设置卫所,将倭寇阻挡于外海,不让他们上岸。同年,朱元璋派汤和巡视沿海边防,征用成丁3500人,在北起山东,南至广东的沿海地区,修筑了59座卫所城。次年,又按四丁抽一原则,在沿海居民中选派了58700多人为兵,防守沿海。

实行锁国政策,禁止民间与外国人相通。洪武四年以后,明政府屡下禁海令。据统计,洪武间,6次下令,重申禁止濒海民众出海,私通海外诸国。

实行坚壁清野的空岛政策,将沿海岛屿居民迁移到大陆居住,这给当地百姓带来不便,甚至波及定海县沿海。洪武二十年,明政府进而废除昌国县建制,将昌国卫迁到象山,只留下了几个所,隶属定海卫(今镇海)。从此,舟山群岛上只有军队在驻守,导致舟山交通停顿、文教中断。②

大约到了洪武二十年前后,明朝逐渐建立起比较严密的海防体

---

① 《明史》卷一二六《汤和传》,中华书局1974年版。
② 包江雁《明初舟山群岛废县徙民及其影响》,《浙江海洋学院学报》1999年第4期。

系。

在明朝沿海的海防体系中，宁波由于地处南北之中，是中日交往的前哨，故尤其重要。镇守之官称总兵，一般由公侯伯之类勋臣兼任；纠察之官称巡视海道，以侍郎都御史兼领。第一任总兵是汤和，洪武二十一年(1388年)就任。永乐四年(1406年)，丰城侯李彬兼任总兵。永乐六年，清远伯王友兼任宁波总兵。其后，因日本称贡，防备有所放松，"总督领于都指挥，海道领于宪臬"①。永乐以后，设立专门的备倭都司，设备倭都指挥一员，负责沿海各卫的管理，"统其属卫，摘发官军，以备倭为名，操习战船，时出海道，严加提备"②。备倭都司驻扎宁波定海，管辖外海。正统以后，以按察使之贰，或副使，或佥事，出巡诸郡，事完复回本司。嘉靖二十六年(1547年)，置巡视海道司，设海道兵备副使一员，专督沿海军事，沈瀚为首任分巡海道。从此成为定制，有明一代，一直保留。嘉靖三十一年，为防倭寇生变，革去备倭都司，改设参将，分守宁、绍地区，驻扎定海。嘉靖三十五年，重新设置浙直总兵，管辖两浙及苏、淞诸郡的沿海防务。由都督，或左右都督，或都督同知，或都督佥事来担任，刘远是重设后的第一任总兵。从此，成为定制。次年，俞大猷为总兵。嘉靖三十八年，移驻舟山，卢镗继为总兵。浙直总兵下属有参将、游击、守备、把总等官。从嘉靖至崇祯(1522—1644年)，计总兵22人。嘉靖以后出现的分巡海道，共有48位。

从宁波本土军事布局来说，宁波府设有宁波、定海、昌国、观海4个卫。加上当时属于绍兴府的余姚临山卫、属于台州府海门卫的健跳千户所。

宁波卫，设在宁波城里，有谯楼、永积西仓、永积东仓，海船50只。演武场是专门操练军队的地方。宁波卫有5个千户所，分管地方。

定海卫，洪武二十年建立，在今镇海，外辖郭巨千户所，大嵩千户所。

---

① （明）张时彻《芝园定集》卷三三《送总兵江杨侯归叙》，《四库全书存目丛书》。
② （明）夏言《勘处倭寇事情疏》，《御选明臣奏议》卷一九，《四库全书》文渊阁本。

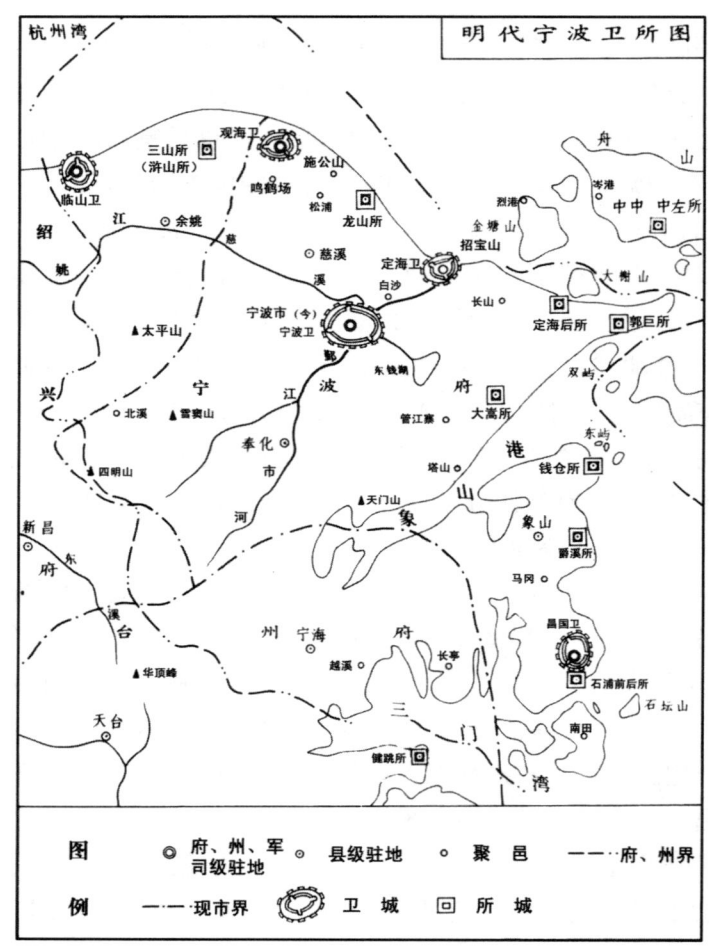

明代宁波卫所分布图

(选自俞福海主编《宁波市志》,中华书局1995年版)

观海卫,在慈溪,分左、右、中、前、后5千户所,外辖龙山千户所。

昌国卫,洪武十七年(1384年)九月建立,在舟山定海,后迁象山,分左、右、中前、中后四所,外辖爵溪千户所、钱仓千户所、石浦千户所、前后千户所。

临山卫,在余姚西北,洪武二十年建立,有三山所、沥海所。

海门卫的健跳千户所,洪武二十年(1387年)九月建立。

卫所制度由卫与所两部分组成。按照明代编制,每1个指挥使司(卫)下辖5个千户所,每1个千户所下辖10个百户所。其兵力,旗是最小的单位,1个小旗10人,设1个什长。5个小旗50人,设1个总旗。2个总旗110人,设1个百户。10个百户,共1200人,合成1个千户。5个千户,共6500人,合成1个卫。卫下的基本单位是千户所。卫都指挥使司设都指挥使1人,同知1人,佥事4人,其属经历、都事各1人,断事及副各1人,吏目、司狱各1人。

明代前期的卫所军队,称为"旗军"。旗军行寓兵于农之制,平时参加农业生产,战时出兵打仗。承平时代,旗军多用以转运,结果,真正用于守卫的旗军不多。到了嘉靖末年,倭寇发难,现有旗军不足以守御。于是,从万里之远的边疆调集狼兵、苗兵,来宁波参加战争。晚明以后,在宁波定海设置了浙直总兵,实行募兵制,招募地方人,设为"标兵",长期驻守宁波。"吾浙自嘉靖中并海诸邑数被倭,廷议诸卫所不足有所禁御,增募健卒,水陆并备,分肆以把总"①。定海有营军、水军、陆军。② 从此,宁波兵制一变,卫所军徒有其名。不过,到了后来,标兵的弊病与旗军类似。③

作为抗倭前线,宁波的海防任务特别突出,修筑军事堡垒城也就顺理成章。定海城、翁山城、穿山城、郭巨城、大嵩城、观海城、龙山城、昌国城、石浦城、钱仓城、爵溪城,这些城的修筑,多是标准的军事性城墙。明代宁波军事堡垒城的建筑,有两个高峰:一是洪武年间。洪武十二年至十三年,修舟山城;洪武二十年修筑的有定海城、观海城;龙山城、大嵩城、郭巨城、石浦城、钱昌城、穿山城,修于洪武二十七年至二十八年。爵溪城修筑于洪武三十一年。一是嘉靖年间,如镇海威远

---

① (明)薛三省《薛文介公集》卷二《赠昌国备倭把总胥君序》,《四库全书存目丛书》。
② (民国)《镇海县志》卷二一《孙锡爵》,《中国地方志集成》本,上海书店出版社1993年版。
③ (清)徐兆昺《四明谈助》卷一一《北城诸迹三上·宁波卫指挥使司》,第326页,宁波出版社2000年版。

城的修筑。威远城完全是一座军事防御工事。招宝山与竹山(今戚家

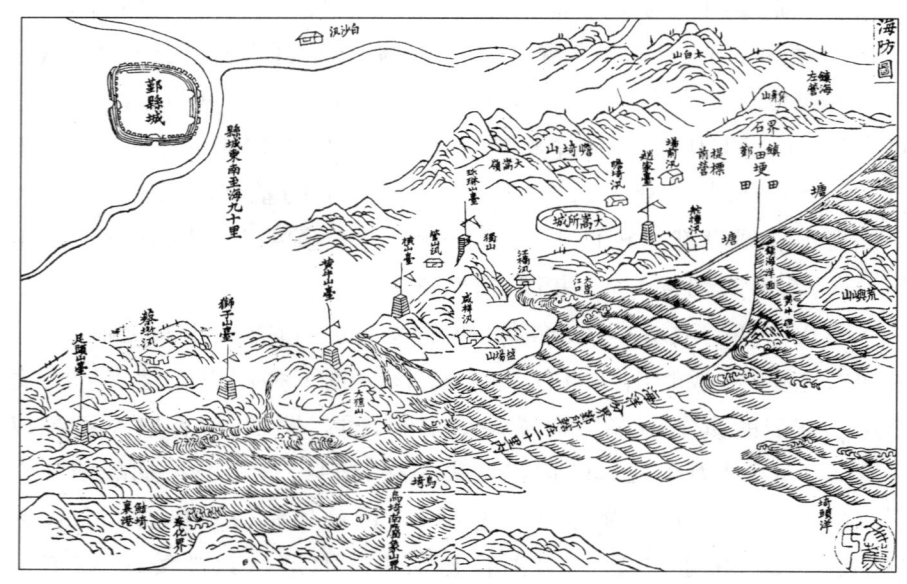

明宁波港沿海海防设施图(选自林士民《三江变迁》,宁波出版社 2000 年版)

山)对峙,为江海之咽喉,郡治之门户,实为保障要害之处。倭患的加剧,促使了威远城的修筑。此事由宁波参将卢镗提出。双屿港寇平定后,卢镗守卫浙东海防。他与海道副使谭纶商量,觉得招宝山俯瞰定海县城,相隔只有十几步,一旦敌人占据招宝山,在上面架设火炮,定海县城就会不攻自破。夷船络绎进入甬江,明军无法制止,"故守郡非据险不可,而据险非成城不可"。嘉靖三十九年(1560年)春,上报总督胡宗宪,得到支持。借用渔税千金,花了 3 个月时间,建起了威远城。城长 200 丈,高 22 丈,厚 1 丈,雉堞 167 个,东、西各有一道城门进出。内建兵房 40 余楹。①

---

① (明)嘉靖《宁波府志》卷九《城隍》,《中国方志丛书》,台湾成文出版社 1966 年版。

三、宁波军民的抗倭斗争

1. 宁波军民同仇敌忾奋起抗倭

嘉靖大倭寇时期,面对倭寇的进扰,宁波军民同仇敌忾,奋起反击,涌现出不少可歌可泣的事迹。

各卫所军官坚决抗倭。嘉靖三十一年(1552年)四月,"贼"登上赤坎,进攻游仙寨,情况十分危急。爵溪所百户秦彪得知后,说:"游仙与爵溪唇齿,无游仙,是无爵溪也。先人遗我汗马勋,不死战而死法,何以见于地下乎?"于是,与其弟秦汉迅速率兵增援。最后,兄弟俩都战死。① 嘉靖三十四年(1555年)五月,"贼"攻三山所。把总指挥刘朝恩已经接到调令,正准备到别地任职,获悉战报后,马上折还,率军民坚守阵地。这场保卫战,使城内外居民三四万人幸免于难。② 此外,定海卫百户刘梦祥、宁波卫百户叶绅、宁海卫百户韩纲也在抗倭战争中牺牲。

士人积极组织地方武装抗倭。为了抗击倭寇,军队传令各县,"乡兵剿捕有功,同官校一体升赏"③。这一条令自然极大地鼓励了各县士人组织抗倭武装。如慈溪杜文明、杜槐父子,散了家赀,聚集骁勇之人,组成一支敢死武装,最后,杜槐因饥饿而精疲力竭,在被人抬着回家的时候死去。④ 杜槐乡兵用的是黑旗,战后,"贼"看见黑旗,即大惊失色地呼叫:"杜兵至矣。"杜槐死后,麾下壮士都愿意继续随其父杜文明杀贼复仇。杜文明后来战死于奉化。定海人邱希贤对县中子弟说:"汪锜一童子尚执干戈以卫社稷,况吾侪壮夫不能除寇患,耻甚焉。"邱

---

① (明)胡宗宪《筹海图编》卷一〇,《四库全书》文渊阁本。
② (明)胡宗宪《筹海图编》卷五。
③ (民国)《镇海县志》卷二三《邱希贤》,《中国地方志集成》本,上海书店出版社1993年版。
④ 关于杜槐之卒,有不同的记载,《明史》卷二九〇《杜槐传》、《明史纪事本末》皆主白沙说,如《明史纪事本末》卷五五"未几与贼遇于白沙,一日三战,杀贼三十余人,斩其一帅。槐被创,坠马死"。

希贤率领本县子弟,夺倭寇舟,前后三十余战。① 朱汀是象山人,"多勇力,素好剑槊"。嘉靖三十三年(1554年),倭寇登赤坎,屯李家岙,大肆虏掠。朱汀及子朱友章等数十人,直捣其营地,最后都英勇战死。② 余姚人谢志望是一个国子生,最终以矢尽力竭而战死。③ 戎良翰是定海县学增广生,素以忠孝自期。嘉靖三十五年,倭寇攻陷慈溪,戎良翰倡义集兵。最后,力不能支,被流矢所中而死。④ 此外,定海人姚思敬、慈溪人魏镜、奉化人汪较等,也参加了抗倭斗争,后来大多战死。

农民抗倭。吴德四、吴德六兄弟是慈溪滨海农夫,从小力气就很大。有一次,倭上平石,经过他们的住房,驱赶着他家圈养的猪。吴德四持着锄头,刚从田头回来,在门口遇见了倭,吴德四挥动锄头,击中贼的脑袋,贼应声倒地。其弟吴德六顺手操起贼的兵刃,追杀了一"渠魁",吴氏兄弟于是以壮勇出名。后来,吴氏兄弟隶属杜槐部下,每当遇敌作战,即冲锋陷阵,勇夺敌旗。嘉靖三十四年,浙江海道副使得知吴氏兄弟声名后,下檄慈溪,要求吴氏兄弟前往舟山进攻险寨。吴德四勇往直前,将"贼渠"砍杀于辕门,寨内惊扰,大声呼叫着冲了出来,一同杀入的官军见状胆怯,拿着旗帜逃了回来,吴德四为敌军所砍,倒在了地上。吴德六愤怒地独自冲上前去,杀了那人。因援兵接应不上,吴德六也战死。⑤

妇女也加入抗倭斗争,如慈溪"沈氏六节妇"。沈氏六节妇是指沈师桥的章祚妻、周希曾妻、冯信魁妻、柴惟瑞妻、孟弘量妻、孙琳妻。沈师桥为近海村庄,族人有2000人,"多骁黠善斗"。嘉靖间,倭贼入犯,沈师桥人"屡歼其魁,夺还虏掠",所以,倭寇对沈师桥人非常仇恨。有一天,倭寇突然袭击沈师桥村,沈氏村民全体发誓:"无出妇女,无辇货

---

① (民国)《镇海县志》卷二三《邱希贤》,《中国地方志集成》本,上海书店出版社1993年版。
② (明)胡宗宪《筹海图编》卷一〇,《四库全书》文渊阁本。
③ (清)雍正《浙江通志》卷一六四《谢志望传》,《四库全书》文渊阁本。
④ (明)胡宗宪《筹海图编》卷一〇。
⑤ (明)胡宗宪《筹海图编》卷一〇。

财,共以死守,违者诛。"章祚妻集合族中妇女发誓说:"男子死斗,妇人死义,无为贼辱。"大家都屏住呼息,不敢稍动。倭寇包围了沈师桥村,妇女们聚在一个楼上待命。沈师桥村陷,倭寇入村,族中妇女纷纷不屈而死,共有三十余人。其中6人特别勇敢,章祚妻、周希鲁妻、冯信魁妻最早投河自尽。柴惟瑞妻当时正在为丈夫磨刃,见倭寇杀入,即以刃斫贼,然后自杀。孟弘量妻、孙琳妻为贼所俘,趁倭寇不备,夺下刀子,自刺而死。①

2. 御倭战争对宁波的影响

倭寇的入侵,使位于"夷舶交市之冲"的宁波,直接承受了重大的损失。

战争给宁波各地带来了深重灾难。以慈溪为例,正德、嘉靖以来,由于前期一百多年的积累,慈溪"生养蕃庶"。因嘉靖三十四年(1555年)倭寇的入侵,慈溪前期经济发展的积累,荡然无存,慈溪人重新跌入苦难生涯。②

同时,因备战带来的后续影响也相当大,宁波人民平添了要养活一支军队的负担。倭寇之乱后,"诸文武大吏所至如织",他们带领重兵,长期驻守宁波。"官私供亿,皆排里甲夫役,以田赋为差,不终日而家多亡破。"③地方负担加重,"民先已转输困疲"。定海百姓本来的"海课"就重,"盐率什九";每年的租调输给政府后,留下的粮食积蓄相当少,仅能勉强维持生计。驻军将士多不遵守纪律,常向百姓索饷,成了定海一大害。④ 在鄞县,情况也相似,军队无理索取。麻阳兵500人调防到宁波,要求地方提供500个猪头。又要求提供"枯鱼"(干鱼)给士兵下饭,提供500匹战马。鄞县知县陈纪坚决抵制,帅府虽然愤怒,最终也奈何不得。按军营征饷习惯,只要粮食,不要银子。军队

---

① 《明史》卷三〇二《列女·慈溪沈氏六节妇传》,中华书局1974年版。
② (清)光绪《慈溪县志》卷五五《前事·风俗》,《中国地方志集成》本,上海书店出版社1993年版。
③ (清)康熙《鄞县志》卷八《陈纪》,康熙二十五年刻本。
④ (明)戴鳌《戴中丞遗集》卷四《贺定海尹王君叙》,《四库全书存目丛书》。

要求富户直接将粮饷运到军营,这些富户被称为"倭米户"。倭米户不堪负担,向知县诉苦。于是,陈纪出面协调,得以银两来代替粮食运输。如此,先前受役转输的富户,得以安宁。

战争也影响了农业生产。为了防备倭寇的进攻,多签调百姓来守城,昼夜无法休息。陈纪出面找帅府论理:老百姓一天不劳动、经营,则没有粮食吃。强迫他们守城,那是把他们放到了饥饿之地,那样会先自乱阵脚。帅府觉得有理,下令撤掉守城百姓。

战争致使物价上涨,百姓的生活受到了严重影响。宁波城军事戒严,四乡稻谷无法运进城,城中储备粮告急。而那些有粮食的富户则不肯拿出来,想趁机获高利。粮价高涨,城中百姓生活陷入非常困难的境地。陈纪下令拿出储备仓中的粮食投放市场,城中粮食价格才得以稳定。军事打击走私行动,有时难免会扩大化,正当的穷苦渔民被当作走私分子加以处罚,"要领不保"[①]。

总之,在抗倭战争中,宁波作为海防前线,付出了巨大的代价,也为赢得胜利作出了重大贡献。

第二节 中日间的朝贡贸易

一、中日间朝贡贸易

洪武五年(1372年),宁波天宁寺僧祖阐、南京瓦罐寺僧无逸被选派去日本,宣谕圣旨。这次出使,有一定成果。日本也派了高僧回访,这标志着中日两国友好关系的确立。也因此,明政府设立浙江市舶司。洪武前期,明朝与日本之间有所往来,但因缺乏信任基础,关系日渐恶化。洪武七年(1374年)九月,又因倭患频繁,下令罢三处市舶

---

① (明)戴鳌《戴中丞遗集》卷四《送郡守槐溪孙公入觐叙》,《四库全书存目丛书》。

司。后又下令恢复了三市舶司。洪武十九年十一月,日本亲王良怀派遣僧宗嗣亮上表,贡方物。明太祖下令拒收贡品,两国关系遂彻底恶化。以后,未见有日本派遣使者到明朝的记载。建文三年(1401年),日本复派使臣,试图与明朝建立国家友好关系。但明朝当时正值内战,建文无心也不敢复设市舶司。为了保证国土的安全,反而重申海禁政策,不准擅自出海与外国互市。①

中日关系的重新恢复,是明成祖上位以后的事。进入15世纪以后,中日双方统治者的情况发生了变化。日本方面,室町幕府的将军足利义满(即源道义)统一了南北朝。足利义满因财力不足,急于想通过与中国的贸易,来扩大财政收入。中国方面,明成祖即位后,为了满足天朝心理,建立华夷朝贡体系,实行了怀柔政策。同时,对付民间倭寇,中国方面需要日本政府的配合。这是明政府重新恢复朝贡贸易政策的原因所在。

永乐元年(1403年)八月,"依洪武初制",于浙江、福建、广东三地设立市舶司,隶属布政司。②

市舶司恢复后,成祖就想进一步改善同海外各国的朝贡关系。这年八月,成祖命左政使赵居任、行人张洪等出使日本。当使者正准备出发时,传来消息,日本使者已经到达了宁波,于是作罢。十月,日本国王源道义派遣圭密等300余人到达南京,受到成祖的热情招待。

永乐二年四月,倭寇乘11条船进犯穿山;五月,倭寇侵扰浙东。五月,为了让日本政府管住倭寇,赵居任出使到日本。③ 这一年,明朝政府给日本"勘合百道,令十年一贡,正副使毋过二百人。若贡期、人、

---

① 《明太祖实录》卷二五二,洪武三十四年四月乙酉,1962年史语所影印本。
② 《明太宗实录》卷二二,永乐元年八月,1962年史语所影印本。
③ 赵居任出使月份,《明太宗实录》未见记录,但日本文献《大乘院日记目录》《东寺王代记》记录,应永十一年(相当永乐二年)五月十二日,赵居任等分乘五艘船到日本。

船逾,夹服刀剑,并以寇论"①。十月,日本派遣了使者梵亮等随赵居任到中国回访,成祖赐赵居任为左通政,"嘉其使日本,能却赠遗故也"②。十二月,日本使臣回国,上报成祖对日本国王的嘉奖。永乐三年(1405年)十一月,日本派源通贤等来中国贡方物,并献俘。永乐四年,宁波人、佥都御史俞士吉"赍玺书谕日本国王源道义"③。

据统计,自永乐二年至十七年的15年中,日本共派船队6批,船只38艘,明朝派遣使者7批,平均2年一批,说明当时实际的朝贡贸易没有严格遵守十年一贡的规定。这种情况的出现,反映出两个问题:一是十年一贡是明朝政府单方面的规定,不是与日本政府协商的结果,所以,在日本看来不必遵守。二是明朝政府出于怀夷心态,也不敢过分抑制日本的朝贡贸易。总的看来,永乐时期(1403—1424年),在双方共同利益趋于一致的情况下,中日关系进入一个良性发展时期。

到了宣德元年(1426年),鉴于日本政府屡屡出现"入贡逾额"现象,明朝政府重新规定了"事例",要求"船毋过三只,人毋过三百,刀剑毋过三千把"④,这就是后世所谓的"宣德事例"。这次,似乎动了真格,直到宣德八年五月,日本国王源义教才派遣道渊等220人出使中国。六月,明朝派使臣潘赐等出使日本。以后,基本遵循了十年一贡的条例。

嘉靖二年(1523年)六月,宁波发生"争贡事件"。当时日本实权操纵在地方诸侯"大名"手里,朝贡具有较大的经济利益,大名们往往打着日本政府的旗号,争着出使中国。"争贡事件"就是在这种背景下

---

① 王宗载《四夷馆考》,东方学会排印本,第17~18页。(明)嘉靖《宁波府志》卷二二《海防书》略有不同记录。关于永乐事例,多数学者否定,如陈尚胜就认为明朝"不可能做出这种硬性规定",见"怀夷"与"抑商":明代海洋力量兴衰研究》,第98页,山东人民出版社1997年版。事实上,有多种文献能证明"事例"的确存在。
② 《明太宗实录》卷三五,永乐二年十月壬申、乙未,1962年史语所影印本。
③ (明)郑舜功《日本一鉴·穷河话海》卷九《接使》,浙江大学图书馆藏1939年影印本。《明太宗实录》也有记载,俞士吉出使日本,应是永乐四年正月。
④ (明)嘉靖《宁波府志》卷二二《海防书》,《中国方志丛书》,台湾成文出版社1966年版。

入明勘合贸易船

发生的。这年,雄踞日本西部的守护大名大内氏,用明朝正德年间所颁发的勘合,任命宗设谦道为贡使,派遣三艘朝贡船前来中国。控制室町幕府实权的守护大名细川氏闻讯,也立即派出一只贡船,由鸾冈瑞佐与宋素卿率领,带着弘治年间所发勘合,兼程赶往中国。相差几天,两队贡船前后到达宁波,分住两个地方。按照惯例,"番货至,市舶司阅货。及宴坐,并以先后为序"。按例,宗设先到,瑞佐后到,自然得先验宗设船队货。结果,宋素卿贿赂市舶太监赖恩,先阅瑞佐船队货物。市舶司设宴会的时候,瑞佐坐在宗设之上。宗设大为不平,于是,与瑞佐厮打了起来。斗殴的结果,宗设占了上风,瑞佐失利,向西逃跑,到达姚江,准备投奔绍兴。宗设一直追到城下,要求地方官将瑞佐交出来。地方官没有同意,宗设只得返回宁波。他沿途杀掠,杀了备倭都指挥刘锦等官员,"负固据海岙"。这就是历史上的"争贡事件"。此事使浙江"大震",巡按御史欧珠、镇守太监梁瑶奏闻,逮宋素卿下狱。

争贡事件的直接后果,就是关闭了浙江市舶司。这年十一月,兵科给事中夏言上章,朝廷下令罢浙江等三处市舶司。① 关闭沿海三个市舶司,加剧了中外之间贸易与防卫间的冲突。嘉靖初年罢市舶司事件,受到当时及后世的批评。嘉靖时人郑开阳就说:"所当罢者市舶内臣,非市舶也。……市舶罢而利权在下,奸豪外交内诇,海上无宁日矣。"②

张时彻说,争贡之役后,"倭奴自此惧罪逋诛,不敢款关者十余岁"③。其实,争贡之役后,日本仍想与中国开展朝贡贸易。就在嘉靖大倭寇时期,日本政府仍没有停止朝贡贸易的尝试。但明朝政府以"非期"却之,或严格规定其人数。此后,不见日本来华朝贡贸易的记录。

二、中日朝贡贸易体制

明代的中外贸易体制不同于宋元时期。出于海禁的需要,明太祖对海外国家来华贸易的方式进行了改造,将贸易活动与政治上的朝贡关系结合在一起,建立了朝贡贸易体制。所谓朝贡贸易,简单地说,就是朝贡兼贸易。"其来也,许带方物,官设牙行,与民贸易,谓之互市。"④

明朝的朝贡贸易体制是通过市舶司机构来实现的。明代的市舶司不同于宋元。明朝规定,市舶司"掌海外诸番朝贡、市易之事,辨其使人表文、勘合之真伪,禁通番,征私货,平交易,阅其出入而慎馆穀

---

① 《明世宗实录》卷三三,嘉靖二年十一月癸巳,1962 年史语所影印本。夏言《勘处倭寇事情疏》,见《御选明臣奏议》卷一九。谈迁《国榷》卷五三称嘉靖六年(1531 年)十月裁浙江市舶司,恐不可信。
② (明)郑若曾《郑开阳杂著》卷四《日本图纂·市舶》,《四库全书》文渊阁本。
③ 《明世宗实录》卷八〇,嘉靖六年九月丙戌,1962 年史语所影印本。
④ (明)郑若曾《郑开阳杂著》卷四《日本图纂·市舶》。也见(明)胡宗宪《筹海图编》卷一二《开互市》,《四库全书》文渊阁本。

之"①。按照朝贡贸易体制,实行定点贸易制度。如日本,只许在宁波港交易。明朝设置市舶司的目的,是为了"通华裔之情,迁有无之货,收征税之利,减戍守之费"②。用通政使唐顺之的话说,"既申远夷慕义之情,远夷亦得交易中国之货以为利,而中国亦以羁縻远夷,使常驯服,不为寇贼"③。如此一来,唐宋以来的市舶司制度,在明代发生了根本性的变化,成为执行海禁政策的工具,失去了管理市舶的原有之义。

作为朝贡国家,来华进行朝贡贸易时,必须携带表文与勘合。表文就是海外国家朝贡使团所携带的该国政府致明朝政府的外交公文。勘合,是明朝政府预先颁发的朝贡贸易凭证。勘合是中国古老的信用验证方式。日本来华朝贡时,先与浙江对上号,然后汇总到北京,与礼部对上号。具备表文与勘合的贡船,是合法的贡舶。

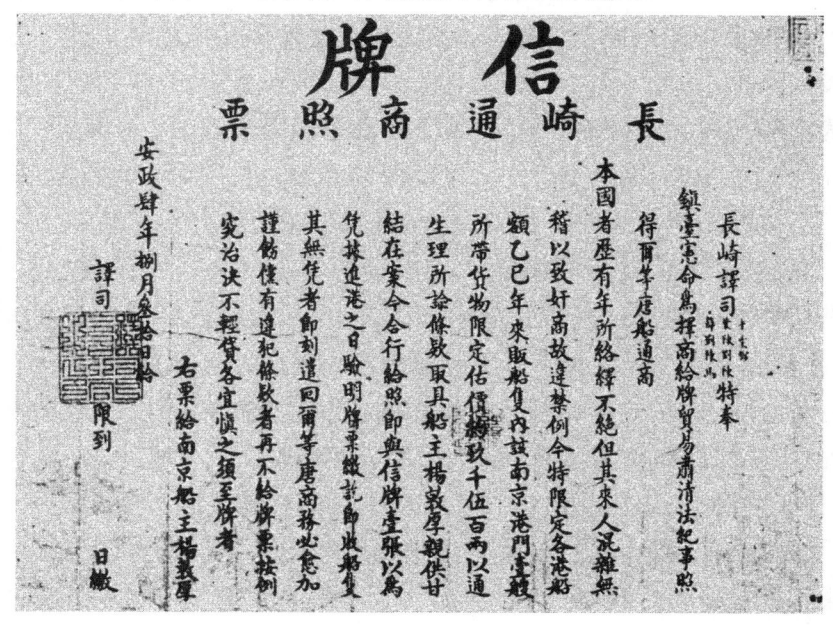

信牌

---

① 《明史》卷八一《食货志五》,中华书局1974年版。
② (明)郑若曾《郑开阳杂著》卷四《日本图纂·市舶》,《四库全书》文渊阁本。
③ (明)胡宗宪《筹海图编》卷一二《经略二·通贡》,《四库全书》文渊阁本。

市舶司有特殊的功能。征私货,是收购海外国家朝贡贸易中的私货。海外国家朝贡船舶的货物分为两类:贡品与私货。贡品是海外国家赠送给中国政府的货物。私货是海外国家王室及其他私商随朝贡一起带来的贸易货物。对于私货,明朝市舶司或"给价收买",或"抽分"。所谓"给价收买",就是根据当时市场价值收购。所谓"抽分",就是征收进口关税。当然,当时的关税,不是货币税,而是实物税。平贸易,就是监督管理外国朝贡商人与中国商人之间的贸易活动。禁通番,就是执行政府的海禁政策,禁止中外民间商人直接贸易。[1]

浙江市舶司的编制较为庞大。洪武时期的市舶司,机构设置情况不详。永乐元年(1403年)开始,设提举1员,副提举1员,属下有司吏、典吏、祗禁弓兵、工脚、库子、秤子、合干人、行人。永乐三年(1405年),因为来华的诸国贡使越来越多,专门设置安远驿接待贡使。安远驿设驿丞1员,吏1名,馆夫20名。同时,改洪武初年设立的广盈东仓为市舶司库。宁波府在嘉宾馆门外设东西关防牌坊,东面书"观国之光",西面书"怀远以德"。又建设两座驿馆,供往来之贡使使用。

由于朝贡贸易十年才接待一次,浙江市舶司的存在价值就成了问题。自然,裁员也就不可避免。正统元年(1436年)八月,浙江右布政使石执等上奏朝廷:"近年日本诸国贡者少,其市舶提举司官吏人等冗旷,乞裁减三之二。"[2]这个建议得到朝廷的支持,浙江市舶司一下子裁员三分之二,裁员幅度相当大。正德间,提举官陈世俊任职期满,准备参加任期考核时,就有人称"夷贡未期,职务清简,凡送迎之节,馆伴之仪,怀柔之体,所以辨物察情、防奸抑侮者,未究其设施"[3]。

管理市舶司的官员,基本与唐宋时期相同。一般由专职的政府官员来担任。争贡之役后,市舶太监与市舶司同时被废除,改为巡视海

---

[1]   陈尚胜《开放与闭关:中国封建晚期对外关系研究》卷二《论明代市舶司制度的演变》,山东人民出版社1993年版。
[2] 《明英宗实录》卷二一,1962年史语所影印本。
[3] (明)李堂《堇山文集》卷一一《赠市舶提举司正陈君考绩之京序》,《四库全书存目丛书》。

道司。崇祯六年(1633年),海道向鼎新建"迎宾馆"。

朝贡贸易完全是一种国家政府间的贸易,实质是由国家垄断中外政治、贸易交往与交易权。朝贡兼贸易,是一种特殊的外交关系。某种程度上,这是当时中日国家间利益结合的产物,即中国需要朝贡,日本需要贸易,两者结合,就有了朝贡贸易关系。建立在朝贡贸易关系之上的古代外交工作,基础十分脆弱。中日双方对朝贡贸易的理解不同,中国完全是从政治利益角度来考虑问题的,而日本则是从经济利益角度来考虑的。李言恭就一针见血地说:"其贡而来,于利,不于义。"[①]从经济角度来看,中国在朝贡贸易中,做的是赔本买卖。日本使团每次来中国,中国从地方到朝廷,都要兴师动众,付出较大的精力来接待。尤其是宁波府,必须提供日本商人吃住的有关费用,负担十分沉重。

第三节 国际民间贸易港的崛起与消失

朝贡贸易完全是一种国家政府间的贸易,完全排斥了民间贸易活动。嘉靖以后,朝贡贸易与走私贸易混杂在一起。朝贡贸易体系崩溃以后,民间开始了大规模的走私贸易。明朝政府加以禁止,终于引发了一场走私与反走私、海禁与反海禁、闭关与反闭关的斗争。

一、国际走私贸易港的崛起

海上国际走私贸易港的崛起,是江南经济发达诸因素的结果。

宁波贸易的兴起,是当时江南地区经济发展的结果。弘治、正德(1488—1521年)以后,江南经济开始繁荣起来。到了正德末嘉靖初,

---

① (明)李言恭《日本考》卷二,中华书局1983年版。

随着农业经济的兴盛,商品经济也有了一定程度的发展,特别是江南地区。经济发达以后,百姓的钱多了,消费能力大为提高,这就刺激了江南地区工商业和贸易业的发达。江南工商业的发达,从几个主要城市略见一斑。在苏州,"出吴阊门,迤月城而南,当商货孔道,五民薄城而居,列肆栉比,人习市侩,操奇赢以为常"①。正德后,南京"商贾挟赀,大者巨万,少者千百"②。城内各种商行,多为"外郡、外省富民所据矣"③。嘉靖间,杭州"四方之商贾咸辐辏焉"④。宁波是当时江南地区最主要的中外贸易港,所以,福建商人便直接到宁波来经商。

宁波贸易的兴起,也和西方贸易的扩张有关。自地理大发现以后,西方列强为了获得更大的商业利益,开始向东方发展。葡萄牙、西班牙等早期欧洲殖民国家,纷纷来到东方世界。

双屿港是因双屿洋(今舟山市普陀区六横镇双屿门)而得名的港口。双屿洋"悬居海洋之中,去定海县不六十余里",是进出宁波甬江的必经航道,是宁波的"门户"。其地理位置特征是:"东西两山对峙,南北俱有水口相通,亦有小山如门障蔽,中间空阔约二十余里,藏风聚气,巢穴颇宽,各水口贼人昼夜把守。"⑤所谓"东西两山对峙",应该是六横岛与佛渡岛间水道;"南北俱有水口相通",就是六横岛与佛渡岛南北方向各通水道。有了东西南北的概念,实际上就形成了斜体四方形地理空间,这正符合今天的地理特征。如此,"中间空阔约二十余里"也好理解了,指的是六横岛与佛渡岛间可以"藏风聚气"的斜体四方形地理空间。看一下地图,六横岛与佛渡岛间的海域,大体是有二十余里。二十余里的空间确实"颇宽",这就是当年海商活动的"巢穴"。双屿诸港分为南、北二港。北港就是大麦坑,南港就是双屿港。

---

① (明)文征明《文征明集》补辑卷二九《明故黄君仲广墓志铭》,周道明辑校,上海古籍出版社1987年版。
② (明)林希元《林次崖先生文集》卷二《王政附言疏》,《四库全书存目丛书》。
③ (明)顾起元《客座赘语》卷二,中华书局1997年版。
④ (明)何塘《柏斋文集》卷七《浙省北新关户部分司题名记》,《四库全书存目丛书》。
⑤ (明)朱纨《双屿填港工完事疏》,《明经世文编》二〇五卷,中华书局1962年版。

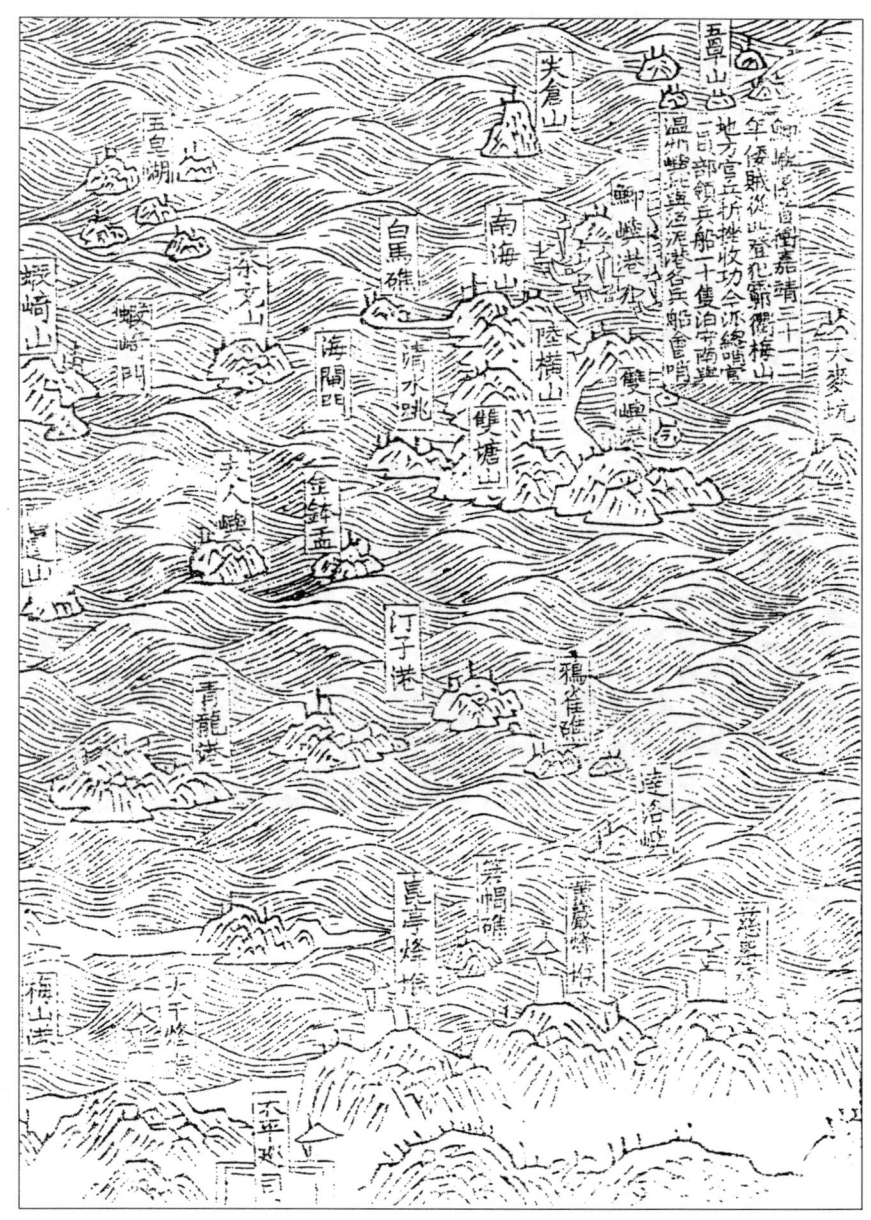

明代双屿港与大麦坑图(选自明谢廷杰《两浙海防类考》)

这里海岸有几处小海湾,"最宜泊舟",前面又有海中小岛野佛渡岛做天然屏障,确实是理想的港湾区。而且,岛上有"风景优美之小溪,溪水味甘,源出高山"①,适合居住。双屿港是一个悬居海上的港口,远离宁波政治中心,正是从事走私贸易的好地方。

今日舟山六横岛涨起港村(钱茂伟摄)

说明:小山包与村庄间的空间,应是当年双屿港区,历史上曾是优良的自然港
　　　湾区,如今,因明朝政府军填塞,海泥的淤积,及清朝以来的围涂,已经成
　　　为陆地山岙。

双屿港的形成,是福建等中国商人与葡萄牙等外国商人结合的产物。自从明朝实行迁海政策以后,双屿洋成为"国家驱遣弃地,久无人烟住集"。明朝中后期,开始为中外商人所注目,成为著名的走私港。双屿走私港何时出现的?一般的说法是嘉靖三年(1524年)葡萄牙商

---

① (明)方豪《方豪文录》,第24页,上智编译馆1948年版。

人进入以后,才发展起来。从最近发现的材料来看,实际时间还要早几年。最早来双屿港从事走私贸易的,并非是葡萄牙商人,而是中国的福建商人。福建商人是最早到宁波来经商的贸易商。福建从事海上贸易的商人,主要来自漳州、泉州,所以,他们所坐的海上商船,被宁波人称为"漳船"。漳船何时到宁波? 宁波籍退休官员戴鳌称,"漳船之入吾海徼,才十五六年而止耳"①。据考证,《海防议》写于嘉靖十一年(1532 年),则倒推十五六年,为正德十二年至十三年(1517—1518年)。这说明,漳船早在葡萄牙商人之前,就已经来到宁波。戴鳌称"近岁乃有一种漳船,窃市海外番货,如胡椒、苏木、名香之属,潜入岛徼。而侥幸射利者,私其什百之赢,为之根柢橐穴"②。据此可知,福建商人从漳州下海,先到南洋购进胡椒、苏木、名香等热带产品,然后运输到宁波来销售。因为这些都是违禁商品,福建商人不能直接进入宁波销售。于是,他们不得不先到远离宁波大陆的双屿港停泊下来。那里人烟稀少,比较安全。然后,他们再设法寻找宁波本地的商人,作为货物的代理商。因为走私商品利润大,宁波人冒险乘渡船到海上进货,进而到江浙一带销售。在这里,我们可以看到,宁波商人实际上扮演了陆上销售商角色。福建商人则是运输商,"捆载而来,固未尝垂橐而返",说明他们回去的时候,同时也在宁波进了货,再到南洋等地销售。

  双屿港发展的第二波是葡萄牙商人的加入。一般的说法是,葡萄牙人在广州受到沉重打击后,便转赴福建、浙江。这是官方从军事角度下的结论。从民间的商业视角来看,则是葡萄牙商人为了节省商业成本,"欲避抽税,省陆运"。在广东中转货物,运输费高,税也高。由于这些外在因素,葡萄牙商人有意进一步向内陆市场发展。当时中国经济最发达的地区是江浙一带,江浙才是他们的最终目标,广东只是中国政府规定的西洋商人最初的落脚点。与葡萄牙商人打交道的中

---

① (明)戴鳌《戴中丞遗集》卷六《海防议》,《四库全书存目丛书》。
② (明)戴鳌《戴中丞遗集》卷六《海防议》。

国贸易商,显然了解这种意向。于是,"福人导之,改泊海仓、月港。浙人又导之,改泊双屿"①。这里明确提到了福建人引葡萄牙人到福建海仓、月港,浙江商人又引葡萄牙人到了宁波双屿港。葡萄牙商人何时到达宁波双屿港?大部分学者认为,嘉靖三年(1524年),葡萄牙人侵占六横岛,在双屿港进行大规模走私活动的同时,还大兴土木,以图久踞。② 由广东,进而福建,最后是浙江,葡萄牙商人经过三个阶段的努力,最终抵达目的地,来到了浙江宁波的双屿港。

  双屿港发展的第三波是日本商人的加入。嘉靖二年,由于争贡之役,浙江市舶司被下令关闭。维持一百五十多年的中日国家间朝贡贸易体系的崩溃,迫使日本人走上海上走私贸易之路。日本商人的加入,使得双屿港海上贸易市场日趋繁荣。在双屿港做生意的以葡萄牙人为主的西洋商人,原来每年夏季来双屿港,每年冬天又要驾船回广东的私澳(即澳门)停泊,现在开始在双屿定居下来。以日本人为主的东洋商人,越来越多,遍布海洋之上。到了这个时候,原来的商船,则统统成为海盗船。双屿港原来只有中葡间双边贸易关系,随着日本人的加入,使之成为多边贸易,双屿港成为真正意义上的国际贸易自由港。

  海上私人贸易的兴起有一个过程。开始,宁波只有一两户胆大的海商,从事海上国际贸易,当时只局限在福建、广东做买卖。一般是陆路去,水路回来。当时福建、广东的海防没有浙江严,闽、粤可以下海,浙江不能下海。由于闽、粤与浙江的海防严宽不一,于是,走私商人就钻政策空子,与官府玩起了游戏。福建商人到广东造船,浙江进货。浙江、广东商人则到福建造船、进货,然后再到宁波销售。这就是商人的灵活之处。参与双屿港走私、扮演陆上代理商的商人,主要是徽商与浙江商人。俞大猷说:"数年之前,有徽州、浙江等处番徒,前至浙江

---

① (明)胡宗宪《筹海图编》卷一二《经略二·御海洋》,《四库全书》文渊阁本。
② 也有人说,嘉靖五年(1526年),在福建人郑獠的引领下,葡萄牙商人前往浙江宁波外海的双屿港,与卢黄四等私通交易。目前,大部分学人倾向于嘉靖三年说。

之双屿港等处买卖,逃广东市舶之税。"①

由于政府的严厉打击,双屿港的发展速度不快。嘉靖六年至七年(1527—1528年)时,守臣奉公严禁。嘉靖八年十二月,"禁沿海居民,毋得私充牙行,居积番货,以为窝主。势豪违禁大船,悉报官折毁,以杜后患"②。这里说得十分明白,沿海地区,主要是宁波地区,贸易行(牙行)发达,批发外国商品。他们收购了大量外国商品,然后再设法销售,这些人被称为"窝主"。就是说,福建商人扮演了运输商角色,安徽、浙江商人扮演了代理商角色。前者是海上活动,后者是陆上活动。

海上私人贸易在当时是违法的走私贸易,政治风险比较大,所以,开始的时候,人们十分小心。只是在福建商人到来时,才设摊交易。当时的宁波,有类似今天的海关机构存在。从闽、粤来宁波的船只,先停泊在关外。然后贿赂守关官员,取得守关官员的默认,利用早晚不受人注目的时间,用小船进行转驳,说明此时的大船不能进甬江。后来,因为宁波地方官眼闭眼睁,没有强加干涉,商人的胆量就大了。到了嘉靖十一年左右,海上私人贸易发展十分迅速。戴鏊称:"今则湍趋川溃,公行效尤,阑出外境,而导之入矣。"③说明,这一年是双屿港发展的一个转折点。

嘉靖十八年,有人称"比岁,海防大弛,民射利,与番舶冒市,因暴海上,莫之或绥"④。海防松弛的结果,导致走私贸易活动猖獗。"嗜利无耻之徒,交通接济。有力者自出赀本,无力者转辗称贷;有谋者诓领官银,无谋者质当人口;有势者扬旗出入,无势者投托假借。双桅、三桅连樯往来,愚下之民,一叶之艇,送一瓜,运一樽,率得厚利。驯致三尺童子,亦知双屿之为衣食父母。远近同风,不复知华俗之变于夷

---

① (明)俞大猷《正气堂集》卷七,福建人民出版社2007年版。
② (清)雍正《浙江通志》卷九五《海防一》,《四库全书》文渊阁本。
③ (明)戴鏊《戴中丞遗集》卷六《海防议》,《四库全书存目丛书》。
④ (明)戴鏊《戴中丞遗集》卷四《送郡守凤峰学公入觐序》。

矣。"①这段话形象地描写了双屿港当时发达的国际走私贸易的状况，这自然是政府不愿意看到的。

面对双屿港的自由发展，由市而场，宁波地方官产生了两种对立的看法。有人主张开海禁，顺应海上私人贸易的发展。以退休官员戴鳌为代表的保守派则持否定态度。戴鳌称开禁主张，"是不独忽于祸变之虞，且戾于国家之法矣"。最后结论是，"私以番物市于吾境者，宜一切禁之便"②。

就在地方官争论不休中，双屿港得到了发展。嘉靖二十年（1541年）是一个双屿港发展史上公认的转折点。嘉靖二十年之前，是海上私人贸易自由发展阶段；嘉靖二十年以后，海上私人贸易开始出现组织化，其特点是海商出现组织化。而这又和许、王集团的出现有关。贸易的集团化，使海上形势更为复杂。嘉靖二十六年前，"番舶顷市海上，奸宄射利，渐为根柢窟穴，蚕蛰鼠盗，遂忘畏忌"③。这段话表明，嘉靖中期，舟山群岛已经成为中外走私贸易港，中外贸易相当发达。经过近二十多年的经营，由港兴市，由市兴镇，双屿港区实际成为一个较大的小城镇。据记载，在双屿港居住的人，除葡萄牙人、华人外，至少还有日本人、马来人（彭亨人）、琉球人与暹罗人等十多个国家的商人。双屿港的兴起，是中国贸易中心北移的表现。背靠发达的江南经济，外负东洋与西洋冒险商业，宁波双屿港成为当时江南最大的中外贸易中转港。

二、宁波双屿港的堵塞

双屿港海上贸易的结束，时间在嘉靖二十七年（1548年）。从商业角度来看，当时中外贸易的不规范性是直接诱因。当时的中外贸

---

① （明）朱纨《双屿填港工完事疏》，《明经世文编》二〇五卷，中华书局1962年版。
② （明）戴鳌《戴中丞遗集》卷六《海防议》，《四库全书存目丛书》。
③ （明）戴鳌《戴中丞遗集》卷四《送邑侯徐东溪叙》。

易,并不是直接的实物交易,而是销售性的。外商将货物运到中国后,必须找一个中间商,负责销售,即"转鬻牟利"。中国的中间贸易商,往往采用卖空形式,即先与外商谈妥价格,拿到货,待销售后再与外商结账("虚值")。外商必须等中国商人销售完后,才可以拿到货款。由于外国货物都是违禁物品,受政策波动因素影响较大,销售速度不会快。因而这种贸易方式,很容易出事。最常见的现象是拖欠货款,不能按时结账。还有一种是收了外商的货款,到期交不出货。海商来时,将外货带进来,回去时,往往要进货,再转手倒卖。由于当时没有专门负责出口货物预订的贸易公司,货物的收购必须交由贸易商人进行,这就出现了中国商人预先拿了外商的订金,结果由于受政策等因素的干扰,到期交不了货的现象。

初期的中外贸易,货物直接存放在陆上贸易商人家中,商人的家成了事实上的牙行。"自罢市船后,凡番货至,辄主商家"。[①] 家族牙行更容易出问题。外商要结账,中国商人赖着不结账,如此,就会出现纠纷。碰到这种贸易纠纷,或公了,上告官府,由官府出面催讨;或私了,中国商人用实物或亲人作抵押。谈判解决不了,只有诉诸武力,从而发生流血事件。

捣毁双屿港的直接导火线正是谢氏与葡萄牙商人的贸易争端。谢氏是余姚大族,弘治年间出过阁老谢迁(1449—1531年)。凭借着这种特殊的政治地位,谢氏家族在当地十分显赫,成为宁波典型的直接与外国商人交易的官宦之家。谢氏进了外国货物,不断压低价格,且拖着不肯付货款,于是常有外国商人不断上门催讨的现象。一次,谢氏进的货物太多,一时又拿不出那么多的钱来偿付,便采用恐吓手段。那些外国商人又恨又怕,纠集一批同伙,半夜里袭击了谢氏。余姚地方官仓皇汇报上司,称倭寇来了。浙江巡按连忙下令追捕倭寇,从而导致了所谓的倭寇问题。

---

① (清)谷应泰《明史纪事本末》卷五五《沿海倭乱》,中华书局1977年版。

由于海上无疆界,海商钻空子,在浙江与福建之间的海域来回流窜,与官府玩起猫捉老鼠的游戏。为此,巡按浙江监察御史杨九泽上书朝廷,要求设置巡视大臣,兼巡浙、福海道,统一指挥。这项建议,得到朝中海禁强硬派内阁大学士夏言等人的支持。嘉靖二十六年(1547年)闰九月,苏州人朱纨(1494—1550年)出任新设立的浙江兼福建海道巡抚,负责打击浙江、福建沿海走私活动。十二月,朱纨走马上任。朱纨知道宁波地方政府为走私商人所收买的现实,故而动用了福建军队,来对付走私商人。他接受了"覆其巢穴之计"。嘉靖二十七年四月,卢镗率军进攻双屿港,活捉李光头、许栋,海商死伤过半。① 五月,鉴于彼地难防守,为永绝后患,下令军队填塞双屿港。②

六横岛涨起港村上峙山、下峙山(钱茂伟摄)

说明:南北二座小山包之间的海堤,应是当年填塞双屿港航道口后留下的。

---

① (明)朱纨《甓余杂集》卷二《瞭报海洋船只事》、《捷报擒斩元凶荡平巢以靖穴道事》,《四库全书存目丛书》。
② (明)朱纨《甓余杂集》卷二《议处夷贼以明典刑以消祸患事》。

朱纨捣毁双屿港之举，引起了沿海地方经济利益集团的强烈不满。当时的地方利益集团成员，主要是"大家"及沿海灶户。主要的理由有两条，上害国计，下害民生。① 七月，朱纨职务由巡抚改为巡视，"稍削其权"。十二月，朱纨意识到"去外盗易，去中国盗难；去中国群盗易，去中国衣冠盗难。"②就进一步走极端，采取强硬政策，上书朝廷，公开了几位"势豪"参与走私的劣迹，要求重惩，朝廷没有同意。嘉靖二十八年（1549年）三月，朱纨仗着自己便宜处置的特权，索性先斩后奏，在宁波演武场处决了96位大走私商。这一下，大大得罪了闽、浙地方大家，舆论大哗。地方及在朝的浙江、福建籍官员，纷纷上章弹劾，称朱纨"注措乖方，专杀启衅"③。五月，朱纨被罢官，听候发落。十二月，世宗下诏，捕朱纨至北京，朱纨自杀，临时增设的浙福海道巡视一职被废。嘉靖三十年四月，浙江巡按御史董咸上书朝廷，请宽海禁，便渔课，得到世宗的批准。"自是，舶主、土豪益自喜，为奸日甚，官司莫敢禁。"④可以说，走私贸易更加猖狂。这场海禁派与弛禁派的较量，最后以海禁派的失败告终。

双屿港之役是一个转折点。战前，"海上寇番耳，倭来少"⑤。也就是说，此前主要是葡萄牙商人。战后出现的海商头目王直，直接通日本商人。双屿港之役后，许栋属下王直等结集余党，重振势力。特别是杀了海盗陈思盼以后，王直势力大振。王直甚至借杀陈思盼、为政府除害之功，要求政府答应通市。朝廷自然没有同意，王直集团就引倭直闯定海关，驻扎烈港。烈港（沥港）在金塘山，距定海水路才十几里，离大陆更近了。结果，投奔王直的人更多，"自是夷船遍海，为患越大"。明朝不得已，只得重设浙福海道巡抚，由王忬接任。嘉靖三十

---

① （明）胡宗宪《筹海图编》卷一一《叙倭原》，《四库全书》文渊阁本。
② （清）谷应泰《明史纪事本末》卷五五《沿海倭乱》，中华书局1977年版。
③ （清）谷应泰《明史纪事本末》卷五五《沿海倭乱》。
④ （清）谷应泰《明史纪事本末》卷五五《沿海倭乱》。
⑤ （明）沈一贯《喙鸣文集》卷一二《叙嘉靖间倭入东南事》，《四库禁毁书丛刊》。

一年（1552年），王忬为提督军务兼制浙福，来到宁波定海。嘉靖三十二年三月，王忬起用俞大猷、卢镗等将领，再次进攻烈港。王直集团大败，逃到日本松浦津，自称徽王。王直坐镇指挥，不时派部下引导倭寇突袭中国内地。一时江、浙、皖数省，同时告急。王忬落职。嘉靖三十五年，浙直总兵驻定海，胡宗宪为总督。总督胡宗宪奏遣宁波生员蒋洲、陈可愿出使日本。王直要求通贡市，兵部复议不同意。嘉靖三十六年十一月，浙江总督胡宗宪设计诱降，王直被抓入狱。嘉靖三十七年七月，以浙江岑港海寇未平为由，总兵俞大猷、参将戚继光也被削职。到了嘉靖四十年，大规模的倭寇侵扰结束。这场反走私战争，前后十多年，"用兵以百万计，费金钱不计其数，杀人如麻，弃财若泥"。在中国沿海地区，发生这样规模的战争，确实称得上是"宇宙以来所无之变矣"①。

第四节　晚明时期宁波港的衰落

嘉靖大倭乱结束以后的晚明时期，有关宁波港记载的资料比较少，但大体可勾勒出轮廓。

一、国际贸易港的终结

嘉靖时期，对于是否开海禁，一直有不同的观点。嘉靖三十九年时，有人认为，定海沿边旧通番泊，宜准闽、粤事例，开市抽税，则边储可足，而外患可弭。这个观点马上就受到另一些人的否定，如张时彻就说："殊不知彼狡者倭，非南海诸番全身保货之比。防严禁密，犹惧不测，而况可启之乎？况其挟货求利者，即非脯肝饮血之徒，而捐性

---

① （明）沈一贯《乞禁止倭人贡市疏》，《御选明臣奏议》卷三二，《四库全书》文渊阁本。

命、犯锋镝者,必其素无赖籍者也。岂以我之市不市,为彼之寇不寇哉?"①张时彻仍然将亦商亦盗的倭寇视为军队,以为开禁,明朝将防不胜防,财力无法满足,故而要求继续实行海禁。

嘉靖三十九年(1560年),巡抚唐顺之要求恢复浙江、福建、广东三市舶司。下兵部复议,得到世宗的支持②。如此,浙江与福建、广东一样,市舶司得以恢复。但过了5年,又遭非议。嘉靖四十四年九月,巡抚浙江刘畿上奏:"宁波故设市舶,以通贸迁。属以近海奸民规利起衅,爰议裁革。今人情狃于近利,辄欲议复。不知沿边港多兵少,防范为艰。此衅一开,岛倭哨聚[其害有不可胜言者。]"③刘畿基本上是在重复张时彻老调。嘉靖帝觉得有道理,就同意了。这样,开禁呼声又止。

隆庆初年,福建巡抚涂泽民请开海禁,准贩东、西二洋。一般认为,这是晚明弛禁的开端。于此今人评价较高,似乎晚明全部向外开放了。其实这是一个有折扣的弛禁令,仅限吕宋、苏禄等东洋诸国,交阯、占城、暹罗等西洋诸国,不包括日本。"特严禁贩倭奴","比于通番接济之例"④。宁波港主要是对日贸易港,将日本列入贸易制裁国家,自然也就是封杀了宁波港。

万历二年(1574年),浙江巡抚庞尚鹏奏请开海禁,"谓私贩日本一节,百法难防,不如因其势而利导之,弛其禁而重其税。又严其勾引之罪,讥其违禁之物。如此,则赋归于国,奸弊不生。然日本欲求贡市,断不可许。盖过洋自我而往,贡市自彼而来。自彼而来,则必有不测之变;自我而往,则操纵在我。而彼亦得资中国,以自给之利,二者利害,盖大不同也"⑤。这则奏议的核心思想是,中国可掌握对日贸易

---

① (明)嘉靖《宁波府志》卷二二《海防书》,《中国方志丛书》,台湾成文出版社1966年版。
② 《明史》卷八一《食货志五》,中华书局1974年版。
③ (清)雍正《浙江通志》卷九五引《续文献通考》卷二六,《四库全书》文渊阁本。"其害有不可胜言者"据《续文献通考》卷二六补。
④ (明)张燮《东西洋考》卷七,中华书局2000年版。
⑤ 转引自(清)姜宸英《湛园集》卷四《论日本贡市入寇始末》,《四库全书》文渊阁本。

的主动权,与日贸易可以只搞单向输出,不准日本人来中国经商。如此,既可保证安全,又可获利。庞尚鹏的奏议有未获准,不得而知。即便实行,宁波港仍没有市场。

万历以后,日本进入了统一时期,再次向中国提出通贡要求。万历十九年(1591年),石星为兵部尚书,议东封,复通市贡。万历二十一年,经略顾养谦力主倭奴封贡,一一当许,并且想在宁波开市。时在上任途中的宁波籍人士沈一贯(1537—1615年)听说后,急上《乞禁止倭人贡市疏》,极陈其害,坚决反对开贡市,认为"贡市一成,臣恐数十年后,无宁波矣。无宁波,国家得恝然而已乎!"他的主要理由:一是贡市与防卫相矛盾。贡市成,就要将来贸易的日本人当成客人,意味着不设防,要撤兵。"客之则不当防,防之则不当客"。二是通贡易致乱,"民与倭绝,乱本始拔。贡市成,则民复与倭合。宁独倭也,王直、徐海之流,将复乘衅而生矣"①。万历二十二年春,辽东总制宋应昌要求通贡市。大意谓"倭所市金居强半,海外之货皆中国所贵,吾民得之利且十倍,而吾民易之货利,又数倍,以故市舶之税几百万。……(倭)越海而贡,我能制其死命;市税无算,我可取其养兵。与其弛私通之禁而利归于民,孰若统之重臣,使市舶之利亦归于官"②。可见,此奏议的核心思想是政府控制着贸易大权,可以从开放海禁中获益。对此,沈一贯坚决反对,回信一一加以反驳。③ 六月,巡视海道兵备副使吴鸿洙也上疏,就顾养谦主张一一反驳,极陈其害。疏下礼部复议,④得到礼部尚书沈一贯及皇帝的支持,复市计划中止。⑤ 宁波籍官员坚决反对开放海禁,这是一个值得思考的现象。由于日本仍属贸易制裁国家,故而在神宗、泰昌、天启、崇祯四朝实录中未见日本政府派出朝贡贸易团之

---

① (明)沈一贯《乞禁止倭人贡市疏》,《御选明臣奏议》卷三二,《四库全书》文渊阁本。
② 高宇泰《敬止录·海防考》,浙江图书馆抄本影印本。
③ 全文见高宇泰《敬止录·海防考》,浙江图书馆抄本影印本。
④ 《明神宗实录》卷二七四,万历二十二年六月庚申,1962年史语所影印本。
⑤ 《明史》卷二一八《沈一贯传》,中华书局1974年版。

事。另一方面,也少见倭寇扰乱中国之事。这和日本国内形势的变化有关。进入江户幕府以后,日本实行锁国政策,禁止日本人渡航海外和走私贸易。

万历后期至崇祯时期(约1597—1644年),因东北告急,海上海盗猖獗,明朝加强了对日本的防范。万历四十年(1612年)六月,明朝增通倭海禁六条,加重了对通倭的处罚力度。① 万历四十一年十月,南直隶巡按御史薛贞要求"尽数查出,不许违禁出海,则通倭无具"②。薛贞为了防止南直隶与浙江商民赴日进行走私贸易,更把禁令扩大到浙江与南直隶之间的海上往来,"使浙江之船不得越定海而抵直隶,江北之船不得越江南而走浙江,则通倭无路,而邻国不至为壑矣"③。这样,就将浙江的南路与北路航运都封锁了,加之向东的海上贸易之路被关闭,逼得宁波人只得向西面发展陆路贸易。

二、成为国内贸易港

宁波港与日本的国际贸易通道遭到了封杀,但国内贸易仍有一定市场。自嘉靖年间倭患以后,明王朝虽继续实行"寸板不许下海"的严厉海禁,但这种政策与实际需求如沿海地区的盐课任务有矛盾,"后因盐课失额,稍容滨灶小船樵捕补课"。发展到万历后期,南直隶、浙江"势豪之家"私造双桅沙船,伺机越洋贩运。沈一贯称:"吾四明本穷海伉质之乡,人亦如之。顷自洛伽再兴,海舶通行,四方迂怪之士往往歆习。"④这是说,因普陀山寺院烧香风的重新兴起,海上交通再次繁荣起来。

万历中期,福建、浙江、广东三地重开互市。"万历中,复通福建互

---

① 《明神宗实录》卷四九六,万历四十年六月戊辰,1962年史语所影印本。
② 《明神宗实录》卷五一三,万历四十一年十月乙酉,1962年史语所影印本。
③ 《明神宗实录》卷五一三,万历四十一年十月乙酉。
④ (明)沈一贯《喙鸣文集》卷三《封侍御徐翁八十序》,《四库禁毁书丛刊》。

市,惟禁市硝黄。已而,两市舶司悉复,以中官领职如故"①。所谓"两市舶司",当指浙江、广东两市舶司。具体的恢复时间是在万历二十七年(1599年)。这年二月,由于百户张宗仁的上奏,恢复了浙江市舶司,派内官刘成征收税课。② 所谓征税,是征集国内贸易税。

  据记载,晚明的定海,"商舶幅辏"③。这种现象,只可理解为国内贸易的兴旺。崇祯二年至九年(1629—1636年)廖鹏举出任宁波同知期间,"取旧规例,一切革去"④。这表明,当时定海的商船云集,贸易十分发达。宁波府同知廖鹏举适应新的形势,改革了不少陈规陋习。

  不过,晚明时期,沿海海盗盛行,国内贸易环境并不好。万历中期,宁波人万邦孚为温、处参将。有一次,闽盗诈称商人,入浙地杀掠后扬帆而去,无法追究其责任。因此事件,万邦孚下令划分闽浙海界,商舶不得越境,闽商入浙,须换乘浙舟,浙商入闽,须换乘闽舟。此例成为法令。⑤ 由于海盗因素,商船不能在海上自由运行,有一定的限制,如此,宁波港的发展规模自然不大。

  宁波地处沿海,宁波港比较理想的是做国际贸易港。将宁波港限制在国内贸易港地位,只会扼杀其生机。按照宋元时期正常的趋势,宁波港是天然的中外贸易大港。可惜,由于国家政策的落后,定位的错误,人民没有享受到好处。与嘉靖时期相比,晚明时期的宁波港处于衰落之中。随着双屿港的消失,宁波失去了成为东亚国际贸易中心的良机。

---

① 《明史》卷八一《食货志》,中华书局1974年版。
② 《明神宗实录》卷三三一,万历二十七年二月壬子,1962年史语所影印本。有的文献称万历二十四年(1596年)重设浙江市舶提举司,误。
③ (清)雍正《浙江通志》卷一五二《廖鹏举》,《四库全书》文渊阁本。
④ (清)雍正《浙江通志》卷一五二《廖鹏举》。
⑤ (清)雍正《浙江通志》卷一七二《万邦孚》。

第七章
明代宁波的经济

- 频繁的自然灾害与政府的抗灾减灾
- 农业与渔业
- 手工业
- 明代宁波商业

明代的宁波仍处于农耕文明时代,农耕是宁波主要的生产方式。同时,宁波又是沿海地区,不同于内陆地区,有着较多的渔业、工商业色彩。由于朝贡与贸易不分,战争不断,明朝宁波的渔业与外贸受到直接的不利影响。

第一节 频繁的自然灾害与政府的抗灾减灾

自然灾害是农耕时代影响农业收成最主要的因素。明代宁波自然灾害频繁,不利于发展农业,较适合海上作业与海上贸易。

一、自然灾害的频繁发生

明代宁波,自然灾害特别频繁。

地震。历史上宁波地震并不少,自弘治十八年(1505年)九月至崇祯十一年(1638年),就发生过5次。这5次地震,没有受灾情况的记录,可能是发生在太平洋上的地震,宁波仅有剧烈余震而已。

水灾。宁波地处海边,容易受到各种水害的侵扰。根据文献记载,明代宁波各地曾发生过不同类型的海灾。一是海溢。如正德三年(1508年)的海溢,定海民居受溺。万历三年(1575年)六月,宁波大风,海溢,淹人畜庐舍。万历十五年,鄞县大水,舟行城市。慈溪复大风,若排山倒海,合围大的巨木、石柱无不摧折,室庐倾圮,瓦屋翻飞。

万历十九年（1591年）七月，东北风呼呼响，大雨如注，滨海潮溢，伤稼，淹人。二是海沸。如万历元年，海涌数丈，战船、庐舍、人畜漂没不计其数。万历十七年六月，海沸，宁波属县廨多圮，摧毁了官、民船及战舰，压死了不少人。最严重的当属海啸。如正德七年（1512年）七月，濒海地区飓风大作，海啸，平陆为海水所溢，数十里沿海地区，多是死者，民居为海水所漂没。庄稼歉收，百姓缺粮。隆庆三年（1569年）秋，连续下雨，飓风大作，海啸，潮水涌溢，潮水由女墙灌入定海城中，居民惶恐不安。此次海啸惊动朝廷，派人到定海祭海，立《御祭碑》。崇祯元年（1628年），大风拔木，慈溪海啸。定海县城中水溢，毁民居。①

干旱。宁波也经常发生干旱。一旦发生干旱，就会出现苗枯，禾麦无收，百姓靠采蕨活下来。甚者，鬻男女以食。大荒之后，谷价腾踊，每银一钱，易米一斗。②

瘟疫。干旱还会派生瘟疫大作现象，导致民众死伤惨重。如永乐十一年（1413年），宁波五县疫。正统九年（1444年），宁波瘟疫大作。正统十年三月，宁波久旱，民遭疾疫。隆庆二年夏，大疫。万历十六年，大饥。流离遍野，瘟疫继之，路上到处是死人。这次瘟疫十分严重，民有以一女换一餐者，还有手里拿着价值100金的田券，因卖不出去，活活饿死者。崇祯九年，先是夏天大旱，到了秋天，瘟疫大作，结果二禾减收。宁海出现斗米至银五钱的现象，百姓饥饿而死者不计其数。崇祯十年秋，宁波又是瘟疫大作。③

由以上情况来看，明代宁波地区自然灾害频繁发生。这种灾害，包括了地震、水灾、干旱、饥荒等。完全依赖自然条件的农业，经不起自然灾害的频繁折腾。

---

① 以上资料，出于（清）董沛《明州系年录》（俞福海、方平点校本，当代中国出版社2001年版）及各府县志。
② 以上资料，出于《明州系年录》及各府县志。
③ 以上资料，出于《明州系年录》及各府县志。

二、抗灾赈灾

有自然灾害,就会有抗灾减灾活动。抗灾减灾主要得靠政府来组织。从地方官的传记中,可以了解一些地方政府的抗灾减灾活动。这些活动,主要有以下几种:

求雨。洪武间,慈溪县丞吴德纯;天顺间,慈溪知县贾奭;正德间,慈溪知县叶竦;正德间,宁波知府张津;嘉靖初,定海知县郑余庆;万历间,奉化知县詹沂;崇祯间,宁波知府林梦官,①都有遇干旱,出面组织祈雨活动的记载。戴鲸《赠曾龙山大尹祈雨有应》中写道:"跣足拜龙湫,精诚天挽视。一雨清嚣氛,再雨苏颠踬。三雨江河流,山光浥青翠。野老尽欢腾,庶免填沟遂。"②这首诗形象地描述出祈雨而雨时人们那种激动的心情。

赈灾。遇到荒年,百姓没有饭吃,政府开仓赈灾就成了基本策略。除了政府,民间富人也会响应政府的号召,参加赈灾活动。定海知县宋宣给富户王孟驯写信:"邑被水灾,民有饥色,在上者不能无忧,在下者自当加惠。匪以势迫,惟以礼劝,或输米而就散官,或纳谷而立碣石,终身冠带之荣,一生免徭役之扰。勿以悭吝而背仁,切须慷慨而向义。如肯行赈当时,岂不垂芳后世!"③在政府的号召下,富户们纷纷响应,积极参与赈灾活动。

建社仓。社仓就是民间粮食仓库,是相对于官府粮食仓库而言的。社仓之名首见于隋唐,南宋朱子首创,明中叶以后多行此法。万历十一年(1583年),何伟为慈溪知县。时邑苦灾祲,道殣相望。何伟行平粜法,发仓作糜,以起菜色。搜胏石之积,买棺盖胔体。何伟下令在慈溪县城(今宁波慈城镇)建东城义仓、西城义仓。凡是犯罪之人想

---

① (清)雍正《浙江通志》卷一五二各传,《四库全书》文渊阁本。
② (清)李邺嗣《甬上耆旧诗》卷一一,《四库全书》文渊阁本。
③ (民国)《镇海县志》卷二三《王孟驯传》,《中国地方志集成》本,上海书店出版社1993年版。

减罪,就得出粟,储存到东、西城义仓,以此法备荒年。鄞县人多地少,每年的粮食收成,经常满足不了本县的实际需要。"集四方贾人,召米粟补终岁需",要购买外地粮食来补充。万历四十四年(1616年),沈犹龙为鄞县知县。他仿古社仓之法,以备凶荒。在具体的经营管理上,创造出"出陈易新"之法,即将陈粮出卖,然后买进新粮。这种办法甚为科学,一可以避免粮食腐烂,二可以解决备荒问题,百姓尝到了实际好处。崇祯十二年(1639年),林冲霄为鄞县知县。当时,正遇宁波连年灾荒。他根据"贵恤贫,贵安富"原则,"准古甸、侯、采、卫馈遗之式,敛散轻重上下之权条",在鄞县四地设立义仓。先由"邑大夫暨佐贰吏人,而后劝缙绅巨室出分",又规定各里各输1石,当时鄞县共480里,合起来,约有千石,分储在四仓。① 象山设立社仓,劝民输粟备赈。富户胡昊、张元鼎踊跃捐出粮食。②

劝输平籴。就是通过调剂粮食,降低粮食价格。胡梦泰为奉化知县期间,平时"劝地方输粟备荒"。遇到荒年,以平价卖给百姓。③ 崇祯中期,汪伟出任慈溪知县,遇到荒年,捐出俸禄,购买粮食,"劝输平籴"④,救活了不少人。象山荒年,陈守祐从邻县宁海籴得数十担米,然后减价以售,象山米价一时得以平衡。⑤

宽征收。正德间,毛驭担任宁海知县期间,宁海连遭水旱,毛驭"缓征薄敛,劳来安集,惠政及民"⑥。万历二十年,王演畴为宁海知县,值大饥,不忍心伤民,下令停止预征田赋。知府逼着他完成征赋任务。王演畴叹曰:知县是干什么用的?我岂敢媚上以荣己?宁海的富民听说此事后,大为感动,踊跃输送粮食,结果宁海的田赋征收领先于其他县。出于

---

① (明)陆世科《义仓记》,(清)徐兆昺《四明谈助》卷九《北城诸迹二上·蒋家园》第278页,宁波出版社2000年版。
② (民国)《象山县志》卷二四《胡昊》,《中国地方志集成》本,上海书店出版社1993年版。
③ (清)雍正《浙江通志》卷一五二《胡梦泰》,《四库全书》文渊阁本。
④ (清)雍正《浙江通志》卷一五二《汪伟》。
⑤ (民国)《象山县志》卷二四《陈守祐》。
⑥ (清)雍正《浙江通志》卷一五四《毛驭》。

长远考虑,王演畴又即建了社仓,扩大了养济院。①

稳定粮食市场。万历四十三年(1615年),周维鲲为宁海知县。宁海"田多硗确",粮食总产量不高,仓库里的粮食,不足以供应本县。而商人为了牟利,往往把宁海本地的粮食运到外地销售。知县周维鲲知道后,"设严禁",不准本县粮食外销,保证了本县的粮食供应。② 崇祯间,胡懋道任宁海县丞,两次代理知县。宁海发生饥荒后,百姓常到台州府买米,驿站管理者趁机从过路人身上搜括一点。胡懋道调查清楚后,处罚了驿站管理者,下文禁止。③

由以上的情况来看,政府的抗灾减灾活动,比较单调,就是减少税粮,放粮仓赈灾。且参与赈灾之人,多为当地农业富户。频繁的自然灾害,外加战争因素,直接导致了明代宁波经济发展的滞后。

第二节 农业与渔业

农耕经济的生产方式相当简单,一般说来,生产力水平低,剩余率也相当低。百姓以此为生,剩余部分再用来支撑国家的消费。

一、农业

在农、工、商三大产业中,农业直接生产粮食,是最接近自然的一种产业。

1. 兴修水利

水利是农业的命脉,这在农耕时代,尤其如此。宁波东临大海,城内河道密布,号称"泽国",故"水政"举则多丰年,不则为沴。"水政"

---

① (清)雍正《浙江通志》卷一五四《王演畴》,《四库全书》文渊阁本。
② (清)光绪《宁海县志》卷八《周维鲲》,光绪二十八年刻本。
③ (清)光绪《宁海县志》卷八《胡懋道》。

的得失，直接关系到农业的收成。宁波的地势特点，西高东低，"水难蓄而善泄"，水土资源难以蓄积，"恒苦旱"。到了每年的七八月之交，十日不下雨，则"舟胶于河"，给人民的生产生活造成了相当的不便。同时，沿海地区面临海水倒灌问题，"恒苦潮"，庄稼遇盐潮就会枯死。因此，处于山海间的宁波农业，条件相当恶劣。要解决淡水资源的积蓄问题，最好的办法是"限以碶闸"。碶闸的作用是，"水溢则启，涸则闭"。碶，鄞县有大石碶等 26 处，慈溪有慈湖碶等 36 处，定海有张家碶等 12 处。堰，鄞县有它山堰等 70 处，慈溪有丁堰等 70 处，奉化有大碶等 30 处，定海有 57 处，象山有 5 处。① 这么多的碶闸，说明了宁波农业生产环境的特殊性。

筑碶堰。碶闸容易损坏，所以要不断地维修。嘉靖初年，郑余庆为定海知县期间，作石方碶、张鉴碶、新兴闸，"时蓄洩，以溉田畴"②。嘉靖十七年（1538 年），鄞县知县沈继美修复它山堰。万历三十一年（1603 年），又重新修复它山堰。③ 万历末，赖愈秀任奉化知县时，开万家河，建太平桥，创北渡公馆等。

浚河。朱元璋规定，各地方政府接到百姓修水利建议者，立马上报朝廷，且下令工部修筑天下可以蓄泄以备干旱的陂塘湖堰。朝廷这么重视，宁波地方政府自然也不敢怠慢。洪武八年（1375 年），奉化知县乔鉴"大兴水利"。洪武十一年，余文升为明州知府，督吏民修水利。洪武二十四年五月，鄞县百姓陈进代表民众跑到首都南京上书，称东钱湖灌溉宁海、鄞县境内民田百万余顷，但东钱湖七堰"年久淹塞不通，乞疏浚之"④。朝廷立即下令工部派员到鄞县东钱湖周围实地视察，决定在农闲季节治理东钱湖。成化十七年（1481 年），象山知县凌

---

① 据（明）嘉靖《宁波府志》卷五、六《山川》统计，《中国方志丛书》，台湾成文出版社 1966 年版。
② （民国）《镇海县志》卷二一《郑余庆》，《中国地方志集成》本，上海书店出版社 1993 年版。
③ （明）周应宾《重修它山水堰碑记》，俞福海主编《宁波市志外编》，第 719～720 页，中华书局 1998 年版。
④ 《明太祖实录》卷二〇八，洪武二十四年五月甲辰，1962 年史语所影印本。

傅浚治东大河、中大河、西大河,灌溉南庄农田。嘉靖十二年(1533年),钱璠为奉化知县时,捐俸修复久已圮坏的倪家碶。王德溢为慈溪知县期间,认为杜湖、白洋湖关系百姓田地收成,特别重视疏浚工作。徐易为鄞县知县期间,开万金湖,在东西乡筑堰32所,使鄞县河流得以"潴泄惟时"。定海知县金九成亲自下郊野巡行,"相地作碶",斥卤田成为水田,百姓受益。① 万历二十一年(1593年),丁鸿阳为定海知县,治理支河潴清流。结果,"耕夫安堵,榜人辐辏,欢呼载道"②。鄞县知县张伯鲸任职期间(1622—1624年),亲自督察鄞县东乡、西乡的水利"封泄"工程,从不委派别人代为管理。天启元年(1621年),慈溪知县陈瑸"浚河渠以溉田亩,民蒙其利"③。嘉靖三十四年,定海知县宋继祖在东冈筑堰,可以灌溉数万亩田。慈溪解决了"豪右"私占杜、白二湖的湖水问题。④ 在没有江河之地,凿湖灌田,"备旱潦"。余姚有31个湖,其中牟山湖最大,可灌田22700多顷,是余姚西部6个乡农业的"命府"。万历十六年,新任知县上任,牟山湖得以修复,百姓重新获益。⑤

除了政府,地方士绅有时也会出资治水利。天顺间,鄞县人钱玭"捐资创议",治理梅墟塘。正德末嘉靖初(1522年前后),定海诸生贺琦鉴于灵岩乡的石方碶颓废已久,百姓日益穷困,于是出资,鼓动知县郑余庆出面,"庀工伐木,殚力修筑"。石方碶修好后,灵岩乡408顷斥卤田直接受惠,邻乡也有百余顷受惠。⑥ 成化间,定海富户王国济出资助筑后海塘,造长山桥,"输粮御寇"⑦。定海人刘廷式"捐赀修新兴

---

① (清)雍正《浙江通志》卷一五二《金九成》,《四库全书》文渊阁本。
② (明)朱赓《朱文懿公文集》卷二《定海丁侯浚河记》,《四库全书存目丛书》)。
③ (清)雍正《浙江通志》卷一五二《陈瑸》。
④ (明)颜鲸《杜、白二湖碑记》,俞福海主编《宁波市志外编》,第715~716页,中华书局1998年版。
⑤ (明)赵世政《复牟山湖碑记》,俞福海主编《宁波市志外编》,第720页。
⑥ (民国)《镇海县志》卷二三《贺琦传》,《中国地方志集成》本,上海书店出版社1993年版。
⑦ (清)光绪《镇海县志》卷二五《王孟驯传》,《续修四库全书》本。

闸"①,定海人金志荣"捐赀,筑奥猛江外塘一里许,捍卫潮汐,乡人得以耕种"②。

修复堤塘。定海县北面有郭水石堤十余里,年久失修,已经倾圮。洪武间,定海县丞许伯原"度材修治完固",百姓全靠此石堤。③ 万历九年(1581年),鄞县县簿孙春芳主持梅墟塘重修工作。④ 嘉靖四十年至四十四年(1561—1565年),何愈任定海知县期间,决心修复千丈塘。"量田出赀,验丁发徭。"最后,终将千丈塘与五碶修复,疏浚了诸水渠,引水溉田。自明中叶起,宁海修筑了白峤塘、方家塘、财赋塘、玄明塘、健阳塘、开惠泉等。⑤ 正德初年,戴显任宁海知县期间,筑万年塘。⑥ 约景泰间,鄞县籍进士钱珊,与兄珪发起修筑长堤,计280丈,此堤让7个乡126个里受益,百姓称之曰"钱公塘"⑦。

修海塘。宁波濒海,有6个县靠海。一旦海平面升高,发生海啸、海沸,潮水随时可能倒灌进来,而海水一涌进,海涂地就成了废墟之地。对付海溢的长久之计,就是建造海塘及碶堰。故捍海塘有"海上长城"之称,其重要性可见一斑。

定海的后海塘,始于宋。到了明初,海塘"年远朽腐,风涛撼触,石栅罅裂"。洪武十二年(1379年),地方代表范仲宏等向宁波知府提建议修缮海塘,宁波知府何肃同意,于是率鄞、慈、奉、定四县之民,"运石伐材,修补复密,用破浪桩以障于堤之外,斯塘赖以不圮矣"⑧。值得注意的是,这次修复海塘,在外围加了一道"破浪桩"。多一道防线,自然多增加一份安全。

---

① (清)光绪《镇海县志》卷二五《刘廷式》,《续修四库全书》本。
② (清)光绪《镇海县志》卷二五《金志荣》。
③ (清)雍正《浙江通志》卷一五二《许伯原》,《四库全书》文渊阁本。
④ (明)范钦《重修梅墟塘记》,俞福海主编《宁波市志外编》,第717页,中华书局1998年版。
⑤ (明)崇祯《宁海县志》卷一《山川》,崇祯五年刻本。
⑥ (清)光绪《宁海县志》卷八《戴显》,光绪二十八年刻本。
⑦ (清)雍正《浙江通志》卷一八八《钱珊》。
⑧ (清)雍正《浙江通志》卷六三《海塘二·宁波府》。

慈溪县海塘,西自白洋浦,经向头山,东接定海县,境凡40里。东海塘在县东45里处,长120丈,阔3.6丈,南北皆接定海县界。洪武间,慈溪沈允明建观海卫与龙山所后,上书明太祖,极言海潮之患,要求政府出资,在观海卫至龙山所间修一道海塘。太祖同意,"命筑边海堤塘,疏通水道"①。永乐间,慈溪又筑新塘,塘分东西两段。东段在今慈溪逍林镇,俗称横新塘。西段东起教场西侧新塘村,入余姚郎霞镇。

宁海、奉化也广修海堤。洪武十四年(1381年)四月,筑成浙江宁海、奉化二县海堤。宁海筑堤3900余丈,奉化筑堤440丈。② 成化七年(1471年),水利佥事胡复于海口筑塘以御潮。成化十七年,象山知县凌傅重修岳头塘,长2535丈。塘修成后,农田就不怕海潮了;农业有了收成,农民也能上交租税了。③ 象山在永乐修了茭湖塘岸。即便到了1645年,张煌言在宁海期间,还带头捐资,修复长亭乡的山头海塘。④ 据统计,天顺年间(1457—1464年),宁波府各县兴修了河、湖、溪、潭、井、浦大小规模不等的灌溉工程117处。⑤

2. 种植业

陆深讲到明中叶宁波鄞县时称:"鄞甬之东,山水清嘉,人喜种植,务农功。"⑥这正是宁波东部农民农耕种植生活方式的体现。一般说来,农村春季种稻,冬季种麦,七月是早稻成熟季节。

大小麦。明代宁波种植大小麦。李本《送季温内兄从军》"四月五月南风狂,大麦小麦相亚黄。吴蚕成茧不成缲,慈母又缝游子裳"⑦。此诗反映出当时四月五月,正是大麦小麦相继成熟的季节。"已载大

---

① 乐承耀《宁波古代史纲》,第297页,宁波出版社1995年版。
② 《明太祖实录》卷二〇八,洪武十四年四月辛巳,1962年史语所影印本。
③ 《筑岳头塘记》,(明)嘉靖《象山县志》卷一四《艺文》,《天一阁方志丛刊续编》,上海书店1990年版。
④ (清)张煌言《山头重建海塘碑记》,俞福海主编《宁波市志外编》,第721页,中华书局1998年版。
⑤ 乐承耀《宁波古代史纲》,第297页。
⑥ (明)陆深《俨山集》卷六一《栋塘翁小传》,《四库全书》文渊阁本。
⑦ (清)李邺嗣《甬上耆旧诗》卷四,《四库全书》文渊阁本。

麦连荞麦，更插晚禾接早禾。"除了大麦、小麦，还有荞麦，可见品种之多。

蚕桑。江南是蚕桑业基地，宁波也不例外。沈明臣诗称："东村西村姑恶啼，家家麦熟黄云齐。春蚕作茧桑园绿，睡起日斜闻竹鸡。"①"春蚕作茧桑园绿"，比较形象地描写了宁波当时蚕桑业的发达状况。

浙江农民勤劳，浙江妇女尤其如此。"叹息农家辛苦多，四时不放一时过。"②浙江由于地处温带，一年四季适合劳作，于是，浙江农民一年没有休息之时，十分辛苦。男耕女织，就是小农社会的特点，是农民维持生存的基本手段。沈一贯《贫女行》："三年成一葛，五年成一丝。丝比白玉䌹，葛比黄金缕。何乃贵如此，缕缕手自治。服登君子堂，六亲竟来窥。不道新人丑，尽道田家宜。"③在传统农村，判断媳妇好坏的标准，模样俏不俏不重要，重要的是是否会织布，会不会持家，这是农家娶媳妇的先决条件。

棉花。棉花的种植自宋元以来逐渐推广，到明代种植面积更为扩大。余姚的棉花主要种植在海涂上，海涂是盐碱地，比较适合种棉花。"余姚海堧之人，种植极勤，亦二三尺一科，长枝布叶，科百余子。收极早，亦亩得二三百斤。其为畦，广丈许，中高旁下。畦间有沟，深广各二三尺，秋叶落，积沟中烂壤。冬则就沟中起泥壅田。岁种蚕豆，至春，翻罱作壅，即地虚，行根极易，又极深，则能久雨，能大风。此皆稀种，故能肥，能肥，故多收。"④这表明，当时的余姚百姓已经学会科学使用土地。春天种植蚕豆，蚕豆收获后，再种植棉花。县志也说余姚棉花产海边，棉花可以做成絮，再加纺织，就可以做成布，百姓从中获利极多。⑤

---

① （清）李邺嗣《甬上耆旧诗》卷二一《萧皋别业竹枝词》，《四库全书》文渊阁本。
② （清）万斯同《石园文集》卷二《鄮西竹枝词》，《四明丛书》本。
③ （清）李邺嗣《甬上耆旧诗》卷一八。
④ （明）徐光启《农政全书》卷三五《木棉》注，岳麓书社2002年版。
⑤ （清）光绪《余姚县志》卷六《物产》，《中国地方志集成》本，上海书店出版社1993年版。

橘柚、水梨、栗子、冬笋、茶叶、杨梅、石榴。万斯同诗称:"小溪橘柚旧知名,未入园林气已馨。象坎水梨建奥栗,一般佳味此为兄。"①小溪、象坎、建奥,均为鄞县小地名。由此可知,小溪的橘柚、象坎的水梨、建奥的栗子,当时闻名宁波。杨守陈《宁波杂咏》:"山颠带海涯,竹树映禾麻。雪挹猫儿笋,雷惊雀髻茶。瑞香金作叶,茉莉玉为葩。六月杨梅熟,城西烂紫霞。"②这里提到了"猫儿笋"、"雀髻茶"、"杨梅"。尤其是城西杨梅"烂紫霞"的特征,与后世宁波杨梅的颜色吻合。五月是江南的梅雨季节,屠侨在《五月梅雨》中写道:"才见迎梅又送梅,榴花五月雨中开。江南芒种田家候,白下端阳客子杯。"③

茭白。宁波农民在东钱湖边种植茭白。茭白摘取后留下的根称"茭荸",百姓一般拿去做稻田的肥料。有位缙绅见有利可图,私自征税。如此一来,取茭荸的人少了。茭荸一积压,湖水排泄不便,容易引起旱灾。鄞县知县沈犹龙知道后,严禁私自征税。"由是,茭荸日去,七乡不虞旱暵。"④

3.农业生产工具和农业技术

有经验的老农称:"稼事贵乎勤也。深耕而早耰,厚粪而熟耨,旱则灌,潦则疏,夙作而宴寝焉,则其禾也必茂,而其获也必丰。惰者,反是。"⑤"耰"指播种后用耰(一种农具名,形如榔头)平土,掩埋种子。"耨"是指除草。这是老农对农业生产经验的总结。

割稻所用工具,主要是腰镰。屠大山《和东沙秋获》有记载:"忆昔腰镰出五更,爱听山鸟自呼名。村居世久浑无厌,农事家贫始尽明"。⑥

明代的宁波实行麦稻两熟制。张时敏《夏日久雨》:"牟麦将登成

---

① (清)万斯同《石园文集》卷二《鄞西竹枝词》,《四明丛书》本。
② (清)李邺嗣《甬上耆旧诗》卷八,《四库全书》文渊阁本。
③ (清)李邺嗣《甬上耆旧诗》卷八。
④ (清)徐兆昺《四明谈助》卷九《北城诸迹二上·明贤令》,第270页,宁波出版社2000年版。
⑤ (明)杨守陈《杨文懿公集》卷四《农鸣》,《四明丛书》本。
⑥ (清)李邺嗣《甬上耆旧诗》卷八。

半损,晚秧新插待重抽。"①这里提到"晚秧",说明有"早秧"。夏天本是稻谷收割季节,结果,遇到长时间夏雨,快成熟的麦子无法收获,甚至连刚插的晚秧也要拔掉重新种过。农民遇到这种天气,好不倒霉。

因不同土质,农田肥料也是不同的。宁波人习惯将稻草灰回田作肥料。杨承鲲《翛园观刈稻咏怀》有"刈稻家家出腰镰,处处同烟芒千顷"②之描述。夏天收割,将稻草烧成灰,作为农家肥料。因为烧稻草,结果,农田里到处是浓烟滚滚。

4. 商业性农业

李德继《农父》:"生计在春田,何须识市廛? 晓沾溪上雨,夕蹋垄头烟。稻结疎篱外,桑遮古屋边。催租无吏扰,社酒乐丰年"③。这里反映出,当时农业的商业化程度很低。作为小农经济,不需要通过市场交换,完全可以自给自足。农民早晚耕作,种水稻,植桑树。只要农业有收成,农民会自觉交官租,不需要官吏上门催。农民自己搞社庆,庆祝丰年,"父老欢歌共举觞,田功已毕蚤输粮"④。故从事简单再生产的农民是容易自我满足的。农民最怕的是,政府无休止地征税。正如李堂《堇山庄杂咏》所说的"课耕询税额,欲免吏如麻"⑤。

丝绸纺织业的商品化。万斯同诗称:"独喜林村蚕事修,一村妇女几家休? 织成广幅生丝绢,不数嘉禾濮院绸。"下面小注称"明时蚕利大兴,今唯林村不废"⑥。由此可见,当时宁波妇女多从事丝织业,销往嘉兴桐乡濮院镇的丝绸市场,从中获得不少好处。李玮《蚕妇吟》:"朝采桑,暮采桑,不梳不洗朝夜忙。待得三眠成茧后,贫家丝入富家箱。蚕痴为我作丝茧,妾痴为彼成衣裳。将丝卖人不足悔,可怜丝贱

---

① (清)李邺嗣《甬上耆旧诗》卷一六,《四库全书》文渊阁本。
② (清)李邺嗣《甬上耆旧诗》卷二二。
③ (清)李邺嗣《甬上耆旧诗》卷二七。
④ (清)李邺嗣《甬上耆旧诗》卷一四,《初冬从父老饮邨酒有作》。
⑤ (清)李邺嗣《甬上耆旧诗》卷八。
⑥ (清)万斯同《石园文集》卷二《鄞西竹枝词》,《四明丛书》本。

桑叶贵。君不见东邻花开任鸟啄,何不栽桑饱蚕腹。"①这里描述了蚕妇在养蚕期间,早晚忙于采桑叶喂蚕。经过三眠,蚕成为茧,再被加工成丝与丝绸。最终,通过市场交易,农家蚕妇的丝成为富人箱中的丝绸衣服。把丝卖给别人,没有什么可后悔的,但遗憾的是,当时丝的销售价格低,桑叶价格贵,收益很少。农家经济商品化程度大幅度提高,当地乡民所需的日用工业品,完全依靠乡村小市场提供。从16世纪后半叶开始,小农经济的生产方式逐渐发展到商品化生产的新阶段,出现了专门从事小商品生产的家庭和人员,通过市场交换来获得家族生活的必需品。

药材种植业是宁波一大特色。屠浚放弃捕鱼业以后,"手理药草数畦,啗其苗"②。万斯同诗称"种谷无如种药材,南村沙土尽堪栽。近来东郭蛟关闭,土产惟凭此地来"。自注称:"西南诸山堪种药,土人多享其利。"③由此可知,晚明时期,宁波农民已经知道种药材的经济价值高于种田,这正是商品经济兴起的产物。在明末清初定海港封闭的时代,药材成为宁波销往内陆中国的最主要土特产品。

席草也是宁波特产之一。席草古称兰草,原产于热带和我国长江中下游及东南沿海地区,又称灯心草。鄞县黄古林有农民用此草编织草席,后来大家竞相效仿,遂步变野生蔺草为种植。加上黄古林一带气候土壤适宜席草生长,所产席草色泽青白而带绿,粗细均匀而挺直,草壁薄而坚韧,草芯丰满而富有弹性,拉力强而不易断,睡在席上特别凉爽舒适。鄞县席草栽培有悠久历史,文字记载可追溯到唐代。据记载,唐开元元年(713年),鄞县用席草织成的草席已出口朝鲜。南宋初期,鄞县西乡一带席草广为种植。成化《四明郡志》卷四载:"甬东里多种席草,民以种席为业,著四方,曰明席。"

不过,由于闭关政策,总的来看,明代宁波的商业性农业程度有

---

① (清)李邺嗣《甬上耆旧诗》卷二二,《四库全书》文渊阁本。
② (明)王世贞《弇州续稿》卷九三《屠丹溪公墓志铭》,《四库全书》文渊阁本。
③ (清)万斯同《石园文集》卷二《鄮西竹枝词》,《四明丛书》本。

限。

二、渔业

宁波是近海地区，海乡之民，视海洋如陆地。如甬江以东百姓"习网罟鱼盐"。每年五月以后，大舶几百艘，"乘风挂帆"，遍布整个东海。

1. 海洋渔业资源

宁波的海洋资源十分丰富。鱼的品种，主要是黄鱼。冬天称"蒲春"。梅鱼，出自梅山洋，故称"梅鱼"。另有带鱼、鲳鱼、比目鱼、箬鱼、鲚鱼等，"以上水族，产不一方，而舟运肩挑，皆先聚于牙行，复为发开"①。

春鱼。每年三月，下海捕鱼，俗称"捉春"。黄鱼是浅水鱼类，黄鱼在鱼汛季节会叫声，容易捕获，是传统捕捞的主要品种。故明代渔民最关心之事是捕黄鱼。陆容说："石首鱼，四五月有之，浙东温、台、宁波近海之民，岁驾船出海，直抵金山、太仓近处网之。盖此处太湖淡水东注，鱼皆聚之。他如健跳千户所等处固有之，不如此之多也。金山、太仓近海之民，仅取以供时新耳。温、台、宁波之民，取以为鲞。又取其胶，用广而利博。"②石首鱼即黄鱼。这段话表明，太湖淡水与海水交界的金山、太仓附近海域是渔业资源最为丰富之地，浙东沿海地区的渔民都喜欢到此捕鱼。同时，也反映出各地不同的习俗，浙东沿海之民习惯将黄鱼加工成鲞。

带鱼是深水鱼类，是中国四大经济鱼种之一。舟山群岛的东海带鱼是中国最有名的带鱼，早在宋元时代已有记录。小雪过后钶带鱼，俗称"钶晚冬"。带鱼通常是钓的，一般是一枚鱼钩钓一条带鱼，有时起钓时可以带上一串带鱼。

---

① （清）徐兆昺《四明谈助》卷二八《东城内外上·甬江贩鲜货》，宁波出版社 2000 年版。
② （明）陆容《菽园杂记》卷一三，中华书局 1985 年版。

其他海产品,有紫菜、淡菜、龟脚、鹿角菜。"向来定海、奉、象一带贫民,以海为生,荡小舟,至陈钱,下八山,取殻肉、紫菜者,不啻万计。"①。这里提到了殻肉、紫菜打捞量之大。"其采取淡菜、龟脚、鹿角菜之类,非至日本相近山岛,则不可得。"②这段话表明,淡菜、龟脚、鹿角菜之类海产品,近海已经相当少,必须到遥远的日本海附近打捞。

2. 渔业经济的分化

王士性称,宁波沿海的捕鱼船,每条有一定规模。鱼师专门拿着竹筒放入海中听声音,凭声音决定捕鱼与否。舵师掌管船的命运,夜里看星斗,白天拿着指南针,观察风涛,上下察看礁岛,避开险要之处停泊。长年为造船技师。每条大船,招募帮工二十多人。鱼师、舵师、长年是船主的要人,可以与船主平起平坐。其余的帮手,船主可以随意指使。如果有人犯了规,船主可以随意打骂,即使死了人,也不用麻烦官府,人称为"五十日草头天子"③。陆容也说:"今日之利,皆势力之家专之,贫民不过得其受雇之直耳。"④

除了海上捕鱼外,还有内江内湖捕鱼。如屠姓有张网船18对,涨潮时,在三江上排船网鱼。月湖里也有人打鱼,如渔民夏道昌就习惯在月湖中打鱼。每次打到鱼,总要将最大的鱼留给母亲吃,其余的拿到市场上出售,"以资薪米"⑤。

3. 鱼的销售

鱼捕回来后,就有一个销售问题。每到五月渔业旺季,浙江台州、温州,福建汀州、漳州等地的海商,也趁机到宁波来做生意,出入镇海"蛟门"中。⑥ 作为海滨城市,宁波自然是一个海货的集散地;三江口是宁波主要的海鲜交易市场。屠本畯《生意》中写道:"四月黄鱼市,

---

① (明)胡宗宪《筹海图编》卷一二《经略二·御海洋》,《四库全书》文渊阁本
② (明)陆容《菽园杂记》卷一三,中华书局1985年版。
③ (明)王士性《广志绎》卷四《江南诸省·浙江》,中华书局1997年版。
④ (明)陆容《菽园杂记》卷一三。
⑤ (清)康熙《鄞县志》卷一八《夏道昌》,康熙二十五年刻本。
⑥ (明)张邦奇《西亭饯别诗序》,见《明经世文编》卷一四七,中华书局1962年版。

风腥海客场。艅艎凌出没,喧杂起帆樯。天远衔山小,江深激浪长。廿年投老计,生意问渔郎。"①

4. 冷冻

鱼是一种特殊商品,保鲜期短,容易变质。为了保鲜,必须加以冷冻。在没有人工制冷技术的古代,成本最低、也最方便的办法就是自然冷冻。江南出现冰鲜渔业,虽系在南宋初年(约公元1170年前后),但其记载极少,入元后情况亦不清楚,但至明代以后,则可见冰鲜渔业日益发达。② 以故,甬东滨江居民,多以藏冰为业,大办冻窖,当时称冰厂。这冰厂自然不是真正的制冰厂,而是一个冰棚。古代的厂,是棚的意思。冰厂如何做?《四明谈助》讲得较为清楚。冰厂建在地下,先开一地窖,地下铺着草,地窖顶部搭一坡型大棚,不使积雨渗漏进来。地面上再覆盖草,外通一条长沟。宁波不是北方,长年有冰,那冰厂的冰如何而来?原来都是靠储存的。冬天有冰的时候,将冰积起来,贮藏到地窖里,放得满满的,然后从外面密封起来,旁不通风,下可以泄水,如此就不会有冰融化水之患。到了夏天,将冰取出来,用江船运出去。每一个冰厂都是这样。甬江两岸冰厂连绵十多里。嘉靖末年,郑若曾说宁波的黄洋市有冰窖四五座。③ 明朝实行海禁政策,故而有明一代,宁波的渔业不发达,自然,冰厂业也不会发达。

5. 渔税

政府对渔民要征收渔税。明朝在宁波建立了征收渔税的机构。隆庆元年(1567年),建立定海新关,征收渔税。渔税征收范围,包括外海与内河。至于有屠氏排船网鱼绝无课税的说法,④那是因为屠氏祖先为吏部尚书屠滽,得到了特许,才得以免税。每当春夏之交,渔户出海打鱼

---

① (清)李邺嗣《甬上耆旧诗》卷二〇《幽叟屠田叔先生本畯》,《四库全书》文渊阁本。
② 邱仲麟《冰窖、冰船与冰鲜:明代以降江浙的冰渔业与海鲜消费》,《中国饮食文化》1卷2期,2005年6月。
③ (明)郑若曾《江南经略》卷八《黄鱼船议一》,《四库全书》文渊阁本。
④ (清)徐兆昺《四明谈助》卷二九《东城内外下·超然亭》,第962~963页,宁波出版社2000年版。

之前,必须买盐纳税,以充军饷,然后政府发给旗牌,允许出海。县中奸民"揽税自肥",往往要延期三四年才上交,军饷就成了问题。为了解决这个弊病,万历三十三年至三十七年(1605—1609年)间,鄞县知县柯昶创立新法,立"团长",由富裕人家担任,要求"团长"根据打鱼的数量上报税收。如此,"输者如期,军饷得裕"①。当时,鄞县、定海都有渔税。万历三十八年至四十四年江秉谦在任鄞县知县期间,"定渔税"②。万历四十七年至天启元年(1619—1621年)间,"税司以舶税缺额,榷及土产"。"舶税缺额",说明当时朝廷对宁波有渔税征收指标。因为完成不了指标,税务机关就想征收"土产税"。宁波知府方应明以地方百姓利益为重,"力请免之"③。定海可以借用渔税千金,建造威远城,这笔钱在政府收入之外。说明渔业一直存在,尽管有战争的影响,但出海捕鱼之门没有堵死。整修镇海城,经费不够,知县黎民表"请发商、渔余缉积邑帑者"④,请求动用一笔商人、渔民被政府没收的钱。崇祯十七年(1644年)十二月,括宁波渔课七千金,⑤说明明政府一直在宁波征收渔课,而且渔税数量不少。

6.战争阴影下的宁波渔业

渔业是渔民的命根子,海禁虽严,鱼不能不打。如某年冬天,贺琦看见十多个"海樵者"溺水,等到救出来时,几乎不能活了。⑥ 成化《宁波府志》讲到土产,称"海产,官产,下海止许小船,朝出暮入采之"⑦。这里就透露出,人们照常要下海从事捕捞工作。据嘉靖时人的说法,尽管有海禁,但海上渔业照样进行。"百八十年以来,海滨之民,生齿

---

① (清)康熙《鄞县志》卷八《柯昶》,康熙二十五年刻本。
② (清)康熙《鄞县志》卷八《江秉谦》。
③ (清)乾隆《鄞县志》卷一一《方应明》,《续修四库全书》本。
④ (明)薛三省《薛文介公集》卷二《邑父母石洲黎侯两膺台荐序》,《四库全书存目丛书》。
⑤ (清)谈迁《国榷》卷一〇〇,中华书局1958年版。
⑥ (民国)《镇海县志》卷二三《贺琦》,《中国地方志集成》本,上海书店出版社1993年版。
⑦ (明)成化《宁波府简要志》卷三《食货》,《四明丛书》本。

繁息,全靠渔樵为活。每遇黄鱼之月,巨艘数千,俱属犯禁。"① 这是提督军务王忬在嘉靖二十八年(1549年)左右时讲的话。这表明,自明初到嘉靖,海禁虽存在,但海上渔业仍照常进行。嘉靖三十五年,慈溪观海卫渔户吴宗二十四等有船十余艘,出入海岛,以樵采为生。因为怕边防出乱子,经常禁止出海。但观海卫指挥佥事张四维却善于利用,建议给牌出海,刺探倭寇消息。② 毕竟,战争时期短,和平时期长。海禁政策对渔业的发展显然是不利的:一是限制了船的规模,不能造大船;二是限制了捕捞业的规模,不能下远洋捕鱼。海禁严厉或战争气氛紧张的时候,甚至不能到近洋捕鱼。

一般说来,嘉靖前期,是海禁严厉时期。不过,从有关资料来看,海禁政策在宁波定海县是要打折扣的,地方官有时也开放禁令。早在宣德六年(1431年)九月,宁波知府郑珞曾上奏疏,认为禁止沿海民众下海捕鱼,妨碍民生,要求弛禁,允许百姓下海捕鱼。宣宗认为此议"贪目前小利而无久远之计",加以否定。周懋是常熟人,嘉靖六年出任定海知县。周氏有一定的亲民意识,上任后首先约请当地父老到县府开会,征求为政意见。当地百姓代表提出,定海是靠海为业的县,遇海盗而行海禁,影响百姓生活。近年又遇连年干旱,粮食减产,百姓穷苦,希望调整政策。周懋意识到这是一个民生问题,于是下令弛海禁。③ 这里反映出,海禁影响了中外海上贸易活动,影响了当地百姓生活。知县顺应民情,开海禁。可惜好景不长,到了嘉靖中期,由于嘉靖大倭寇事件,海禁又趋严。定海是"鱼盐贸区",商人串通官府,要求冲破关禁,展开中外贸易。金九成在嘉靖二十四年出任定海知县后,奉行政府海禁政策,阻止外出经商,令行禁止,取得了一定的成绩。但他

---

① (明)王忬《条处海防事宜,仰祈速赐施行疏》,见陈子龙《明经世文编》卷二八三,中华书局1962年版。
② (清)光绪《慈溪县志》卷二三《张四维》,《中国地方志集成》本,上海书店出版社1993年版。
③ (清)雍正《浙江通志》卷一五二《周懋传》,《四库全书》文渊阁本。

本人终因此得罪地方大族利益,反而被贬官。① 明季,宁波沿海多海盗,政府严禁出海采集,结果,"樵渔大困"。定海卫指挥向应龙不服,认为"备寇有方,不在厉禁也",于是,他命渔家采捕如故,自然方便穷苦渔民。② 国家军事利益与百姓经济利益间的矛盾,一直是海禁与走私相冲突的原因所在。这位指挥主张对付海盗得另想办法,并不一定非要海禁不可。这个观念如果为朝廷所接受,也就不会产生宁波沿海海禁与反海禁的斗争。这说明,捕渔业与海外贸易,虽然会受外在战争因素的影响,但内在利益机制,却仍在支持渔民铤而走险。大船可禁,小船禁不住。明代宁波的渔业就是在这种恶劣的非正常状况下生存的。当然,规模不大,发展是有限的。

第三节　手工业

明代手工业的发展环境与历代一样,是在官营体制下进行的。也就是说,产品的生产与销售目标主要是官府,不是市场。官营手工业生产的产品数量,技术的改进取决于官府的需求。

一、乡间纺织业

1. 家庭手工业

木棉弹弓是元代发明的,到了明代,已经成为宁波主要的棉花加工工具。方志记载:"竹弓牵弦弹之,令匀卷箖,纺之抽绪,如缫丝状,织为布衣被无穷,吾邑沿海居民以为业。"③表明当时除木弹弓外,还有

---

① （清）雍正《浙江通志》卷一五二《金九成传》,《四库全书》文渊阁本。
② （民国）《镇海县志》卷二四《向应龙》,《中国地方志集成》本,上海书店出版社1993年版。
③ （明）万历《新修余姚县志》卷一一《田赋》,万历三十一年刻本。

竹弹弓。用弹弓弹出的棉花,织出布帛,这就是当时主要的手工纺织。在农耕社会,男耕女织,一向是小农家庭最基本的生产形式。如嘉靖、万历年间,余姚妇女冯氏"纺织聊可资生"[1]。钱氏在其丈夫死后,"日夕纺织,赡养两姑"[2]。崇祯时,宁海妇女吴氏"自晨昏进膳外,鸣机恤纬,机无停杼,以供缓急之需"[3]。衣食是人类生存的最基本的生活资料,男耕女织解决的就是衣食问题,这既可以自养,也可以用剩余产品,换取其他物品,求得发展所需的生产生活资料。

当时人所织的布品种较多,主要有布、麻布、葛布。宁海、定海、象山、慈溪四县产苎布、葛布。慈溪从事丝织业的人不少,产有绢、绸等丝织品。宁海、余姚妇女也勤丝织。万历年间,宁海妇女王梅枝与婢女"缮丝、麻,不窥外户"。丝织品的质量也显著提高。宁波的画绢质量很好,"色白丝匀"。慈溪的绸薄而软,光泽鲜艳,可与杭纺相比。

成化年间,宁波工匠还采用织机、花机、腰机等工具,织成花布、腰机布和棋盘布。机匠织的布,称为腰间黑布;相间织成五色的布,称为花布;织成棋盘纹的布,称为棋盘布。

宁波杨氏的发迹,与杨自惩夫人张素纶的聪明能干有关。结婚时,杨自惩仅有破屋三间,田数亩,园圃数十畦。婚后,张夫人亲自"纺绩为布帛鬻之,又缀白华草为帽鬻之,又取其珠翠金银、绮缟组绣之物鬻之,赀用日裕,园田日增"[4]。张夫人"勤苦成家训子孙,相夫教子总承恩",支持丈夫,终于将两个儿子杨守陈、杨守阯培养成进士。这里值得注意的是,杨夫人亲自织布帛、做草帽、刺绣品,且将之出卖。这就是民间家庭手工业商品化生产的趋势。

2. 官营手工业

地方政府有责任为中央政府提供一定额度的手工业品。政府在

---

① (清)光绪《余姚县志》卷二五《烈女传》,《中国地方志集成》本,上海书店出版社1993年版。
② (清)光绪《余姚县志》卷二五《烈女传》。
③ (明)崇祯《宁海县志》卷八《节女》,崇祯五年刻本。
④ (明)杨自惩《梅读稿》附录卷五《幽光录下·敕封杨太孺人行状》,《四明丛书》本。

宁波设有织染局,在府治西河利桥左。官府把宫廷所需的丝织品,以低价摊派给机户。宁波府税丝一年就达白银 566826 两,负担较重。条减织染、弓张二局及诸色岁办物价,均节赋力,汰其浮羡。

二、零星刻书业

古代的印刷业称为刻书业,这个词语比较准确地点出了当时图书产生的过程。早期图书的出版,完全是个性化的。只要有钱、有出书意愿,就可以实现图书出版愿望。想不想出书,不受政府审批控制。早期的图书,主要是用来交流的,以后才变成商品,走向市场。明代图书出版业,正是按此规律发展的。明代的刻书业,主要由非营利性与商业性两类组成。

明代宁波不是大的文化中心,所以,本地的刻书业并不发达。印刷主要是政府机构与私人印刷。从刊刻者来说,可以分为政府、家族、商人三大类,其刻本分别称为官刻本、家刻本、坊刻本和寺院刻本。

从地方来说,官刻主要是地方政府与儒学刻本。宁波府刊刻的图书,有《汉隽》、《清容居士文集》、《四明文献志》等 24 种。[①] 此外有杨实《成化四明郡志》(后改《成化宁波郡志》)、嘉靖《宁波府志》、《逊志斋集》之类,也是地方出资刊刻的。定海人邵辅明"好左氏《春秋》,手校内外传合编,邑令樊王家为梓以行世"[②]。约成化时,奉化县学教谕成矩"出俸资",重刊《标题四书》,新刊《周易本义》。[③] 一般来说,学宫刻的书,市场流通不广,但成矩在奉化县学刊刻的《朱子本义》被各地儒学重刻,故"通行天下"[④]。明代各府、县的地方志,是由地方政府出资刊刻的。

[①]（民国）《鄞县通志·文献志》,宁波出版社 2006 年版。
[②]（民国）《镇海县志》卷二四《邵辅明》,《中国地方志集成》本,上海书店出版社 1993 年版。
[③]（明）杨守陈《杨文懿公集》卷五《新锓周易本义后序》、《书重锓标题四书后》,《四明丛书》本。
[④]（清）光绪《奉化县志》卷一八《成矩》,《中国地方志集成》本,上海书店出版社 1993 年版。

寺院刻本，如郭子章《明州阿育王志》，为万历四十七年（1619年）僧圆复刊刻。

还有一种情况是宁波人在其他地方刊刻的书，如范钦在湖广、江西等地做官时，刊刻过《王彭衙诗》9卷、《熊士选集》1卷、《阮嗣宗集》2卷、《海叟诗》3卷。此外，《司马温公稽古录》20卷、《孙子集注》13卷、《元包经传》5卷、《元包数总义》2卷、《说苑》20卷、《新序》10卷、《法帖释文》，据说也是范钦在各地做官时刊刻的。① 余姚人闻人诠在苏州刊刻的《阳明先生文集》、《旧唐书》，也属宁波人刻书。

明代中后期，家族刻书尤其是刊刻家族名人文集，是一个非常普遍的现象。范钦辑《古今谚》1卷，范钦著《奏议》4卷，范大冲刊刻《天一阁集》32卷，撰《三史统类臆断》1卷。

坊本为各地商人刊刻，是以营利为目的的图书。宁波不是当时的文化中心，故私人书坊不多。陈朝辅刊刻的书有魏岘《四明它山水利备览》（崇祯十四年）。屠本畯刊刻的书有：陈骙《文则》，王好古《医垒元戎》12卷。张时彻刊刻的书有王激《鹤山诗文集》。薛晨刊刻的书有朱长文《墨池编》。谢三宾刊刻的书有：魏了翁《古今考》1卷，方回《续》37卷，《嘉定四先生集》86卷。

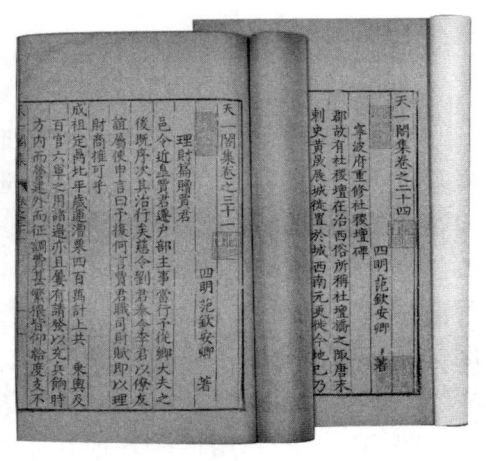

天一阁博物馆藏《天一阁集》

天一阁主人范钦刻的《范氏奇书》（今有线装书局影印本，2007年版）值得注意。《范氏奇书》凡20种，它们是《乾坤凿度》2卷、《周易

---

① 袁慧《范钦评传》，第73~74页，宁波出版社2003年版。

乾凿度》2卷,《周易古占法》2卷,《周易略例》2卷,《周易举正》3卷,《京氏易传》3卷,《关氏易传》1卷,《麻衣道者正易心法》1卷,《穆天子传》6卷,《孔子集语》2卷,《论语笔解》2卷,《郭子翼庄》1卷,《广成子解》1卷,《三坟》1卷,《商子》5卷,《素履子》3卷,《潜虚》1卷,《虎钤经》20卷,《两同书》2卷,《新语》2卷。从其多为奇书、作者多为古人来看,这套书的出版有直接的商业目的。此外,天一阁刊刻过《竹书纪年》。[1] 如此说来,天一阁是当时宁波最大的图书出版机构。

宁波是中日贸易港,故宁波印刷的图书也会出口到日本。如日本至今仍收藏着嘉靖《宁波府志》、《奉化县志》、《慈溪县志》、《象山县志》、《定海县志》、万历《余姚县志》、《天一阁集》、《范氏天一阁碑目》、《范氏奇书》等,这些书是嘉靖以后逐渐传入日本的。

三、造船业

造船业可分军用造船业与民用造船业两大类。明代实行严厉的海禁政策,宁波首当其冲,故宁波的造船业主要是为军事需要而存在的军用造船业。宁波是明朝抗倭海防前线,要做好海防,必须依靠战船。作为海防军队,重要的是造战船。在战争中,船的大小,是成败的关键。洪武年间,浙江等处卫所的船多是快船。沿海卫所千户所配备倭船10只,百户配备战船1只,一卫辖五千户所,共有船50只。每条战船配置旗军100名,春夏出哨,秋冬回守。

明朝主要的军用造船基地在宁波。宁波可以造军用船舰的地方是"定海、昌国、临山、观海四卫所并属所。绍兴三山所船,照旧于定海港,次委官监督造成"[2]。由此可知,沿海各卫所均可造船。造船时间也有明文规定。五百料船,配38人,20个月造完。四百料船,12人,

---

[1] (民国)《鄞县通志·文献志》,宁波出版社2006年版。
[2] (明)嘉靖《观海卫志》卷二《战船·造船地方》,见《慈溪文献集成》第一辑,杭州出版社2004年版。

明代象山沉船遗址(宁波市文保所提供)

10个月造完。二百料船,10人,8个月造完。八橹哨船,8人,5个月造完。① 文献曾记录了明政府在宁波造船的情况。洪武五年(1372年)八月,下令浙江、福建沿海九卫,造海船660艘,对付倭寇。十一月,朱元璋下诏浙江、福建改造多橹快船,专剿倭寇。洪武二十三年四月,为了增强海上防卫力量,诏滨海卫所,每百户置船2艘,巡逻海上盗贼。巡检司亦一样。永乐三年(1405年)六月,命浙江都司造海舟1180艘。永乐九年十月,命浙江临山、观海、定海、宁波、昌国等卫造海船48艘。② 由此可见,明代前期,比较重视水军建设。以后由于承平时期

---

① (明)嘉靖《观海卫志》卷二《修船则例》,见《慈溪文献集成》第一辑,杭州出版社2004年版。
② 《明太宗实录》卷一二〇,永乐九年十月,1962年史语所影印本。

长，对战船的建造有所忽视。宣德十年(1435年)三月，下令罢浙江水寨海船守备。①景泰五年(1454年)八月，浙江总督、备倭都指挥金事马良奏:"沿海临山等卫备倭船四百余只，常年被水漂流，损坏者已三之一。乞敕有司积材督工补造，庶严边备。"②此议得到皇帝支持。嘉靖五年(1526年)二月，因御史简霄的上奏，也有修补战船的活动。嘉靖四十一年时，"沿海各卫所实在战船五百八十只"③。

宁波海防前线造的战船有多种。据载，嘉靖三十年前，定海卫造的战船，有五百料官船1只，船身长官尺12.25丈，深1.15丈，阔3丈，造价银1000两，配备战士160人；又四百料官船6只，船身长官尺9.4丈，深0.92丈，阔1.95丈，单船造价银428两，配备战士100人；二百料官船1只，船身长官尺8.6丈，深8尺，阔1.34丈，造价银400两，配备战士50人；八橹快哨船16只，船身长7.3丈，深5尺，阔1.45丈，配备战士50人；风快尖哨船4只，船身长4.2丈，深3.2尺，阔8尺，造价银20.5两，配备战士50人；十桨飞船10只，船身长4.5丈，深4.5尺，阔8尺，造价银26.315两，配备战士25人。嘉靖三十年后，全部改为福仓等船。④昌国卫另有高把哨船2只，船身长4.4丈，深4尺，阔1.1丈，造价银25两，配备战士25人。嘉靖末年，驾鹰船，后千户所、郭巨所各有6只，大嵩所2只，龙山所5只。八桨船，定海卫有34只，中中、中左所有4只，石浦所有5只，爵溪所2只，钱仓所4只。显然，驾鹰船、八桨船是嘉靖时代出现的战船，只是具体规格不详。这里提供了3种大船，6种快船，共9种战船。从配备军队人员与武器来说，都有一定规模。由此可知，作为国家军用的战船，技术水平还是相当先进的。

如嘉靖四十三年，临山卫制造战船50只。其中四百八十料18

---

① 《明英宗实录》卷三，宣德十年三月己卯，1962年史语所影印本。
② 《明英宗实录》卷二四四，景泰五年八月。
③ (明)嘉靖《观海卫志》卷二《战船·编拨军数》，见《慈溪文献集成》第一辑，杭州出版社2004年版。
④ (明)嘉靖《宁波府志》卷八《兵卫》，转引自俞福海主编《宁波市志外编》，第414~415页，中华书局1998年版。

只,二百料22只,飞船10只。所谓料,指所用材料的分级。用料越多,表示船的建造程度越复杂,技术要求越高,自然船的规模也越大。所谓飞船,当是一种快船。洪武间所谓多橹快船,当也是一种适合军事需要的战船。此外,当时宁波有一种"网梭船",主要分布于定海、临海、象山,"竹桅布帆",形状像梭子,故名网梭船。网梭船不大,仅可容二三人。这种船比较灵活,遇风涛就可躲进山麓,可以做哨探船。① 三山所还有一种"鹰船",当也是一种快船,像老鹰一样比较快捷。

军用战船的建造,多由富人承担。如洪武初年,宁波府循例造战舰。地方吏员认为富室李仕开比较富有,要李仕开负责督造,率编户成之。军舰造好后,使者检验质量,说造船的材料质量不好,准备将李仕开送到刑部大牢。经此折腾,李氏差点破产。② 卢祥卿家世代做漕运工作,洪武初年,地方政府要求他"督造海运船"。船交付使用后,"船破,运折",卢祥卿因此被扣上侵占罪。③ 明朝政府自身的财力有限,于是,往往将此责任转嫁到富户头上。

民用造船业。自洪武实行海禁政策以后,禁止双桅沙船下海,这对航海业、渔业都不利。对于沿海居民来说,船就是车马。下海捕鱼,从事海上贸易运输业,都需要船。可以说,船的大小,决定着海上运输能力的强弱。只有海上运输业越发达,船才会越造越大。明朝近三百年,一直实行海禁,打击民间海上贸易运输业,自然不会促进民用造船业的发展。考古工作者曾在象山发现一艘明代浅海型木帆船,此船工艺尚为先进,但浅海型木帆船正说明了当时民用造船业的现状,这种船应是当时政府允许的民用船只规模。当然某些时期海禁松弛一些,有的走私商人就会偷偷建造大船。如正德末年,"逻吏获海艘非式者若干"④,所谓"非式"就是超过政府限定样式与规格。这些超标海船,

---

① 《明史》卷九二《兵志四》,中华书局1974年版。
② (清)徐兆昺《四明谈助》卷六《北城诸迹一上·李氏旧宅》,第189页,宁波出版社2000年版。
③ (清)康熙《鄞县志》卷一八《卢显》,康熙二十五年刻本。
④ (明)谢迁《重修定海学宫记》,俞福海主编《宁波市志外编》,第695页,中华书局1998年版。

建造地方不能肯定一定在宁波。正德末嘉靖初,屠浚"与所善海人谋治巨舰,绝海而渔。……公既雅自负,且以狎之,益治舰渔,渔则飓,辄破舰,虽不至殆如前时,而所赍操略尽"①。这条可以称为"巨舰"的渔船,显然是相当大的一条船。由"治"来看,显然是屠浚与朋友共同出资雇人建造,地点大体可以肯定在宁波,只是没有相应的天气预报技术作保障,所以下外海捕鱼屡屡没有成功。

只是,民用造船业没有好的制度环境,发展总是不健康的。

四、官营盐业

1. 官盐

宁波是沿海地区,是产盐区。盐是人类生存的必需品,使用量大,自然利润大。控制、垄断盐的生产与销售,就可以取得高额利润。在国家管理体制下,政府自然要垄断盐的生产与销售。

盐产区的分布与盐业管理。盐是专卖品,官方设有管理机构。洪武元年(1368年),差军士开置盐场。洪武十四年,改选灶户。何以如此?史无明文。洪武十二年,曾发生会稽一些大亭户弄虚作假之事。"上以亭户大家皆罔上贼下,遣使遍覈各仓盐,有损常数者,悉解京鞫讯,咸承罪坐输作。"②定海亭户乐枅家也在征调之列,最后乐枅诸人死于南京狱中。由此可知,政府不信任"亭户大家",是促使这次灶户改选的主要因素。

洪武二十五年,设官攒,给铜记,盐政管理机构正式成立。浙江的盐政管理机构称为两浙都转运盐使司,下辖嘉兴、松江、宁绍、温台4分司。宁绍分司下辖12个盐课司,宁波府有8个盐课司,即清泉场盐课司、长山场盐课司、穿山场盐课司、龙头场盐课司(以上4场在定海)、鸣鹤场盐课司(慈溪)、玉泉场盐课司(象山)、大嵩场盐课司(鄞

---

① (明)王世贞《弇州续稿》卷九三《屠丹溪公墓志铭》,《四库全书》文渊阁本。
② (民国)《镇海县志》卷二三《乐枅》,《中国地方志集成》本,上海书店出版社1993年版。

县)、昌国正盐场盐课司(舟山)。此外,台州府宁海县有长亭场盐课司,绍兴府余姚县有石偃场盐课司,则今天宁波范围共有 10 个盐课司。可见,定海有 4 个盐课司,其余各县各 1 个。以后有所调整,正统二年(1437 年),裁革宁波府岱山、芦花两场盐课,归并大嵩场盐课司催办。正统五年,裁革昌国正盐场盐课司。天启间,龙头场盐课司并入清泉场盐课司,长山场盐课司并入穿山场盐课司,则剩下 7 个盐课司。每一个盐课司设大使、副使、攒典等官员加以管理。从行政关系上来,直属两浙都转盐运司及宁绍分司管理,不受宁波地方政府管理,系垂直管理。

盐业生产方式。和历朝一样,明代实行官营制度。盐场是一种"官营企业",每年由政府提供工本米(后改为工本钞),规定灶户"额办盐课,计引征收"[1]。所产盐如数交官,由官府给以本。盐有定额,即盐课。灶户的编制单位是团,每团分几灶,按灶计丁,按丁收盐。各场灶丁,必须聚团煎制,不允许离开盐场私自煎制,违者以私盐治罪。如慈溪鸣鹤场,洪武间有盐仓 3 处,共 78 间,7 团,灶户 2890 丁,每丁草场 23 亩,额设工脚 8 名,总催 25 名。[2] 到天顺六年(1462 年)时,14 团,灶舍 46 座,箴盘 54 面,总催 47 名,灶户 2996 丁,每年的盐课 7443 余引。清泉场有盐仓 3 所,共 51 间,盐课 6432 引。长山场盐仓共 41 间,盐课 2881 引。穿山场盐仓 51 间,盐课 2910 引。龙山场盐仓 3 所,共 50 间,盐课 3114 引。玉泉场盐仓 6 所,官攒 1 人,工脚 18 名,灶户 629 丁,盐课 2521 引。[3]

---

[1] (明)嘉靖《宁波府志》卷一二《额征》,俞福海主编《宁波市志外编》,第 447 页,中华书局 1998 年版。
[2] (民国)《镇海县志》卷一二《盐法》,《中国地方志集成》本,上海书店出版社 1993 年版。
[3] (明)成化《宁波府简要志》卷三《盐场课司》,《四明丛书》本。

表7—1　嘉靖年间宁波府盐场灶户

盐场名	团	灶户丁	总催（名）	额盐（引）	实征额盐（引）
大嵩场	11	1661	87	3114	2811
鸣鹤场	7	2996	47	7443	6040
清泉场	19	2756	175	6432	5615
长山场	9	879	43	2881	1835
穿山场	10	1082	67	3043	2720
龙头场	18	1085	150	3114	2610
玉泉场	11	1750	15	2520	2451

资料来源：（明）嘉靖《宁波府志》卷一二《额征》。

鸣鹤场离海50多里，靠长数百十步的海塘来隔。潮来则水涌到塘下，潮去则泥涂露出。其泥晒干，可以煮盐。煮盐方式有二，岱山之类取海水炼盐，人称"熬波"。鸣鹤是刮硇以淋卤。有卤灶，有水灶。不同灶征不同物，卤灶纳盐，水灶纳银。煮盐工具有竹盘与铁盘两种，不同的工具，煮出的盐质不同。铁盘煮出的盐，青白差黑，竹盘晒出的盐，色嫩稍黄。①

食盐的运销与配给。明朝实行以盐补贴大米政策。宁波的盐引，往往为边防服务。"盐课，国家取之以助边者也。"商人先上盐价于官，官给盐票，到场交盐，随支随掣。如洪武二十二年（1389年）十二月，下令"以浙东盐引给大宁军储"②。

洪武元年，一引定为400斤，给工本米1石。洪武二十三年，小引为200斤。明中叶以后，以300斤为一引。正德九年（1514年），奏准浙盐每引200斤，许带余盐50斤，连包索50斤，共300斤为一引。③

---

① （明）秦应鹭《鸣鹤场盐课议》，（清）光绪《慈溪县志》卷一二《盐法》引，《中国地方志集成》本，上海书店出版社1993年版。
② （清）谈迁《国榷》卷九，中华书局1958年版。
③ （民国）《镇海县志》卷六《盐课》，《中国地方志集成》本，上海书店出版社1993年版。

宣德四年（1429年），令两浙贫穷灶丁输原额盐课，照旧收纳，其有余盐者，不许私卖，俱收贮本场，运司造册，发附近州县，每一小引给米麦二斗。

正统五年（1440年），开始用常股、存积二法。每岁额办盐课，以十分为率，八分给予守支客商，二分另为收积在官。候边方急缺粮储召中，以所积见盐，人到即支，谓之存积。其八分，年终挨次给守支客商，谓之常股。凡中常股价轻，存积价重。其后，商人支给不时，而仓库所积有耗损。官府必责其盈，盐场总催往往破家以偿。常股、存积的比例，前后有所变化。正统以来，常股四分、存积六分。成化间，御史李璹奏改常股六分，存积四分。①

弘治初，彭韶督理盐政，"奏征折色，本场解纳，转盐运使司，商人支银到场，与灶自相贸易。商无支出之难，盐无亏损之害，灶始获少甦"②。隆庆六年（1572年）准宁波府等，俱无住卖商引，又未议行票盐。令金选牙埠，置立簿票，每票一张，照盐三百斤，纳银一钱二分。③崇祯十二年（1639年）二月，司礼太监崔琳清理两浙盐课各项赋税。④

折盐改革导致各盐场的盐仓逐渐废弃。如慈溪鸣鹤场，洪武间有上中下三座盐仓。弘治以后，逐渐废弃。天启四年（1624年），慈溪知县李逢申为了筹办学费，"召居民洪七等十股均佃，计地八亩三分，共纳银三百三十两"⑤。

明朝官盐生产，有一定的配套措施，明初给灶户以卤地、草荡，免除他们的杂役。嘉靖十二年（1533年）题准，清理灶丁，均分荡地，将实在盐课，通行各场，照依见在丁数，均匀办纳其草荡。

官盐制度的弊端。嘉靖末年张时彻指出灶户制度存在三弊：第一

---

① （明）嘉靖《宁波府志》卷一二《额征》，《中国方志丛书》，台湾成文出版社1966年版。
② （民国）《镇海县志》卷六《盐课》，《中国地方志集成》本，上海书店出版社1993年版。
③ （清）雍正《浙江通志》卷八三《盐法上》，《四库全书》文渊阁本。
④ （清）谈迁《国榷》卷九七，中华书局1958年版。
⑤ （清）光绪《慈溪县志》卷一二《盐法》，《中国地方志集成》本，上海书店出版社1993年版。

是额征之数不变,第二是负担过重,第三是高利贷的盘剥。① 此外,还有盐的产量下降而盐课指标不变。

慈溪、余姚、定海制盐技术较高,盐的质量好。如余姚,"自梅川之白沙而东者,色白质松,味淡宜食。自开原之道塘而西者,色微黑,质重,其味咸,然腌物不败"②。这是两种不同种类的盐。

2. 私盐的兴起

明朝一开始就实行食盐"国营生产"的专卖制度。对于垄断制度来说,最大的威胁来自民间的私自贩卖行为,"必私盐禁严而后官盐流通"。故而,明朝禁止百姓私自贩盐。凡各场灶丁人等,除正额盐外,将煎到余盐夹带出盐场,及私盐货卖者,所受处罚相当严厉。③ 政府设置专门查禁走私盐机构"巡盐应捕",宁波府与各卫所,各有数量不等的巡捕。政府有明确的查私数量要求,如宁波府每月每名限获私340斤,合计5100斤,盐船1只,人犯1名。如果达不到指标,罚银若干。④ 私盐在明朝是一大罪状,所以不断有私盐案件出现。如洪武初年,慈溪就出现百姓因"私盐"而被捕的案件。⑤ 私盐,始终被扣上"非法"的帽子。

卫所"协捕盐盗",原是好事,但"法久弊生",这个权力以后就成了卫所军官"寻租"的领域。表现之一是,以私盐罪名诬陷百姓。如洪武十九年(1386年),"适盐禁方严,辄以私盐诬民"⑥。表现之二是,部分卫所官兵也参与贩私盐。许敬观是明州卫兵,"与同伍十人驾舟贩盐"⑦,说明卫所兵也参与贩盐活动,结果"私贩横行"。万历中叶,鄞

---

① (民国)《镇海县志》卷六《盐课》引(明)嘉靖《定海县志》,《中国地方志集成》本,上海书店出版社1993年版。
② (明)嘉靖《余姚志》,(清)光绪《余姚县志》卷六《物产》引,《中国地方志集成》本,上海书店出版社1993年版。
③ 《明会典》卷三六《盐法二·事例》,《四库全书》文渊阁本。
④ (明)嘉靖《宁波府志》卷一二《额征》,《中国方志丛书》,台湾成文出版社1966年版。
⑤ (清)光绪《慈溪县志》卷二三《许原》,《中国地方志集成》本,上海书店出版社1993年版。
⑥ (清)光绪《慈溪县志》卷二三《陈诚》。
⑦ (清)康熙《鄞县志》卷一八《许敬观》,康熙二十五年刻本。

县知县吴安国全部加以禁止。①

嘉靖以后,政府实行盐课折银征收制度,使盐民得以有一定的自主权,打破了官府对盐生产与销售的垄断,对盐业的发展有一定的促进作用。

第四节 明代宁波商业

明朝是如何打击商人的?在明朝打击商人政策下,宁波商人是如何成长起来的?失去家门口的国际贸易以后,宁波商人又是如何外出经商的?在国内贸易中,宁波商人是如何崭露头角的?这些是明代宁波商人史研究中必须要解决的问题。

一、明初宁波商业的挫折

在明朝统治者看来,商业与农业格格不入。太祖、成祖时期,明朝实行了严厉的打击商人(抑末)政策。当时人方孝孺明确说:"太祖高皇帝以神武断治海内,疾兼并之俗,在位三十年间,大家富民多以逾制失道亡其宗。"②鄞县槎湖张氏,明初洪武间,以资产雄里中。张宁一为此结怨邻里,有人上告,"高皇帝方剪铲豪民以立威",立刻派人来调查。幸张宁一贿赂调查官员,得以摆平此事。③ 富民虽不完全是商人,但主体是商人。

在这一政策下,明代宁波商业受到打击。元明间,宁波有36家货物仓库。杨守阯作冯常《墓志》称:"元季,冯元明自慈溪徙于千岁坊,

---

① (清)乾隆《鄞县志》卷一一《吴安国》,《续修四库全书》本。
② (明)方孝孺《逊志斋集》卷二二《故中顺大夫福建布政司左参议郑公墓表》,《四库全书》文渊阁本。
③ (明)张时彻《芝园定集》卷二一《族谱》,《四库全书存目丛书》。

擅夷舶贸易之利,以高赀闻。累甓作库,以居贿。同其时,有库者盖三十六家。俱后销亡,而此库犹存,人呼为冯家库。"① 到了明初,在打击商人的政策下,36 家贸易商全军覆没。洪武二十二年(1389 年)十一月,余姚有一个小妾"诉其族长私贩海者。上以伤化,置妾于法"②。这个事件还可以理解为,在洪武海禁政策下,仍有少量宁波人出海从事走私贸易。处置小妾,只是为了建立上下等级秩序。

  明初打击富民的手段较多,其一是用徭役折磨富户。镜川杨氏先祖杨起汶,元末明初人,"以资甲于乡"。洪武间,"治豪右方严",杨起汶自认为是族中豪右,怕受到打击,"乃散其家千金",避居人迹罕至处蜃里(今鄞州区古林镇蜃里村)。杨起汶《移居蜃里》中说:"扰扰征徭八九年,千金散尽一身全。移居近向三家市,负郭惟余半顷田。满圃松葵含暮雨,绕门桑柘霭春烟。日高柴户无人到,醉向花阴自在眠。"③ 据此,杨起汶是为避繁重徭役而散尽千金的,最后只剩下郊区的半顷田。一个积财的富商家庭,两次受到折磨;而散财的富人,则避免了灾祸。但结果都一样,富室家道中落。杨守陈讲到其家族中落史时称:"当宋元世,族蕃家盛,居室亦繁且侈矣。国初,以豪右抵禁,曾祖、祖相率而避地,于是,杰栋华榱,鞠为蓬藋,久而故址陵夷,漫莫之省。"④ 一个富室就这样中落了。

  其二是强制移民。永乐元年(1403 年),诏徙江南闾徒实北京,黄艮也在名单之中。13 岁的儿子黄润玉替父解忧,上官府,要求代父移民。次年,黄润玉随移民到达北京,在都门外十里造房居住下来。新移民区"沙漠寒冱,茫无人烟"。黄润玉"倾訾给徭赋,垦圃鬻蔬",在大家认为"生人或不堪其劳瘁"的艰难状况下,黄润玉挺了过来。⑤ 高

---

① (清)徐兆昺《四明谈助》卷一三《北城诸迹四上·冯家库》,第 372 页,宁波出版社 2000 年版。
② (清)谈迁《国榷》卷九,第 698 页,中华书局 1958 年版。
③ (清)李邺嗣《甬上耆旧诗》卷一六,《四库全书》文渊阁本。
④ (明)杨守陈《杨文懿公集》卷二四《对鸥阁记》,《四明丛书》本。
⑤ (明)杨守陈《南山黄先生墓碣铭》,徐纮《明名臣琬琰续录》卷一三,《四库全书》文渊阁本。

桥章氏,"素以资雄"。永乐初,徙江南闾右实京师。19岁的章和为县学庠生,其时,父亲已死,长兄料理家政,弟弟尚小。因此,章和主动要求代兄迁移。章和落户大兴县,在安定关内建造了平房,"垦荒作圃,艺蔬自给"。有空的时候,"教授生徒",如此,"资渐裕"。因为站稳了脚,章和就将侄子章绘、章绍,侄孙章镒,招到北京,亲自教育。后来,章绘、章镒皆中进士,章绍中举人,从此,高桥章氏成为世族。① 栎社沈氏也是闾右。永乐间,沈益代从父沈琦"以闾右起实京师"②,在北京定居,后其子沈应奇官中书,卒于嘉靖初年。鄞县人吴江,"正统间,以闾右徙京师"③。这说明,迁闾右实京师计划,到了正统年间,仍在执行。虞谦之也是要被迁移到北京的富户,成化十年(1474年),"从富民籍亡归,有司逮捕甚亟"。其时,虞谦之年纪已经很大,其父想让次子虞谨代兄应役,幸杨守随出面说情,得免。④ 由于富民籍是强制性"充军式"迁移,不准回迁,甚至不准回乡探亲,再加上江南人不适应北京的生活条件,许多胆大又思乡心切的人经常会逃回家乡。地方政府一旦发现,就要逮捕。

其三是戍边。"国初,江南富人率编置尺伍",鄞县富人戴昇"适长区税,遂父子戍边",戴昇得云南,而其子戴钟徙大宁之营州。⑤

国家强行将富人移民,这正是汉、明两朝的特点。由以上点滴信息,可知洪武年间打击富豪的力度有多大。

---

① (清)徐兆昺《四明谈助》卷四《四明山落洋脉西塘河以北诸迹·高桥章》,第104页,宁波出版社2000年版。
② (清)徐兆昺《四明谈助》卷三八《东四明正脉下·栎社沈氏》,第1242页。
③ (清)蒋学镛《鄞志稿》卷六《吴桓》,《四明丛书》本。
④ (清)康熙《鄞县志》卷一八《虞谨》,康熙二十五年刻本。
⑤ (明)戴鳌《戴中丞遗集》卷六《员外郎连城县儒学教谕茂轩戴公行□实录》,《四库全书存目丛书》。

二、明代中晚期商业的成长

明代中叶,随着农耕经济的自我积累,商业有了量上的增加,商人也逐渐增多。

因农致富的新富人。永乐间,李山如以税户人才,授鸿胪寺序班。后靠积资,官至兵部郎中。① 这位李山如是一花钱买官者,自然是一富户。徐时进的祖先徐景礼,明初人,"沉雄有度,饶于资"②,说明也是一位富户。鄞县栎社孙氏也是商人。"鄞土瘠而民贫,稍有富者,率若江沤之起灭,庸非多行无礼而天不祐乎!惟吾乡孙氏富而有积善,累叶益昌,天可征也。"鄞县商人起灭无常,显然是外部政治环境恶劣的缘故。孙氏因为积善,疏通了社会关系,得到了大家的认可,所以,才得以生存发展。陆氏为甬上四大家族之一。陆儼在父亲死后,"独肩家政,铢金寸帛,不入私室",将弟弟陆偁及几个侄子培养成进士。"好施予,贫者称贷,如所欲与之,券亦不却,旋即亡之。弘治间,以输助,授富义郎"③。显然,这也是一个富商。否则,不可能培养出几个进士,有钱捐赠。定海薛俊父亲薛通,可能也是一位商人。"嗜善好施,人告以不给,辄捐所余赈之。后因子业儒,对众天,焚其货约。临终复以嘱其子,迄今人呼为薛外公。"④ 薛二浙"生平好施济人,有贷者,罄赀以予,背则焚其券"⑤。以上六个家庭,没有点明因何行业致富。不过,从借贷、输饷等因素来考察,应是靠农业致富者。这符合当时政策。在得到国家鼓励的农耕领域,通过辛勤积累,有可能成为新兴的富户。

因贸易致富者的出现。城西董氏,则是经商发财者。董锐是御史

---

① (清)徐兆昺《四明谈助》卷六《北城诸迹一上·孝闻坊李氏》,第164页,宁波出版社2000年版。
② (清)徐兆昺《四明谈助》卷八《北城诸迹一下·徐廷尉第》,第222页。
③ (清)徐兆昺《四明谈助》卷一六《南城诸迹一下·陆榜眼第》,第475页。
④ (民国)《镇海县志》卷二三《薛通传》,《中国地方志集成》本,上海书店出版社1993年版。
⑤ (民国)《镇海县志》卷二三《薛二浙传》。

董琳侄子,给事董鏊弟,大体生活在明中叶。"遇岁饥,出粟煮糜活人。国赋不足,郡守贷锐二千金,锐即捐助,代贫民之逋。守上于朝,七品散官。"①宁波知府向董锐借钱交国赋,确实不简单。有一天晚上,有50个强人到董锐家敲门,准备实施抢劫。董锐不慌不忙地拿出酒,供这些人吃。酒足饭饱以后,再给每个人发了50两银子,对他们说:做人应该自爱,我难道不能将你们绳之以法?这批人叩头谢恩而走。过了5年,这批人拿了银子上门来谢董氏,说:那天全靠您的接济,我们靠了这批本金,好好经营,发了点小财,家里都搞得不错,现在就把这笔钱还给您。此事,一时在宁波传为佳话。城西到宁波城内,有一条河,行人过往不便,董锐出资造了一座桥,名为望京桥(现已改过)。"诸善行甚多。"②行善是需要经济实力的。这位有能力做好事的董锐,一下子能拿出2500两银子,可以肯定是个商人,应该还是一个大商人。董氏因为是本地大富户,所以,才会遇到强盗打劫之事。

  天顺、成化、弘治间,宁波商人开始到外地经商。天顺年间,有宁波商人到"苏、杭等府货卖"③的记录。成化五年(1469年),孙珂"往商于陕"。由于交通、信息传递不便诸因素,商人在外经商,一去就是一二十年,如失踪似的。弘治二年(1489年),其子孙锷中举人以后,亲自到陕右寻找,最后"寻得其父以归"④。由此可见,长途外出经商者的艰难,也难怪商人被视为重利薄情之人。定海人贺孟员随从父戍守辽东大宁卫,"尝商于南州","又贸木棉于丁家道口,赀货既出,值天亢旱,孟员不忍人艰食,弃券而归"⑤。贺孟员是一位随迁家属,他会想到经商,正显示出宁波人经商意识之浓厚。

  张氏是宁波大家族,"以多财雄于甬上"⑥。张邦奇父亲张时敏,

---

① (清)雍正《浙江通志》卷一八八《董锐》,《四库全书》文渊阁本。
② (清)徐兆昺《四明谈助》卷六《北城诸迹·城西董氏》,第176页,宁波出版社2000年版。
③ (明)成化《宁波府简要志》卷三《商贩》,《四明丛书》本。
④ (清)康熙《鄞县志》卷一八《孙锷》,康熙二十五年刻本。
⑤ (清)光绪《镇海县志》卷二五《贺孟员》,《续修四库全书》本。
⑥ (清)全祖望《鲒埼亭集》外编卷七《张丈韫山墓志铭》,《四部丛刊》本。

少承家学,通经史百家言。弱冠,补诸生。参加了一次乡试,没有中举,从此就放弃考试。后来经商,"与人相贸物,察其色至厌足乃已。虽为所绐,弗较。人稍失利,则旬月不能忘"①。

嘉靖间,宁波城内东门口,有一王姓皮货商,"家累千金"。丰坊写"阑坡",嘲笑之。② 这里值得注意的是王姓商人及相关的一些商业信息。一是说明当时宁波城中,有来自各地的商人,经营各种百货。二是当时的东门口是宁波的商业中心。三是商人地位不高。在传统的四民社会中,士是最高层次人,商人地位最低。士大夫是当时社会的中心人物,商人想和士结缘,想通过士大夫来提高地位。

以上三个事例表明,明中叶,因国内贸易的出现,宁波新兴的商人零星出现。

同时,由于中外朝贡贸易的存在,宁波出现了不少外贸商人。李氏是宁波城内的大家族,李端是著名文人,"岛外诸国由海道入贡","俱求得先生赠言以为重"③。由于李氏与日本贡使关系密切,李端的三个儿子与日本做贸易生意。"诸弟尝出财与贡夷互市,负夷钱十余万。夷控有司,罪当死。"幸长子李正华"为破产以赎,事得已"④。具体时间不详,应该在成化、弘治年间(1465—1505年)。这个事例,正好和朱漆匠事相类似。朱漆匠世居宁波灵桥门,从事古董生意。弘治九年(1496年),日本商人汤四五郎通过市舶司行人向宋素卿父朱漆匠订购漆器,预付了钱。到了日本贡船归国日期,朱漆匠仍发不出货,日本商人汤四五郎准备将朱漆匠状告到地方政府。浙江市舶司行人怕受到上面的谴责,协助汤四五郎,向朱漆匠催付货物。朱漆匠实在想不出办法,就拿儿子朱缟作了抵押。⑤ 这两个例子的共同特点是"负

---

① (清)李邺嗣《甬上耆旧诗》卷一六,《四库全书》文渊阁本。
② (清)徐兆昺《四明谈助》卷三〇《西郭南郭·城西丰清敏公宅》,第981页,宁波出版社2000年版。
③ (清)徐兆昺《四明谈助》卷一四《北城诸迹·车轿李氏》,第407页。
④ (清)徐兆昺《四明谈助》卷一四《北城诸迹·车轿李氏》,第408页。
⑤ (明)郑舜功《日本一鉴》之《穷河话海》卷七《市舶》,浙江大学图书馆藏1939年影印本。

夷钱",也即收了日本商人的订金,但发不出货。何以发不出货?直接的原因可能是采购不到货,而采购不到货的原因可能是政府不允许向外商供货。

到了嘉靖年间,朝贡贸易体系崩溃,走私贸易盛行。宁波双屿港逐渐成为国际性走私贸易港。在海禁政策下,宁波的中外贸易是一种走私贸易,发展条件十分恶劣。有两个商人,带着大箱子,要求寄存到屠隆父亲屠浚(1497—1566年)码头边家中。箱子运到屠浚家后,船夫偷偷打开,发现都是些珊瑚、玳瑁、香药。屠浚惊奇地说:这些都是禁物,应当充公,并且当事人可能会被判死刑。那商人知道后,暗中到屠浚家,跪在地上求饶,愿意以一半货物作为屠浚的祝寿费,希望不要报官。① 这事说明商人在暗中进行走私贸易。只要有利,商人就会铤而走险。

海外贸易中产生了一批新兴商人。晚明时期,定海商人严翠梧、方子定等人从事海外贸易,往往"以数十金之货,得数百金而归;以百余金之船,卖千金而返"②。这表明,当时从事海外贸易,利润率比较高。外地来宁波经商者也不少。宗谊祖先是南直隶徽州府歙县人,后来因经商,移居宁波。"徽俗,以懋迁有无为业。起家至陶猗者,不可指屈。"宗谊家族正是一个典型的徽商。宗氏居甬东,说明也是一个靠海上贸易起家的商人。从时间上推算,宗氏祖先到宁波从事贸易生意,当在嘉靖年间。到了宗谊父亲一代(万历至崇祯年间)时,宗氏家族"以此豪于资"。宗谊"性所好独在诗,绕状阿堵,绝口不道,若婆儒然"。拥有了那么多的家财而不肯讲,是当时的社会环境不允许露富。清初时,宁波抗清义军缺乏军费,宗谊"慨然发其家,得十万金,径送钱督师营"。后来,军队到海上,军费仍不够。宗谊又最后"货其田园、奴婢之未尽者,以应之"。到了这个时候,宗谊已倾家荡产,"无担石之

---

① (明)王世贞《弇州续稿》卷九三《屠丹溪公墓志铭》,《四库全书》文渊阁本。
② (明)王在晋《越镌》卷二一《通番》,《四库禁毁书丛刊》。

储"①。宗氏家族,一下可以拿出十多万家产,可见贸易生意做得十分大。定海人李之挺是一个诸生,"有闽商寓其室"②,就是说他把房子出租给福建商人。这正说明,当时到宁波经商的人较多。

  在开展国际贸易无望的情况下,宁波商人转而向内陆发展,瞄准了国内贸易市场。贸易的发达,有特定的要求。从当时的整体情况来看,宁波各地城市的发达程度不及太湖流域的城镇。也就是说,宁波本地不是理想的贸易之地。故而有眼光的宁波商人,往往到外地经商。当时中国最繁荣的城市北京、苏州、南京一带,都有宁波商人。晚明时期,苏州是南方最大的商业城市,宁波商人比较早地进军苏州。嘉靖年间,鄞县商人徐桂到苏州经商有术,成为"姑苏大贾"③。万历年间,宁波人孙春阳(1573—1634年)在苏州开设著名的南货铺,出售南北货、海货、腌腊、蜜饯、酱货、蜡烛等货物,"其店规之严,选料之精,合郡无有也",成为"天下闻名"的南北货铺。④ 北京作为首都,也是宁波商人涉足较多的大城市。北京的宁波商人,部分是永乐以后逐步迁移北京的宁波富民后裔,更多的是从宁波到北京经商的。为了维护自己的利益,约在天启、崇祯年间,宁波商人在北京设立了鄞县会馆。据1924年立的《四明会馆碑记》,北京鄞县会馆初创于明末,是由鄞县药材业商人集资建立的。药材业是宁波商人的一大强势行业。

  宁波裁缝开始外出闯荡,宁波服装成衣业的兴起也是一个值得注意的现象。王方济(1585—?)是宁波"邬镇"(可能是奉化西坞镇)人,在北京做裁缝。1624年,他在北京领洗入教,洗名方济各,时年40岁。⑤ 假定他20岁到北京做裁缝,则他在万历三十三年(1605年)左右就到北京了。慈溪人魏耕"以世胄,少失业,学为衣工于湖州,能读

---

① (明)全祖望《鲒埼集外编》卷六《宗征君墓志铭》,《四部丛刊》本。
② (清)光绪《镇海县志》二五《李之挺》,《续修四库全书》本。
③ 徐志炳《句余子传》,《四明光溪桂林徐氏宗谱》卷五之二,天一阁藏。
④ (清)钱泳《履园丛话》二四,中华书局1979年版。
⑤ 何大化《远方亚洲》,转引自《浙江省宗教志》资料汇编(一)。

书。有富室奇其才,客之,寻以赘婿,隶归安籍,成诸生"①。"衣工"应当理解为裁缝。为了生存,魏耕到湖州做裁缝,从时间上判断,也应在明末崇祯年间。清代以来,宁波裁缝主要出自奉化江两岸(今鄞州区茅山、姜山及奉化西坞、江口、方桥五个镇)与慈溪一带,这两条表面显得孤立的信息是有一定代表性的。有胆量走出去创业的商人,往往是成功的商人。所谓"宁波帮",正是由这群闯荡江湖的宁波商人构成的。

绍兴的师爷,宁波的商人,开始在晚明时期逐渐出名。万历十五年(1587年),陈洪宪(1572—1631年)"年十六而孤,家贫,弃举子业,设廛以养其母"。崇祯间,其子陈文奂因火灾诸因素,也"弃举子业,治生以奉母"②。陈氏父子弃举子业,走上经商之路,这正是典型的由儒而商者。由于晚明科举竞争的过于激烈,部分读书人不再迷恋于举业,纷纷走上更为现实的经商之路。万历二十五年成书的《广志绎》是台州文人王士性写作的一部人文地理游记,讲到宁绍地区,称"盛科名逢掖,其戚里善借为外营。又佣书舞文,竞贾贩锥刀之利,人大半食于外"③。这是说,宁绍地区重视科举,其亲朋好友借此营生。科举之路走不通之人,转而做师爷、商人。所谓绍兴的师爷,宁波的商人,是就职业人群的主体来源而言的,并不是绝对概念。两者之间,两个地区之人显然是有交叉的。这里值得注意的是浙东地区"人大半食于外"现象。此中原因,一是人多地狭,二是因自然条件恶劣而导致的经济不发达,这两点使本地无法解决这批多余人口的就业问题。为了生存,浙东地区的人们纷纷外出谋生,从而形成中国早期的职业群体。

---

① (清)光绪《慈溪县志》卷三〇《列传·魏耕》,《中国地方志集成》本,上海书店出版社1993年版。
② (清)康熙《鄞县志》一八《陈洪宪》,康熙二十五年刻本。
③ (明)王士性《广志绎》卷四《江南诸省·两浙》,中华书局1997年版。

三、城乡集市贸易的扩大

农耕经济积累的结果,就是市场经济的复兴。

市镇的区域分布与类型。市是江南地区以市场为主体而形成的乡村市镇。在乡村社会,市镇是乡民之间、村落之间互通有无的主要场所。一般来说,一些较大的城镇或大村庄,往往就是附近地区的乡民们约定俗成的交易场所。市场的出现与繁荣,是农耕经济向市场经济过渡的重要媒介。江南地区市场的出现,自然是较早之事,如天顺三年(1459年),贾奭为慈溪知县,"兴入市贸易之利,民甚便之"①。入市贸易,是典型的设立市场,进行贸易的举措。天顺六年,宁波府的集市有33处。其中,奉化县有泉口市、白杜市、南渡市、袁村市、公棠市、江南市、大桥墟。慈溪有车厩市、黄墓市、大隐市、文溪市、蓝溪市、渔溪市。象山有弦歌市。② 由于文献记录的缺失,我们尚不能对明代宁波集市的发展过程有一个完整的了解。

嘉靖三十八年(1559年),宁波府集市增加到44处。其中,鄞县有小溪镇、西廓八市、南郭三市、东津四九市、后市、甬东市、宝幢市、小白市、东吴市、下水市、韩岭市、横溪市、小溪市、栎社市、林村市、凤岙市、石塘市共17个。奉化有奉化市、江口市、蔡桥市、尚田市、溪口市、泉口市、白杜市、南渡市、袁村市、公棠市共10个。慈溪有车厩市、黄墓市、大隐市、文溪市、蓝溪市、渔溪市、鸣鹤市共7个。象山有弦歌市、白石市、坟头市、南堡市、头市、三角市共6个。定海有城西市、江南市、石湫市、蟹浦市共4个。③ 当时的余姚属绍兴府,有方桥市、临山市、浒山市、姚家店市、新坎市、梁弄市、马渚市、周巷市、天华市、店桥市、埋马市、匡堰市、黄清堰市、石人山市14个。

---

① (清)雍正《浙江通志》卷一五二《贾奭》,《四库全书》文渊阁本。
② (明)成化《宁波府简要志》卷三《墟场志》,《四明丛书》本。
③ (明)嘉靖《宁波府志》卷九《经制志》,《中国方志丛书》,台湾成文出版社1966年版。

众所周知,嘉靖时期,是晚明经济繁荣的开端。由以上集市的增加,可以反映出当时宁波市场交易的繁荣。以上一些地名,几乎与今天所见乡镇吻合。这说明,当时每一个乡镇都有了自己的农贸交易市场。

市场分为多种,一种是菜市场,一般多在早晨开市,中午闭市。另有一种是百货交易市场,南方称为集市。集市多为定期市,即不是每天开市,只在特殊的固定时间内开业。如府城西郭,每月逢八有市,南郭逢三有市,东津桥逢四、九有市。慈溪的上横街市,每月一、六成市,下横街每逢四、八有市。象山则逢九、四、五、三、七日为市。宁海也是十日一集,错开贸易日期。宁海的市场,统一编号,一市为朱岙市,二市为桐山市、竹林市,三市为西店市,四市为沙柳市、夏奇岙市,五市为汶溪市,六市为南门市,七市为柘浦市、岔路口市,八市为梅林市、梅枝市,九市为东岙市、深畈市、胡陈市、北门市。① 百货集市,一般说来,商品琳琅满目。如慈溪上横街市,"积货成市,无所不备,以便贸易"。下横街市每逢开市,周边的鄞县、定海、余姚县"各乡俱来贸易,物物具备"。汶溪市"民物富庶,商贾辏集","为货甚众"②。

城乡商业活跃。城乡商业发展的结果,就是专业化市场的出现。不同种类的物品,合并同类,组成不同的"行"。如余姚城里有鱼行、果行、木棉行、柴炭行、鸡鹅行、猪行、羊行、布行等。地理环境不同,物品也不同,于是,不同地区出现不同的专业集市。鄞县的下水市、韩岭市,慈溪车厩市等,是专门的竹木柴炭集市;慈溪的蓝溪市、渔溪市等是专门销售鱼虾产品;余姚的周巷、泗门和慈溪的彭桥等是棉花的产地,每到棉花收购季节,各地商贩就会不约而同地集合来姚北地区交易,其息岁以百万计。③ 无商不活,商人及商业的出现,带动了宁波各地经济的交流。

---

① (明)崇祯《宁海县志》卷二《建置志》,崇祯五年刻本。
② (明)天启《慈溪县志》卷三《市》,天一阁博物馆藏抄本。
③ 杨式傅《果报闻见录》,转引自乐承耀《宁波古代史纲》,第307页,宁波出版社1999年版。

第八章

明代宁波的城乡与交通

- 城市
- 乡村
- 交通

传统中国以农业社会为主,自然居住区也以乡村为主体,乡村是全社会的中心活动区域。此时的城市,主要功能是政治和军事的中心,对广大的普通民众来说,居住在城市并不方便。

第一节 城市

明代的宁波府城市,由坊、街、巷组合而成的城市地域空间仍保持着古老的形态,但坊制却经历了由盛到衰的演变。曾经对城居者进行限定的坊制已不复存在,坊仅仅是城市社区单位的名称而已。走出了封闭居住空间的城居者,在若干坊的基础上又形成了不同等级与层次的生活居住区、商业区、手工业区、政治区、娱乐区等。[1]

一、城市的修筑

行政中心城,指各县的县城。具体地说,就是鄞县、奉化、定海、象山、慈溪、余姚、宁海7个县的县城。明朝的城市,主要是行政中心。城市规模的大小,取决于行政级别的高低。宁波既是鄞县县城,又是府城所在地,所以,规模大于其他县城。

城墙是防卫性的,设置城墙,多是为了防止军事进攻。南方修城

---

[1] 刘凤云《明清城市的坊巷与社区——兼论传统文化在城市空间的折射》,《中国人民大学学报》2001年第2期。

墙,往往是由政府机构区的围墙开始的。所谓治,就是行政管理机构所在地。在一个政治统领一切的社会里,地方政府机构所在地,总有其特殊的位置。为了保护行政机构的安全性,同时凸显它的威严性,往往要修一道城墙。这种城墙,在宁波,被称为子城,犹如首都的皇城。宁波修子城、罗城始于唐。在地方政府机构所在地之外,不需要围墙。宁波各县"不城不隍",多没有城。当时宁波地区的城市,往往是由政府机构与民居、市场等组成,一般只有行政区(县治)与市场区、生活区。后来,为了备战需要,才在子城之外再造外城。宁波城市的城墙经常处于修废之中。宁波府城,毁于元朝,后来重修。方氏政权时,宁波城又重修过。洪武六年(1373年),指挥冯林负责修筑明州府城。这次修城,对三分之一的城墙进行了加高,又疏浚了东、南、西三面的护城河。洪武十四年,指挥李芳又对府城进行了修理。大规模的整修,则是在嘉靖年间抗倭寇时期。

  宁波各县城墙的修建,是嘉靖中期的事。嘉靖三十一年(1552年)倭患以后,"倭寇江浙闽广,四省骚动。邑故无城,民甚恐"①,于是提出了修筑城墙的要求。为了军事防卫,嘉靖年间,宁波兴起了重修城墙之风。

  嘉靖年间,宁波府城大修。修城之事是由知府邱玭提出的,主要是为了加强军事防御功能。"迩来,东夷扬波海上,且入内地,破城邑,焚民居,势甚猖獗。民安承平,不能荷戈逐寇于外,惟凭城固守,而城实不免渠丘之恶。"②倭寇入侵,屡次入城。太平盛世,人民不习兵事,只能靠城市来防守。于是,知府提出整修城墙建议。嘉靖三十三年,邱玭出任宁波知府,提出修城,得到上级的支持。嘉靖三十四年,邱玭调任衢州知府,张正和继任知府。八月,正式开工修筑。③ 城墙全长2787丈,其中2181丈作了加固。新城有斥堠66个,敌楼46个,马步

---

① (清)雍正《浙江通志》卷一五四《林大梁》,《四库全书》文渊阁本。
② (明)闻渊《重修宁波府城记》,俞福海主编《宁波市志外编》,第768页,中华书局1998年版。
③ (清)董沛《明州系年录》系于嘉靖三十五年八月,误。

阶7巡。凡是防卫所需的弋盾、矢石、旌旗、鼓斥，一应俱备。又筑西、南两道水门，外面再加月城。这次修城，共花费帑银7550多两。400多户稍为富裕的百姓参加了修筑工事。嘉靖三十五年（1556年）正月初二日完工，前后花费了4个月时间。① 城墙高2.5丈，城墙底部宽2.2丈，城墙上部宽1.5丈，周围2216丈，约18里。明代府城共有6门，东面为灵桥门和东郭（渡）门，南面有甬水门，西面有望京门，北面有永丰门。东北有和义门，因为是盐仓所在，所以俗称盐仓门。其中4道门可以通车马，西门与南门是水门，设吊桥2个，上面置楼，外罗月城，以通舟楫和漕运。每一道门上置楼，罗以月城。置敌楼24个，窝（警）铺64个，雉堞3650个。护城河自和义门向东而西，阻北门，全长2144.5丈。自北东距和义门，全长343丈，因有姚江，不复设护城河。

定海县城的增修。定海筑城时间较早，始于吴越国。元朝时，城毁。洪武元年（1368年），立木栅围墙。洪武七年，改为石头围墙。洪武二十年时，围墙向外拓展了7里多，有6道门，奠定了定海城规模。嘉靖十二年，增雉堞3尺。万历十四年（1586年），汪应泰为定海知县。"时飓风发屋，官舍廊庑尽圮。汪应泰曰：'榱桷不完，何以壮国容？'于是首堂宇，及庙狱、亭坊、沟井，次序就理。"②

奉化县城的修建。奉化知县萧氏万斛接受监察林应箕提议，召集当地士绅商量，大意谓，知县是为百姓而设，百姓存，知县存；百姓亡，知县也亡。现在倭患严重，城内昼夜不得安宁。郊区百姓尚可以侦察敌情，区分轻重，逃到深山中，保存生命。城市中百姓，则像笼子中动物，是倭寇垂涎之物。假若倭寇突然进入四隅，列队而进，财产、妇女就会全部被虏。而且城市中房室鳞次栉比，假若有人放一把火，整个市区瞬间将化为灰烬。要想与倭寇争尺寸之锋，只有修筑城墙，严加防守。此议得到大家的赞成。报送上面，得到支持。嘉靖三十四年

---

① （明）闻渊《重修宁波府城记》，俞福海主编《宁波市志外编》，第768页，中华书局1998年版。
② （清）雍正《浙江通志》卷一五二《汪应泰传》，《四库全书》文渊阁本。

（1555年）正月动工，十二月完工，前后共费时1年。① 城周长1018丈多。后来，倭寇果然不敢再进城。

象山县城的修筑。象山建县一千多年，没有城墙。嘉靖年间，修筑城墙之事几次被提上议事日程。嘉靖三十一年倭患后，知县毛德京下决心筑城。开始筑木城，继加以土，后加上石头。嘉靖三十三年春夏之交，阴雨连绵，大水将十之八九的城墙冲垮了。知县毛德京再次报请上面，得到部分经费，花了近两年时间，终于修起了坚固的城墙。②

宁海县城的修筑。宁海一直没有城郭。嘉靖三十一年倭患后，宁海知县林大梁下决心筑城，称："夫生厉有阶，御寇无策。曩时所侍以为安者，今无赖矣。无已，其城乎？夫城之为役固巨，然与其委积聚以资寇，孰与拼汗血以自守？且吾诚不欲靳一时财力，而不为吾民建万世长策也。"③这个建议得到了上下的支持。嘉靖三十二年十月动工，嘉靖三十三年二月完工，花了近5个月时间。宁海县城刚修完，就突然遇到了倭寇的进攻，知县与士兵登城拒守，百姓得以平安，修筑城墙的好处马上得到体现。

慈溪县城的修筑。慈溪城墙修于嘉靖末年。嘉靖三十一年倭寇侵扰后，有人主张建城，但人情未洽，意见不统一。嘉靖三十五年夏，海盗入慈溪县治，将县城焚掠殆尽，县府这才下决心修城。时宁波府同知侯国治（1556—1561年在职）代理慈溪知县。他勤于莅事，自昧爽至漏下，督察不懈，遂成保障之功。霍与瑕为慈溪知县（1559—1562年）时，相天时地利之便，补偏钟秀。慈城作为中国传统县城的典型代表，仍保留着"一街一河双棋盘"的完整形态，在江南乃至全国都少见，其历史文化保存的数量在县级城市中居多，且都具有很高的价值。

慈溪的城镇不大，整个城镇，只有大街、东街、西街三条街。厢坊较少，共51坊。奉化有47坊。定海有51坊。象山的厢坊还要小，仅

---

① （明）张时彻《奉化城垣碑记》，俞福海主编《宁波市志外编》，第766页，中华书局1998年版。
② （明）周希程《筑象山县城记》，（民国）《象山县志》卷三一，上海书店出版社1993年版。
③ （明）秦鸣夏《宁海县新城碑》，（清）光绪《宁海县志》卷二一，光绪二十八年刻本。

21坊。宁海县有36坊第。嘉靖间,余姚城内编为隅里制,东南隅6里,东北隅9里,西南隅4里,西北隅8里,合计27里。万历间,余姚城内编为隅里制,东南隅8里,东北隅9里,西南隅6里,西北隅10里,合计33里。

二、城市的布局

作为政府所在地城市,明代宁波地区城市内部格局究竟如何?下面选择府城宁波作为个案加以分析。

1. 宁波城格局

关于宁波城内格局,朝鲜人崔溥在《漂海录》中有过详细描写。弘治初年(1488年),朝鲜使者崔溥曾到过宁波城,他描写道:"棹至宁波府城,截流筑城,城皆重门,门皆重层,门外重城,水沟亦重。城皆设虹

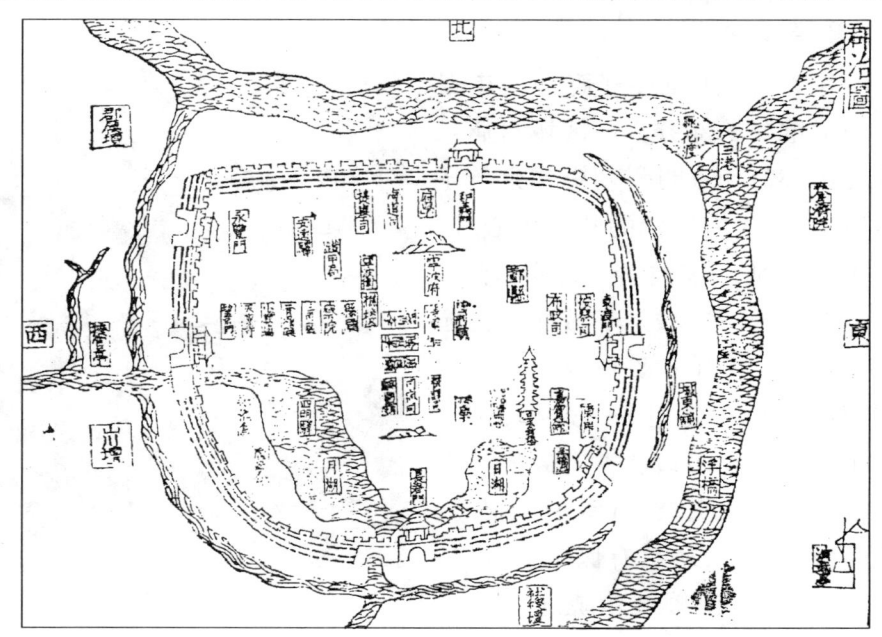

宁波府图(选自嘉靖《宁波府志》)

门,门有铁扃,可容一船。棹入城中,至尚书桥,桥内江广可一百余步。又过惠政桥、社稷坛。凡城中所过大桥,亦不止十余处。高宫巨室,夹岸联络,紫石为柱者,殆居其半,奇观胜景不可殚录。棹出北门,门亦与南门同。城周广狭不可知。府治及宁波卫、鄞县治及四明驿,俱在城中。"①如此详尽描写明代宁波城市的资料不多。"截流筑城",表明宁波城市是截三江口而筑城。每道城门都用双重门,每门都是双层。城外有城,即月城,护城河也是双道。河道上设置虹门,门上加一重铁门,只可容纳一条船进出。这些说明,宁波城的防御是相当严密的。当时宁波城内也有大河,如尚书桥所在的江有百余步宽。市内有小桥十多座。河两岸的房屋十分漂亮,不少建筑的柱子是用紫石做的。当时,城内的奇景胜观很多。可见,城市也十分漂亮。从"棹出北门,门亦与南门同"这句话来分析,作者应该是从南门沿日湖、月湖,进入宁波城内,然后又是从北门出宁波城的。

2. 官衙区

作为行政中心,官衙是城市最核心最重要的部分。该区域自唐长庆元年(821年)明州刺史韩察筑子城以来,便成为历代的政治中心,即衙署所在地。宁波官衙之外,有一个类似皇城的子城。子城在今公园路步行街、中山广场一带。宁波市仅存的古城楼遗址——鼓楼,是当时子城的主要出口。古时鼓楼设有报时的刻漏和更鼓,日常击鼓报时;战时侦察瞭望,还负有保城池、抵外侮的使命。"谯楼鼓角晓连营",元

今日鼓楼(徐文浩摄)

---

① [朝]崔溥《漂海录》卷一,见葛振家《崔溥漂海录评注》,第75页,线装书局2002年版。

代诗人陈孚的诗句,体现了鼓楼在宁波历史上的特殊地位。

子城内的行政机构,主要有三部分:

知府办事机构:在子城东部(今宁波白衣巷小区)。洪武三年(1370年),白衣寺崩塌。知府张琪在白衣寺址基础上,加以拓展,建知府衙门。典型的明清衙门建筑规制,"轴线对称、坐北朝南、左文右武、前堂后寝",宁波府也差不多。中有正厅,凡5间。正统间,称正心堂。嘉靖间重修,名甘雨堂,后改名崇美堂。左为经历厅,右为照磨厅,各3间。东面为照磨所、承发司、吏户礼科,西面为经历司,兵刑工科,共31间。前为露台,亭南有仪门。仪门左为亲贤馆,右为厢房,各3间。外东为土神祠,西为观音堂,后有吏廨,各20余间。又前为大门,辅以榜廊,各10余间,拱以承流、宣化双表坊。东西各为申明、旌善二亭。

正厅后面布局:正厅后为川堂(初题"正大光明",后改开诚堂),东为弘济库,西为架阁库。川堂后为堂3间,左右为耳房。堂后为仪仗库,库后为池,为假山。库之东为世寄堂,凡3间。外稍右跨桥以石桥,向东为知府宅,中为柳巷。稍前东南为同知、推官、经历、知事宅,西南为通判宅、经历、照磨宅。

明代的副职的机构。明代宁波府的副职办事机构:同知署(清军馆),在府治南向北;通判署(督储馆),在府治南稍西;推官署(理刑厅),在同知署南。

属司办事机构,主要有司狱司,在府治西南。税课司在迎凤桥,阴阳学、医学在府治西南,僧道司在延庆寺,道纪司在府治东北的冲虚观。四明驿在月湖边。另外有螺峰、宝陀、岱山、岑江4个巡检司,这是治安管理机构。慈溪、定海2个河泊所,是地区政府直属下级机构。宁波府学也在子城内。仓库,主要有广盈仓、永宁仓、架阁库、行用库、市舶库,共5个仓库。这是地方贮藏机构。

卫所治是军事管理机构,在府治西面。内设经历司、镇抚司、五千户所、旗庙等四部分。

浙江布政司在宁波的派出机构,有按察分司、布政分司、两浙盐运分司、浙江市舶司四个机构。后两个是特殊行业部门,一个负责盐政,一个负责对外联络。按察分司是督察机构,不是常设机构。由于倭寇因素,宁波还有海道副使、备倭都指挥。

府城内有 1 卫 5 千户所,兵 5000 人。军队驻守在城里,营房建在废弃的寺基或城中空地。开始单独居住,后来与百姓杂居。

3. 坊巷与社区

子城之外,就是罗城,也就是百姓居住区,实行坊、厢管理制度。所谓坊,是城里社区,设有坊长;所谓厢,是指城郊社区,设有厢长。坊为城镇中的居民编制单位,早在汉唐时期就存在了。里坊制是周朝以来中国统治者一直沿用的一种编民制度。周秦汉唐时期,实行封闭式坊里制。宋以后,随着商业的发展,封闭的里坊制变为开放的坊巷制。其特点是,各坊的围墙取消了,民宅均沿街巷布置,面街巷开门,仅在街头、巷口树一个空心门,其上悬挂坊名的匾牌。牌兼坊,后人遂有牌坊之合称。设牌坊的意义,犹如今天的小区标识。到了某一牌坊,就意味着到了某一聚居区。

宁波府城设在鄞县县城内,故宁波城由府城与县城组成。鄞县城里的厢坊,有大街、鉴街、大梁街、小梁街、砌街、沙泥街 6 条街。城里的坊巷,又按方位划分为四个隅。所谓隅,就是角落。古代的城区,喜欢按角落方位,分为西北隅、东北隅、西南隅、东南隅四部分。嘉靖年间,宁波城内的坊巷,据嘉靖《宁波府志》记载,分为四隅。明朝的牌坊,以科举和高官牌坊为多。其实,科举与高官在本质上是相通的,即士大夫之家。牌坊越多,标志着这个城市出的官僚越多。以士大夫为首,带动其他家族,正是其用意所在。也就是说,城里的坊,就是大家族。坊实际上是以大家庭为主的社区进行自治管理。城市中的大家族,构成了自然的居住区,这就是坊制的由来。

4. 宁波城的商业市廛

市场是人类生存所必需的设施。对于城市来说,市场的作用更为重要。城市人口的共同特点是"不劳",即不是直接的粮食生产者,都是些间接劳动者,如工商人士、官员、士兵、僧道等。他们的生活离不开市场的交换,有交易就有市场、商店存在的价值。明代没有专门的商业区,商店分散在大街小巷。所谓坊巷,是一种城中分坊,坊中有巷的格局。一般说来,街大巷小,巷内只有居民,街道旁则有商店。成语"大街小巷",正是此写照。街巷都是人们共用的道路,但街的人口流动量更大。要全面描写明代宁波城的商业特点是较为困难的,不过,大体上可作一些勾勒。街道两侧,有茶庄、烟店、票号、钱庄、斗行、当铺等数百家商业铺和巨商大贾的千余处豪宅大院,古朴雄浑、飞檐挑角、梁枋交错、鳞次栉比。

宁波是一个海港城市,地近海,民逐鱼盐为生,列肆负贩。这是一种自然与人文结合的海洋文化景象。商业贸易是一种异质物资交易的手段,海洋产品与农业产品间差异大。所以,古代的商业往往是在这些地方产生的。当时到宁波来做生意的人,以福建与广东商人为多。

作为港口城市,还是从码头开始讲起。东门口为三江交集之地,是宁波的水产码头,直到20世纪90年代初才搬迁。大体说来,西起来远亭,东至三江口(今自灵桥至江厦桥沿奉化江一线,今江厦公园),人称甬江码头。"凡番舶、商舟停泊,俱在来远亭至三江口一带,帆樯矗竖,樯端各立凤鸟,青红相间。有时夜然樯灯。每遇闽广船初到或初开,邻舟各鸣钲迎送。番货海错,俱聚于此。"[1]这里描写的是宁波甬江码头的景象。灵桥旁的原大世界市场(今宁波日报报业集团址),一直是水产码头。这里多冰船,为海上鲜货聚集处。灵桥旁,有市舶库,为政府所设税务机构。商舶到,官府负责"抽分",即抽取一定数量的货物作为税收,这些税收物资就贮在这里。[2] 城东姚江边上,是当时宁波的商业贸易区。小商小贩在此搭棚开店,地方豪绅趁机强行收税,这是私税。私税当然与政府利益相冲突,于是宁绍海道金事卢若腾出

---

[1] (清)徐兆昺《四明谈助》卷二九《东城内外下·环富亭》,第945~946页,宁波出版社2000年版。
[2] (清)徐兆昺《四明谈助》卷二八《东城内外上·市舶务》,第921页。

面禁绝。①

　　沿江人烟稠密。东门口三江汇合处，是主要的港口码头。灵桥门口因为有宁波东、西交通要道梁桥，人口流动量比较大，所以，商业比较发达。商业就是服务业，是为人们的生产与生活提供配套服务的。人口流动量大，是商业发达的前提条件。明代后期，宁波灵桥门一带，商业相当发达。"势家"道旁设店，阻碍交通，影响行人的通行，导致过往浮桥的行人落水。万历十一年（1583年），发大水，梁桥损坏，淹死了不少人。于是，宁波知府蔡贵易下令将违法商店撤除，重新换了梁桥。② 这也反映出，当时的店铺是设在江的两旁的。沿街设店，正是古代商业区的特点。

　　宁波商业发展比较快，到了万历后期，出现富豪"侵营地为市肆"现象，占用军用营地，将之改造成为商业区。当然，这一交易是互惠的，那位富豪专门拨出一笔钱，作为宁波知府的公用开支，号称"公用钱"③。可惜，好景不长。新知府吴文企上任后，觉得此事违法，下令属员拒收公用钱，将店铺撤了。于此也表明，当时人治色彩很浓，店铺时建时拆，商业的发展，缺少一个法律保障。

　　开明街是当时宁波的商业中心。相国余有丁的孙子余鹤卿曾在开明桥开当铺，发了财，家产较多。万历三十二年，开明街不幸遭遇火灾，因店铺密集，且都是木结构平房，大火延烧了四条街。④这事对宁波的商业打击很大，原来林立的店铺变成一片荒墟，长久没人居住。

　　城内贸易市场。城市居民要生活下来，总得有可供交易的农贸市场。明代宁波城市，当然也有自己的市场。在西南部开明坊的鄞县县治前后，有三个市场，大市在县治前，中市在县治东，后市在县治后。大市一般指交易品种比较多、数量比较大、赶集人比较多的集市。三

---

① （清）徐兆昺《四明谈助》卷一一《北城诸迹三上·明贤观察》，第334页，宁波出版社2000年版。
② （清）徐兆昺《四明谈助》卷一〇《北城诸迹二下》，第286页。
③ （清）雍正《浙江通志》卷一五二《名宦传·吴文企》，《四库全书》文渊阁本。
④ （清）徐兆昺《四明谈助》卷二五《南城诸迹五下·徐御史第》，第826页。

市百货凑集,四方估舶聚于划船场。① 府城东部的盐仓门,从镇海清水浦、五里畈等处,"担盐入城者,必由是门。肩引商家设局于此,验引百无一漏。甚至上下并同,禁绝老少盐,以致盐坐昂贵,旧制为之一变"②。府城东南的和义门,旧名渔浦,又名下卸,是当时的渔业码头。

5. 生活设施

明代宁波城内百姓是如何生活的? 住房是如何的? 这是今天的读者比较感兴趣的。

建筑。传统城市建筑不同于今天,不会高楼大厦林立。明代宁波的城墙高度为2.5丈,估计当时的城内建筑高度不会高于城墙。城墙是内外防御的制高点,站在城墙上,应该可以俯瞰全城。一般说来,明代建筑高度不高,两层楼是最高建筑。住房结构,平房与二层楼最为普遍。穷人家主要是平房,个别富人家有二层楼房。当时城内房子,多为平房。最高级的就是二层楼房,当时称为"重屋"。宁波现存的明代建筑,主要是两座范宅,一是范钦的天一阁,一是范亿的范宅。

天一阁书楼,据说成于嘉靖四十年至四十五年(1561—1566年)之间。天一阁是典型的江南重屋式藏书楼,楼上为一大统间,楼下分割为六小间。

现存范宅,建于万历、天启年间,主人范亿是甬城名医,其子范洪震名噪一时。第三代起,部分人业儒。范宅由台门、仪门、照壁、头厅、二厅、堂后楼及厢房组合而成,左右对称,明暗相间,格局严谨,是一座深院大宅。

这种重屋,是明代宁波城内最豪华的住宅。

江南地区,居民多是靠河建造住房,交通方便,夏天也较凉快。弘治、正德间,商人鲍伦"慈惠好施,尝捐金伐石,甃甬东大街,且暗通水道,免鱼盐汗潦之累"③。由此可见,甬东大街是一条用石板砌起来的

---

① (清)徐兆昺《四明谈助》卷一三《北城诸迹四上·后市》,第383页,宁波出版社2000年版。
② (清)徐兆昺《四明谈助》卷九《北城诸迹二上·盐仓》,第242页。
③ (清)康熙《鄞县志》卷一八《鲍伦》,康熙二十五年刻本。

今日范宅（钱茂伟摄）

商业街，且有下水道，解决污水的处理问题。

　　明代宁波的照明设备主要是油灯。油灯是耗钱之物，所以，人们一般节约使用，偶尔用之。

　　城市水源。水是人类生存的基本条件，居住在城市，更离不开水。对海边城市宁波来说，淡水资源更为要紧。从有关材料来看，河水与井水是当时宁波城内用水的主要来源。从朝鲜人崔溥的记载来看，明代宁波城内，河流密布，桥梁众多。嘉靖十六年（1537年）七月，海潮入灵桥门。说明灵桥门是隔离海水与淡水之城门。那年，奉化江潮水上涨过高，淹过灵桥门，进入城内淡水河道，影响了淡水资源。

　　宁波城市是如何排污的？城中有不少小河，时间一长，生活垃圾一多，往往容易发臭。宁波解决污染之道，当时主要是用奉化江中的海水来冲洗。在农耕社会，人们的生活比较质朴，自然也不会太在意城市生活垃圾的处理。

6. 城市人口

明代宁波城市的常住人口有多少,这是一个谜。

从理论上说,居住在城市的人群,主要是官僚与商人、市民。具体地说,城内人群,有政府机关人员,包括官与吏,一般说来,吏多官少。军队士兵,占了相当大的人口比例。官僚家庭,住在坊内。这些人连同秀才、举人、进士、退休官员,组成了城市人口的基本群体。举人门口有旗杆,进士门口有牌坊。商业人口也是主体之一。商人家庭有钱置产业,置房产。宗教人口,主要是寺庙、道观中的和尚、道士。普通市民,从事服务行业。还有是城市中的流动人口,即临时进入城市生活的人员。管大勋《风俗》称"海国春城十万家",当时是否有"十万家"不好说,但宁波城内人口众多则是可以肯定的。

第二节　乡　村

按照"常事不书"原则,关于县以下乡村生活的记载十分少。通过地方志,我们至多只能了解到当时县设各乡、都、里的名称和基层行政制度,至于具体的乡村百姓生活状况则无法了解。

一、农村的乡都制

明朝的乡村行政制度,实行乡都(或乡里)制度。① 如鄞县有武康乡,领2隅;东安乡,领2隅;万龄老界乡,领1隅4都;阳堂乡,领7都;翔凤乡,领5都;万龄手界乡,领6都;丰乐乡,领4都;鄞塘乡,领6都;句章乡,领2都;通远乡,领4都,光同乡领4都、桃源乡领5都、清道乡

---

① 王昊《明代乡、都、图、里及其关系考辨》,《史学集刊》,1991年1期;王昊《明代乡里组织新探》,《明史研究》第一辑,1991年9月。

领 3 都 1 隅,共 13 个乡,下辖 51 都。

慈溪县有德门乡、西屿乡、石台乡、金川乡、鸣鹤乡 5 个乡,共 30 都。

奉化县有奉化乡、连山乡、松林乡、忠义乡、金溪乡、长寿乡、禽孝乡、剡源乡,共 8 乡,14 区,52 都,编户 146 里。

定海县有东管乡、四管乡、灵绪乡、崇丘乡、灵岩乡、太丘乡、海晏乡 7 个乡,共 19 都。

象山县有 3 个乡,即归仁乡,9 都;政实乡,8 都;游仙乡,7 都,共 24 都。

此外,属于台州府的宁海县有新宁乡、朱开乡、连理乡、永康乡、仙岩乡、宁和乡 6 个乡,共 51 都。属于绍兴府的余姚县有 15 个乡。

表 8—1　余姚都里数

都名	嘉靖年间余姚都里			都名	万历二十九年余姚都里		
	都一里数	都二里数	都三里数		都一里数	都二里数	都三里数
东山	5.5	6	7.5	东山	6	6	7
兰风	4	5	4	兰风	6	7	6
烛溪	5.5	7.5	7	烛溪	6	8	7
梅川	3.5	8.5		梅川	8	12	
冶山	3.5			冶山	3		
四明	3.5	3	3.5	四明	4	5	6
开原	9	10	7	开原	12	11	8
风亭	10.5	12		风亭	7	6	
云柯	12	7.5	6	云柯	14	11	7
云楼	9.5			云楼	11		
上林	8	4.5		上林	8	5	
通德	3.5	4	4.5	通德	3	5	7
孝义	8	15		孝义	8	20	
双雁	9	7.5		双雁	8	6	
龙泉	2.5	8.5		龙泉	8	6	

资料来源:(清)光绪《余姚县志》卷一《疆域》。

也就是说,当时的宁波府中,鄞县最大,有13个乡,而象山县最小,仅有3个乡。

行政区划的里是按自然地理及聚落划分。里是乡村最小的组织形式,是明代基层的赋役单位,里中人户,也就是纳税户。按照明代编制,一里凡110户。在这种体制下面,百姓人口数只有纳税人口统计上的数字意义。"里"既然是由编户数量决定的,而人口是不断增减的,自然"里"的数量处于不断变化之中。"盖里以编户,十年一更,籍时有损益也。"如余姚县,永乐《绍兴府志》所载里数不同于洪武间。嘉靖间里数,合计为236里;万历间,余姚共有270里。又如宁海,洪武间有113里,崇祯间仅102里。据《明一统志》卷四十五,余姚有302里。据《明一统志》卷四十六《宁波府》,鄞县有编户200里,慈溪200里,奉化147里,定海90里,象山30里。据《明一统志》卷四十七,宁海有编户140里。值得留意的是,乡下都的编号,按统一的顺序数字进行。以上表明,县及以下的乡里、都图、都里制度,是相对稳定的。

明代乡里管理制度,分为两个时朝。明代前期实行里甲制。"洪武十四年(1381年)诏令天下编赋役黄册,以一百十户为一里,推丁粮多者十户为长,余百户为十甲,甲凡十人。岁役里长一人,甲首一人,董一里一甲之事。"[①]里甲组织除了设里长、甲首外,还设有里书,协助里长编制黄册,摊派税收。由于里长之役十分繁重,因此规定了轮流充任的制度。以丁粮多少为序,凡十年一周,称排年。

明中后期实行保甲制。明代的里,有人户之里,有土地之里。随着"一条鞭"法的推行,前者逐渐让位于后者,以地为主,不以人为主,人系名于地,不许地系亩于人。

明代和历朝一样,县下有乡级行政区划,但没有乡级行政机构。县以下的行政机构并非实体化的,无论保长,还是里正,只要有人跑腿办事就行。政府遵循的是"财权上收,事权下放"原则,事权与财权分

---

① 《明史》卷七七《食货志》,中华书局1974年版。

离,责权利不统一,地方得不到国家财政的支持。

当时的中国,县以下的乡村,实行的是宗族自治,这在明中叶以后,更为明显。传统中国是一个以农村为主体的社会,而农村又是以家族为基本单位。中国的大家族是人伦亲情的集合场,也是初级的社会单位。家族相当今天的一个社区,家族的设施、文化或技艺,对族人来说,是一种公共领域。

农村地区,人们一般聚族而居,一姓往往构成一村。乡村地区聚落的规模比现代要小得多,一般以数十户为一村,数百户一村的,就算得上是大村了。如定海缪氏就是一个大家庭,祖缪保障、父缪永宗、子缪廉七兄弟、孙缪兰,五代聚族而居,人口近百。有的耕耘,有的读书,"各职其业,敛散需宾,事各有条"①。在偏远的山区和沿海地带,自然村落零星散布,规模尤小。如象山县在明初时编户为 24 都 45 图(里),到嘉靖年间改并为 32 图,共有 217 个自然村落。当然,无法共同生活时,也会分家,如奉化人方德初,开始"四世同居,百口共爨"。后来,只得分家,子一人、从子十一人,"以赀产均分之"②。也就是说,一家分成了 12 家。资产均分,正是中国分家的特点。

在农村地区,乡民们以一家一户为中心,男耕女织,日出而作,日落而息,一个村庄大抵就是一个自给自足的自然经济单位。生活在同一村落里的乡村居民,由于同宗同姓,具有血缘关系,世代以来自发地形成了在生活劳动中协作互助、生活中互惠互救的传统。乡村里的道路、桥梁、庙宇、祠堂、学校等公共工程,一般也由乡民族众们出资出力,协作兴建而成。一年之中,岁时节日是乡村地区最热闹的日子,也是男女老少最快活的日子。在明代宁波,一般农民家庭的生活状况,都是相当艰辛的。③

---

① (清)光绪《镇海县志》卷二五《缪廉》,《续修四库全书》本。
② (清)雍正《浙江通志》卷一八八《方德初》,《四库全书》文渊阁本。
③ 参陈剩勇《明代浙江:乡村社会、农家生活和社会教化》,《浙江社会科学》2000 年第 1 期。

二、乡居的优越性

人类的居宅可分城居与乡居两种。一般说来,明代官员退休以后,大部分仍要回到乡下去生活。原因在于,明代的城市仍是王朝在各地的行政与军事中心,城居并不是理想的居住方式。由护城河、城墙包围起来的城市,实际上是一个封闭式的空间。对于居住在城里的人来说,城墙其实就是一堵围墙。有围墙自然让人有一定的安全感,但同时也有不方便之处,进出城市时间有管制,超过规定时间,就回不了城。有一次,兵部侍郎李杴弟李榳应定海关大将马氏之邀,到定海做客。等天黑张灯,李榳就想回家,说:"城中无寓,恐夜深,城下锁,不得出。"马公笑曰:"且宽坐,可无虑此也。"①定海关守将马氏有特权,所以才说不要担心关门的话。另外,当时的城里缺少休闲设施,在城里生活并无多少乐趣可言。大米、布帛是主要的交换品。城里既然不直接生产大米、布帛,自然也不是理想的生活场所。也就是说,明朝人是否城居,完全取决于乡下有无田亩及数量,没有粮食支撑,城居便无法维持下去。城市生活比起乡村生活,没有什么优势。

相反,乡居生活则优越得多。《甬上耆旧诗》卷二三吕时《闲行即事》中道:"竹屋炊烟四五家,门前潮水绕寒沙。道人日晚乞食去,鹅鸭满田蚕头花。"文人墨客更喜欢乡下生活的景象。宁波城内大族李正华分家时,自愿选择了宁波东乡的乡村别墅,人称"楝塘翁"。在陆深笔下,楝塘翁的乡村生活相当有情有味:

> 每春、夏之交,楝吐花煜煜,香风披拂紫翠,若错绣可爱。天且盛暑,浓阴敷布几百余武。翁坐堂上,纶巾羽扇,手一编,或口哦小诗。兴至则拂柯攀条,升高望远,每呼子若孙,读书其旁,听以为乐。时出步田畴间,与农人较量粳

---

① (清)徐兆昺《四明谈助》卷一四《北城诸迹四下·车桥李氏》,第413页,宁波出版社2000年版。

秋,问岁入多寡。客至,未尝不置酒,即桥为席,因石为几,菱芡莲藕之属,请客所欲,即取而供之,或弃其余。鹊下巢鸣喳喳,鱼尾尾跃水面,不复避人。或对弈,或鼓琴,或流觞而饮,或荡桨而游。大醉则放歌,振起林木间,与渔榔牧笛之声相和答。客人人惬,不忍言去。去则就塘浴,浴起则枕石而卧,清荫掩映,不知炎燠之袭人也。入秋、冬,则有黄叶飞舞,浮沉碧流中,烂若云锦青子。累累葡萄在架,野禽啄啅,群翻争坠。时复夕阳在树,则炙背而观之。月明之夜,倒影入池,如镜乍拭。星斗罗列其下,咸可俯而掬也。门外樵采归者,船尾相衔如织。或值风雨暴至,则金鸣铁应,若在战场。霜雪交加,则琼葩玉蕊,如登瑶圃。当其意会处,豁如也。①

明代中叶以前,官绅地主多半居住在乡里,其后在商业利益及城市生活方式的吸引下,出现移居城镇的现象。这种变化,在明代宁波也有所反映。明代不少官员与商人、读书人,开始了城居与乡居双重生活。杨氏是城南镜川人,在城中采莲桥东,有"杨尚书第"的宅院。李氏"家居城东砌街,别有草堂在东皋"②。但是城市生活成本太高,许多人不得不另外置办乡间田产。城居之人,主要是官员与商人。即使居住城市的人,也以乡村为依托。在货币体系不发达、商品交换也不发达的当时,没有土地作依托,是没法在城市中生存下来的。

第三节　交　通

古代交通方式,不外是陆上与水上两种。宁波府的交通主要是水

---

① （明）陆深《俨山集》卷六一《楝塘翁小传》,《四库全书》文渊阁本。
② （清）李邺嗣《甬上耆旧诗》卷五《先栎轩先生》,《四库全书》文渊阁本。

路,陆上交通是次要的。

一、驿站为主的陆上交通

官办陆运。古代的陆上交通,通常由政府经营。政府要对各地实行管理,离不开人员与信息的传递。馆、驿、铺是古代官用的交通设施,邮驿制度是官用交通制度,陆路交通的主要内容就是邮驿。

交通路线及距离。以宁波为中心的对外交通路线:宁波到京师,陆路4550里,水路4638里。宁波到南京,陆路1380里,水路1380里。宁波到杭州,陆路480里,水路480里。宁波往南到台州府治,386里。宁波往西到绍兴府城,315里。宁波往西南,经过新昌、嵊县、东阳山路,到达金华城,300里。①

宁波府内交通路线:以宁波(鄞县)为中心的交通路线,往东南,到达象山的昌国卫,有350里。往东北的翁山中中千户所,约二潮。宁波城往东到达大嵩千户所,有90里。往北到龙山千户所,为70里。往西北到观海卫,125里。南到奉化,80里。北到慈溪,80里。东到定海,60里。

以慈溪为中心的交通路线:东到定海,90里。南到奉化,120里。西到余姚,80里。北到观海卫,85里。东南到鄞县,50里。

以奉化为中心的交通路线:东到象山,170里。南到宁海,120里。西到嵊县,170里。北到鄞县,80里。西南到新昌,190里。西北到慈溪,140里。

以定海为中心的交通路线:西到慈溪,90里。北到管界巡检司,60里。东到长山巡检司,40里。西南至鄞县,60里。西北到龙山千户所,40里。

以象山为中心的交通路线:西到宁海,100里。北到鄞县,270里。

---

① (明)成化《宁波府简要志》卷一《疆域》,《四明丛书》本。

东南到昌国卫，100里。南到石浦千户所，120里。东到爵溪千户所，20里。

交通驿站的分布。明朝设驿站，"以通宾客，候馆相望"。驿站间的距离，或四十里，或五十里，不超过七十里。如此设置，"道均而役易达，地近而力不劳"①。明代宁波主要有5个驿站，即四明驿、车厩驿、连山驿、西店驿、安远驿。在宁海，有白峤驿。

宁波府城到各个县地方，十里为铺，各县有不同数量的铺。鄞县有城东等20铺。慈溪有急递等11个铺。奉化有县前等11个铺。定海有县前总铺等22个铺。象山有县前等17个铺。宁海有县前总铺等41铺。余姚有南官道急递铺、北海道急递铺各两条交通线。明朝基本和元朝一样，普通的文书交给步行的递铺，重要和紧急的文书才交给马驿办理。不是国家与军事大事，一律不许滥用驿马或动用驿站的邮递设施。

朝鲜使臣崔溥曾到过宁波，于此，我们可了解宁波南向与西向的水陆路交通状况。崔溥在弘治元年（1488年）一月二十四日进入宁海境内。首先到达的是健跳千户所，在宁海城东南，离宁海城130里。健跳千户所是一个地方军事机构，千户是李昂。二十五日，到达越溪巡检司，在宁海东20里。二十六日，过宁海县。先到越溪铺，再到市舸铺，到宁海城中的白峤驿，然后向北路行走，先后过桐山铺、梅林铺、缸窑铺、海口铺。二十七日，到奉化与宁海交界处之西店驿。二十八日，经栅墟铺、山隍铺、方门铺、双溪铺、尚田铺，到达奉化之连山驿。连山驿离县城有2里。二十九日，过奉化之金钟铺、南渡铺、广济桥。广济桥在大河上，桥上架屋，桥长约二十余步。再过十多里路，也有一座大桥，桥上也架屋，说明当时奉化人喜欢架设这种桥。过了这座桥，就是常浦桥，接下来过奉化江。过了江，就是鄞奉平原，"平郊广野，一望豁如"。最后到达宁波府城。二月一日，过慈溪县。从崔溥的旅程

---

① （明）姚镆《东皋文集》卷一《新修泾阳驿记》，《四库全书存目丛书》。

来看,当时官方交通线,中间的驿站是十分重要的。

民间的普通交通。对于普通人来说,当然也可以走官道,但不能用官用驿站设施。在宁波的对外交通道路上,在各县之间的交通道路上,包括各村间的道路,为了能让行人在途中休息,普遍修建了路亭。路亭是乡村交通设施之一,包括凉亭、路廊,房子少则一间,多则三五间,既可供行人憩息,又是避雨乘凉之所,有的还可住人。道路与路亭,多为当地私人独资或集资所建。万历间,宁海人杨继思"见摘星岭峻绝,为行人所病,捐金五百甓之,不避寒暑者五年,向为鸟道,顿成坦途。今之新岭其创改,始名也,遂易名杨公岭"①。万历间,宁海人杨师儒见"洪水冲坏溪桥,徒步者苦之,杨师儒捐赀三百两,五载落成"②。

二、发达的水路交通

从交通运输的成本来说,水运路较为节省,故而古代社会水运发达。

城内水运。宁波是一个江边城市,三江围绕是其特点。古代没有条件建大桥,出行的主要交通工具是船,跨江河靠的是渡船,俗称"摆渡"。这可以从渡口名称中得到说明。在鄞县有桃花渡,这是通向定海的主要渡口。桃花渡也称东渡,在东门外面,今江厦桥稍北。渡口的西面,称为东渡路。东渡路口,有一城门,称为东渡门,也称东门。渡口的东面,称桃渡路。明代的渡口,设渡夫四名,每名给工钱3两6钱。清道光时期,有渡船22只,由戴、马、缪、滕四姓控制。③ 依次还有东渡等18个渡口。奉化有南渡、北渡等9个渡口。定海有14个渡口。象山有湖头渡等。

小河上面桥多。宁波城内有124座桥,城外215座,共339座。

---

① (清)雍正《浙江通志》卷一八八《杨继思》,《四库全书》文渊阁本。
② (清)雍正《浙江通志》卷一八八《杨师儒》。
③ (清)徐兆昺《四明谈助》卷二九《东城内外下·桃花渡》,第959页,宁波出版社2000年版。

定海有126座桥,慈溪有85座,奉化有85座,象山有27座。有如此众多的桥梁,我们可以想象古代这里河流之多,完全是一派水乡景象。《甬上耆旧诗》卷七张琦《入村偶成》有"出郭动舟楫,入村趋草楼"之句;倪光《半村为毛廷辅赋》中说道:"郡晓闻钟漏,门前人卖花。郭田留野鹤,庭树宿城鸦。园径通渔市,河桥近酒家。柳塘横客棹,风月赋桑麻。"①这些描写是真实可信的。

明代时,东津浮桥是宁波城内联系奉化江东西两侧最主要的大桥,它是今天灵桥的前身。古代的建桥水平低,在宽阔的江面上只能建浮桥。浮桥总跨度有数十丈,人们每天络绎而过,复有邮递往来,经常是昼夜不息,晚上经过时,一不小心会失足落江。由于交通压力过重,浮桥经常要维修。从修桥的时间间隔来看,嘉靖间最短即修桥最为频繁。这说明桥的使用率在提高,人流量加大了。其中有军事因素,但最重要的是人口数量的增加,城市经济趋于发达。

内陆水运。由杭州到宁波,有浙东大运河,也称杭甬运河。它是宁波与杭州之间联系最为便捷的河道。在实行海禁的明代,宁波人外出,主要走浙东大运河。源源不断的货物,也是通过它流向全国各地的。万历三十八年(1610年),宁波卫都指挥刘宗尧"督漕运三百艘,严禁左右,杜绝诸弊,无一折阅"②。由于交通落后,参加科举考试者在路上所花时间甚多。郑真作的《计偕录》为我们作了详尽的勾勒。宁波离南京不远,也就一千多里,但为了参加三月的吏部考选,郑真还得提前两三个月动身。洪武五年(1372年)十二月二十二日,出甬东。二十五日午后登舟,夜宿西门。二十六日夜三更,泊高桥张循王祠下。二十七日泊舟西渡。二十八日早到余姚。晚到通明,宿上虞河上。二十九日除夕,遇雨。洪武六年正月初一日暮至越城下。初二日,入越城。初三日早,过西钱清埧,晚宿西陵。初四日,风雨渡江,寒气凄冽。

---

① (清)李邺嗣《甬上耆旧诗》卷五,《四库全书》文渊阁本。
② (民国)《镇海县志》卷二一《刘宗尧》,《中国地方志集成》本,上海书店出版社1993年版。

初六日,到省中。① 也就是说,从宁波鄞县到杭州,走了14天。

海运。宁波四县皆滨东海,外国人航海朝贡者,一般都要经定海小港(即小浃江),进入甬江,抵达府城三江口,登陆上岸。明代由于一开始就实行海禁政策,国家放弃了海上运输经营,故明代海运不发达,海上只有私人船只在偷偷运输。如正德初年,海运遭风,数十人受牵连,连年被拘。鄞县丞丁袍了解实际情况后,出面申请,释放了这些海上运输户。②

---

① (明)郑真《荥阳外史集》卷九七《计偕录》,《四库全书》文渊阁本。本处仅摘录其中的行程记,途中所作诗,一律删除。
② (清)康熙《鄞县志》卷八《丁袍》,康熙二十五年刻本。

第九章
明代宁波的文化

- 儒学教育与科举
- 哲学与经学
- 佛教
- 史学与方志
- 文学
- 艺术
- 藏书
- 科学技术

明代是一个科举、教育、出版诸业特别发达的时代,时间近三百年,故而,学术文化相当繁荣。宁波曾培养出了近九百名进士。科举教育的发达,为文化的发展提供了良好的条件。因此,"吾明文献,世为海内项领"①。明代的宁波文化人取得了令全国士人刮目相看的成就,特别是出了王阳明这样的大家。

第一节 儒学教育与科举

明代的学校主要是国家思想教化、文官培养的基地,其他类型的人才,则是学校教育的副产品。"学校为养贤之地,风化之原,迄古迨今,有土有民者,莫此为先务也。"②隋唐以后,古代中国主要有以政治人才培养与选拔制度为核心的儒学教育及科举制度。

一、以儒学为主的学校体制

1. 儒学

明代学校,按《周礼》思想设计,实行三级办学体系,即国学、乡学、社学。明代国学称国子监,乡学包括府学与县学两种。就地方而言,就是府、县两级的儒学体系。宁波有1座府学、5座县学(鄞县学、奉

---

① (明)薛三省《薛文介公文集》卷一《徐见可集序》,《四库全书存目丛书》。
② (明)郑深道《永乐十年记》,《敬止录》第五册《学校考》,浙江图书馆抄本影印本。

化县学、慈溪县学、定海县学、象山县学),再加上台州府的宁海县学、绍兴府的余姚县学,共有 7 座县学。宁波府学位于宁波城内西北隅,在府治北鉴桥西面。宁波府学在明代曾经几次维修。按照明代的规定,府学设教授 1 名,训导 4 人,司吏 1 人。县学设教谕 1 人,训导 2 人,司吏 1 人。教授与教谕是主讲,训导是副讲。府学招生规模为廪膳生员 40 人,增广生 40 人,附学生员无常额。县学减半,即廪膳生员 20 人,增广生 20 人,附学生员也无常额。学校是培养人才的地方,"五经四书"是培养人才的教材,学官是教育人才的人。也就是说,学校、教材、教官,三者缺一不可。

慈城孔庙(宁波市文保所提供)

洪武元年(1368 年),改元朝体制的书院山长为训导,学田充公。洪武五年,罢废书院训导一职,学生归并到县学,书院于是得不到建设。① 晚明以后,出现了一些讲学性书院,如余姚中天阁、姚江书院等。

---

① (清)光绪《慈溪县志》卷五《建置四·书院》,《中国地方志集成》本,上海书店出版社 1993 年版。

2. 社学与义学

社学。明代制度,仿古小学意,每社必有社学。明代社学,始于洪武八年(1375年),规定延师儒以教迪民间子弟,同时要求地方官按时"劝相程督"。明代社学,是儒学的基础。"凡学以儒为宗,乡塾即小学也,实基大学之终。非蒙以养正,则工夫失序,圣功曷成哉?"①这段话对设立社学的意义作了全面的阐述。可以说,社学是最基层的教育组织,直接关系到人的素质培养,更关系到儒学的生源。

不过,社学不同于儒学,其数量大,分布广,且缺乏硬性考核指标,故实际操作中,"有司概为末务,率旷而弗举。间举焉,句读为业"②。所以,政府时时要强调其重要性,督促各地重视社学。如正统元年(1436年),令各处提学官及司府州县严笃社学,不许废弛。其有俊秀向学者,许补儒学生员。成化元年(1465年),诏各处府州县振兴社学,招聘名儒以教诲民间有志之子弟。弘治元年(1488年),申饬各府州县社学,用心教养民间子弟,以勤怠为印官殿最。弘治十七年(1504年),诏令各府州县社学,悉心训迪其民间童子,要求熟读"四书",同时讲习冠婚丧祭之礼。③ 朝廷不时强调地方重视社学。万历中叶(1596年前后),定海知县时偕行创卫里、射圃、社学、民兵。④ 说明晚明时期,社学仍受重视。

正德末年,奉化知县朱豹在学宫东面建社学一所,每月的朔日、望日,必亲自到社学讲学,"剖析义利",士子们大受鼓舞。这表明社学以教化为主。朱豹又选择其中突出的十余人,提供膏烛之费,"朝夕课试"⑤。这表明,社学同时也承担了科举应试教育之任。

社学实际上是一种社区学校,是按县属行政单位划分的。府城内

---

① (明)李堂《堇山文集》卷一〇《奉化县社学碑记》,《四库全书存目丛书》。
② (明)姚镆《东泉文集》卷二《绍兴府古小学记》,《四库全书存目丛书》。
③ (清)徐兆昺《四明谈助》卷一二《北城诸迹三下·明乡隅立社学》,第366~367页,宁波出版社2000年版。
④ (清)雍正《浙江通志》卷一五二《时偕行》,《四库全书》文渊阁本。
⑤ (清)光绪《奉化县志》卷一八《朱豹》,《中国地方志集成》本,上海书店出版社1993年版。

按四隅划分,每一隅设一所社学。再加上附郭甬东、城西二隅,共有6所。城外乡下,每都设一所。成化年间(1465—1487年),慈溪坊隅社学15处,乡都35处。奉化坊隅1处,乡都7处。定海,坊隅1处,乡都24处。象山,市郭乡都共24处。社学教师不纳入国家文官之列,未受朝廷皇粮,学校也没有固定的经费,所以,社学的发展得不到制度的保障。如朝廷或地方重视,社学发展就比较正常。如嘉靖十年(1531年),黄允谦为宁海知县,建社学,置社田,宁海的社学发展就会好一些。反之,地方官不重视,社学就会荒废。

义学。宣德五年(1430年),余斌调定海卫指挥,建义学,延聘师儒,要求愿读书的官家军民子弟都来学习。有空的时候,余斌也会亲自到义学,当面考评学生,激励军队子弟努力学习。①

3. 地方官对儒学的重视

在政治与教化一体化下,政务官与教官是一个地方最引人注目的两种职务。政务官任治,教官兴教,可以说是同等重要之事。"然知府秩高而禄厚,有吏卒刑禁之盛其上,故人畏而敬之。教授秩卑而禄薄,无吏卒盛令,徒以礼义化诸生,故人狎而易之。"②知府与教授职位不同,但使命相似。历任教授与历任知府,同样是值得注意之人。

地方官对教育的重视,主要表现为:

(1)亲自上县学讲习,鼓励诸生学习。郑珞为宁波知府时,每当处理完公务,就到府学明伦堂,"与诸生质难可否,奖其良而惩其不率"③。弘治年间(1488—1505年),宁波知府伍符常到学校,"稽生员之勤惰而劝惩之"④。正德十三年(1518年),宁波知府寇天叙理政之余,讲明理学。嘉靖十三年,王德溢知慈溪县,振兴学校,谦恭下士。⑤

---

① (清)雍正《浙江通志》卷一五二《余斌》,《四库全书》文渊阁本。
② (明)桂彦良《送崔斯立序》,见《敬止录》第三册,浙江图书馆抄本影印本。
③ (清)雍正《浙江通志》卷一五二《郑珞》。
④ (明)严端《弘治十二年记》,《敬止录》第五册《学校考》。
⑤ (清)雍正《浙江通志》卷一五二《王德溢》。

隆庆六年(1572年),周光镐代理象山知县,首谒学宫。发现图书数量较少,当即捐出自己的月俸,购书若干卷,入藏县学。正德初年,陈轼为定海知县期间,"尤加意学校,每月给油炭,以资肄业"①。万历二十五年至二十八年(1597—1600年)间,奉化知县樊毂"作兴文学,时引青衿子弟,设俎豆,陈经术,旁及艺文,讲贯不辍"②。

(2)经常性地修缮儒学。每一次大修,几乎都是新上任知府下决心做的。约洪武十九年(1386年),宁波第四任知府李仲文重视官校建设,"兴学校,建明伦堂、尊经阁"。永乐十一年(1413年),宁波通判樊磐等人视察府学后,带头捐俸,重新修缮了府学。不过,不少地方官往往借口"科征供给告疲"而缺乏资金投入,结果学校多兴办不长。③正统元年(1436年),宁波知府郑珞发现府学破旧,大为感叹:"宁波,浙之大郡,素称文献,而堂宇弗葺,因陋就简,至于倾仆。"④于是,慨然以兴学为己任,作明伦堂。天顺八年(1464年)冬,张瓒为宁波知府,决定重修府学。⑤嘉靖三十六年(1557年),张正和调任宁波知府,"欲兴起教化,以复文献之旧",决定重修府学。⑥万历四年(1576年),督学刘氏视察府学,请知府周良宾负责重修。天启间(1621—1627年),宁波知府下檄定海知县顾宗孟"榷关税,得额外羡五百余金,悉以缮学宫"⑦。崇祯间(1628—1644年),胡梦泰为奉化知县,见学宫圮坏,拨出资金加以整修。⑧

宁波府各知县也重视县学的整修。弘治十二年(1499年)夏六月,提学佥副赵宽行部到鄞县,鄞县师生因旁有宝云寺,影响学习,要

---

① (民国)《镇海县志》卷二一《陈轼》,《中国地方志集成》本,上海书店出版社1993年版。
② (清)光绪《奉化县志》卷一八《樊毂》,《中国地方志集成》本,上海书店出版社1993年版。
③ (明)周玑《正统十年记》,《敬止录》第五册《学校考》,浙江图书馆抄本影印本。
④ (明)周玑《正统十年记》,《敬止录》第五册《学校考》。
⑤ (明)王来《成化二年记》,《敬止录》第五册《学校考》,浙江图书馆抄本影印本。
⑥ (明)王应鹏《嘉靖十三年记》,《敬止录》第五册《学校考》,浙江图书馆抄本影印本。
⑦ (民国)《镇海县志》卷二一《顾宗孟》。
⑧ (清)雍正《浙江通志》卷一五二《胡梦泰》,《四库全书》文渊阁本。

求赵宽"尊圣道,斥异端",迁移寺院。得到赵宽的大力支持,于是,将鄞县县学东之宝云寺迁移到废弃的戒香寺旧址。嘉靖三十五年(1556年),由于倭寇之患,慈溪县学被烧。嘉靖三十六年,在旧址基础上,重建县学。嘉靖七年,陈缟升奉化知县,因学宫颓圮,"即饬材鸠工,轮奂一新"①。从以上情况来看,由于木结构房子容易损坏,所以,官学是需要不断修缮的。明代地方政府的经费并不充裕,没有钱来筹办公共事业,故修缮经费不少是由民间集资的。

(3)帮助儒学解决经济来源。学校是非营利机构,必须有外来经费的资助才能生存。嘉靖二十年,徐宪忠出任奉化知县,从处理积弊入手,清理出"隐田"百亩,将之划为县学的学田。万历五年(1577年),杨芳知鄞县,私下调查得知彰圣寺侵占学田一万三千余亩,遂命章圣寺将学田归还府学、鄞县学。每年收租,作为"贫士"的学费。②万历二十九年,巡抚刘元霖下令给府学及6县学置学田,作为学生的学费。万历四十年,宁波知府戴新置赡学田,得慈溪杜、白二湖傍山田513亩,奉化县安严寺僧告争田308亩,定海县绝甲官地618亩,鄞县朱子贵所献何坊等42亩,数量不少。③崇祯十四年(1641年),海道副使王应华置田11亩,赡养府学。由以上事例可以看出,增加学田,保证经费来源,是维持儒学运转的必要措施之一。

二、科举

为了保持各省间的平衡,明代科举实行区域配额机制。浙江省每一届乡试录取名额是95人。此外,有一部分浙江人通过应天府乡试,取得会试资格。由于浙江是教育大省,每届进士及第的人数,往往居

---

① (清)雍正《浙江通志》卷一五二《陈缟》,《四库全书》文渊阁本。
② (清)雍正《浙江通志》卷一五二《杨芳》。
③ (清)高宇泰《敬止录》第三册,浙江图书馆抄本影印本。

全国各省之首。① 宁波是浙江省各府之中考取进士最多的府。据吴宣德《中国教育制度通史·明时期》之《浙江布政司进士分布表》统计,有明一代,鄞县249人,慈溪214人,奉化38人,定海24人,宁海16人,象山11人,共552人考取进士。加上时属绍兴的余姚330人,共计882人。就数量来说,居全国第一。其中,余姚、鄞县、慈溪3县进士及第率最高。

从时间分布来说,明代前期,宁波出的科举人才多,后期有所减少。促使宁波科举状况变化的原因是什么?按照张时彻的话,既是气数,也和地方官的倡导分不开。张时彻说:"余童时,见学士先生率多朝夕诵肄不辍。其聚而群也,陈简编,援训诂,更相辨难,必求竟其旨归。高者贯穿经传,旁罗子史百家;其次亦专门名家,精其师说。其为文也,必胪列毫分于经义。以故,射策显名,往往率先他郡。荐书未出,而已逆知其姓名十九矣。此非独气数之盛,亦倡导之者得其方也。"②就是说,嘉靖之前,宁波的教育风气比较淳,大家都围绕科举而学习,故而宁波的科举中举率高。但到了嘉靖中叶,读书风气大变,"士苴经籍,弗略其置,惟市肆科试之文是诵是肄,澡德棳躬之术多所放黜,甚或朋淫游宴,闯官府以关说短长,而风斯下矣"③。这话有一定道理。嘉靖时期,由于有些人看破了科举的本质,宁波府学的教学确有放松现象。如嘉靖七年(1528年),陆奎章任宁波府学教授,拿出自己平生所治举子文章,与诸生一起讨论。有人批评他"督责太宽",陆奎章回答说:"此渔士之囮也,吾耻为之。吾与诸秀敏者,朝夕诵肄,即不能者可勉,他何为哉!"④陆奎章认为科举是套知识分子的圈,他不忍心让诸生们继续误入歧途。教官这种消极态度,显然会影响宁波府生员参加科举的积极性。当然,科举衰落的因素较多,科举竞争的激烈,

---

① 吴宣德《中国教育制度通史·明时期》,第505页,山东教育出版社2000年版。
② (明)张时彻《芝园定集》卷三六《宁波府重修儒学记》,《四库全书存目丛书》。
③ (明)张时彻《芝园定集》卷三二《送郡长华野周公入觐叙》。
④ (清)雍正《浙江通志》卷一五二《陆奎章》,《四库全书》文渊阁本。

商业的发达,这些都是影响科举中举率的因素。

按照明代异地为官的原则,宁波籍科举进士,大多到外地做官。他们的政治贡献,主要是在外地。他们的事迹,在方志中一般见于人物列传。由于体例的限制,一般的地方通史都很少涉及。

第二节　哲学与经学

明代以理学治国,故理学在明代的地位最高。在明代学术史上可圈可点的是,方孝孺以气节振兴了理学。

一、明初的程朱理学传播

理学一旦被国家思想化,其学术本身就不需要发展,只要实践就可以了。明代鄞县学人倪复就说:"士生程朱后,幸有坦途,乃更欲立门户耶?"所以,他说经谈理,"止据先儒成论,会而通之"①。这说明,理学不用发展是当时比较普遍的理念。

1. 方孝孺

方孝孺(1357—1402年),字希直,又字希古,人称正学先生,宁海人。自幼精敏绝伦,8岁读书,15岁学文,辄为交友所称。宋濂、胡翰的学生。20岁游京师,从学于宋濂,很快成为宋濂的得意弟子。返金华,复从宋濂学,前后6年,尽传其学。洪武十三年(1380年)回宁海。洪武十五年、二十五年,曾两次受明太祖召见,均因理论不合太祖胃口而不得重用,仅授汉中府教授。后

方孝孺小像

---

① (清)蒋学镛《鄞志稿》卷一二《倪复》,《四明丛书》本。

受蜀献王赏识,聘为世子师,名其读书处为"正学"。建文即位(1399年)后,延为翰林博士,进侍讲学士,颇受器重,俨然"帝师",犹如师友。又总裁《明太祖实录》。建文败,朱棣登位,命其起草即位诏书,拒不奉旨,被极刑处死,享年46岁,并灭九族,死者847人。方孝孺这一气节,轰动了当时,给后世树立了一个坚守臣节的楷模。

后人称"孝孺平生杰然必为君子也,贱文章而贵道德,耻刑法而尊教化,虑无不发明圣训,敷陈王道"①。这段话基本上概括了方孝孺思想的特色。具体地说,方氏思想有以下几点:

第一,以圣贤之道自任。从中国儒学史来说,元明之际,"守先启后,在于金华"②。浙东金华朱学堪称洪武儒学的主流。③ 明初,浙东儒学的代表是宋濂、方孝孺师生。方氏一生以圣贤之道自任,谈论最多的是圣人之学、王道之世。"儒者之学,其至,圣人也,其用,王道也。"④方氏所谓的圣人,主要指尧、舜、禹、汤、文、武、周公、孔子8人。"夫君子之所学者,圣人之道。"⑤学圣人之学,从六经开始。"圣人之言行文章,具在六经。"⑥圣人之道是什么?"莫大乎仁义忠孝"⑦,它是"修己以治人"的工具。圣人之道是永恒的、至上的。只要六经学会了,道理懂了,则治国治民,也就会了。

第二,重视学道路径的探索。方孝孺在义理上对朱学几无发展,只是提出了一套严密且颇具体系性的学道方法。⑧ 方氏的信念是:"自近世大儒剖析刮磨,具已明白,所患者信而行之者寡耳。今世有贤者作,当以躬行为先,一反浇陋之习,以表正海内,庶几有所益,岂宜复增

---

① (清)沈佳《明儒言行录》续编卷一《方孝孺》,《四库全书》文渊阁本。
② (清)阮元《揅经室一集》卷二《拟国史儒林传序》,道光刊本。
③ 陈寒鸣《金华朱学:洪武儒学的主流》,《朱子学刊》1995年第一辑,黄山书社1995年版。
④ (明)方孝孺《逊志斋集》卷一《杂诫·二十九章》,《四库全书》文渊阁本。
⑤ (明)方孝孺《逊志斋集》卷一二《应天府乡试小录序》。
⑥ (明)方孝孺《逊志斋集》卷一一《答俞子严二首》。
⑦ (明)方孝孺《逊志斋集》卷一二《应天府乡试小录序》。
⑧ 陈寒鸣等《方孝孺与明初金华朱学的终结》,《沧州师范专科学校学报》1999年第3期。

以浮辞而长其虚薄邪?"①理论已经成熟,不需要再著述,唯需实践即可。进而,方氏提出具体化、可操作化的学道方法。至于圣人之道的实践步骤,他认为,"圣人之道,必察乎物理,诚其念虑,以正其心,然后推之修身。身既修矣,然后推之齐家。家既可齐,而不优于为国与天下者,无有也"②。修身、齐家、治国、平天下,这就是宋明理学家提倡的顺序。他尤其重视从日常生活中做起,谓"圣功始于小学","故行跪揖拜饮食言动有其则,喜怒好恶忧乐取予有其度",曾作《幼仪》20首。

第三,明王道。儒学是一门治世学问,儒生也往往以入世为己任。方孝孺属于典型的入世型知识分子,一生以用世为己任,想以自己的政治理论,为国家所用。方氏政治思想的特点是,反对严刑酷法,主张行仁义之政。朱元璋实行酷刑治国,必然带来一系列的社会问题。方孝孺的理论,是以救弊形式出现的,强调王治尚德而缓刑。方氏认为:"无法不足以治天下,而天下非法所能治也。"③这话讲得非常辩证,没有法不行,但仅靠法也是不够的。

他理想的世道是三代时期的"王道之世"。井田之法与宗法制相辅而行,"上下亲睦,风俗和厚,历世长久,六七百年而不坏"④。方氏相信,三代仁义礼乐必可师,井田必可兴,闾必可比,刑必可措。方氏政治理论的直接来源是《周礼》,他主张以《周礼》用世。方孝孺认为,《周礼》的奥妙就在于治民。治民的关键是"正德、利用、厚生","斯民也无以养生则死,无以致用则劳,无能正于其德则愚"⑤。

方孝孺强调从宗族的治理入手,因为治家比治国难。方氏认为,"化天下"的关键是"睦族"。"有族者皆睦,则天下谁与为不善?不善者不得肆,至治可几矣。睦族之道三,为谱以联其族,谒始迁之墓以系

---

① (明)方孝孺《逊志斋集》卷一〇《答王仲缙五首·五》,《四库全书》文渊阁本。
② (明)方孝孺《逊志斋集》卷四《杂著·周官一》。
③ (明)方孝孺《逊志斋集》卷三《治要》。
④ (明)方孝孺《逊志斋集》卷一三《楼氏宗谱序》。
⑤ (明)方孝孺《逊志斋集》卷四《杂著·周官一》。

其心，敦亲亲之礼以养其恩。"①谓化民必自正家始，作《宗仪》9篇。在《成化》篇中，方氏比较详细地设计了他理想的社区制度：百姓十家为睦，睦设睦正；十睦为保，设保师；十保为雍，设雍长，雍咸属于县。睦正、保师、雍长，由知县负责年度考核，根据成绩升迁。

后人称方氏对现实政治的构思更多表现为迂阔的书生之见，"好古太坚，求治太锐，欲以一人之身，挽回数千年之世道，狭小前人，纷更高皇帝之制"②。这种说法有一定道理。政治家有其政治家的理论，他们不会完全听从思想家的理论，这正是方氏不受朱元璋重用的原因所在。

第四，辟异端。宋元时期，理学基本是民间学术，处于发展之中，儒、佛、道三教互为渗透。故而，像宋濂那样的儒士，"入于二氏"。明朝立国以后，以理学为国家思想，强调标准化、规范化，追求纯而又纯的理学，反对杂以佛、道二氏之学。方孝孺正是这样的理学家。在方氏看来，儒学是世界上最完美、最成熟的理论体系，上可治国，下可治家。而相比之下，佛教理论远不如儒学。"苟以佛氏人伦之懿为可慕，则彼于君臣父子夫妇长幼之节举无焉，未见其为足慕也。苟以其书之所载为可喜，则彼之说必不过于吾尧舜禹汤文武周公孔子之格言大训，未见其为可喜也。苟欲以之治心缮性，则必不若吾圣人之道之全。苟欲以之治家与国，则彼本自弃于人伦世故之表，未见其为可用也。"③他痛恨"二氏"，认为"叛道者，莫过于二氏，而释氏尤甚"④，公然放话，要驱斥"二氏"。

从儒学内部来说，方氏提出"四蠹"妨碍"圣学"说。"学术之微，四蠹害之也。文奸言，撼近事，窥伺时势，趋便投隙，以贵富为志，此谓利禄之蠹。耳剽口衔，诡色濎辞，非圣贤而自立，果敢大言以高人，而

---

① （明）方孝孺《逊志斋集》卷一三《宋氏世谱序》，《四库全书》文渊阁本。
② （清）沈佳《明儒言行录》续编卷一《方孝孺》，《四库全书》文渊阁本。
③ （明）方孝孺《逊志斋集》卷一〇《答郑仲辩二首·第二首》。
④ （明）方孝孺《逊志斋集》卷一一《答刘子传》。

不顾理之是非,是谓务名之蠹。钩摭成说,务合上古,毁訾先儒,以谓莫我及也,更为异义,以惑学者,是谓训诂之蠹。不知道德之旨,雕饰缀缉,以为新奇,钳齿刺舌,以为简古,于世无所加益,是谓文辞之蠹。四者交作,而圣人之学亡矣。"①把理学当作利禄、务名、训诂、文辞的工具,有此"四蠹",理学自然丧失。

第五,以气节突显理学。方孝孺是一个比较注重政治道德践履的人。靖难之际,方孝孺作为建文忠臣,以其悲壮的个人牺牲,成就了忠义形象,对后儒产生了很大的影响。在明代学术史上的地位,方孝孺以气节振兴了理学。气节是政治道德规范,方氏行为突出了"行而下"层面的规则。明代,理学国家思想化,此时最需要的是纲常思想的实践者。"持守之严,刚大之气,与(朱)紫阳真相伯仲,固为有明之学祖也。"②作为宋濂高足,方孝孺以其醇正的理学而被后世尊奉为明之学祖儒者之仪型。姚镆称"夫方公,我朝第一流人物。读公之文章,则可以祛浅陋之末习;诵公之行义,则可以激异懦之颓风。公虽台产,盖天下师也。"③

2. 黄润玉

浙东自南宋以来,"四明之学宗慈湖,弥久不衰"④,心学有比较大的市场。他们从心学转而朱学,身上较多地保留了心学的色彩,宗朱而不尽合于朱。明代中期,四明地区的朱学大家是黄润玉、杨守陈。全祖望将史蒙卿、黄震、黄润玉并称为宁波地区"朱学三家"。

黄润玉(1389—1477年),字孟清,人称南山先生,鄞县人。永乐十八年(1420年)举人,历仕建昌府、南昌府学训导、交趾道御史、湖广巡抚、广西提学佥事、湖广佥事。景泰三年(1452年)十二月,因与湖广巡抚李实相左,谪安徽含山知县。任满后致仕归乡,在横溪筑南山

---

① (清)黄宗羲《明儒学案》卷四三《文正方正学先生孝孺》,《四库全书》文渊阁本。
② (清)黄宗羲《明儒学案》卷四三《文正方正学先生孝孺》。
③ (明)姚镆《东皋文集》卷一《赠杨君仲实之官石埭邑庠序》,《四库全书存目丛书》。
④ (明)程敏政《篁墩文集》卷四九《栖芸先生传》,《四库全书》文渊阁本。

书院,讲学终身。成化十三年(1477年)卒,享年89岁。

黄润玉少拜慈湖派学人全彦为师,受心学影响较深,后来转治朱学,远崇慈湖、东发。所以,他崇朱而不尽合于朱,有自得之见。黄氏理学"以圣贤为一鹄,以知、行为两轮"。他的口号是"学圣人一分,便是一分好人";"明理务在读书,制行要当谨独"①。他和明中叶其他儒林之士一样,重视理学的躬行,讲学"敦朴而厚重,恪守前人之绪言"②。他和当时北方著名学者薛瑄是好朋友,全祖望称黄氏是宁波地区的"朱学大宗"。

明代以理学立国,程朱理学已经成为国家意识形态。在那个时代,信仰程朱是每个士大夫的政治立场。理学的政治化,也就是同步化、信仰化。这是黄润玉等明代前期学者的共同特点。不过,学者就是学者,一旦进一步思考,就会有自己独立的看法。黄润玉是个官员,更是一个读书人。在治学态度上,重视读书、思考,故在宗朱的同时也有自己的独立见解。《经书补注》是一部专门补"四书五经"注疏不足的著作,自言"余观经书注释,间有得夫先正所未正者"③,于是撰成此书。该书许多方面和朱子不合,如论《大学古本》及《中庸》"三重之旨",异于朱子。黄润玉之所以要异乎朱子,按全祖望的说法,不是要"立意争奇",而是确有自己的独到见解,"盖其心之所得,而非浮虚剽窃之言"。全祖望因此感叹地说:"以是知人心各有所见,而所以为朱学之羽翼者,正不在苟同也。"④《经书补注》一书深得明中后期学者的赞赏,杨慎称"多可取者"⑤。他还敢于批评政府所颁的《四书大全》,认为此书难究朱学统宗,"惟支节是讲"⑥。有鉴于此,撷取程朱语而疏其右,成《中庸脉胳》、《大学旨归》二书,合称《庸学通旨》。全祖望

---

① (明)杨守陈《杨文懿公集》卷二三《南山黄先生墓碣铭》,《四明丛书》本。
② (清)全祖望《鲒埼亭集·外编》卷一六《横溪南山书院记》,《四部丛刊》本。
③ (明)黄润玉《经书补注·题词》,《四明丛书》本。
④ (清)全祖望《鲒埼亭集·外编》卷一六《横溪南山书院记》。
⑤ (明)杨慎《升庵集》卷四六《黄润玉》,《四库全书》文渊阁本。
⑥ (明)黄润玉《庸学通旨·自序》,《四明丛书》本。

认为,黄润玉言古本《大学》及格物之义"最精",后来的王阳明不若黄氏"浑全"①。黄氏此说,"实开新建之先"②。黄润玉对经学也有一定的研究,作有《读周礼》、《仪礼戴记附注》等,多关"三礼"学。

3. 杨守陈的疑经思想

杨守陈(1425—1489年),字维新,号晋庵,人称镜川先生,鄞县人。景泰二年(1451年)进士,选庶吉士,旋以亲人卒,居丧7年。天顺二年(1458年),授编修。成化间,由经筵讲官升至少詹事。弘治元年(1488年),任吏部左侍郎。次年病卒,享年65岁。主要著作有《杨文懿公集》30卷等。今鄞州区西杨村,仍有庆祝杨守陈中解元而建的"聚魁里"牌坊。

杨守陈在理学上宗奉程朱,如主张以道德为首务,称"学之本在道德,而功业、文艺无非末耳"③;主张由朱子、孟子以接近孔子。认为朱子体系已经比较完善,不必杂以后儒诸说。这是符合明代前期时代要求的。

在义利关系上,杨守陈提倡"义利无二"思想。"义利本一也,而末二焉。……义之所在即利耳。"④"义利无二"思想,是浙东学人中最为可贵的思想。传统儒学主流的价值观念,提倡义利为二,义利对立思想。义利是一个只可意会但没有明确界定的概念术语。义更多地表现为政治利益,以集体(国家、家族)利益为上,利更多地表现为民众追求自我经济利益。

杨守陈在理学上没什么创新,但在经学研究上成绩较大。杨氏学术,直接来源于家学及黄润玉。杨守陈的祖父杨范、父亲杨自惩皆为黄润玉讲学伴侣。杨守陈少随祖父,与闻黄南山绪论;长大后,又与南山子黄隆同舍学习;南山致仕归乡后,杨氏常获亲炙。其治学风格专

---

① (清)全祖望《鲒埼亭集·外编》卷二七《跋古本大学》,《四部丛刊》本。
② (清)全祖望《鲒埼亭集·外编》卷一六《横溪南山书院记》。
③ (明)杨守陈《杨文懿公集》卷二三《临海县学记》,《四明丛书》本。
④ (明)杨守陈《杨文懿公集》卷二三《送郡教郑君序》。

经、博涉，兼有朱陆之学，强调自得、务著述，颇像黄润玉。此外，杨守陈还从金华学派那儿接受了不少东西，其"诸经私钞"体例仿吕祖谦《读诗论》，王柏的《书疑》则壮大了杨氏疑经的胆量。杨守陈爱动脑筋，不信一经之文、一家之说。少时读"四书"、"五经"，即对诸经有所怀疑。其后诵益久，味益详，疑虑也越多。到外面游学时，他曾和别人进行过探讨，心中的疑点终无法解脱。景泰二年（1451年）家居以后，他又仔细研读了经文。这次，他汲取心学家抛开传注、直求心悟之法，独取经文，反复诵读、思考，终于恍然大悟，发现问题在于诸经有脱简。于是，他大胆对诸经"动手术"，进行正、补、删，最终完成了《诸经私钞》，凡9部。

"不敢信世俗之讹本，必求圣贤之真旨"①，是杨守陈治经的口号，也是他治经的出发点。当时的理学之士，多认为宗朱只须究理、践道即可。杨守陈却持不同"政见"，认为"所谓经者，使皆圣贤之手笔，家藏而世守，古今一本，无或少异，孰敢不尊信而更之"②？问题是，诸经在先秦时已有错简，秦始皇"焚书坑儒"后，多是靠汉儒口传手录而成的，不免遗误多多，已不是圣人原著了，失去了真旨。在这种"四书"、"五经"皆为讹本的情况下，谈何注解，谈何究理、践道？巧为饰说，穿凿附会，委曲求全，只会害理而伤教。所以，欲究理、践道，必先正经。从这里我们可以看到，杨守陈实际上走到了欧阳修、朱子、王柏同一条疑经道路上了。这是一种托古形式的疑经行为，它的目的是否定汉学，建立宋学。"求至当归一之论"③，其实所求得的至论不是圣人宗旨，而是宋明理学家自己心目中的构想。

杨氏《诸经私钞》之作，意义重大。杨氏正经，主观上是为复原，实际上走向了反面。经书历经"钦定"，向来只可尊信、讲习，不许轻议，更不准作实事求是的研究。杨氏背弃传统格言，"妄更圣经贤传"，实

---

① （明）杨守陈《杨文懿公集》卷五《私钞解》，《四明丛书》本。
② （明）杨守陈《杨文懿公集》卷五《私钞解》。
③ （明）杨守陈《杨文懿公集》卷三《五经考证序》。

际是一种"叛儒先而紊圣经"的异端举动。这也正是杨氏不敢公开将之刊刻的原因所在。弟子、阁臣王鏊曾经读过《诸经私钞》部分内容，比较了解杨守陈《诸经私钞》的意旨，称"多先儒所未发者"。鉴于别人了解不多，特"为词以明公志"①。

杨氏疑经，在封建社会后期来说，是一件值得大书一笔的事。清代学人朱彝尊称"文懿难经，忼忼不屑拾淳熙诸儒遗唾"②。全祖望称杨守陈"颇类吴草庐（澄），兼收朱（熹）、张（栻）、吕（祖谦）、陆（九渊）之长，不墨守一家。要其胸中精思深造，以求自得，不随声依响，以为苟同。至其所著《诸经私钞》，吐弃先儒笺疏，则于草庐更过之。"③

二、阳明心学及其影响

明代正德、嘉靖年间，思想界又崛起了一股以非议程朱学说为主旨的力量，这就是王阳明所建立的"王学"。

1. 阳明心学

王守仁（1472—1529年），字伯安，号阳明，谥文成，余姚人，明代著名哲学家、教育家、军事家。成化八年（1472年）九月生于余姚城内龙泉山北麓的"瑞云楼"。成化十八年后，随父王华（1446—1522年）寓居北京。

阳明20岁中举，28岁中进士，任职刑部主事。31岁，为求仙学道，养病修性，向朝廷请了病假，来到绍兴会稽山，在道家称之为第十一洞天的"阳明洞"筑室修道。34岁，因抗疏救人，下诏狱，谪为贵州龙场驿丞。37岁抵龙场任职。40岁起补江西庐陵知县。宦官刘瑾倒台后，他升为南京刑部主事。不久，调北京吏部，由主事、员外郎至郎中。42岁，调南京太仆寺少卿，升鸿胪寺卿。后为兵部尚书王琼器重，

---

① （明）王鏊《震泽集》卷三一《杨文懿公哀词并序》，《四库全书》文渊阁本。
② （清）朱彝尊《明诗综》卷二五，《四库全书》文渊阁本。
③ （清）全祖望《鲒埼亭集·外编》卷一六《城北镜川书院记》，《四部丛刊》本。

升为江西南赣等处巡抚。在此后几年平定内乱中,阳明屡立战功,世宗上台后,肯定阳明的平宁王叛乱之功,授为南京兵部尚书,封新建伯。

嘉靖元年(1522年),王阳明封新建伯后,在越城东光坊(今绍兴城北光相桥附近)建"伯府第"。因父亲王华卒,阳明便守制在家。守孝三年,是阳明出仕后在浙东居住最长的一段时期。阳明寓居越城时,四方来游者日众。嘉靖四年,他在光相桥东建"阳明书院",弟子甚多,连府第和书院也容纳不下。嘉靖七年十一月二十九日(1529年1月9日),病死于江西大庾县青龙浦。学生钱德洪、王畿等人放弃殿试机会,赶赴江西将阳明灵柩运回越城,遵嘱葬于城西南的兰亭龙街洪溪山上。①

王阳明的心学(又称王学)在当时及后来影响很大。阳明治心学有一个过程,人称"三变"。阳明早年攻举业,故溺志词章,既而从事宋儒的循序格物之学。他发觉朱子的格物致知,离物理与吾心为二物,十分困惑。因之,开始钻佛、老之学,对佛道教育有了一定的体会;便又觉得佛、老宣扬"出世",与儒家的"入世"精神不协调,于是复归本于圣贤之学,推崇濂洛的"身心之学"。正德元年(1506年),在京师结识江门心学传人湛甘泉,两人一拍即合,共倡心学。湛氏的自得之学,给了阳明不少启发。惜不久阳明被谪配贵州龙场。龙场在崇山峻岭中,环境险恶,生活条件艰苦。尤为糟糕的是,周围都是少数民族,语言不通,无法交流;图书资料又少,无法搞研究,故十分寂寞。在这种状况下,阳明唯一能做的是住在"小阳明洞天"中,成天苦思冥索。他对格物致知道理思考了无数次,有一天半夜,终于大彻大悟。旁人问他是什么? 他说:"圣人之道,吾性自足,向之求理于事物者误也。"②"龙场悟道",标志着阳明跨越了心学的门槛。

阳明入心学之门后,开始逐步建立自己的心学体系。根据各个时

---

① 诸焕灿《王阳明行迹考察散记》,见《学津求索》,第29~72页,中国戏剧出版社2000年版。
② (明)王阳明《王阳明全集》卷三三《年谱一》,上海古籍出版社1992年版。

期的着重点,阳明思想的发展分为三个阶段:"居贵阳时,首于学者为'知行合一'之说;自滁阳后,多教学者静坐;江右以来,始单提'致良知'三字,直指本体,令学者言下有悟。"① "良知"的提出,标志阳明心学体系的成熟。阳明自言,"吾良知二字,自龙场以后,便已不出此意,只是点此两字不出,与学者言,费却多少辞说。今幸见出此意,一语之下,洞见全体,真是痛快"②。阳明的话,实际上反映了学理概念的提炼过程。"致良知"是王阳明晚年论学的宗旨,是阳明哲学发展最后的形态,对整个中晚明哲学思潮的开展有着重大影响。

"良知"最早由孟子提出。孟子以后,儒家思想虽然有很大发展,但没有人专门讲良知,直至明代,才有阳明重提良知。阳明心学及其后学的思想,是与时代潮流相吻合的。阳明的学术思想虽然有变化,但比较一贯的理论是良知。他认为那个时代所缺乏的就是良知。③ 阳明所谓"良知",内涵比孟子丰富。阳明的"良知"学说,主要分为三部分:一是良知即天理的本体论,二是致良知的致知方法论,三是知行合一的道德实践论。④

第一,"心即理"。"心即理"是一个关于本体的实在论命题,阳明的良知本体论主要有两层含义:一、"良知"既是主观的,又是客观的,是统一主观与客观的认识主体。二、"良知"既是"知是知非"的"知识心",又是"知善知恶"的"道德心",但主要是指道德本体。他认为,只要把握住"良知"这个道德本体,就能知天地,通人事,明变化,做圣贤了。理并不是对象,理是主体自身的一个规定,所以心即是理。⑤ 王阳明的"心即理"的提出,是为了避免朱熹"格物"说分"心"与"理"为二,导致知与行、学问与修养分离的矛盾。为了在道德修养中使心与

---

① (明)王阳明《王阳明全集》卷四一《刻文录叙说》,上海古籍出版社 1992 年版。
② (明)王阳明《王阳明全集》卷四一《刻文录叙说》。
③ 黄玉顺《谈谈良知问题》,中国儒学网。
④ 吴光《万化根源在良知》,见方祖猷等主编《论浙东学术》,第 74~84 页,中国社会科学出版社 1995 年版。
⑤ 陈来《有无之境——王阳明哲学的精神》,第 43 页,人民出版社 1991 年版。

理统一起来,他取陆九渊的"心即理"思想。王阳明的"心即理"是要用所谓人心固有的"天理"来取代客观的"天理",合人性与天理为一,以达到物理与吾心的统一,并以"心即性"与"性即理"对此加以论证,从而构成他的实践道德说的基本内容之一。①

第二,致良知。"致良知"之"致"字,是"向前推致"的意思,犹孟子所谓的"扩充"。同时,又含有"复"的意思。"致良知"就是推致、复归"良知"的意思。这一来,"天理"也罢,"事事物物之理"也罢,就都"不假外求",而只须"求诸内心"、推致"吾心之良知于事事物物"就可以得其理了。② 用阳明的诗说就是:"尔身各各自天真,不用求人更问人。但致良知成德业,谩从故纸费精神。"③"致良知"说是王阳明心学体系的主题或核心,具有以道德论取代本体论、认识论的倾向。④ 尽管明确地以良知与致良知概括其学说是相对后起之事,但从心体的重建到意义世界的形成,从天人之际到人我之间,良知与致良知说构成了王阳明心学的内在之维。良知与致良知说的基本思想是王阳明心学中一以贯之的观念:它既渗入于心体,又融合于德性;既体现于意义世界,又引申于人我之间。本体与工夫之辨,是良知与致良知说的进一步展开,它使心学的论旨得到更为深入的展示。⑤

第三,知行合一。"知行合一"是阳明"致知"论的核心范畴,大致有三个要点:一、知行只是一个工夫,不能割裂。所谓"工夫",是认识与实践的过程。二、知行关系是辩证的统一,知是行的出发点,是指导行的,真正的"知"不但能"行",而且已在"行"了;行是知的归宿,是实现知的,真切笃实的"行"已经自有明觉精察的"知"在起作用了。三、知行工夫中"行"的根本目的,只是要彻底克服那"不善的念",达于至

---

① 刘宗贤《陆王心学研究》,第293页,山东人民出版社1997年版。
② (明)王阳明《王阳明全集》卷二《答顾东桥》,上海古籍出版社1992年版。
③ (明)王阳明《王阳明全集》卷二〇《示诸生三首》。
④ 吴雁南《简论王阳明"致良知"说的特点和意义》,《贵州文史丛刊》1995年第4期。
⑤ 杨国荣《心学之思——王阳明哲学的阐释》,第163页,三联书店1997年版。

善。这实质是个道德修养与实践的过程。就本质而言,阳明所谓"知"是"良知"或"天理",所谓"行"是"致吾心良知之天下于事事物物"的道德实践。知行合一的终极目的是时刻"去人欲,存天理",如能去除人欲,天理便存在了。这是一种典型的儒家道德人文主义哲学的具体形态。① 王阳明提出"知行合一",是为了反对空谈,强调了在习行中学习、修养的重要性。②

王阳明在他去世前,与两个高足弟子在天泉桥上论道,给自己一生的学术实践做了一个总结。这就是有名的"王门四句教法":"无善无恶心之体,有善有恶意之动,知善知恶是良知,为善去恶是格物。"这也可以说是阳明自己的"晚年定论",把一切都说完了。"无善无恶心之体",讲的是本体良心,是一种没有善恶之分的本然的至善的心体,纯然天理。"有善有恶意之动",指意念所发之处,良知没有到场,不知善恶,这样,心体的发用可能善、可能恶。这就需要运用反思能力,进行良知的本质直观,它就是"知善知恶是良知"。良知自然知道善恶,这是本然固有的良能。有了这个"知",当下去"行",也就是发挥良能,重建生活世界,这就是"为善去恶是格物"③。

2. 阳明心学的影响

王阳明是明代著名的思想家,集学术、德行、事功于一身的第一流人物,阳明心学集宋明心学之大成,发展了象山心学、慈湖心学及白沙心学,对后世的影响是巨大而深远的。

第一,王学修正了程朱理学的弊病,对中晚明世风、学风的改变产生了积极影响。程朱理学自朱子后,日益教条和僵化,使全国思想界处于一种墨守成规的状态。阳明心学体系一反程朱道学正宗,要求发挥道德主体精神,发挥人的主观能动性,突出人的地位与主观能动作

---

① 吴光《万化根源在良知》,见方祖猷等主编《论浙东学术》,第74～84页,中国社会科学出版社1995年版。
② 张家成、李班《论宋明理学的修养方法》,《浙江大学学报》1997年第3期。
③ 黄玉顺《谈谈良知问题》,中国儒学网。

用,以一己之良知作为天地万物的唯一真理,致良知于日常事事物物之间,完善自我、发展自我、唯吾自足等思想主张,无疑是对束缚人们身心的程朱理学、封建教条、精神权威的一大冲击,从而促使了一场新的思想解放潮流的兴起。① 在晚明时期,大江南北,朝野内外,多有其徒。黄宗羲《明儒学案》按地域,将阳明后学分为浙中、江右、南中、楚中、北方、粤闽、泰州七大流派。也有分为现成派、归寂派与修正派三大派。②

第二,阳明学对后世有着巨大的影响。阳明学对明清之际的启蒙思想产生过巨大影响,对戊戌变法及辛亥革命起到了鼓动作用。"五四"以后,许多思想家和政治家仍受阳明思想的影响。"从魏源到康有为、谭嗣同、梁启超、章太炎再到现代新儒家的梁漱溟、熊十力等无不推崇王学。"③他们认为王学对中国走向现代民主社会是有积极意义的。在海外,尤其是日本,影响尤大。中国的王学产生于16世纪初,日本的王学则至17世纪中叶始成派。到江户时代后期,即18世纪末19世纪初,日本阳明学才再度兴盛。日本阳明学的再度中兴,和日本市民经济的发展、市民阶级的成长是分不开的。信奉或倾向阳明学的杰出人物,以阳明学为理论武器,倡导尊王攘夷或开国倒幕,推动了明治维新的实现,瓦解了日本的封建体制,由此而开启了日本社会通向近代化的大门。正如章太炎所说,"日本维新,亦由王学为其先导"④。王阳明生前没有到过日本,但他的思想却东渡日本,从理论到实践均在这个岛国产生了重大影响,这恐怕是阳明生前所始料未及的。⑤

当然,王学的产生也带来了一些问题,如由儒入禅,流于空疏等等。从整体上来看,王学对明中叶以来中国社会和历史发展的影响是

---

① 吴雁南《简论王阳明"致良知"说的特点和意义》,《贵州文史丛刊》1995年第4期。
② [日]冈田武彦《王阳明与明末儒学》,吴光、钱明译,上海古籍出版社2000年版。
③ 杨国荣《王学通论——从王阳明到熊十力》,华东师范大学出版社2003年版。
④ 《民报》第14号《答铁铮》。
⑤ 参见盛邦和《东亚:走向近代的精神历程》,浙江人民出版社1995年版;牛建科《王阳明与日本》,《浙江学刊》1996年第3期。

积极的,其积极影响远大于其消极影响。

三、浙东的阳明后学

王学的分化是必然的。因为他虽揭露和克服了朱学内在的矛盾,使理学发展到了一个新阶段,但同时他的"心即理"却又使自己陷入了新的更深刻的矛盾之中。王阳明在世时已露分化端倪,死后矛盾则完全表面化,王学于是分化。浙东地区,是王学的后院,内部分化尤其激烈。

1. 钱德洪、王畿

阳明卒后,浙东王学的盟主是王畿(1498—1583年)和钱德洪。钱德洪(1496—1574年),人称绪山先生,余姚人,他是阳明在余姚中天阁讲学时期的弟子。王畿是阳明晚年越中阳明书院讲学时的弟子,入门时间较晚,但深得阳明赏识。越中讲学期间,从学之人多不胜举,阳明应接不暇,钱德洪和王畿承担了辅导工作。新生得先聆听他俩深入浅出的讲解后,才有资格直接听阳明讲学,人称他俩是"教授师"。阳明受命出征广西后,他俩又主持了越中书院的教学工作。阳明卒时,他俩正准备去北京参加廷试,闻讯,竟放弃廷试机会,入赣料理后事。嘉靖十一年(1532年),两人同应廷试,同中进士,钱出为苏州教授,王为南京兵部职方主事。此后,两人虽断断续续做过几年官,但在嘉靖初险恶的官场里并不得意,所以,他们把大部分时间投到了讲学之中。史称钱氏在野三十年,无日不讲学。王畿在林下四十余年,也无日不讲学。两人轮流"捧珠盘"。钱、王两人讲学时间很长,足迹遍及两都及华东地区,极大地扩大了阳明心学的影响,使之风行天下。

钱、王虽是阳明的大弟子,但在治学风格上明显不同。钱氏较保守,他以维护师说为己任。王畿则主张创新,要"心悟"。他认为学术乃天下之公器,不是老师阳明可以独占的。因两人风格不一致,所以在如何对待老师学问的态度上也发生了分歧。这点,钱德洪在给别人的书信中是屡次提到的。如他给同门张元冲信称:"弟向与(王畿)意见不同,虽承老师遗命,相取为益,终与入处异路,未见能浑接一体。"①钱、王之学术分歧,在阳明活着时便已暴露。钱信奉阳明"四句"教,主张在诚意上下工夫。但王畿怀疑老师的训导,倡"四无"说,主张从心体上入手。因没解决工夫与本体的矛盾,阳明死后,钱、王的分歧越发大了。王畿不要工夫,认为良知即工夫,人只要贵悟,便可求得良知。阳明的"致良知",在他这儿变成了"良知致"。

2. 徐爱

徐爱(1487—1517年),字曰仁,号横山,余姚横河马堰(今属慈溪)人。正德三年(1508年)进士,历任祈州知州、南京工部郎中。

徐爱是王阳明最早的入门弟子,早在正德二年即认阳明为师,其时在杭州应试,后在南京做官期间,常与阳明朝夕相处。阳明对徐爱寄予了较大的希望,称他为"吾之颜渊",且将自己的妹妹许配给徐爱为妻。正德七年底,两人同回余姚,阳明讲《大学》,徐爱读后大加佩服。经过长期的思考与实践,他确认阳明之学为"孔门嫡传"。

他对早中期阳明学的形成和发展曾做出过突出贡献。现行阳明《传习录》首卷,为徐爱写的《南京见闻录》,里面也多为师生问答录。

可惜,徐爱体弱多病,只活了31岁。其父整理其作品,成《徐横山遗集》2卷,今有钱明辑《徐爱、钱德洪、董沄集》②。

3. 姚江书院派

姚江书院是明末清初由余姚一群学术观点较一致的学者为传播阳明学而创立的一个学术活动中心。因讲学于该书院而形成的学术团体,称为姚江书院派。姚江书院派的前期代表是以沈国模为首的"四先生",中期代表是韩孔当,后期代表是邵廷采。姚江书院派与蕺山学派一起,构成明末清初浙东最为重要的两个王学流派。

"姚江书院"是清初定的名称,它原来称"义学"。"义学"成立于

---

① (清)黄宗羲《明儒学案》卷一一《员外钱绪山先生德洪》引《与陈两湖》,《四库全书》文渊阁本。
② "阳明后学文献丛书",凤凰出版社2007年版。

崇祯十二年(1639年),是姚江书院"四先生"亲自建立的。姚江书院"四先生"是指沈国模、管宗圣、史孝咸、史孝复。特别是沈国模,可称为姚江书院的创始人。沈国模(1575—1655年),字叔则,别号求如,晚年居横溪之石浪山,又号石浪老樵,余姚诸生,终身从事讲学活动。"其学以求仁为宗,教人当下察取本心,扩充克治。遇有向道者,泥首鼓劝,虽在髫龀,提耳训告。"①管宗圣(1578—1641年),字允中,号霞标;史孝咸(1582—1659年),字子虚,号拙修;史孝复(?—1644年),字子复,号退修,生于余姚城南半霖史家村。史孝咸与史孝复两人是亲兄弟。

"四先生"中,沈国模最早从事讲学活动。沈国模自学成才,一日,读王阳明《传习录》中的"致良知则当下便有实地步可用功"、"恐学者不肯直下承当耳",深有体会,于是力究其旨,就想倡明王学。后沈国模接受周汝登的建议,到绍兴城内找刘宗周、陶石梁切磋,参与了越中证人书院活动。不过,由于学术观点的不同,终于导致"四先生"与刘宗周的分裂。崇祯十二年,沈国模想另辟余姚的学术活动中心。九月,义学正式成立。这一年,沈国模65岁,管宗圣62岁,史孝咸58岁,都已经步入晚年。

义学与证人书院同属王学流派,所不同的是,前者要求返璞归真,回到阳明时代的王学去;后者要求另提诚意口号,发扬王学。沈国模是致良知现成派,与刘宗周的观点不同。

姚江书院派是一个绵延上百年的学术团体,由于时代背景及每个人的知识结构不同,不同时期的不同主持人,学术风格也不完全相同,但既然作为一个学派,除个性外,必然还有其共性。

第一,以致知为核心。姚江书院的主要发起人是沈国模,沈氏思想自然是我们考察的重点。在致知与诚意的先后问题上,刘宗周主诚意说,谓"致知不先主诚意,必有知非所知之病"②;而沈氏主张"致良

---

① (清)邵廷采《思复堂文集》卷一《姚江书院传》,浙江古籍出版社1987年版。
② (清)邵廷采《思复堂文集》卷一《姚江书院传》。

知",谓"学不从致良知入门,有诚非所诚之弊"①。刘氏是阳明后学修正派,沈氏是阳明后学现成良知派。提倡"致良知",是沈氏毕生的奋斗目标。王朝式是沈氏理论的狂热崇拜者。管氏、二史也拥护。史氏也说"良知非致不真","道有本而学有要,吾辈只要趱入向里"②便可致知。说明"四先生"在致知方面的观点是相同的。

第二,主张学术高于一切。在要不要关注现实上,"四先生"与刘氏观点不同。如管宗圣就说:"性命事大,宜不以世运为变更。"③他们愿为倡明阳明学术而奋斗。至于国家现实大事,可以搁置一边。

第三,主张辟佛。浙东是佛教发达地区,故而浙东的儒学者往往受佛教的影响。是佞佛还是辟佛,也就成了区别学术团体的标志之一。刘宗周、黄宗羲一派,态度十分明确,坚决辟佛。"四先生",包括韩孔当,都是辟佛者。当然,姚江书院"四先生"身上有一些禅宗习气,这也是必须指出的。

总的看来,义学与证人书院都是王学左派的反动。所不同的是,前者要求返璞归真,回到阳明时代的王学去;后者要求另提诚意口号,发扬王学④。

第三节 佛教

在明末天主教传入中国以前,中国的宗教主要是佛教与道教,尤以佛教影响最大。佛教是一种特殊的文化形态。⑤

---

① (清)邵廷采《思复堂文集》卷一《姚江书院传》,浙江古籍出版社1987年版。
② (清)董玚《史隐君文学兄弟传》,《姚江书院志略》卷下,见钱茂伟《姚江书院派研究》附录,中国社会科学出版社2005年版。
③ (清)邵曾可《姚江书院纪事》,《姚江书院志略》卷上,见钱茂伟《姚江书院派研究》附录。
④ 更为详尽的论述,参见钱茂伟《姚江书院派研究》。
⑤ 魏承思《中国佛教文化论稿》,第19页,上海人民出版社1981年版。

一、明代宁波的主要佛教寺院

从浙江佛教史的角度来看,明代宁波的佛教影响不大,但可以将其特点勾勒出来。

1. 政府干预的加强

明朝的国家佛教政策,大体上经历了明前期的提倡、中期的禁止、明末的失控放任三大阶段,明朝佛教因而也与国家政策相沉浮。国家操控佛教的特点表现为:一是行政化。有专门的宗教管理机构,属在编但不发薪机构。洪武十五年(1382年),仿照宋制,设各级僧司、僧官。在京设僧录司,各府设僧纲司,州设僧正司,县设僧会司。各寺院设立住持、方丈制度,住持、方丈的产生,必须经过考试,由僧司任命。二是专业化。洪武三年,将寺院分为禅、讲、教三类,要求僧众分别专业。所谓禅者,即指禅宗一类;讲者是指注重研修讲说佛教义理的天台、华严诸类;教者则专门指诵念真言密咒,演行瑜伽显密法事仪式者。因而僧人亦相应地被划归为禅僧、讲僧、教僧三类。而且,服饰颜色也不同。禅僧,常服茶褐,袈裟青条玉色;讲僧,常服玉色,袈裟深红条浅红;教僧,常服皂色,袈裟黑条浅红。① 三是制度化,立僧道名册,限制僧侣数量。只许恢复,不许随意私立寺院,从而限制寺院的数量。四是实行寺院丛林修炼制度,即将和尚限制于寺院内,不准到社会上到处走动。

2. 明代宁波主要的寺院

天宁禅寺,在今宁波惠政巷北,始建于唐,唐塔即为其残存之一。洪武五年,宁波天宁寺僧祖阐与南京瓦罐寺僧无逸,受皇帝指派,出使日本。洪武十五年,定为天宁禅寺。洪武二十年,大殿毁于风雨,住持嗣昙重建。永乐五年(1407年)住持汝庆建山门,塑四天王像。宣德

---

① 周齐《明代佛教与政治文化》,第115页,人民出版社2005年版。

十年(1435年),宁波知府郑珞命道士余行伦建钟楼。正统十年(1445年),道士谢务本建千佛阁。成化元年(1465年),住持汝锽与道士魏普真建罗汉殿,作田字式,塑五百罗汉像。嘉靖中期,因防倭,割寺东面为演武场,罗汉殿被迁到佛殿后面。

延庆讲寺,在日湖边,始建于后周。明代续有修缮,洪武二十年(1387年),必彰建罗云堂。宣德三年,大囧建涌岩、禅说堂、东廊。次年,建塔院。正统八年,建钟楼、经阁。成化三年,建能仁堂。万历五年(1577年),重修寺院。万历后期,沈泰鸿捐银600两,重修寺院。万历四十五年,杨德周撰《延庆寺纪略》1卷。

育王禅寺。育王寺始于西晋太康三年(282年)。明洪武十五年,定为育王禅寺,称天下禅宗五山之第五。住持崇裕修复塔寺庄田。永乐十四年(1416年),殿圮,僧宗正重建。万历间,住持传瓶重建佛殿。万历间,郭子章撰《阿育王山志》10卷。崇祯间,僧正理重修。育王殿落成,宁波推官黄端伯奉书迎密云悟至育王寺,于是,入山开法。

天童禅寺。洪武十五年定为天童禅寺,称天下禅宗五山之第二。宣德三年,佛殿毁。宣德七年,住持圆恺重建。万历十五年七月二十一日,鄞县发生特大水灾,风雨骤作,山洪暴发,天童寺殿宇尽圮,础砾无存。从此,成荒丘者30余年,①一蹶不振。崇祯以后复兴。

补陀禅寺。明初的普陀山寺院,是禅宗全国四大名山之一。由于实行海禁、空岛政策,洪武十九年,大将汤和下令将昌国普陀山上的宝陀寺迁到府城,在江东崇寿寺内供奉。不久,寺院住持惟摩石沃禅师让出崇寿寺,在寺东三分之一的面积上,另建栖心寺。次年,崇寿寺改为补陀寺,从此遂成观音菩萨的道场,人称"小普陀"。永乐四年,栖心寺并入补陀寺,两寺合一。永乐二十二年,住持汝庆建圆通宝殿。宣德七年,住持永诜建毗卢阁。天顺二年(1458年),住持文彬建藏阁、大悲弥陀殿及廊庑等。嘉靖间,建十王殿。康熙二十一年(1682年),

---

① (清)徐兆昺《四明谈助》卷四〇《东四明护脉中》,第1310页,宁波出版社2000年版。

重建,改名七塔寺。① 除了城内的补陀禅寺,在定海县城东北二里的招宝山上,也有一座补陀禅寺。那是嘉靖间总制胡宗宪、都督卢镗徙昌国补陀洛伽山观音大士像而建的。万历四十年(1612年)毁,重建,易为西向。天启四年(1624年),定海知县顾宗孟修。

此外,有宝云讲寺、天封讲寺、广福禅寺、资圣教寺、净众教寺、普光讲寺、寿国禅寺、资寿禅寺、世忠教寺、延福教寺、尊教禅寺、隐学讲寺、择阳讲寺、月波讲寺、延寿王讲寺、金峨禅寺、护圣禅寺、何福禅寺、保庆教寺、白云禅寺等。

二、密云圆悟与天童寺的复兴

明代末年,随着国家对宗教管制的削弱,佛教打破以往的沉寂,重新活跃起来,在中国佛教发展史上形成一个高潮。崇祯四年(1631年),天童寺延请临济宗密云圆悟禅师为住持。②

密云圆悟(1566—1642年),江苏宜兴人,俗姓蒋。出身贫穷,没有读过书,打柴出身,智能很高,后来出家悟道,遍历吴越,成为一代禅宗大师,声闻全国。密云圆悟主持天童寺达10年。在住持期间,密云圆悟不断重建、扩建寺院建筑,确立了天童寺目前的规模。密云圆悟在天童寺期间,"凡六坐道场,法席最盛"。崇祯十四年,铸了一口千僧锅,由此可见寺院规模之大。皈依者达3万人,是天童寺大发展时期。"中华外域,顶礼骈集"③。天童寺甚至成为其他小寺院住持的培养机构,汉月法藏(1573—1635年)、费隐通容(1593—1661年)、木陈道忞(1596—1674年)、破山海明(1597—1666年)、浮石通贤等"所嘱咐十二人,俱出主诸方名刹,由是天童法雨遍于宇内"④,开临济宗天童一

---

① (明)嘉靖《宁波府志》卷一八《寺观》,《中国方志丛书》,成文出版社1966年版。
② (清)雍正《浙江通志》卷二三〇《勒赐弘法禅(天童寺)》,《四库全书》文渊阁本。
③ (清)康熙《鄞县志》卷二二《圆悟》,康熙二十五年刻本。
④ (清)雍正《浙江通志》卷一九九《圆悟》。

派。密云圆悟复兴了临济宗,所领风骚不下明末禅宗四大师。

密云圆悟有《辟妄救略说》10卷,及弟子道忞编的《密云禅师语录》12卷,通容所编《天童密云禅师年谱》等。密云圆悟的禅学思想,主要有以下几点:

参禅要诀。圆悟禅风类德山,常举德山语"我宗无语句,亦无一法与人",不让学人落入言语文字葛藤。不得已而为言,亦简明扼要,无论上堂法语抑或书信开示,常寥寥数言,点到为止,为学人留下自性自度的空间。"他人难用力,自度自家身",圆悟常以此警策学人。

一条白棒。他曾总结自己数十年修行的经验为"直指人心,见性成佛"。"直指人心,见性成佛"是南宗禅的宗旨,圆悟重提这一宗旨,实际上是对后世林林总总的诸多方便法门的拒斥和否定。他自己开启学人"见性成佛"的手段很简单,只一味从头棒去。圆悟行棒行喝,另有深意在,此即匡正当时颓迷的禅风,重新张扬德山、临济等先代祖师大德的大机大用。圆悟把"棒打"视为自己的"家法"、"家风",屡屡以"一条白棒"付嘱传法弟子。

本分一着。圆悟承认五家(沩仰、临济、曹洞、云门、法眼)宗旨,但他强调五家宗旨其实只是一旨,即佛祖所付嘱之单传直指、明心见性之旨。由此可知,圆悟虽承认禅宗五家各有家风,但他实际上更重视"人人本分一着",两者之间是本末的关系,即人人本具的妙明圆心是根本。①

三、禅宗内部的"密汉之诤"

由于理念的不同,天童寺的密云圆悟和他的弟子汉月法藏及法藏的弟子谭吉弘忍"祖孙三代"终于爆发了争执,双方笔挥墨泼,互相攻讦,震惊了佛学界,这就是"密汉之诤"。

法藏(1573—1635年),字汉月,俗姓苏,无锡人。自15岁即开始

---

① 本节据吴立民主编《禅宗宗派源流》第十三章《临济法门(四)——临济宗再次分流》改写,中国社会科学出版社1998年版。

出家修炼,自求自证,形成了独特的见解,当时颇具声誉,从其问学、交游的禅僧和士大夫很多,在他周围已形成了有相当势力和影响的参学群体。但当时的丛林规则,要开堂说法,主持道场,还必须获得正宗禅师的资格,即必须学有师承,得到传法宗师的认可。不得已,53岁的他到金栗山广慧禅寺拜密云圆悟为师。圆悟的视野较宽,接纳传法弟子,少门户之见。已经小有名气的法藏投奔他,可以扩大本宗本支的影响,圆悟自然乐意。圆悟立即命法藏为"第一座",并手书临济宗承嗣法源。法藏正式成为圆悟嗣法弟子,获得了临济宗传法宗师的资格。不过,法藏虽然口头上对圆悟及其禅法表示推崇,但在思想上却与圆悟大相径庭,尤其反对圆悟"以抹杀宗旨为真悟"。法藏认为禅宗五家各有宗旨,都应该继承和弘扬,而不能像圆悟那样,仅以"直指人心,见性成佛"为唯一法门。

  法藏是一个脾气急躁、有话直说的人,难以掩饰自己的观点。天启五年(1625年),法藏作《五宗原》,终于向老师发出了挑战。在那师道尊严的时代,汉月法藏"离经叛道"的行为受到了佛门弟子的同声谴责。崇祯三年(1630年),圆悟得到法藏送来的《五宗原》,未阅全文,束之高阁。不久,圆悟的同门圆修致书法藏,提出批评,法藏回书反驳。圆修把法藏的回信寄给圆悟,请其裁决。圆悟对法藏进行了规劝训诲,但似乎未见效果,于是在第二年,圆悟著《辟妄七书》,崇祯九年,又著《辟妄三录》,对法藏的《五宗原》进行批判。同时,当法弟子木陈道忞著《五宗辟》,呵骂汉月。此时法藏已死(1635年),其弟子潭吉弘忍为维护师说,兼驳圆悟,著《五宗救》10卷。圆悟在读了此书后,于崇祯十一年,著《辟妄救略说》10卷,对法藏、弘忍师徒一起清算,将禅宗史上最后一次重大论争推向高潮。

  圆悟与其传法弟子汉月法藏及再传弟子谭吉弘忍之间的论争,是围绕如何看待五家宗旨而展开的,争论的焦点是禅宗的起源和发展等一系列根本问题。禅宗自六祖慧能之后,发展为五大宗派,加上临济宗的黄龙禅系和杨歧禅系,统称"五宗七家"。密云圆悟的辈分应是三十三世。在当时,他是佛门各派公认的禅宗泰斗,有点霸道,处处标榜自己这一派才是禅门正宗,对其他派系则持漠视和贬抑的态度。圆悟认为五家宗旨,其实只是曹溪正脉的另一说法,而曹溪正脉即正法眼藏,不过是自性自度、认取本来一端,舍此别无他解。在圆悟看来,法月"虽云建立五宗,实乃抹杀五宗,自成汉月一种魔说"。圆悟以扫除迷雾,重开临济宗风自许,自然对此深恶痛绝。圆悟只认一条白棒,对其他种种葛藤、种种施为,皆一棒打杀,毫不留情,临济家风,依稀可睹。

这场历时良久的丛林论争涉及神圣经验与经典知识之间的不同立场,也牵涉到禅学发展历程中"反教条"与"教条化"思维倾向的纠葛。①

四、宁波与日本的佛教交流

1. 宁波和尚出使日本

宁波佛教人士充当了外交使者。祖阐是天宁寺和尚。洪武五年(1372年),朱元璋对刘基说:"东夷固非北胡腹心之患,亦犹蚊虻警寤,自觉不宁。"考虑到日本国尚禅教,决定派遣高僧出使日本,劝其归顺。五月,任命明州天宁寺僧仲猷祖阐、南京瓦官寺僧无逸克勤为正使,由入明日僧椿庭海寿、权中中罗担任通事(翻译),一行八人赴日,兼送祖来回国。临行,太祖作诗曰:"尔僧使远方,毋得多生事。入为佛弟子,出为我朝使。珍重浦泉泾,勿失君臣义。此行涉瀚海,一去万里地。"五月三十日,祖阐一行到达日本博多。这时,拥护北朝的今川氏与拥护南朝的菊池氏正在北九州进行战争。怀良亲王不愿明使与北朝发生联系,遂将祖阐等安置于圣福寺。八月,今川氏军队进入博多,怀良亲王与菊池氏退避高良山。北朝将领发现祖阐等后,怀疑他们是明朝派来支援怀良的使者,"欲拘辱之",无逸力争得免,"然终疑

---

① 本节据吴立民主编《禅宗宗派源流》第十三章《临济法门(四)——临济宗再次分流》改写,中国社会科学出版社1998年版。

勿释"①。祖阐既受怀疑，无人供应衣食，只得"以衣贸食"，等待时机。九月一日，祖阐寄书于京都天台山座主尊道，托其将明帝禁寇通商之意转告天皇和将军。次年五月，天台座主尊道将祖阐的信转达给将军足利义满。义满立命使者赴镇西召祖阐至京。六月二十九日，祖阐一行至京都，住进磋峨之向阳院。祖阐在日本期间，"一遵圣教，敷演正法，以善劝度。中外耸愕，称中华禅伯"②。有人急忙报告上司，日本国王请祖阐主持天龙禅寺。祖阐因完不成出使任务，坚决推辞，说明他来日本的主要目标不是宣传佛教，而是承担皇帝的外交任务。日本国王听后很高兴，表示将具表遣使赴明。③ 祖阐在京都住了两个月，于八月底九月初动身返镇西府。十月，从博多等地顺风启程回国。第二年，即洪武七年五月底，祖阐回至南京，向朱元璋汇报出使日本经过，受到朱元璋的赞扬，并赐金、帛以资嘉奖。这次出使，有一定成果，日本再次派了高僧格庭海寿奉表，带着马匹、盔铠、枪刀、玛瑙、硫黄、帖金扇诸物来中国，④这标志着中日国家间友好关系的确立。

日本天龙寺龙室道渊，原是宁波人，宣德八年（1433年），成为日本出使中国的正使，修复了中日邦交关系。

2. 日本使僧在宁波的佛教活动

日本来中国的使臣，不少是佛教徒，自行随团来明朝学习的日僧更多。据统计，至少有114人。他们从宁波上岸后，如有时间，多要到宁波各寺院活动，有的甚至就住在寺院。如成化三年（1467年），日本禅师雪舟等杨（1420—1506年）随使臣来宁波，入天童寺修禅了几个月，被升为"班禅第一座"。他来往于府城之间，可能到过境清寺、天宁寺，参观过奉化的雪窦寺。雪舟善于绘画，其《山水长卷》，描绘了宁波的四季景象，分别是雪窦山、东钱湖、天童小白岭、明州城。在宁波期

---

① （明）宋濂《宋学士文集》卷二七《送无逸勤公出使还乡省亲序》，《四部丛刊》本。
② （清）康熙《鄞县志》卷二二《方外·祖阐》，康熙二十五年刻本。
③ （明）严从简《殊域周知录》卷二《日本》，中华书局1993年版。
④ 《明太祖实录》卷八九，洪武七年五月甲午，1962年史语所影印本。

间,他还结交了不少宁波文人,如徐琏、金琏、倪光、李端等。1469 年,雪舟回国时,宁波朋友们纷纷写诗送别。如李端作《送日本使僧归国》:"斗场曾得识高颜,杖盖萧然世外闻。已向檀林修白业,更携飘史历青山。扁挑云影江头别,衣带天香海上还。到日贤士如有问,八方职贡列朝廷。"①

正德六年(1511 年),83 岁高龄的了庵桂悟以正使身份出使明朝,坐育王寺,与宁波当地学人有不少交往。王阳明曾过访,与之讨论佛学等问题。归国时,还写了《送日本正使了庵和尚归国序》。

日本天龙寺僧策彦周良(1501—1579 年),即谦斋,嘉靖十八年(1539 年)、嘉靖二十六年,两次出使明朝,在宁波停留时间前后共有两年半。其间,广泛交接了丰坊等宁波学人,到达过补陀寺、寿昌寺、延庆寺、

《谦斋老师归日域图》

天宁寺等地。嘉靖二十九年归国时,宁波画家方梅崖、叶寅斋等作《谦斋老师归日域图》。此图充分反映了中日学人间的友谊。②

---

① 林士民《万里丝路——宁波与海上丝绸之路》,第 268~276 页,宁波出版社 2002 年版。
② 林士民《万里丝路——宁波与海上丝绸之路》,第 268~276 页。

第四节 史学与方志

一、史学思想与史学成就

1. 宁波学人与《元史》纂修

明代前期,鄞县人张文海、傅恕,曾在洪武二年(1369年)预修《元史》。值得注意的是,宁波学人郑驹(1320—1378年)对政府修《元史》有不同意见。"会朝廷修《元史》,慨然论纪载之法,以为此当属之名世大手。后生晚进于司马氏、子朱子书法未领其要,乃欲执笔厕于其间耶?"①郑驹要求用理学化史学手法修正史,现在看来,这个观点显然不可取。但由此可见,当时理学化史学影响之深之广。

2. 方孝孺的史学思想

方孝孺虽不是史学家,但其史学思想对有明一代民族主义史学影响甚大。明代史学的直接源头是南方的史学。南宋灭亡后,原南宋所辖的南方地区学者仍坚持了南宋以来的理学化史学。理学化史学理论的首要问题是争正统论。元代南方学术的代表是浙东学派。方孝孺以新的正统理论,影响了有明一代史学发展的进程。

作为一位坚定的程朱理学家,方氏有自己一套理学史观,认为历史评价可以有种种感性评价,但最终的评价标准还是理性的天道。"盖其所致者,势也;不可僭乎后世者,义也。势行于一时,义定于后世。义之所在,臣不敢私爱于君,子不敢私尊于父。大中至正之道,质诸天地,参诸鬼神而不忒也。"②反对以"一时"的强弱、事功成败论史,主张以永恒的、至高的"大中至正之道"、"天道"来评判历史,这就是

---

① (明)郑真《荥阳外史集》卷四二《亡兄金华府义乌县儒学教谕郑先生行状》,《四库全书》文渊阁本。
② (明)方孝孺《逊志斋集》卷二《释统》下,《四库全书》文渊阁本。

方氏的理学化史观。

从这种理学化史观出发,方氏提出了他著名的正统论理论。方氏正统论有其明确的目标,"假此以寓褒贬、正大分、申君臣之义,明仁暴之别,内夏外夷,扶天理而诛人伪"①。也就是说,要求从纲常、华夷民族思想角度来谈正统论,"立天下之大法,以为万世劝戒"。

方氏提倡道德、仁义、政教"三位一体"理论,反对以"全有天下、号令行乎海内"作为正统的标准。方氏说,"所贵乎君者",不是全有天下,而是"建道德之中,立仁义之极,操政教之原,有以过乎天下也。有以过乎天下,斯可以为正统;不然,非其所据而据之,是则变也"。

那么,如何圈定正统朝的范围呢?方氏认为,正统论标准不能定得太宽,也不能太严。他按"猴子摘葡萄"的原理,设计了一套有奖有罚的正统与变统系谱理论,目标可望但不易即,需要作出努力才行,这就是"二统"说的巧妙所在。

方氏根据自己的正统标准,对中国历代王朝进行了筛选,最后得出"天下有正统一,变统三"的结论。所谓正统,就是"仁义而王,道德而治"的夏、商、周"前三代"。"智力而取,法术而守"的汉、唐、宋"后三代","虽不敢几乎三代,然其主皆有恤民之心,则亦圣人之徒也,附之以正统,亦孔子与齐桓、仁管仲之意欤。"明朝人经常谈的"前三代"、"后三代",在方氏这儿已经萌芽,这是方氏正统论的新意所在。所谓变统,就是"取之不正者",也即篡臣、贼后、夷狄。方氏为何要排斥变统?这是因为,夷狄"乱华",篡臣、贼后"乱伦"。它们虽"有天下",但"不可比于正统"。贵正统、贱变统,这是方氏的基本态度。方孝孺还进一步从是否得"民心"角度论证了他贵正统、贱变统的理由。得民心,也就得天心,也就是合法的正统朝,否则,就是变统。正统永远是正,变统永远非正,这样就能达到褒贬、劝戒的目的。

方孝孺不仅确立了正统与变统理论,而且设计了详尽的书法规

---

① (明)方孝孺《逊志斋集》卷二《释统》下,《四库全书》文渊阁本。

则。《释统》详列了正统与变统不同的书法。从《春秋》到《纲目》,再到《释统》,春秋书法越来越完善。对于变统,方氏主张"不废其迹而异其辞,则其为戒也深矣"。这套书法,为后人修史提供了直接的操作规则。

方孝孺正统论的提出,标志着正统论进入了一个新的阶段。方氏之前,人们谈论正统标准,多是从是否"全有天下"着眼的;而方氏则是从纲常、华夷角度入手的,跳出了旧的思维模式。正、变二统论的提出,解决了正统论解释上存在的矛盾现象,认识水平有了更高层次的发展。

方孝孺在正统论上的最大贡献是加进了华夷大防思想,但他没有涉及元朝法统问题。从正、变理论来看,元朝显然属变统之列,但方氏没有将元朝列入变统之列,这显然是不想公开和政府唱对台戏。不过,即便这样,方氏理论仍显得孤掌难鸣,难以得到大多数人的认可。因为,当时正是汉族统治复兴的时代,明帝国的自我感觉良好,他们还不需要这套理论。不过,"贤者虑事,当先于众人,而预忧于后世,使其可继"[①],方氏的文章约作于明初洪武九年至十四年(1376—1381年)金华求学期间,百年后得到丘濬的呼应,确有超前之功。

方氏正统理论是明代理学化史学理论的奠基之作,在有明一代影响深远。成化年间,蒋谊广方氏之论,成《正统论》。嘉靖初期,杨慎又广方氏之意,为《广正统论》。瞿景淳、章潢、徐奋鹏等人的正统论,无不受其影响。

3. 杨守陈的史学思想

杨守陈留心史学,曾参与《宪宗实录》的编纂。在史馆期间,他写了著名的《史馆感怀三首》、《书事》。他先是批评了明朝政府废除起居注制度,"在古左右史,言动悉分书。由汉至国初,有官注起居。不知自何岁,史职旷成虚"。接着,讲到了明朝官修实录的遗憾,"有故始辟馆,编

---

① (明)方孝孺《方孝孺集》卷三《后正统论》,见《传世藏书》本。

纂亦纷如。新人叙陈事,何啻阔且疏。善恶有难审,执笔空踌躇"。国史是明是非的工具,没有一定的三长,如何修好史?"国史明是非,将以垂万世。匪果具三长,曷由通五志。""古人守一职,往往思捐躯。可怜今世士,利害论锱铢。"即古人为史作牺牲,今人只顾现实利益。他在《书事》中指出:"惜哉操觚士,半为谀墓谋。狥俗苦难免,拒物恒招尤。毫端有造化,万物自春秋。纯冕与猎较,孔圣亦何求!"这里提出了一个现实政治利益与历史客观评价标准之间的矛盾现象。生活于现实政治利益场中的人,想作出科学性的历史评价,是比较困难的。

杨守陈比较关注国史纂修,称"国史有三大阙事未举":一、靖难后,不记建文君朝政及方黄死事诸臣,古人谓国可灭,史不可灭,我太祖定天下,即命儒臣撰元史,太宗靖内难,其后史臣不记建文君事,遂使建文数年朝廷政事及当时忠于所事者,皆湮没不传。及今来辑,尚可补国史之缺。二、景帝已复位号,而《英宗实录》标目犹言"郕戾王附",是宜改正。三、章疏留中者,不获登实录,宜宣付史馆。旧例,群臣章疏留中者,虽有可传,皆不得书。乞以留中之奏,悉付史馆,择而书之①。杨守陈写好草奏后,准备上奏,惜因病发作,未果。

4. 薛三省与《实录条例》

薛三省(1558—1634年),字鲁叔,别字天谷,浙江镇海(今属宁波市)人。薛三才弟。万历二十九年(1601年)进士,官至礼部尚书,兼翰林院学士,经筵侍讲。②

薛三省在史馆时间不长,但成绩很大。表现为三个方面:

第一,裁员省费。当时"史局开已数岁,日费不赀,而业未及半"。薛三省为条议,"裁滥员冗费数千金"。

第二,重视实录的资料搜集。薛三省主张"广采故实",建议内阁

---

① (明)杨廉《侍郎杨文懿公言行录·墓志》,徐纮《明名臣琬琰续录》卷一八,《四库全书》文渊阁本。
② (民国)《镇海县志》卷二四《薛三省传》,《中国地方志集成》本,上海书店出版社1993年版;(清)光绪《镇海县志》卷二二《薛三省传》,《续修四库全书》本。

检查《丝纶簿》，将那些起居官来不及记录，南都抄录资料，留中的奏疏副本，发史局折中。又咨议各部寺院监，据款查辑，送馆参订，以备六曹编纂之漏。① 如此，就使《神宗实录》的编纂有了坚实的资料基础，从源头上保证了质量。

第三，重视实录的书法。手创《实录总例》，分帝赞、臣传、提纲、事论、摘要、存疑六条。《实录总例》首次总结出实录编纂的总体书法。《实录分例》，凡大书、重书、特书、常书、数书、别书、最书、参书、备书、权书、直书、约书、原书、及书、不书、略书、凡书、附书，共18款。规范实录编纂具体"书法"。这篇分例篇幅较大，每一条都有详细的要求。

《薛文介公文集》卷三《实录总例》

《实录总例》《实录分例》，可合称为《实录条例》。薛三省《实录条例》的产生，意义很大，标志着实录编纂理论水平的提高。中国的实录编纂，到16世纪初期，已有近1000年的历史，但理论化程度并不高。只是到了晚明，实录编纂的理论水平才有了较大的提高。薛三省在研究历朝实录凡例的基础上，对书法进行了形式上的归纳，提炼出了一系列的术语，构筑了相对完整的实录书写方法体系。把历朝实录编纂中积累起来的经验文字化、法则化，这是一大贡献。术语或概念是实践经验的理论化。薛三省《实录条例》的高明之处，在于术语的提出，且有规范性文字解释。

薛氏《实录条例》使实录编纂的操作性更强了。这是一套历史书

---

① （民国）《镇海县志》卷二四《薛三省传》，《中国地方志集成》本，上海书店出版社1993年版。

写理论,它进一步规定了实录书写的轻重缓急配置格式。有了详细的文字规定,才有可操作性。操作性强,是历史书写理论的基本要求。这些书法格式,也有助于后人正确解读实录记录的深刻内涵。不了解实录书写成规,自然也无法透彻理解实录内容。

薛氏《实录条例》反映出晚明史学理论化程度的提高。讲究史法,是这个条例的特色所在。这恐怕是晚明叙事史学复兴的产物。薛氏条例显然吸收了史、汉记录格式理论,这是产生薛氏条例的学术基础。同时,在形式上,显然也模仿了朱子《纲目凡例》。

5. 薛俊《日本考略》开明代日本记录先河

薛俊,字文祥,一字梓山,定海(今镇海)人。出身富户家庭。薛俊自少刻意学问,经史百家,靡不博综。正德末,受知县郑余庆聘请,编纂正德《定海县志》。后以贡生推荐北京,授常州训导,升浮梁教谕。因遭倭乱,没有上任。卒年七十一,[①]约卒于嘉靖后期。

薛俊《日本考略》成于宁波镇海,是明朝人写的第一部介绍日本的图书。它是因宁波争贡事件而写作的。突然发生的争贡事件,使中国人措手不及。定海知县郑余庆"目激其弊,谓往既失之不预,而来者宜图之未然"。于是,命薛俊作"属为考略,以便御边将士之忠于谋国者究览"。也就是说,是为当时前线军事服务的。"谓之考者,历稽载籍,及广诹故老所闻,而非凿空以愚人也。谓之略者,事不关要,姑述其概,而不条为之赘也。"[②]故而,此书讲防御之事为多,也简单地介绍了日本的风俗。四库馆臣称此书沿革略、疆域略,约举梗概,挂漏颇多。也有些硬伤,如仍将百济、新罗分为二国,不知明朝时已经并入朝鲜。又内容不全,日本国王世系,只及宋朝雍熙以前,不及元朝以后。[③] 这反映出当时中国有关日本的图书资料甚少,国人对日本了解不多,认识仍停留于元以前的知识水平。但这是明代第一部专门介绍日本史

---

① (清)光绪《镇海县志》卷二三《薛俊传》,《续修四库全书》本。
② (明)薛俊《日本考略自序》,《四库全书存目丛书》。
③ 《四库全书总目》卷七八《日本考略》,中华书局1965年版。

地的图书。

6. 陈侃著《使琉球录》

由于沿海诸因素,明代有不少宁波人参与对外交流活动。陈侃,字应和,鄞县人。嘉靖五年(1526年)进士,授行人,进刑科给事中。嘉靖十一年,琉球世子尚清继位,要求与明朝修复友好关系。于是,以陈侃为正使,高澄为副使,准备出使琉球。嘉靖十三年五月,他俩从福建闽江下海,正式出使琉球国。同年十月,风便,回到福建。升光禄少卿,终南京太仆寺卿。明朝习惯,出使者必有记录或赋咏。陈侃这次出使,也遵循了前人成例,"日纪闻见,凡道途山川风俗人物之实,起居日用饮食之细,皆得诸耳目之所亲究"[1]。实际调查,发现与前人记载出入很大。有些是随着时间的变化,琉球国情况变了,前人所记已经过时。[2] 于是,"志其略,辨其异",便成了陈侃《使琉球录》的任务。书成于嘉靖十三年十月陈侃回到福建时。

7. 杜思《考信编》

杜思(1525—?),字子睿,号武川,鄞县人。嘉靖三十五年进士,授工部主事。嘉靖三十八年,升员外。三十九年,升郎中。四十一年,升山东青州府知府,修《青州志》。隆庆元年,升湖广副使。旋以事镌秩,补广西南宁知府。后迁福建参议,罢归。[3]《考信编》成于万历七年(1579年),后有万历七年卢致跋。杜思《考信编》,竟用编年体写上古史。上古史是一段模糊的历史,很难用年代"做实"。杜思要用"考信"之法,做实三皇五帝历史,出发点是好的,但在当时却又是不可能的事。难怪四库馆臣要批评其"编年纪月,记动记言,全作策书之体,如珥笔其侧,亲注起居。又不言其何所据,乃题曰《考信》,名实可谓舛迕矣"[4]。"不言其何所据",从后世科学派的眼光来看,治史的方法就

---

[1] (明)陈侃《使琉球录序》,《四库全书存目丛书》。
[2] (明)高澄《使琉球录后序》,《四库全书存目丛书》。
[3] 《嘉靖丙寅同年世讲录》,《明代登科录汇编》,学生书局1969年版。
[4] 《四库全书总目》卷四八《考信编》,中华书局1965年版。

成问题,又如何能做实上古史呢?

此外,万表《皇明经济文录》成书于嘉靖四十五年(1566年),这是一部分类体"经济"文编,全书共收727篇文章。周文宾《旧京词林志》等也是值得注意的。丰坊有一部纲目体中国通史,《世统》,书佚,今有丰坊《世统本序》。① 黄尊素(1584—1626年)擅长当代史,曾续雷礼《列卿记》,作《隆万两朝列卿记》2卷。又辑嘉、隆时事及诸臣奏疏,成《时略》。还作编年体晚明史《大事记》,自万历迄天启。惜今皆佚。

二、地方志的普遍编修

地方志是地方政府编纂的官书,略可综合反映一地的情况。

明代宁波所修志书,比较早的是洪武《明州府志》,今佚。考明州是洪武十四年前之称号,则书成于是年之前。接下来是永乐《宁波府志》,作者是纪宗德与李本。诸书皆以为永乐十七年(1419年)所修。康熙间学者李邺嗣说:"会诏天下纂修图志,太守汪馗起先生总裁郡乘,书成而卒。"②考汪馗为宁波知府是永乐十九年,则李本卒于永乐二十年前后。但雍正、乾隆时期的全祖望推翻了这个结论。"成祖诏天下府州县,皆修志书。时方修《永乐大典》,天下之志皆入焉。诸书皆以为十七年所修。考《大典》成于永乐六年,则志之修亦在六年以前也。书专为大典而作,既贡书局,未尝付梓,故今天下之传永乐志者最少。吾乡志书,其为吾家所藏者,自宋以下,无一不备,少者永乐志耳。及钞《大典》,始得之。是志也,里人纪征士宗德、李处士孝谦为之,其书体例绝佳。生平不喜袁清容《志》,谓其党仕元之匪人,没前宋之遗事。得此书以补之,真大快事也。成化中,杨实所修,未见此书,故过于略。"③全祖望看到过《永乐大典》,《大典》中有永乐《宁波府志》,自

---

① (明)何乔远《皇明文征》卷四六,《四库全书存目丛书》。
② (清)李邺嗣《甬上耆旧诗》卷四《至孝李先生本》,《四库全书》文渊阁本。
③ (清)全祖望《鲒埼亭集·外编》卷二四《永乐宁波府志题词》,《四部丛刊》本。

然可以肯定成书于永乐六年前。

成化《宁波府志》。作者是宁波人杨实(1414—1479年),字诚之,号南里,鄞县人。① 正统六年(1441年)乡荐,授安成训导。后家居。约天顺六年(1462年),知府张瓚虑往事之无征也,有意重修。博询郡人,知杨实学博才赡,足以任笔削,于是,请杨实出面主修。杨实斟酌旧典,采摭新闻,芟繁而取要,因略以致详,勒成10卷,分为20考,厘然具备。于是,郡中事物,古今巨细,记载无遗,一检阅之,顷可尽得之。张瓚下令政府出资刊刻,刚刻了一半,张瓚就调任广东参政。考张瓚调任时间是成化元年(1465年),则可以肯定,《宁波府志》最迟成于成化元年。成化二年,新知府方逵重加校正,继续刊刻。到了成化四年,全书刊刻成。一般书习惯称"杨志成于成化四年",显误。

黄润玉《宁波府简要志》。全书用门目体,分舆地、山川、城镇、河坊、官府、学校、祠坛、赋役、邮驿、墟场、食货、人物、寺观、古迹、艺文十五门,凡5卷,真正体现了简要原则。明代中叶,一度盛行纂简志,《宁波府简要志》是现存几部著名的简志之一。

成化《宁波府志》与《宁波府简要志》是什么关系?明代中后期以来的宁波学者,一直认为《宁波府简要志》取杨实所修者删之而成,如嘉靖间人戴鲸、崇祯间人杨德周。《四库提要》也持此说,称"是编以旧志太冗,乃删除繁赘,定为是编"。近人张寿镛特将两书加以比较,条为十证。结论是,黄志先成,杨志后成。② 其实,张寿镛的论证,并不能释嫌。黄润玉衣钵弟子、吏部侍郎杨守陈明确称"以四明新志芜秽,撰《宁波简要志》"③。杨守陈和黄润玉是同时代人,作为学者,情况最为了解,所言当是可信的。所谓"四明新志",应该就是杨实的《宁波府志》。如果这个结论能成立,则《宁波府简要志》当成于成化四年以后。也就是说,杨实书在前,黄书在后。其时,黄润玉退休在家,删繁

---

① (明)李东阳《怀麓堂集》卷三六《杨南里传》,《四库全书》文渊阁本。
② 张寿镛《宁波府简要志序》,《四明丛书》本。
③ (明)杨守陈《杨文懿公集》卷二三《南山黄先生墓碣铭》,《四明丛书》本。

就简,相对容易些,所以,修书时间不会长。因是私修,没有经费,故成稿后,没有刊刻。嘉靖间,其孙黄溥复加续修。嘉靖间人批评成化《宁波府志》曰:"盖直补前志之所未及,而义例则一皆因之。其间,崇释老而略人文,顺人情而睽世故,俚儒曲士犹或议之,而况于缙绅达识哉?"①杨实这部成化《宁波府志》,比较简略。全祖望的看法,是因为没有参考过李本永乐《宁波府志》的缘故。此说值得商榷。因为,此后成书的黄润玉的《宁波府简要志》,更为简略。这恐怕不是史料问题,而是观念问题。也就是说,明中叶人修志,崇尚简要。而这和方志的政书性质有关。作为地方官治理参考书,简明扼要就可,不需太详细。也和出版业的不发达有一定关系,嘉靖之前,明代的出版业仍落后。简志的长处是便于刊刻与流传。从历史角度来看,简志史料不够丰富,使用价值不高。

　　成化以后,《宁波府志》久不续。到了嘉靖初期,戴鲸搜集成化以后资料,成《四明志征》20卷。此志比成化志详核,可惜未刊,后佚。嘉靖三十八年(1559年)九月,宁波知府周希哲决心重修,于是聘请张时彻主修郡志。张时彻于嘉靖三十四年一度做过南京兵部尚书,政治地位高,是当时宁波文坛领袖,由张时彻主修当然是合适的。于是,张时彻又请了卢叔麟、倪珣、薛晨、洪谟等参加编纂,"搜讨纂葺,皆诸人手笔,司马裁定而已"②。志成于嘉靖三十九年,前后花了8个月时间。凡为类五,为目五十,为卷四十二。对这部嘉靖《宁波府志》,清代评价较低,万斯同称"苟且成书,疵谬显著。每一披阅,气辄填膺。不知当时有读书者,何若是其抵牾也"③。蒋学镛也说,"嗣后,张司马别成《嘉靖志》,体裁繁琐,考据讹舛,较(杨)实书为逊之,而张志盛行,实

---

① (明)闻渊《重修宁波府志序》,见(明)嘉靖《宁波府志》卷首,《中国方志丛书》,台湾成文出版社1966年版。
② (清)蒋学镛《鄞志稿》卷一四《卢叔麟传》,《四明丛书》本。
③ (清)万斯同《石园文集》卷七《与李杲堂先生书》,《四明丛书》本。

是书传者颇少,且司马并不为(杨)实立传,故其行事无可述云"①。这个观点,现在看来值得商榷。嘉靖《宁波府志》不同于前人志书之处是有自己的经世思想。这不是一部介绍性的地方志,而是一部展现主编经世思想的方志。特别是几个志,作者的现实问题意识较强,对嘉靖时代宁波时局所面临的困难作出分析并给予对策。至于史料价值,更不可忽视。如前所知,明代宁波府志,共留下3部,有两部皆是简志,只有这部嘉靖志是详志。嘉靖以后,无人修志。这样一来,这部嘉靖志就是我们了解明代宁波历史最好的一部志书。所以,从宁波府志编纂史角度来看,嘉靖《宁波府志》值得肯定。

除了府志,县志的编纂也值得留意。县志的广泛编纂,是明代方志发展中较为突出的现象。宋元时期,方志的编纂,以府志为主,县志的编纂是零星的。只是到了明代,县志编纂才逐步普及化。据文献记录,洪武末年,名儒方孝孺曾纂《宁海县志》,为明代宁波较早的县志,可惜不传于世。永乐间,知有2部,它们是《鄞县志》《奉化县志》,不详作者及卷帙,今皆佚。正统间修的县志,所知有正统《余姚县志》、正统《慈溪县志》、正统《象山县志》、正统《宁海县志》4部,今皆佚。景泰六年(1455年),

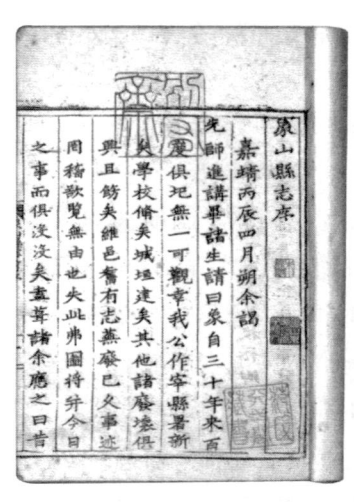

天一阁藏嘉靖《象山县志》

汪纶编《奉化县志》,未刊,今佚。弘治五年(1492年),汪纶编弘治《奉化县志》10卷,今佚。张邦佐纂弘治《宁海县志》,佚。正德二年,张辅修正德《宁海县志》。正德六年(1511年),周旋等编正德《慈溪县志》20卷,今佚。正德末,薛俊纂写了第一部《定海县志》,未刊,今佚。嘉

---

① (清)蒋学镛《鄞志稿》卷一四《杨实传》,《四明丛书》本。

靖间，有 5 部县志。嘉靖十一年（1532 年），谢滩编嘉靖《奉化县志》10 卷，今佚。嘉靖十四年，倪复纂嘉靖《奉化县志》12 卷。嘉靖十四年，嘉靖《余姚县志》17 卷、外记 1 卷成，刊于嘉靖二十一年。嘉靖三十五年，杨民彝等纂嘉靖《象山县志》15 卷。嘉靖四十二年，张时彻主编嘉靖《定海县志》13 卷。万历二十年（1592 年），曹学程纂万历《宁海县志》10 卷，今佚。万历《新修余姚县志》24 卷，沈应文、杨文焕等编，成于万历二十九年，刊于万历三十一年。万历三十六年，陆应阳等纂万历《象山县志》16 卷成，次年刊刻。天启四年（1624 年），姚宗文编天启《慈溪县志》16 卷。崇祯四年（1631 年），宋奎光修崇祯《宁海县志》12 卷。清初南明时，高宇泰私修《敬止录》40 卷。这是现存第一部鄞县县志。

卫志。正统《定海卫志》，指挥李怡修，今佚。嘉靖四十一年，张训纂嘉靖《观海卫志》4 卷。嘉靖四十三年，张训等纂嘉靖《临山卫志》。以上两卫志，今有《慈溪文献集成》第一辑（杭州出版社 2004 年版）标点本。

乡镇志。方孝孺纂《猴城杂志》2 卷，有《续说郛》本。① 范洪文纂《城南志》，佚。隆庆二年（1568 年），张桃溪、杜思泉编隆庆《鄞西桃源志》5 卷，今有标点本。《石步志》1 卷，叶时标纂，今天一阁有抄本。

第五节　文学

明代宁波文学有鲜明的时代特点，作家众多，作品繁富，而且不乏在全国有影响者。正统诗文的创作带有较为明显的复古倾向，而盛极一时的戏剧创作较为典型地体现了晚明思潮。

---

① 参见洪焕椿《浙江方志考》，浙江人民出版社 1984 年版。

一、明代初期的宁波诗文

清代学人李邺嗣讲到明代鄞县的诗,称"至洪、建以来,荐绅则有郑教授(真)而下九人,布衣则有至孝李先生(本)而下六人。及章(珍)、宋(恢)五先生后先崛起,倡雅此乡。于是翳雾渐开,荟棘斯辟,后来大家蔚然尽出矣"①。这里大略概括了以鄞县为中心的诗歌史。就整个宁波地区来说,情况自然还要多一些。在元末明初的文坛上,浙东散文兴盛,形成了颇具影响的古文流派。代表人物是郑真和方孝孺。

郑真(1332—1389年以后)②,字千之,鄞县人。洪武四年(1371年)举人,官临淮县学教谕,升广信府儒学教授。家学渊源较深,郑驹、郑真、郑凤三兄弟"并以文学擅名",郑真尤以古文著,有《荥阳外史集》。郑真古文最初与金华宋濂声价相埒,宋濂还称赞郑真"才高吐凤,学究天人"。后宋濂位至通显,黼黻廊庙,而郑真偃蹇卑微,以学官没世,声华闃寂。郑真以记类散文较多优秀之作,其特色是善于"观物察理"。"观物"具体表现在对物的精细入微的鉴赏功夫上,故其文娴于写景状物,有不少优美的片段;"察理"则是其题旨终要归结到义理上来,这正体现了越派散文的一般特色。郑真的一些赋作也不脱"观物察理"的创作模式。他在广信府所作的《双芋图赋》基本属于咏物赋,他发掘了芋之微物中所存的"淡而腴"的至理,使芋这种"山肴野蔌",与自甘卑贱的山野之士的审美趣味发生了密切的联系,如此着笔就是要"即物以明理"。

郑真的诗歌内容较为充实,有一定的认识意义,而且在艺术上也有特色,风格自然清俊,多存雅韵。尤其是他的乡恋诗和题画诗,在艺

---

① (清)李邺嗣《甬上耆旧诗》卷四,《四库全书》文渊阁本。
② 郑真卒年不详,据赵琦美《赵氏铁网珊瑚》(《四库全书》文渊阁本)卷一,知洪武二十二年(1389年)尚在人世,时为广信府儒学教授。

术上有较多的可取之处。郑真的乡恋诗数量不少,其情不外乎"触物而动",而遥不可及的故乡,无论是过去还是当下状态,均化为具体真切的可视性描写。郑真题画诗则善于凭借具体可感的视觉形象,通过改造加工建立新形象,进行二度创作。

方孝孺(1357—1402 年)是宋濂的学生,以文章、理学著称当时,有《逊志斋集》传世。方孝孺论文倡明道宗经,与宋濂将文章、理道、事功合而为一的论述是一脉相承的。然而比之宋濂,方孝孺亦有自己的特色。在文道关系上,方孝孺虽然主张文以载道、文道合一的文统论,同时也允许"述风俗江山之美","探草木虫鱼之情状,妇人稚子之歌谣"[1],这就拓宽了文学的题材内容;在师古与创新的关系上,方孝孺主张师其道而不师其辞;在道气关系上,方孝孺主张以道御气,道明气昌,不但揭示了创作主体的道德、人格修养对创作的重要影响,而且还强调气昌的艺术感染力。

方孝孺的诗歌现存近 400 首,表面上看来比较平淡,但内中却有一股"毅然自命之气,发扬蹈厉,时露于笔墨之间",因而感情激越,富有骨气。他在自己的价值界域内勇于发表与众不同的议论。他有自己独立的价值关怀意向,发表的意见常显得孤高而不同流俗。方孝孺立足于儒家政教的传统,其诗歌多议论化与批判化的说理,透露出伤世忧患之情。在艺术上,方孝孺的古诗继承的是汉魏的骨力,淳古淡泊,绝去雕饰,以散化语言反复咏叹的形式,构成古朴风调。方孝孺的诗歌喜欢托物言志,所选择的物象也多是梅、竹、菊、荷之类,借以寄托其孤洁高傲的气节、操守。方孝孺的诗风受宋诗影响较大,但其诗中所透出的胸襟气魄和骨力气格,却非宋代理学诸子所能及。方孝孺的诗歌存在着片面地重意、重理的倾向,而忽视"性情"。

方孝孺在文学上的主要成就是古文创作。他的散文体式多样,变其师宋濂的醇雅为高扬,风格豪放清雄,畅达不羁,而言正辞严,有一

---

[1] (明)方孝孺《逊志斋集》卷一八《题黄东谷诗后》,《四库全书》文渊阁本。

股浩然之气充乎其间。四库馆臣称其文章"乃纵横豪放,颇出入于苏轼、龙川(陈亮)之间"①。方孝孺散文的主体意识十分强烈,谈天说地、叙事状物,不时流露出独到的见解、思考、想象、感受等主观情绪,语言表达上有着浓厚的主观色彩。他创作的寓言体散文多为人传诵,如《蚊对》、《鼻对》即事论理,以小见大,构思奇特,寓意深刻。方文既长于说理,又尤善于比喻。如其论天地生人与万物,贫富智愚,各有悬殊,"天非欲其如此也",但这是必然之理,即喻云:"是气行乎天地之间,而万物资之以生,犹江河之流,浑涵瀹沦,其所冲击不同,而所著之状亦异。大或如蛟龙,小或如珠玑,或声闻数千里,而或汨然而止,水非有意成为巨细于其间也。"②又如卷三《君量》篇提出为君者应"量足以容天下",亦以江河为喻:"洪河大江,奔注万里,势之所遇,声之所嘎,汹汹乎其可畏,及趋于海,泊然而行。悠然而逝,涣漫浩渺,不复少肆者,以其量素足以容之也。"前之所喻,但取其势,后之所喻,乃用其意,两者取喻虽同,而旨趣截然,义之与喻,可谓浑然一体。

二、明代中期的宁波诗文

自弘治以来,李梦阳、何景明等"前七子"树起复古旗帜,成为明代文学的主流。一时文人以"七子"为宗,"转相拟议,刻画字句","于是天下之诗,俱言人所言,不复自言其志矣"③。不过,宁波作家不为时风所动,仍坚持自己的创作品格。前七子时期甬上的代表作家主要有杨守陈、张琦、王阳明等人。

杨守陈(1425—1489年)是典型的明代前期士大夫,强调道德为本,文艺为末,重视文章内容的思想性,轻视文章的艺术形式。五岁就家塾,日记数百言。少年时代,作诗辄能吐奇语。稍长习举子业,词理

---

① 《四库全书总目》卷一七○《逊志斋集》,中华书局1965年版。
② (明)方孝孺《逊志斋集》卷一《体仁》,《四库全书》文渊阁本。
③ (清)李邺嗣《甬上耆旧诗》卷九《布政陆石溪先生铨》,《四库全书》文渊阁本。

兼优,迥出伦辈,四方学者往往传录所作经义论策之文以为式。① 他写作文章,"力追大家"。故在史馆,遂以文章名世。杨氏比较重视立言,自称"平昔才无半斗而喜作文"②,尤其重视出版。他随写随刻,先后出版过《晋庵稿》、《桂坊稿》、《镜川稿》、《东观稿》、《金坡稿》、《铨部稿》,最后编成全集,称《杨文懿公集》。

杨守陈的散文成就比较突出,能稍破台阁体之规范,上接浙东派之绪余,重新将道统与文统合于一身。杨守陈散文的台阁气息虽然仍很浓重,但比起全盛时期的台阁体,杨守陈的散文出现了诸多的变化。最引人注目的是他抛弃了台阁体一味地歌功颂德的路子,引入了不少直接批判社会现实的内容,并重拾儒家的民本精神,表达爱农悯农的情感。他的一些散文如《恤民亭记》等喜欢用"农"作比,这种浓郁的农家风味在翰林散文作家中是绝无仅有的。在艺术表现手法上,杨守陈的散文虽然仍出于载道,但写得更为轻松活泼一些,像《茶酒说》、《农鸣说》、《双柏诗引》等已经有了小品的味道。他还善于运用纵向式的画面组合构成全篇的文境整体。他从自然实境入手,首先绘出客观物象和生活场景,使读者获得直观性的初步美感;进而由客观物象生发开去,扩展放大,由此及彼,由点及面,开拓并深化文境,直至由实生虚,化实为虚,进入深层的理趣,从而赋予了中心意象以特定的社会美。

张琦(1449—1529年)③,字君玉,鄞县人。弘治十二年(1499年)中进士。授南大理评事,历寺正副。正德十年(1515年),出知福建兴化府,为政尚简易,务正风俗,与诸生说经,喜以儒术饰治,有古良二千石风,人称为"文章太守"。他做官兴趣不浓,加福建左参政,致仕回宁

---

① (明)杨廉《侍郎杨文懿公言行录》,徐纮《明名臣琬琰续录》卷一八,《四库全书》文渊阁本。
② 杨守陈《与徐少詹溥》,(明)贺复徵《文章辨体汇选》卷二六四,《四库全书》文渊阁本。
③ (清)李邺嗣《甬上耆旧诗》卷七,《四库全书》文渊阁本。"年及艾,始中进士"。五十曰艾,考张琦为弘治十二年(1499年)进士,则张琦为正统十四年(1449年)生。又卒年八十,则为嘉靖八年(1529年)卒。

波。他的操行廉白,家无遗财,人号曰白斋先生。里居16年,唯以撰述为事,于诗律益工,弥造高妙,日怡神于林泉云鸟间。尝自赞曰:"辞让太早,似乎失利;木石无虞,何谓不智。末年遗教曰:'抱病怀残喘,寄身属杪秋。爱山一舆,乐水一舟。未死微躯,已卜荒丘。永谢之日,不烦饰修。生也既顺,死复何求!'"①在莆阳的时候,刊刻《白斋集》10卷。嘉靖二年(1523年)刊刻《白斋竹里集》7卷。前者为诗集,后者尚附文数十篇。两者相加,凡一千余首诗。

弘治后期,张琦在南京做官的时期,正是"前七子"兴盛期,"北地(李梦阳)、信阳(何景明)方树赤帜,一时靡然风偃"②。张琦不为时风所动,高唱单行,别出机杼,专以宋人为师。他论诗尤其推崇杜甫,批评宋之苏"全使学问",黄"乖杰",所以他的诗虽然学宋,但不近苏、黄,不使事典,而以平易为宗。张琦的诗歌比起当时一般的甬上诗人的诗歌,内涵要丰富得多。其主要内容有两点值得特别注意:一是受儒学仁爱思想的熏陶,普遍表现了本于"知恻隐"的道德良知,殊多关注和体察民生民情的作品。他摒弃了宋诗派一味主理的写法,而是向植根于理的纯朴和善、至爱深情的情感领域回归。二是表现生活上的性灵情趣。他的诗长于本人情,状风物,平常普通的生活细节,被他一一生动地摄入诗中。他常常在通俗的事物中感受人生,营造特有的审美意象,明显地具有宋人以俗为雅的风貌。他还很注意从平常的事物中捕捉富有情趣的瞬间,并且用浅近的语言表达出来。他也喜欢揣摩大自然的心灵意欲,许多作品染上了诚斋体的风貌。他的一些诗歌自然清新、活泼灵动,富有情趣。他对于情趣的自觉追求,恰恰是前七子复古诗风中所少见的,不仅给当时的诗坛带来新鲜的风味,而且为晚明的性灵诗之前驱。

王阳明(1472—1528年)最初参与了复古运动,后来与七子派分道扬镳。随着阳明心学在正德、嘉靖年间的流行,直接影响了文坛格

---

① (清)李邺嗣《甬上耆旧诗》卷七,《四库全书》文渊阁本。
② (清)李邺嗣《甬上耆旧诗》卷七。

局的重组,如唐宋派的崛起和浪漫主义思潮的兴起,都与阳明心学有着直接关联。王阳明作为明代杰出的哲学家,有不少论学论政相结合的散文,旨在宣传他的政治、哲学理论。王阳明的单篇散文,大都含有语录体散文的艺术基因,条理清晰,思维细密,言辞浅近、简明、平易,更与语录无异。这些方面都是对孟子散文的继承和发展。他也善用譬喻和排偶,深入浅出、因小见大,读来明畅而无枯燥之病。他的文学散文不依傍古人,自抒胸臆,俊爽畅达,雄深雅健,自成一家。如《君子亭记》,借竹的自然特点来表述封建士大夫的道德修养与政治操守,颇具形象感与理趣。《瘗旅文》在哀悼客死他乡吏目的同时,抒发了对自己受迫害的悲愤之情,写得情文并茂,感人至深,历来为人传诵。王阳明的散文,上承宋濂、方孝孺之绪,下开唐宋派唐顺之、归有光的先声。清初黄宗羲也推崇阳明散文,称为文道合一标本,是振兴明文的功臣。

 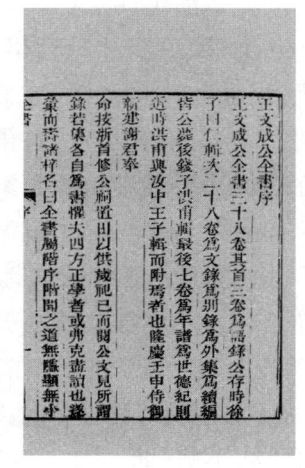

《王文成公全书》书影(《四部备要》)

王阳明的诗约有 600 首,题材广泛,有直刺时世的哀歌,有抒发愤懑的狱中吟,有阐理道而裨世教的哲理诗,也有对精神解脱的自我欣赏。他的诗歌真切地记录了他的事业成败、人格理想、思想历程,也反映了较为广阔的社会现实。王阳明为早期发动复古思潮成员之一,早年的诗作有意求工,不能浑融而出于自然,后来省悟,断然舍去,一心钻研心性之学,对诗作不复措意工拙,这也给他的诗歌创作带来了新变化。他的诗具有流畅自然的特色,尤其是写景抒情诗,时而奔放豪迈,时而俊爽秀逸,深得论者好评。

三、明代晚期的宁波诗文

随着北方复古文学潮流的向南推进,浙东籍旅居、做官在外的诗人相继接受了李梦阳、何景明的影响,但他们在与文学主潮的接轨中并不亦步亦趋,而是在复古的前提下对于如何复古有着自己的主见。这批与七子处在"异同离合之间"的代表作家有陈沂、张时彻、陈束、沈明臣、屠隆等。

陈沂(1470—1538年),字鲁南,号小坡,鄞县人。先世征入太医院,遂居南京。弘治十四年(1501年),以医籍为举人。中正德十二年(1517年)进士,改庶吉士,年48岁,早已经是名士了。授编修,进侍讲。忤权臣张孚敬,出为江西参议,迁山东参政,改为山西行太仆卿,力请老归里。陈沂很有同乡情,甬上人如到南京,必尽力款接,情若比邻,不分疏近。晚年筑遂初斋于家园,杜门撰述,绝意世事。所至好游名山水,皆有诗纪。晚与顾华玉游历长干诸寺,赋咏尤多文采,照映一时。所著诗文《拘虚集》,自撰《翰林志》、《金陵世纪》、《蓄德录》、《诲似录》、《花岩志》、《游名山录》、《晤言诗谈》,总修《全陵志》诸书。①

陈沂为"弘治十子"之一,在正德年间又与王韦、顾璘号称"金陵三俊",后加上朱应登,称为"四大家"。陈沂论诗比较强调意之深厚纯正,气之壮盛不衰,批评宋诗言理而无情致,没有委婉含蓄之美,主张作诗应按时代分体摹拟,大致说来古体宗汉魏,律诗宗盛唐,这些都与七子派没有多大区别。陈沂的诗歌就是这种文学观的实践,其诗"取材汉、魏,效体陶、谢,拟格王、岑、沈、宋之间"②。同时也向李、杜

---

① (明)李邺嗣《甬上耆旧诗》卷一○,《四库全书》文渊阁本。
② (明)陈沂《拘虚集》卷首,谷兰宗引,《四明丛书》本。

学习,取径比较广泛。陈沂诗的思想性虽然不高,但在情致上自有其可取之处。以其写作最多的游览诗而言,写景颇有佳处,其摹拟王维、孟浩然诸家,高者亦可乱真。至其抒发友情的诗作,深婉真挚,迥出流辈之上。正是在写山水、抒别情上,陈沂的诗歌不完全与"北体"合辙,而更具吴越文人的气质。陈沂晚年的诗更近于自然,并不时地透出浓浓的禅趣。

陈束(1508—1540年),字约之,人称后冈先生,鄞县人。出身寒微,但人相当聪明,有问必应,作诗文"挥笔如云烟"。因张时彻的介绍,得娶侍郎董玘女为妻。嘉靖八年(1529年)进士,选庶吉士,授编修。入翰林,与唐顺之、王慎中诸人益刻厉为古学。因不肯依附张(孚敬)、桂(萼),出为湖广按察佥事,分司辰沅。迁福建提学副使,改河南,视学河南。工作劳累,又常感到郁闷无聊。二次上疏要求离职,朝廷没有同意。最后纵酒生病,呕血数升而死,时年才33岁。陈束为"嘉靖八才子"之一。陈束在遵循复古文学的走向时,矫正李、何之尊杜而力倡诗学初唐,同时积极倡导具有六朝风范的文风,实是七子复古派的余波。陈束早期创作多为酬唱之作,色调明润。其中旅游绘景之作,多学大谢(谢灵运),多见秀句,可以看出其诗有体物工细的优长。送别之作,荡起的也不过是轻愁的涟漪。前期诗比较值得注意的是他尚气的一面。因他崇尚侠气,故作诗敢直抒胸臆。嘉靖十三年以前所作有《高阳行》:"高阳年少事横行,重侠由来不重生。夺得雕刀摇雪色,骑将飞马蹙风声。""北风吹陇簸黄沙,纵搏千场日未斜。白剑杀人丹剑舞,笑歌踏入酒姬家。"这诗颇有盛唐风范。青年时代的陈束,其牢骚不平,常借诗文而透发出来。他后期的诗歌主要宣泄抑郁不欢的情怀,以及羁旅思乡之慨,比起其前所作更为动人一些。陈束的诗歌有明显的模拟痕迹,倒是后期的作品精神情调有接近柳宗元的地方,模拟的形迹则稍见淡薄。陈束的诗作虽乏创意,但当他有真情实感需要宣泄之时,往往也能冲破模拟的约束,描绘出一些动人的形象。

张时彻(1500—1577年),字维静,号东沙,鄞县人。嘉靖二年(1523年)中进士,历仕兵部侍郎等职。嘉靖三十三年,倭寇进攻南京,特起为南京兵部尚书。因抗倭不力,同年被罢职,时年55岁。退归之后,支持甬上风雅,为振兴地方文坛做出了很大贡献。诗文作品有《芝园全集》。

张时彻的诗歌以师法汉魏乐府的作品为多,也以这类拟乐府成就最高。张氏的乐府体类作品,既有照搬旧题而充以新意的,更多因事立题,还有一些作品虽然难以界定为乐府,但在性质上近于文人乐府。张氏不少拟乐府继承了汉魏乐府的现实主义传统,又吸取了新乐府的讽谏之旨,其中颇有一些反映时事、讥刺时弊之作,如因事立题的《逃民歌》:"来逋逃,来逋逃,茹藿烹藜,腹颇领以枵。出门豪家打缚,入门妻子煎熬。昔饥官府赈我,今饥官府禁我。来逋来逋,率彼旷野。野死饫鸱鸢,狱死饫虫鼠。野死侥幸尚可脱,狱死则死谁贳汝?"这首诗不但反映了明中叶大量饥民逃亡的社会景象,而且围绕饥民触及了更多的现实政治,如官府对待饥民的态度,不是想方设法地赈济,而是千方百计地禁止饥民逃荒。官府这样"禁我",大概是为了向外界掩盖本地饥荒的事实,以显示自己的"政绩",也想以此避免饥民的逃荒造成更大范围的社会问题,这种描写具有穿越时空的典型性。诗的后半篇,作者还通过描摹饥民的心理,进一步揭露了官府"禁我"手段的残酷性,他们把不听话的饥民抓进监狱中,宁可让他们饿死在狱中,而饥民们则宁愿在逃荒途中死于郊野。作者通过饥民的自白,曲折地反映了明中叶尖锐的社会矛盾和冲突。张时彻的这类乐府诗能得汉魏乐府和中唐新乐府的精神,贯彻了其"以道性情之真,以达风谕之旨"的创作宗旨,语言流畅自然,很少用典,而"意调古质",较受后人的称赞。

张时彻的传记散文吸取了《战国策》、《史记》等史传文学"以事传人"的长处,选择了具有人物的典型性格特征的故事情节,但又不像《战国策》、《史记》那样作完整的铺叙,抛弃了繁缛的描写,只是粗略介绍,意到即止。张氏的传记既注意人物一生的完整性,在粗略陈述传主事迹的基础上,往往抓住所记之事的突出特征,加以简洁而生动的描写。张时彻的传记散文也融入了传奇性的因素,大大增强了作品的艺术表现力。他常常以"奇"为绳墨来取舍材料,又以"奇"为骨架结构文章,从而使形散而神聚。作者作传不以实现"载道"为目的,也不屑于那种履历表式的所谓"史法",故颇能注意在闲事琐语中驰骋笔墨,注意用细节表现人物的个性。像《陈约之传》是他为嘉靖才子陈束所作的传,就写得比较精彩。作者紧扣"才"与"郁"来选取事迹,用生动的笔墨勾勒出了一位个性孤傲不群,具有反传统、反流俗色彩的才子形象,颇可一读。

沈明臣(1518—1595年),字嘉则,鄞县人。沈明臣出身于宁波栎社一大家望族。起于田间,少负异才,喜读书,尚廓落大节。约嘉靖十九年(1540年),补诸生。沈明臣以诗自豪,文章疏宕可喜。但他会试之路不顺,几次应浙江乡试,均未中。嘉靖三十四年与余寅、徐渭同入胡宗宪幕府为幕僚,以智策诗才备受优遇。胡宗宪败后,沦落江湖间,益跌宕自放。经过太仓时,曾谒见过文豪王世贞。高坐论诗,直气凌其上,王世贞当面夸他为"布衣之杰",内心并不喜欢。外游时期长以后,沈明臣厌倦了,于是回到故乡。当时,张时彻方主宁波文盟。张时彻最推重沈明臣,岁时伏腊聚会,如果沈明臣不到就不高兴。这个时候,沈明臣同家族的一些子侄,都从他学诗。沈明臣在宁波的声名开始大响。万历五年(1577年)张时彻卒后,沈明臣成为宁波文坛"耆夙","一时山林失职之士,单门高才,俱辐辏其门",俨然成为宁波本土文坛的领袖。沈明臣一生勤于作诗,写了七千多首诗,传世有《丰对楼诗选》43卷,存诗在4500首以上,与王叔承、王稚登并称为万历间三大布衣诗人。

沈诗善于出奇,挥霍纵恣,雄阔浪漫,奔放自如,这是一种基于人格独立的无拘无束所带来的风格,而歌行体可以说是诗人狂傲不羁、任情率真的性格的最佳艺术载体。沈明臣的歌行善于使气,流荡着我歌我泣我喜我怒的真情和豪气。如《赤霄行寄送屠长卿赵春宫》、《四明山长句》等,挟雷霆万钧之势,时时震荡雄风,宛有太白歌行的神韵。他用歌行体创作的赠人题材的作品,还以放荡纵恣之笔塑造了一批奇狂的豪杰形象。即使他的短诗也有以痛快见长的。如《凯歌十首》之一云:"衔枚夜渡五千兵,密领军符号令明。狭巷短兵相接处,杀人如草不闻声。"描述的是抗倭中的一次夜间袭击战,以痛快淋漓的笔墨,写出了出敌不意而取得的胜利,很能体现夜袭的特色。

沈明臣的诗具有多样的艺术风格,除了那些"倒凌迅夺"的雄奇痛快之作外,还创作了大量清新可喜的小诗,如传诵广泛的《萧皋别业竹枝词》之一:"青黄梅气暖凉天,红白花开正种田。燕子巢边泥带水,鹁鸠声里雨如烟。"用白描勾勒出了宁波农村的动人景象,观察细致入微,写得有声有色,新鲜活泼,充满浓厚的乡土气息。

沈明臣亦擅长于散文创作,其文虽有秦汉派之风,但不作险怪之语,而以奇气取胜。他于万历二年(1574年)二月畅游了四明山,在喜吟《四明山长句》之余,又创作了一篇近五千言的散文《四明山游记》,这是沈明臣游记散文的代表作。他以时间为顺序,山径为主线,缕述了游踪所及的浙东名山的山景水貌、名胜古迹、人文神话、山野村居。这篇散文的结构有传统的日记体痕迹,其叙事采用概述与场景描写的反复交替模式,自然地形成张弛、波澜的节律。概述一般用来扫视那些不值得花费很多笔墨的时间和行程区域,作者已经弱化了"排日记程"的刻板模式,而将主要内容集中到记叙山水景物中来,并融叙事、写景、抒情为一体,文采斐然。

屠隆(1542—1605年),字长卿,别字纬真,号赤水,鄞县鉴桥人。幼时勤奋好学,才思敏捷,下笔就能完成数千字的文章,人称为异才,又得到宁波文坛领袖张时彻的推重,名气益重。万历五年(1577年)进士,初授颍上县令,调任青浦县令。常常接待吴越之间的著名文人学者如沈明臣、冯开之等饮酒赋诗,游山玩水,自称"神仙县令"。而且,行政事务也不误,因此得到士民的爱戴,官声也很好。于是升为礼部主客司主事,仍以喜欢接待宾客而闻名,为此,屠隆的钱袋常常是空着的,有时不得不解下玉带作酒钱。① 万历十二年(1584年),屠隆被削职。从此,退出官场。他遨游吴越间,啸咏山川,自矜出世。已而溯盱江,登武夷,穷八闽之胜,等到倦游才回宁波老家。由于名声在外,屠隆的门客越来越多。屠隆是一个缺乏储蓄观念的人,到了晚年,家益贫。于是,只得再次出游。不久,生病而卒,享年63岁。屠隆著作,今所传有《由拳集》、《白榆集》、《采真集》、《南游集》、《绛雪楼集》等。

屠隆是后七子诗派中"末五子"之一,但在七子派余裔嗣响之中,屠隆文学主张更多体现了向革新派过渡的倾向。他论诗反对一味摹拟古人,《论诗文》主张"各极才品,各写性灵"。屠隆又提出了"文者华也,有根焉,则性灵是也"的观点。"性灵说"是晚明文学思潮中最典型的理论,对廓清拟古之弊有着特殊的意义。屠隆是当时较早也是较多地使用性灵一词的论诗者,他率先倡言"性灵",深得袁宏道赞赏。屠隆对"性灵"的解释不像袁宏道那样明确而透彻,对于公安派的理论有一定的先导作用,他是沟通复古派与公安派的人物。同时屠隆针对剿袭模拟风盛行之下作家主体性的彻底丧失,极力倡言赋材说,主张依靠作家之赋材,充分发挥创作主体的才性、才能,以陶洗性灵,创制真文。屠隆的这一创作观点同样对公安文学"性灵说"的产生起到了不可忽视的作用。屠隆以他的文学理论宣告了明中叶文学复古思潮的终结,同时又成了晚明文学解放思潮的先驱。

屠隆以沈明臣为师,称沈明臣七言古诗"海内独步",所以,屠隆也颇得沈诗衣钵,长于七言古诗。屠隆诗才情迸泻,瑰奇横逸,善用浪漫纵肆之笔抒其壮浪恣适之情,"当其意得处,山奔海立"。②他早期的作品极富个性特色,特别是海洋的浩瀚和神秘激起他热情的想象,在冥想与飞驰中,显示一颗童真、舒张的心灵。典型的如《观海篇》词采瑰丽,玄想万端,充满对神秘瑰奇的非现实世界的向往。屠隆在经历了宦海风波之后,浪游山水,寄情声色,求仙与行乐构成了他后期诗歌

---

① 杨成鉴《明代宁波戏曲作家屠隆简介》,《中共宁波市委党校学报》1998年第2期。
② (清)李邺嗣《甬上耆旧诗》卷一九,《四库全书》文渊阁本。

的基本内容。代表作如《孙公子席上放歌》,宣扬求仙和行乐是人生的两大乐事,其实他祈求人生,目的仍是为了享乐。若与宋代史浩的长生行乐词相比,史浩是要享受人间的真快乐,而屠诗则透溢出胸中块垒无法浇灭的痛苦,以及他早期进取理想的幻灭,蕴涵着屠隆精神上的深刻危机和悲剧人格。当个性的反抗不断碰壁之后,遂提倡一种抽调自我意志的"适世"主义,以此作为自我的实现而得到精神上的胜利。故《园有花短歌为龙君超》等,纯粹在讴歌及时行乐,宣扬享乐至上。这些诗在表现追求人生欲望的激情及对现世欢娱的眷恋而引起的冲突、痛苦方面,具有晚明文学特有的那种人性的内在深刻性。如果说屠隆前期的诗歌豪情勃发,彩毫淋漓,那么晚期则转向悲抑深沉,其诗风转变的轨迹十分明显。屠隆诗虽得盛唐李诗的风采,但其词藻又以六朝为宗。

屠隆的散文创作以游记、传记、序跋、尺牍、杂说、清言等为主,大多挥洒恣肆,舒卷自如。他的游记文如《海

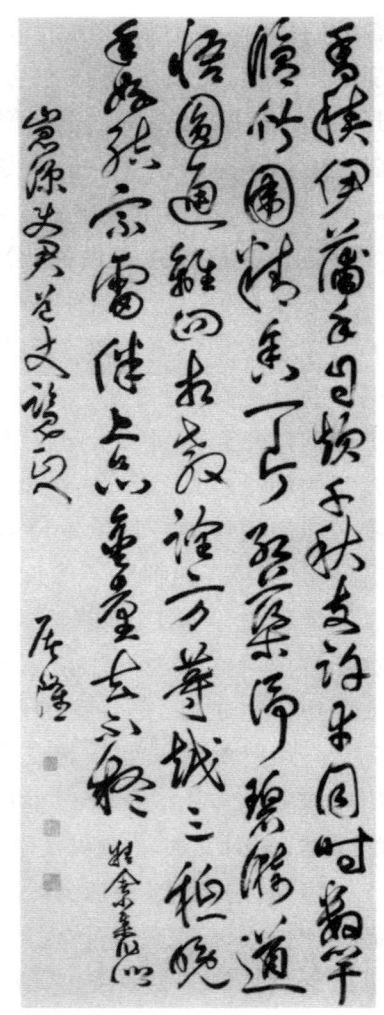

屠隆草出七言诗轴
(上海博物馆藏)

览》、《长水塔院记》,每可见奇幻之笔。他的传记文如《沈嘉则先生传》,也颇能摹写出人物的个性风采。他的序跋类散文文情荡漾,如《青溪集序》融记事、写景、抒情、议论为一体,以"万物大佳"的夜空和寥阔浩荡的湖面为背景,创造了一个光风霁月、坦荡无涯的艺术意境

和精神境界,是一篇富有诗情画意的散文小品。屠隆的散文中最为人称道的尺牍文,不加雕饰,直抒性灵,自然率真。如《与元美先生书》直抒胸臆,自由跳脱,倾诉了不平之鸣;《与张肖甫司马》信手写胸臆,似行云流水,情意所到,笔法自变;《在京与友人》通过都市的喧嚣纷乱、泥沙飞土和渔村的恬淡清净、闲雅惬意,表现了作者厌倦都市生活、热烈向往乡野渔歌的思想情趣,不落俗套,挥洒自如。然而屠隆为文"率不经意,一挥数纸",故其散文"尚兴趣而乏风骨,飘爽之气多而深沉之思少"①,缺乏精构巧裁,浓厚的骈俪藻绘也有伤于性灵的流转。

万历末年以后,宁波诗文创作的兴盛势头开始回落,作家仍众,而成就则难以与沈明臣、屠隆辈相提并论。这一时期的主要作家有薛冈(1561—1644年前)、陆符(1597—1646年)、陆宝、黄尊素、王嗣奭(1567—1649年)等,陆宝的创作较有特色。

陆宝(1581—1661年)②,字敬身,一字青霞,学者称为中条先生,鄞县人。出身富裕之族,"田园宅里,甲于甬上"。陆宝少年时代,喜欢作诗。屠隆与沈泰鸿为社集,引为小友。陆宝本从王嗣奭(1567—1649年)受诗法而骤出,与之齐名,当时称为"王、陆"。陆宝退避,乃与杨德周(1579—1647年)③并称"杨、陆"。陆宝科举之路不顺,仅以国子监监生授中书舍人,典诰勅,时间约在万历后期至天启间。在北京期间,经常与诗人葛一龙、汪逸、林古度"唱和无虚日"。④

陆宝"雅志在用世"。崇祯二年(1629年)边事危急,陆宝主动请缨,没有得到皇帝的支持。后来,以母老,乞养,不复出。崇祯十一年,与杨德周、李桐、周元孚,共辑《甬东诗括》一书,"三百年之风雅,始有所萃"。清初,倾家输饷抗清,斗争失败后,披发遁入山林。年逾八秩,

---

① (明)屠隆《白榆集》卷一《观灯百咏序》,《四库全书存目丛书》。
② (民国)《四明月湖陆氏宗谱》卷二《世表纪·二柱》,天一阁藏。
③ (民国)《镜川杨氏宗谱》卷六,天一阁藏。
④ (清)全祖望《续甬上耆旧诗》卷一七《甬东话括选家之三》,方祖猷等点校,杭州出版社2003年版,第463页。

诗逾万首。① 全祖望对陆宝的评价较高,认为陆宝的才名"为素封所掩",陆宝的志节"又以诗掩"。

陆宝作诗上万首,先后编纂出版《霜镜》、《辟尘》、《悟香》三集,其余别种小集尚数十种。全祖望认为《霜镜》中诗"出入中唐,然尚未尽免竟陵习气,非其至者。《辟尘》则诗已进步,放笔直陈,所言皆有关系。至于《悟香》,乃当改步之后,国事君仇,惓惓魂梦,邓林心事,颂言不讳"②。也就是说,三部诗集,反映出陆宝三个阶段的诗作变化。《续甬上耆旧诗》收有陆宝《悟香》集中诗53首,集中反映了作者的"国事君仇"思想意识。有些诗继承了中唐新乐府的精神,着意于揭露腐败黑暗的社会现实,如《乡兵行》"府帖点乡兵,民意阗如鹜。一坊限两人,一城千百数。达官庇臧获,良贾输泉布。独有单下丁,里魁取充募。尺籍一到官,百口冤谁诉?"③这里反映了明末征集乡兵守城的一些情况。按照府里规定,每坊出两个乡兵,全城约有上千人。结果,社会不公平,官员用特权,商人出钱,皆能避免兵役之苦。只有穷苦人家子弟,充乡兵。《加赋行》则描述了明末政府加赋给民间所带来的痛苦。《不说》则透出了明末令人窒息的政治环境:"我欲不说,祸从口出;我欲直说,气从胸窒。兵见寇则逸,见民则咥;官见民则踔,见兵则慓。倾筒倒箧,村民㡀失;箠严赎急,市民命毕。不亡何待,不乱无术。"④陆宝诅咒这个黑暗的社会,已经预见到了天崩地解的时代风暴即将来临。陆宝的诗艺术上多用白描,虽然有粗率之病,但内容充实,比起无病呻吟之作,要高出一筹。

黄尊素(1584—1626年),字真长,号白安,余姚人,黄宗羲之父,长于赋。黄尊素赋有一些鲜明的特色,如《虎丘看月赋》和《浙江观潮

---

① (清)全祖望《鲒埼亭集》卷一四《中条陆先生墓表》,《四部丛刊》本。
② (清)全祖望《鲒埼亭集》卷一四《中条陆先生墓表》。
③ (清)全祖望辑,方祖猷等点校《续甬上耆旧诗》卷一七《甬东诗括选家之三》,上册,第463页,杭州出版社2003年版。
④ (清)全祖望辑,方祖猷等点校《续甬上耆旧诗》卷一七《甬东诗括选家之三》。

赋》,善于将风景与风俗融合在一起,风景因风俗而增色,风俗赖风景而添辉,从而增强了阅读的情趣。他的《壮怀赋》当作于天启五年(1625年)削籍回乡至天启六年被逮之前,写得很有锋芒和气魄。赋中充满着高昂的斗志和乐观精神,这正是东林党中优秀人物的思想品格的典型表现,赋中列举的许多具有壮怀的古人中竟提到陈涉,这也是极为大胆的。

第六节　艺术

一、戏剧创作与戏剧理论

万历以后,中国戏曲创作进入了黄金时代。创作由"理"倾向"情";文人创作成为主流,传奇创作成为菁英文化的代表;新奇怪异审美趣味的追求,是这一时期的三大特点。宁波籍戏曲家屠隆、叶宪祖、周朝俊、吕天成,在万历剧坛中扮演了相当重要的角色,从而在中国文学史、中国戏曲史上留下了光辉的一页。

1. 屠隆的戏剧创作

屠隆(1542—1605年)是万历剧坛颇有影响的戏曲家,精通音律,有传奇三种:《昙花记》、《修文记》、《彩毫记》,总名为《凤仪阁乐府》。据说,在万历年间,屠隆的声名,要比汤显祖响亮一些;屠隆的戏剧,也要比汤显祖卖座一些。因为屠隆有着近乎科班出身的职业优势。屠隆不光写戏,还会演戏,家里蓄有戏班,花钱聘着名角,还时不时地粉墨登场,客串红毡,积累了丰富的舞台经验。沈德符说屠氏"能新声,颇以自炫。每剧场,辄阑入群优中作伎"[①]。他写戏主张"针线连络,血脉贯通","不用隐僻学问,艰深字眼",甚至编过整出戏无一曲,尽

[①] (明)沈德符《顾曲杂言·昙花记》,《四库全书》文渊阁本。

用宾白演出,类似现代话剧的本子,大家一听就懂,很受欢迎。看来,他写戏,深谙编剧门窍,懂得观众口味,几部传奇,如《昙花记》、《修文记》、《彩毫记》,都曾"大行于世",叫座京城,于是,"名大噪"起来。万历三十年(1602年)重阳节,屠隆在嘉兴烟雨楼的大楼上曾演出他的得意杰作《彩毫记》传奇。

《昙花记》约写成于万历二十六年,55出。通行有《六十种曲》本、《古本戏曲丛刊》本。此剧讲唐代定兴王木清泰郊游,遇仙佛指点,弃家访道,决定以"僧伽换却乌纱帽",十年中清心寡欲,历经各种考验,遍游地狱天堂、蓬莱和极乐世界。木氏妻妾也冰清玉洁,清心寡欲,诚心修炼持佛。据说,此剧是屠隆晚年悔恨之作。此剧角色众多,包括天、地、人三界,多种神怪妖魔,情节荒诞,结构散漫,曾有人讥为变相的《目连救母劝善变文》。

《彩毫记》是留存至今的明传奇翘楚。该剧42出,展现李白由夫妻隐逸、扬州散金,到供奉翰林、遭谗引退,最后远谪夜郎又钦取回朝的故事。较之所有的关于李白的戏曲作品,本剧的特点是写了李白的家庭生活,将其妻儿都搬演到了动乱的年代中与李白共同遭受悲欢离合的经历。作者拈出"彩毫"为题,突出李白的绝世才华与夫妻共同的慕仙品格,并最终让其合家团圆,无疑也深刻地映射出明代文人的生活理想。①

《修文记》48出,有《古本戏曲丛刊》初集影印明万历刊本。主角蒙曜与其妻韩神姬,女湘灵,子玉枢、玉璇一家行善,后湘灵成仙,册为玉帝修文仙史,家以修文阁供养湘灵,湘灵又助全家得成正果。和《昙花记》一样,"阐仙释之宗,穷天罄地,出古入今。其中唾骂奸雄,直以消其块垒"②,表现了作者对现实黑暗的嬉笑怒骂和玩世不恭。

屠隆剧作的缺点是充满冗长的说教,关目繁多,人物形象苍白,曲

---

① 《戏曲作品中的李白形象》,神州戏曲网。
② 祁彪佳《远山堂曲品》,中国戏剧出版社1982年版。

辞涂白绶碧,学问堆垛。①

2. 周朝俊与《红梅记》

继屠隆后而走红的剧作家是周朝俊。周朝俊,字夷玉(一作仪玉),别字公美,鄞县人。生卒年不详,生活年代在嘉靖、万历年间(1522—1620年)。周朝俊一生未做官,年轻时仅当过诸生。王稚登《叙红梅记》中说他"举动言笑,大抵以文弱自爱,而一种旷越之情,超然尘外"。极有才华,工诗词,句法清婉,作诗学李贺(长吉),填词也很擅长。《甬上耆旧诗》收录周朝俊诗《野田行》、《雪中候屠田叔先生门》2首。《雪中候屠田叔先生门》中有"先生眠未起,小子立多时",说明和屠本畯有所交往。周朝俊擅长于传奇、杂剧创作,所撰有《李丹记》、《香玉人》、《红梅记》、《画舫记》等十余种。其中,《红梅记》2卷最出名。

《红梅记》据元人《绿衣传》赵源与绿衣双鬟故事演绎而来。事以红梅作合,故名《红梅记》(《甬上耆旧诗》误作《红梅花》)。《红梅记》上卷17出,下卷17出,共34出。《红梅记》写钱塘秀才裴舜卿与李慧娘生死相恋以及裴舜卿与卢昭容之间悲欢离合终成眷属的故事。上卷写裴、李爱情以及由此引起的风波,情节紧凑动人。到《鬼辩》一出,形成高潮。下卷所写的裴卢婚姻,则显得结构松散,关目芜杂。

《红梅记》有几点值得注意:第一,《红梅记》为中国戏曲史和无数观众留下了一个著名的鬼魂形象。中国百姓认可这个虚构,并深深地喜爱化为鬼魂的李慧娘。第二,裴、卢故事不脱才子佳人窠臼,裴、李故事却写得精彩动人,李慧娘的反抗形象尤其生动。第三,《红梅记》语言本色,科诨不俗,如《城破》一出中的丑净诨语,直刺世情。

祁彪佳《远山堂曲品》称其"手笔轻倩,每有秀色浮动曲白间,当时调之隽"。《曲品》列入"能品"。《红梅记》约作于万历三十七年(1609年)。早在晚明,就已经盛传于世。西至边陲四川营山,南至广

---

① 曹屯裕主编《浙东文化概论》,第137页,宁波出版社1997年版。

东潮州,每宴客,诸伶人无不唱《红梅花》者。① 李慧娘的故事为昆、京诸剧种改编,至今还流传在戏曲舞台上,成为有生命力的保留节目。

3. 叶宪祖的戏剧创作

叶宪祖(1566—1641年),字美度,号六桐,余姚人,明代著名的戏剧家。出身官宦世家,未成年入太学,成绩优异,备受师长青睐。万历二十二年(1594年)举人。以后九次应试,终在万历四十七年中进士,时年53岁,授广东新会知县。天启间,官至工部主事。因不与宦官合作,削籍归乡。崇祯三年(1630年),起补南京刑部主事。后官至四川参政、广西按察使,不赴辞归。家居5年,即崇祯十四年卒于家,享年76岁。叶氏学习、创作时间长,为官时间短。即使为官期间,也不忘创作,"公之所至,自在填词"。一生创作丰富,有明一代,其杂剧创作数量,位朱有燉、许潮之后,居第三。叶宪祖是晚明剧坛上著名的戏剧家,一生著有传奇7种,现仅存《鸾鎞记》1种。杂剧24种,现存12种。从作品主旨上可分为四类:崇佛剧,如《北邙说法》;公案剧,如《金翠寒衣记》、《俏佳人巧合团花凤》;历史剧,如《易水寒》(《易水歌》)、《灌将军使酒骂座记》;爱情剧,如《四艳记》(《夭桃纨扇》、《碧莲绣符》、《丹桂钿合》、《素梅玉蟾》)、《玉麟记》、《金锁记》、《渭塘梦》、《琴心雅调》、《三义成姻》(《三义记》)。② 叶氏戏剧,"古淡本色,街谈巷语,亦化神奇,得元人之髓。如《鸾鎞》,借贾岛以发舒二十余年公车之苦,固有明第一手矣"。叶宪祖非常重视舞台演出,自蓄家班,常于"花晨月夕,征歌按拍,一词脱稿,即令伶人习之,刻日呈伎,使人犹见唐宋士大夫之风流也"③。此外,有《白云初稿》、《白云续稿》、《青锦园集》、《青锦园续集》、《蜀游草》等。

一般说来,叶宪祖是"团圆迷"的代表作家,"专以改古之悲剧而后快"。其实,叶氏剧作不仅具有反叛礼教的意义,而且还具有一定的

---

① (清)李邺嗣《甬上耆旧诗》卷三〇《周文学朝俊》,《四库全书》文渊阁本。
② 谭坤《叶宪祖的杂剧创作》,《常州师范专科学校学报》2004年第2期。
③ (清)黄宗羲《外舅广西按察使六桐叶公改葬墓志铭》,《南雷文集》卷一一,《四部丛刊》本。

现实批判精神。在礼教森严的明代,叶宪祖以热情洋溢的笔调,精心刻画了一批要求个性自由、保持人格尊严的女性形象。她们既不是相国小姐,也不是知府千金,而是一些生活在社会最底层的不幸妇女,如寡妇、妓女、侍妾、女冠、孤女等。叶氏把满腔同情倾注在这些小人物身上,肯定她们的价值,赋予她们人间最美好的东西:姣丽的外貌、善良的心灵、高尚的情操、不屈不挠的品质。她们虽有许多不幸,但从没有失去对美好生活的向往和追求,一旦看准目标,就勇敢行动,不达目的,决不罢休。宪祖不仅肯定妇女的地位、价值,还极力称颂女性的才智。他笔下的女主人公个个聪明伶俐,多才多艺,诗词歌赋,样样精通。在漫长的封建社会,追求婚姻自主成为青年男女与封建道德冲突的焦点,歌颂爱情也成了中国古典文学的永恒主题。叶氏如实地写出了青年男女追求爱情的欢乐与忧愁,思考与行动。他们敢于冲破礼教的束缚,不要父母之命,媒妁之言,而是把有情有义放在首位。叶氏在剧作中艺术地说明"天理"的不近人情,"人欲"的合情合理。确实,叶氏爱情剧大多为才子佳人戏,他们结合的方式,用现代眼光来看,是有局限性的。但不能据此否定叶氏爱情剧的价值。因为在封建社会,青年男女极少有相互接触的机会,他们的青春热情被长期压抑在心中,对爱情的渴望使他们成日情思昏昏,在自己心中构筑理想恋人的模式。一旦有了偶然相遇的机会,他们积压的感情便找到了突破口,一见钟情,一订终身。这种爱情是特定时代的产物,但它毕竟是两厢情愿——爱的结果。妇女地位的高低成为检验社会文明程度和人的解放程度的标准,妇女观的进步与否也就成为衡量古代作家进步与否的标志。

叶氏在剧作中还塑造了两个刚直不阿、叱咤风云、性格鲜明的英雄豪杰形象——荆轲和灌夫。《易水寒》就是一出描写荆轲刺秦王故事的燕赵悲歌。该剧基本上以《史记》为依据,但对荆轲形象进行了重塑和再造。《易》剧虽然改变结局,但并没有改变事件本身的悲剧力量,聪明的观众或读者关注更多的往往是悲剧发生的过程而非仅仅是结局。古往今来赞赏这部作品的大有人在。祁彪佳的《剧品》将此剧列入雅品,谓"荆卿挟一匕首入不测之强秦,即事败身死,犹足为千古快事。桐柏与死者生之,败者成之,荆卿今日得知己矣"。

《骂座记》则塑造了一个失败英雄灌夫的形象。作者以沉雄悲壮的笔调,写出他们的坎坷遭遇。通过这个过程暴露了封建统治的黑暗,着力表现灌夫嫉恶如仇、正直仗义的性格和不屈不挠的反抗精神。作者歌颂灌夫和窦婴的这种生死之交,描绘出"世情逐冷暖,人面看高低"的世人俗情眼浅的丑态,是有现实意义的。①

此外,叶宪祖也是最早向科举制度发起攻击的作家之一。由于他目睹和经历了明代科场的黑暗——历"公车之苦"二十余年,因此,他借《鸾锦记》中杜羔、贾岛、温庭筠之口,对科举的不公进行了无情的揭露。②

祁彪佳《远山堂剧品》收叶宪祖杂剧 20 种,列雅品者 18 种,逸品者 1 种,能品者 1 种,由此可见当时人对其作品评价之高。

4. 孙鑛的曲学理论

孙鑛(1542—1613 年),字文融,号月峰,余姚人。万历二年(1574 年)进士,官至南京兵部尚书。万历间著名古文家,有《今文选》等书。同时,他是一个著名的曲学理论家。曾提出南剧"十要"说,第一要事佳,第二要关目好,第三要搬出来好,第四要按宫调、协音律,第五要使人易晓,第六要词采,第七要善敷衍——淡处做得浓,闲处做得热闹,第八要各角色派得匀妥,第九要脱套,第十要合世情、关风化。"十要"说对戏剧形式特征的认识深刻,带有纲领性质,内涵相当丰富。③ 孙鑛的曲学观点,对绍兴王骥德、余姚吕天成影响较大。

5. 吕天成与《曲品》

吕天成(1580—1618 年),原名文,字勤之,号棘津,别号郁蓝生,

---

① 汪超宏《叶宪祖剧作的现实精神》,《华中理工大学学报》1995 年第 3 期。
② 魏奕祉《叶宪祖〈鸾锦记〉论考》,《中国古代戏剧论集》,中国展望出版社 1986 年版。
③ 曹屯裕主编《浙东文化概论》,第 139 页,宁波出版社 1997 年版。

余姚人,明代著名的戏剧家。出生于仕宦家庭,曾祖吕本是嘉靖时代的宰辅。吕氏是余姚大家族,和另一世族孙氏关系较好。余姚的孙、吕两家,既有亲戚关系,又为曲学世家。吕天成的祖母孙太夫人,喜藏书,家中收有比较多的古今戏剧作品。外舅祖孙矿的曲学观点,对吕天成影响较大。吕天成父亲吕胤昌,为万历十一年(1583年)进士,官至河南参议。曾用昆曲格调,改编汤显祖《牡丹亭》。由于有这样一个家庭背景,故而吕天成自幼即好声律词曲。科举是当时要道,吕天成也有意走此路,万历间成为诸生。可惜,功名不得意。万历三十一年(1603年)前后,曾在南京做过职位很低的官。后师事吴江沈璟,与绍兴王骥德关系密切,成为吴江派重要作家。万历四十六年卒,年仅39岁。①

吕天成有很高的文学艺术才能。王骥德在《曲律》中提到他"兼工古文词",不过,他的主要成就还在戏曲方面。他是晚明剧坛的多产作家,作品数量至今尚难作精确的勘定。已知他写过《烟鬟阁传奇十种》,另有13种。除《齐东绝倒》外,余皆亡佚。他的戏曲创作有一个发展的过程:20岁以前,比较注重文词的雕琢,稍懈于音律的要求;后来在沈璟等人的影响下,改宗本色,谨守宫调与平仄的规定,从而得到"音律精严,才情秀爽"的奖誉。吕天成还撰有小说《绣榻野史》、《闲情别传》2种及《红青绝句》1卷。

吕天成的《曲品》是著名的曲学著作,它与王骥德的《曲律》并称明代戏曲理论著作的"双璧"。《曲品》初稿成于万历三十年,万历三十八年、四十一年曾两次增删更定。最早的万历间刻本业已失传,传世的抄本又每与高奕《新传奇品》及无名氏《古人传奇总目》相混杂。至近人刘世珩重印时,始将《曲品》与后二书分开。

《曲品》评论了自元末至万历期间的戏曲作家95人和散曲作家25人及传奇、南戏、杂剧212种。《曲品》的价值,表现在以下四个方

---

① 徐子方《明杂剧史》,第240页,中华书局2003年版。

面:第一,保存了丰富而珍贵的戏曲史料。这部著作,分上、下两卷,人、作分论,共收戏曲作家95人、散曲作家25人、戏曲作品212种。作品名目,仅20种见于《永乐大典》、《南词叙录》等前人著述,其余192种俱系首见。《曲品》为后人探索作家的历史、创作意图,及已佚传奇的内容、风格、优缺点,提供了有价值的线索。第二,在品曲的标准方面,在继承孙𬭩曲学理论的基础上,提出了自己更具体的一些见解。首先,在叙写的内容上,吕天成虽然与沈璟一样,主张"醒世"、"范俗",但对迂腐的说教,并不赞赏。其次,在艺术处理上,吕天成十分重视剧中人物的思想感情与关目中展示的生活环境的高度统一,认为这是能否取得成功的审美效果、感染和教育观众的关键。在结构安排上,吕天成力主紧凑,反对拖沓。第三,对创作主张和风格流派不同的作家与作品,能尽量不带门户之见。从文艺批评的原则出发,作出比较公正的评价。第四,《曲品》对有争议的"当行"与"本色"论,作出了比较科学的诠释。与此同时,又指出当行与本色并不是对立的,而应当有机地统一于剧本的创作中。就是说,要在强烈的戏剧性中体现风致与诗意,做到文质、雅俗的统一。

由于吕天成对民间戏曲和某些形式上比较粗糙的作品,采取排斥的态度,《曲品》所收录的作家与作品,数量还不够多,影响了它的价值。而在品评方面,吕天成未能完全摆脱前人重声律、探寻故实、衡量文采的窠臼。他将戏曲作九个等级的划分,虽说细腻,却嫌琐碎,且由于赞美多、批评少,界限并不很清晰。连王骥德也指出《曲品》"如乡会举主批评举子卷牍,人人珠玉,略无甄别"。即使有些具体评价,也有许多欠妥当之处。①

《曲品》与王骥德的《曲律》,并称为"论曲双璧",是我国戏曲史上的重要论著。晚明祁彪佳的《远山堂剧品曲品》,就是继《曲品》之后的著作。

---

① 以上,参俞为民《吕天成的〈曲品〉及其戏曲理论》,《山西师范大学学报》1997年第4期。

二、琴棋书画

1. 画家

明成祖朱棣虽也实行文化专制,但手法与其父不同,而是将文人、画士延揽进宫廷,为其服务。洪熙、宣德以至成化、弘治皇帝当政时期,宫廷画家一度兴旺发达,院体画派占据主流。据《明画录》统计,仅鄞县籍画家就有22人,人称"明代院体浙派"。

奉化人朱自方,"性尚冲澹,喜写水墨山水。晚年出入郭熙、范宽,而自成一家"①。奉化人卓民逸是朱自方的学生,善写水墨山水。"笔法精致,实有过焉。"②永乐初,召至京,未及任而卒。③鄞县人胡仲厚、吴景行之青绿山水,史均民之水仙,傅子英之写人物,"虽出处不同,皆一时之杰出"④。四明人高阳,"善花鸟,画石极精,如太湖锦川英石、蜡石,皆妙形似"⑤。慈溪人张德辉"少学写龙,自得其趣,……晚年烘染有法,而飞云惊电,变化万状。或累日不下一笔,或一日连写数幅,极于神妙"⑥。鄞县人范瑱,工松,兼翎毛,草虫春草,兰竹菖蒲,清逸可爱。尝画春草,冬日展观于庭,蜂蝶并集。⑦鄞县人赵备,善写竹,纵横雄逸,迥出一时。兼工诸种花卉,题诗亦饶风致。⑧鄞人王毓,写梅,法王元章。每写梅一幅,咏诗一篇。⑨鄞县人李麟,精于人物及画牛。中年好释氏,礼紫柏为师,遂专画佛像。"其所题偈多有警悟,四方宝

---

① (清)雍正《浙江通志》卷一九六《朱自方》,《四库全书》文渊阁本。
② (清)雍正《浙江通志》卷一九六《朱自方》。
③ (明)成化《宁波府简要志》卷四《方技》,《四明丛书》本。
④ (清)雍正《浙江通志》卷一九六《朱自方》。
⑤ (清)雍正《浙江通志》卷一九六《高阳》。
⑥ (清)雍正《浙江通志》卷一九六《张德辉》。
⑦ (清)雍正《浙江通志》卷一九六《范瑱》。
⑧ (清)雍正《浙江通志》卷一九六《赵备》。
⑨ (清)雍正《浙江通志》卷一九六《王毓》。

之。"弟李骥,艺与兄埒。从子李萼,所画尽得李麟传承。① 下面重点介绍吕纪与王谔。

宫廷画家吕纪。吕纪,字廷振,号乐愚,浙江鄞县(今宁波)人。同时代宁波人李堂称吕纪"风神清雅,留心藻绘,或缀以诗。专攻翎毛,亦间作山水、人物。厉志唐宋以来名笔,兼集众长"②。稍后的凌迪知讲得更为详尽,称"风神秀雅,精于绘事,时缀小诗其上。初学边景昭花鸟,袁忠彻见之,谓出景昭上。馆于家,使临唐宋名画,遂入妙品,独步当时。尝画雌鸡壁间,而生雄谷谷绕其侧弗去,殆古点睛敲板之流"③。据此,吕纪家庭出身不高。此人比较有个性,没有走主流的科举之路,而是走了边缘化的职业画家之路。他是从模仿当时宫廷派名家边景昭的画开始的,也就是说是自学成才。由于模仿水平高,得到宁波名人袁忠彻的高度评价。袁氏将吕纪聘到家里,让他进一步临摹唐宋以来的名家画,使他的水平大有进步。

吕纪是一位相当聪明、有志向的画家,尤其重视向外求发展,"初寓维扬,所作尤精致"④。也就是说,他从宁波到了南北交通枢纽城市扬州一带游学,绘画水平达到炉火纯青的水平。"成化间,亦尝至京,不售。"⑤成化年间,他曾一度到北京求发展,但没有找到机会实现愿望。

弘治元年(1488年),"征至京,待诏武英殿,应例入御用监"。仁智殿、武英殿为全国优秀画工集中之处,互相切磋机会多,优越的文化条件,使吕纪绘画"益造诣出群,凡草木花鸟,生意流动,泉石坡景,点染烟润,有造化生意之妙"⑥。同治《鄞县志》对其作品的介绍更为详尽,称"益造精诣,兼集众长,尤工翎毛,如凤鹤孔雀翠鸳鸯之类,俱有

---

① (清)雍正《浙江通志》卷一九六《李麟、李骥》,《四库全书》文渊阁本。
② (明)李堂《堇山文集》卷一五《乡先生纪事·吕纪》,《四库全书存目丛书》。
③ (明)凌迪知《万姓统谱》卷七五,又见朱谋垔《画史会要》卷四,《四库全书》文渊阁本。
④ (明)李堂《堇山文集》卷一五《乡先生纪事·吕纪》。
⑤ (明)李堂《堇山文集》卷一五《乡先生纪事·吕纪》。
⑥ (明)李堂《堇山文集》卷一五《乡先生纪事·吕纪》。

法度,生气奕奕。间作山水,设色久而不变"①。

当时,孝皇帝"留神缣素,以游艺适情,宠赉优渥,传升至锦衣卫指挥"。《孝宗实录》弘治十二年十月有"百户吕纪等三人副千户"的记录。成化、弘治、正德朝,皇帝往往用非制度化的"传升"办法,来解决无学历者的升迁问题。吕纪正是靠传升得从百户升到指挥。② 据记载,"纪为人谨礼法,敦信义,缙绅多重之"③。可见,吕纪是非常注意为人处事的。

吕纪虽是画家,但仍关心社会问题。他在画院"应诏承制,多立意进规。虽涉杜撰,而所存有在"。孝皇尝称赞:"工执艺事以谏,吕纪有之。"④这是孝宗在太子面前说的一番语。据康熙《鄞县志》,全文如下:"吕纪之画,妙夺画机。如《英明听断》、《万年清洁》等图,极关治体,足为传世之宝。工执艺事以谏,吕纪有之。"⑤如藏于山东省博物馆的《三思图》,画三只相思鸟,以表示凡事三思而行。

吕纪"卧病"时,孝宗"存问络绎"。吕纪"自知负荷不胜,必不可起",果卒。"无子,人尤惜之。"⑥李梦阳称"吕纪白首金炉边,日暮还家无酒钱;从来上智不贵物,淫巧岂敢陈王前"⑦。结合这两段材料,可知吕纪终身未婚,过着独身生活。尽管受到孝宗的器重,但生活上并不追求豪华。可以说,他为心爱的绘画事业,贡献了一切。

吕纪生卒年不详,现存吕纪最晚作品《十同年图》成于弘治十六年(1503年)三月,则吕纪应卒于弘治十六年至十八年(1503—1505年)

---

① (明)李堂《堇山文集》卷一五《乡先生纪事·吕纪》,《四库全书存目丛书》。
② (明)徐象梅《两浙名贤录》"官至锦衣卫指挥同知",误。为指挥,不是指挥同知。
③ (明)凌迪知《万姓统谱》卷七五,又见朱谋垔《画史会要》卷四,《四库全书》文渊阁本。
④ (明)李堂《堇山文集》卷一五《乡先生纪事·吕纪》。
⑤ (清)康熙《鄞县志》卷四五《吕纪传》,康熙二十五年刻本;又穆益勤《明代院体浙派史料》,上海人民出版社1985年版。
⑥ (明)李堂《堇山文集》卷一五《乡先生纪事·吕纪》。
⑦ (明)李梦阳《空同集》卷二二《林良画两角鹰歌》,《四库全书》文渊阁本。

之间。如此,吕纪生活年代当在宣德至弘治年间(1426—1505年)。①

吕纪作品多存于皇宫,故存世作品极丰,有七十余幅,为目录著录者更多。传世的工笔重彩作品主要有《桂菊山禽图》、《溪凫图》、《花鸟图》、《狮头鹅图》、《鹰雀图》、《雪景翎花图》、《竹禽双雉图》、《雪岸双鸿图》等。今人汇编为《吕纪花鸟画特展》(谭怡令编,故宫博物院出版社,1984年版)、《林良吕纪画集》(天津人民美术出版社,1997年版)②、《吕纪花鸟画作品集》(天津人民美术出版社,2003年版)③。

吕纪善翎毛,当时就有"艺冠一世"之称。"国朝画禽谁最精,四明吕纪推独步。"④"百余年来画禽鸟,后有吕纪前边昭;二子工似不工意,吮笔决眦分毫毛。"⑤据王世贞讲,吕纪作品,"当时极贵重之,今以时趣渐减矣。其乡人传摹屏障以鬻,愈可厌"⑥。宁波人将吕纪作品摹写入屏障,作为商品销售,于此可见其社会影响。吕纪画为明清时人所高评,如乾隆帝题吕纪《春喜图》诗曰:"花如吐馥鸟如生,鸟顾花芳互有情;最是春光含喜意,不须着相(去声)鹊呼晴。"注曰:"凡涉送喜祝喜之类,多有画喜鹊者,失之拘泥矣。此独画麻雀锦鸡,具见寓意出俗,而设色亦精工,故是佳品。"⑦

吕纪作画,多为皇家所作,故多简单地题"四明吕纪"之名,偶尔也会在图上题个诗,传世不多。清人高士奇曾录得吕纪《松鹤图》题诗一首:"不向云霄汗漫游,昂然独立倚高秋;一声唤起天边月,便觉清光遍九州。"⑧

---

① 大陆许多有关吕纪的介绍,均认为吕纪生于1477年,即成化十三年,可以肯定是错的。台湾学者称吕纪活动于1429—1505年间。单国强《林良、吕纪生平考略》(《故宫博物院院刊》1997(1))定在约1439—1505年间,应该是比较接近的。
② 刘正《潇洒稳健、绚丽多姿——〈林良吕纪画集〉编者的话》,《美术之友》1998年第3期。
③ 单国强《中国巨匠·吕纪》,台湾锦绣出版社1996年版。
④ (明)郑善夫《少谷集》卷三《题吕纪画鹤》,《四库全书》文渊阁本。
⑤ (明)李梦阳《空同集》卷二二《林良画两角鹰歌》,《四库全书》文渊阁本。
⑥ (明)王世贞《弇州四部稿》卷一五五《艺苑卮言》附录四,《四库全书》文渊阁本。
⑦ (清)乾隆《御制诗三集》卷九三《题吕纪春喜图》,《四库全书》文渊阁本。
⑧ (清)高士奇《江村消夏录》卷二,《四库全书》文渊阁本。

吕纪初学边景昭,后临仿唐宋名画。在画风上,他继承了两宋工整精丽院体风格,创作以工笔重彩为主。又受林良影响,善画水墨兼工带写的花鸟,画画丰富而有魄力,把马远、夏圭在山水画中苍劲有力的画风及墨色变化运用到花鸟画中,工整中含有写意,进一步丰富了花鸟画的表现技法,尤擅画凤凰、仙鹤、孔雀、鸳鸯等花鸟画,生动明丽,工笔与写意俱佳。所作工笔花鸟灿烂夺目,代表了院体花鸟风格。

一般说来,院体派作品以兼工带写见长,设色富丽,题材吉祥,如象征长寿之松、鹤,象征兴旺之兰、竹,象征富贵之锦鸡,象征幸福之喜鹊等,一派升平气象。

吕纪除了花鸟、山水画外,在人物画上有一定的造诣,流传至今有《南极老人图》(藏故宫博物院)、《十同年图》(藏故宫博物院)及与吕文英合作的《竹园寿集图》(藏故宫博物院)。①

吕纪所画花鸟"设色鲜丽,生意蔼然,为画流所宗"②。传其派者,有侄吕高、吕棠、吕远七,外甥叶双石,弟子肖增、刘俊、胡镇等。受其影响或私淑者更多。③

吕纪在中国绘画史上有不可轻视的地位,有"小大师"之称。中国花鸟画发展至明朝,并未停滞不前,而是在融合、吸收唐、五代、宋、元成就的基础上,呈现多元的风格取向。吕纪正是一位代表明代院体花鸟画风格的开派性人物。④

宫廷画家王谔。王谔(1461?—1541年?),字廷直,浙江奉化人。少年时,曾拜同里萧凤为师,尽得其术。接着,又肆力学唐宋名家。凡奇山怪石、古木惊湍之类,尽摹其妙。⑤ 画树石多着烟霭之态,势如泼墨,而无四面枝干丛生疏密之意。弘治元年(1488年)以绘画供事仁

---

① 杨丽丽《明人〈十同年图〉卷初探》,《故宫博物院院刊》2004年第2期。
② (明)韩昂《图绘宝鉴续编》,《四库全书》文渊阁本。
③ 单国强《明代宫廷绘画概述(下)》,《故宫博物院院刊》1993年第1期。
④ 高昕丹《明代宫廷画家吕纪的时代及其花鸟画寓意试析》,《新美术》1997年第3期。
⑤ (明)朱谋垔《画史会要》卷四,《四库全书》文渊阁本。

智殿。因孝宗偏爱马远作品,而王谔正擅长马远风格,因大受宠爱,孝宗称为"今之马远也"。正德间,传奉为锦衣千户,钦赐图书、花带、白金、文锱。正德五年(1510 年),曾为日本人作《送源永春还国诗画卷》。后以疾乞归,家居,年八十余卒。[①] 王谔卒年不详。据记载,嘉靖十八年(1539 年),日本画家策彦(1501—1579 年)曾来宁波停留,与王谔有交往。嘉靖二十年,策彦回日本时,王谔作《送策彦周良回国图卷》,今藏于日本天龙寺妙智院,署职锦衣指挥。则可以肯定,王谔卒于嘉靖二十年至嘉靖二十九年间。王谔著有《学画启蒙》、《论书画总鉴》。著名弟子有奉化人卢镇,亦称有绝艺。

王谔擅长画山水和人物,用笔尖劲挺拔。他的画在仿宋的基础上也能独树一帜,较之马远笔触更细,稍有放笔,体现了明代中期院体派的时代风格。传世作品有:《江阁远眺图》轴、《踏雪寻梅图》(现藏故宫博物院);《雪山行旅图》轴(山东省博物馆藏);《秋堂吹箫图》轴(济南市博物馆藏);《寒山图》(山东省博物馆藏);《瑞雪凝冬》、《溪桥访友图》(台北故宫博物院藏);《送源永春还国诗画卷》、《山水图》(日本京都国立博物馆藏);《雪岭风高图》(日本出光美术馆藏);《瀑布前》(美国宾夕法尼亚博物馆藏)。其中,《溪桥访友图》轴辑入《中国历代名画集》,《雪岭风高图》轴辑入《域外所藏中国古画集》。

2. 书法

杨尹铭,也作杨允铭,鄞县人,主要生活于明初,书法家,擅长小篆,师周伯琦。永乐间,杨尹铭以楷法进,历官中书舍人。[②] 乌斯道称:"三代鼎彝俱在目,杨生晚出参其中。杨生深用李斯力,能使笔锋归正直。清圜瘦硬玉削成,每逢好事留其迹。人心正喜趋末流,谁将旷古渊源求!倘使淳风追前代,杨生亦足裨皇猷。"[③]

詹僖,字仲和,号铁冠道人,鄞县人。其父詹复礼擅长书法,他成

[①] (明)朱谋垔《画史会要》卷四,《四库全书》文渊阁本。
[②] (清)雍正《浙江通志》卷一九六《杨尹铭》,《四库全书》文渊阁本。
[③] (明)乌斯道《春草斋集·诗集》卷二《赠杨允铭小篆歌》,《四库全书》文渊阁本。

了詹僖的启蒙老师。詹僖开始走科举之路，为诸生，后来觉得出路不大而放弃了。詹僖学书法50年，自云："刻意书学五十余年，心记腹画，方悟旨趣。"他特别喜欢模仿王右军《乐毅论》、《东方朔赞》及赵子昂《度人经字》、《金丹四百》、《七观焦君碣》诸帖，相当逼真。有一次，他画完后，鉴上"赵子昂"三字，别人竟无法辨出真假。在书法上，行书、草书模仿赵孟頫，一点一画必有祖述，"酷似"，达到可以用赝书作品出卖的程度。模仿李怀琳、杨补之而作的书法作品，卖价也相当高。学赵孟頫，几得其十之七，但笔法不精，偏锋一律，不能生变。年七十余，灯下作蝇头小楷，遒劲可法。两京俱有碑刻，人皆珍焉。在绘画上，学吴仲圭，写墨竹，亦善白描。詹僖名动公卿间，但亢洁自好，终不屑丐一官，人以是益高之。① 詹仲和流传东瀛的书法作品主要有：为三宅壹岐守宗徹撰的《苇牧斋跋》（津藩三宅氏藏），为山科本愿寺实如撰写的七言绝句（本愿寺藏），赞雪舟《富士清见寺图》（永青文库藏），《归去来辞》一幅（菊屋家住宅保存会藏），赞

詹僖行书《王彦明寿序册》
（上海博物馆藏）

---

① （清）光绪《鄞县志》卷四五《艺术传》，《中国地方志集成》本，上海书店出版社1993年版。

等本《藻鱼图》(京都博物馆藏)等,绘画有《柿本人麻吕图》(日本正木美术馆藏)、《竹石图》(安藤家藏)。①

丰坊(1492—1563年?)②,字人叔,一字存礼,后更名道生,字人翁,号南禺外史,明鄞县人。嘉靖二年(1523年)进士,授礼部主事。三年,因与其父丰熙参与"大礼议"活动而改为南京考功司主事,故人称丰考功。嘉靖六年,复贬为通州同知。嘉靖八年罢官家居。仕途断送后,就转而从事著述。其著作有《〈易〉辩》、《古书世学》、《〈鲁诗〉世学》、《〈春秋〉世学》、《〈诗〉说》等。

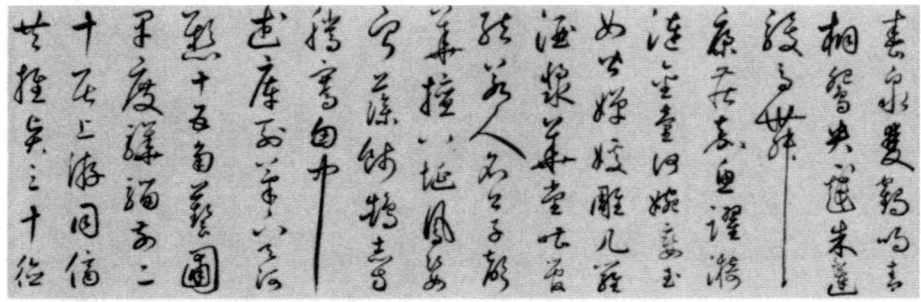

丰坊草书古今体诗卷(局部)

丰坊博学工文,尤精书法,"负郭田千余亩,尽鬻以购法书名帖"。又常夜以继日,心摹手追,故书学极博,五体并能。临摹几可乱真,兼工篆刻。丰坊善用枯笔,腕力强劲,但风韵稍乏。当时人詹景凤称:"五体并能,诸家自魏晋以及国朝,靡不兼通,规矩尽从手出,盖工于执笔者也。以故,其书大有腕力,特神韵稍不足。"③丰坊尤擅草书,朱谋垔《书史会要》称:"草书自晋唐而来,无今人一笔态度,惟喜用枯笔,乏风韵耳。"《逍遥游》诗卷是嘉靖年间为友人所书,自然俊美,儒端绝

---

① 陈小法《论明代宁波方仕与日本的文化交流》,《浙江海岸文化与经济》第二辑,海洋出版社2008年版。
② 或作"约1500—1570年",见林庆彰《丰坊与姚士粦》,台北东吴大学硕士论文,1984年;或作(1494—1565年),向彬《论丰坊的书法学习及其得失》,《云梦学刊》2000年第1期。
③ 《四库全书总目》卷一一三《书诀》,中华书局1965年版。

俗,属"筋书",多骨微肉者。吴焯《绣谷亭薰习录》评说:"其著述未免欺人,其翰墨洵可传世也。"

丰坊著有《书诀》、《童学书程》等书法论著。《书诀》:"皆论学书之法,而尤注意于篆籀。又排比古今能书之家,评其次第。其论颜真卿,独推其擘窠题署第一,而诋东方朔赞《多宝塔碑》为俗笔。又贬苏轼以肉衬纸,甚有俗气,于楷法仅取其《上清储祥宫碑》等三种,务为高论,盖犹其狂易之余态。要亦各抒所见,固与无实大言者异矣。"①

在这两部书中,丰坊就书法学习的执笔、用笔、学书顺序及临摹等发表了自己的看法。(1)学书者必先审于执笔;(2)用笔无二,必以正锋为主;(3)学书之序,必先楷法;(4)学古人书,若徒看刻本,终无所得。将执笔方法放到重要位置,是有一定积极意义的。以正锋为主,侧锋取妍观点也是可取的。学书必先楷法,虽不是首创,仍应予肯定。至于规划的"学书次第图",这种近似"量化"的规定,难以达到因材施教的效果,今天仅可供参考。丰坊书法理论的最大不足是不知变通,因循有余,创新不足,这是丰坊本人没有成为书法大家的原因所在。②

丰坊弟子中的代表是方仕,字伯行,号梅崖,鄞县人。生卒年不详,大体生活于正德、嘉靖年间。擅书能画,有名于时。"丰坊以书学名天下,见方仕书法,甚奇之。"③方仕后从丰坊游,学其书法。此人有点小聪明,最后达到"假坊名以行世"④的程度,行为虽有些不齿,但也反映出方仕书法深得其师之韵。所著有《集古隶韵》、《续图绘宝鉴》等。《集古隶韵》,5卷,嘉靖五年(1526年)刊刻。"其书以汉碑隶书分四声编次,全袭宋娄机《汉隶字源》而变其一、二、三、四等目,以《千字文》天、地、元(玄)、黄诸字编之,体例甚陋。又摹刻拙谬,多失本形。"⑤

---

① 《四库全书总目》卷一一三《书诀》,中华书局1965年版。
② 向彬《论丰坊的书法学习及其得失》,《云梦学刊》2004年第1期。
③ (清)光绪《鄞县志》卷四五《艺术传》,《中国地方志集成》本,上海书店出版社1993年版。
④ 黄宗羲著、陈乃乾编《黄梨洲文集·丰南禺别传》,第83页,中华书局1959年版。
⑤ 《四库全书总目》卷四三《集古隶韵》,中华书局1965年版。

嘉靖前期，入明僧策彦周良（1501—1579年）在宁波期间，方仕与其有较多书画交流。方仕擅画墨竹和葡萄，至今，东京国立博物馆藏有方仕笔《墨竹图》一幅。

方仕的整幅作品丰润灵活，俊逸秀挺，堪称佳作。不过，与其师丰坊相比，开张的气势略逊一筹，无论笔意还是结字，妩媚有余，外拓不足。①

3. 围棋

围棋是中国的国粹，明代宁波也出了不少围棋高手，前期有楼得达，中叶有赵九成等。

鄞县人楼得达，博文艺，善于下围棋，人称国手。永乐初年，被征召到首都。成祖召楼得达与江阴围棋高手相子先（礼）进宫比赛，回头要中贵人秘密取纸，画一幅冠带，置于棋局下面，准备奖给胜者。相子先是洪武时期的围棋国手，自认为天下无敌，根本不把楼得达放在眼中。结果，楼得达屡胜，相子先服输。成祖下令吏部奖楼得达"冠带"②。从此，相子先独霸棋坛的局面结束。

鄞县人赵九成是宁波府学诸生，明中叶人。他以棋游京师，"尽一时棋士对局，皆屈焉"。孝宗知道后，到燕殿，专召赵九成来比赛，"果压流辈，所行算多出古棋谱外"。孝宗惊叹为"真国手也"，下命封官鸿胪序班，在皇宫中服务。③

当时，宁波还有一位怪棋手范洪。他"弈棋以自娱，与人弈，常随其人高下，不求大胜，然终不一挫创"④。这显然是一位以娱乐为最高境界的棋手。

余姚自弘治以来，俗颇尚弈，连小孩也喜欢弈棋。岑乾无疑是一

---

① 陈小法《论明代宁波方仕与日本的文化交流》，《浙江海洋文化与经济》第二辑，海洋出版社2008年版。
② （清）雍正《浙江通志》卷一九六《楼得达》，《四库全书》文渊阁本。
③ （清）雍正《浙江通志》卷一九六《赵九成》。
④ 黄俊《弈人传》卷一一，第140页，岳麓书社1985年版。

个代表。岑乾,字小峰。隆庆间,曾到北京,与"天下第一手"颜伦下棋,最后斗败老年国手颜伦,从此,新一代少壮派登台,成为"六大国手"之一。可惜,回家乡后,不到四十岁就亡故了。所著《弈选》1卷,今佚,只有《弈海》中载有《岑氏弈谱》,尚能一窥岑谱风貌。岑乾之后,余姚有邵甲,棋艺也精,只让岑乾一道,惜也早卒。①

4. 琴艺

明代宁波琴艺的代表是徐诜,字和仲,鄞县人。徐家祖先是杭州於潜(今属桐庐县)人,祖父徐宇,字天民,号雪江,宋末元初人。业儒,善琴,是宋末著名的浙派琴家,创作《泽畔吟》等曲,曾编《徐门琴曲》10卷。徐氏第二代为元初的徐秋山,曾随毛敏求进京,因善琴而被举荐给世祖忽必烈。徐氏第三代为元朝的徐梦吉,字德符,晚号晓山中人。好学工文,早举茂才,授崇德传贻书院山长,后升任常熟儒学教授。至顺三年(1332年),一度代理常熟文学书院山长。② 有《琴余杂言》行于世。③ 徐梦吉宦游四明,徐家开始定居宁波,详细时间不定,估计在元末。

徐氏第四代徐诜,生卒年不详,主要活动于洪武、永乐间。洪武末年,成祖在潜邸时,曾遣使召徐诜来奏琴。徐诜深得朱棣喜欢,"赐赉殊厚"。由于得到燕王朱棣的重视,徐诜得以步入官场,被推举明经,成为鄞县县学训导,凡27年,例赐冠带,一直做到逝世。在县学中,徐诜教授"春秋经",出其讲下者,多绳绳有师法,为文章不俚不浮。④

明初宁波著名文人乌斯道认识徐诜,称"和仲性乐《易》,尤博览群书。每一见,必鼓琴。余必索春江之曲,闻其声之洞达,势之澎湃,则神扬意爽,如挟风云上下于天地,是诚妙于琴之音也"⑤。

---

① 季学原主编《姚江文化史》,第214页,宁波出版社1998年版。
② (元)黄溍《文学书院记》,《吴都文粹续编》卷一三,《四库全书》文渊阁本。
③ (清)雍正《浙江通志》卷一七八《徐梦吉》,《四库全书》文渊阁本。
④ (清)雍正《浙江通志》卷一九六《徐诜》。
⑤ (明)乌斯道《春草斋集·文集》卷三《春江引序》,《四库全书》文渊阁本。

徐诜是有名的琴家,"得心应手,趣自天成"。偶尔游走江湖,深为知音者所推崇。徐诜善操《乌夜啼》,此曲集琴曲之成,萃一操之味,向为琴艺高超水平的表现。据府志记录,徐诜"制有《文王思舜琴》"①。今人认为"徐和仲应是《文王操》的擅弹、订润、传播者而非此曲作曲者"②。

徐诜在明代音乐界的知名度较高,凡经过删润、订正的琴曲,号为"神品",最后汇总为《梅雪窝删润琴谱》。《梅雪窝删润琴谱》成书年代不详,大体在永乐末年。"梅雪窝"应是徐诜的书斋名。从"删润"来看,徐诜对传统琴典继承的同时,大胆地进行了改进。有活力才有生命力。它是徐门谱集代表,此谱集中了徐门祖孙不断加工整理的浙派传曲,其中的《潇湘水云》、《秋鸿》、《渔歌》、《樵歌》等作品,经反复删润,精益求精,成为后世广为流传的优秀曲目。

徐诜的主要弟子有宁波人王礼、金应隆、吴以介,其子徐惟谦、徐惟震等,其他远近从学者更多。徐诜以后,浙琴逐渐取得优势,徐门琴被称为"浙琴"。其后,弘治间的张助、嘉靖间的萧鸾(1487—1561年后)、戴义、黄献(1485—1561年后),无不出自徐门。现存明代谱集中,有黄献成于嘉靖二十五年(1546年)的《梧岗琴谱》,杨嘉森成于嘉靖四十年的《琴谱正传》,还有《文会堂琴谱》,这些都继承浙派,人称"徐门正传"。浙派对后来的虞山派、广陵派等都有一定的影响。③

浙派琴曲的特点,在曲体上,偏重大中型琴曲;曲终前,有渐慢的提示,普遍动用泛音段。在指法上,散音、按弹音的运用明显多于走音、滑音、颤音。在演奏上,徐梦吉《弹琴启蒙》概括最为全面,称:"声完绰注须从远,音歇飞吟始用之。弹欲断弦方得妙,按令入木乃称奇。轻重疾徐蒙接应,撞猱行走怪支离。人能默会其中意,旨趣虽深可尽

---

① (明)嘉靖《宁波府志》卷四一《徐诜》,《中国方志丛书》,台湾成文出版社1966年版。
② 成公亮《琴曲文王操打谱后记》,《中国音乐学》1994年第3期。
③ 刘承华《南宋浙派对后世琴派的影响及其脉络》,《杭州师范学院学报》(社会科学版)2004年第2期。

知。"出于对天然逸趣、悠远意韵的追求,浙派琴人在此提出了轻重有节、缓急有致的演奏原则。① 此外,徐门琴派主张把琴作为独奏乐器来使用。当然,有一批人主张作为声乐曲(琴歌)的伴奏乐器使用。

第七节 藏书

明代宁波的藏书家、藏书楼众多,有邬本良之春风斋、童氏之石镜精舍、胡万阳之南国书城、戴良之书画舫、陈桱之静深斋、袁忠彻之瞻衮堂、方孝孺之石镜精舍、屠滽之西峰书屋、章戊之耕耘堂、黄隆之四友亭、黄润玉之东皋草堂、屠倬之沧州别墅、戴鲸之东白楼、闻源之碧沚书屋、闻义之闻园书厅、丰坊之万卷楼、张瑞之甬洲书庄、范钦之天一阁、范大澈之西园、屠隆之娑罗馆、屠本畯之霞爽阁、汪枢之泡园、汪文长之大雷山房、张时彻之月湖精舍、沈明臣之丰对楼、孙仪之借竹楼、范汝梓之落迦山房、陈朝辅之云在楼、陆宝之南轩、余有丁之五柳庄、朱勋之五岳轩、朱献臣小五岳轩、诸来聘之昌古斋、谢三宾之博雅堂、孙胜之竹庄书屋、周阶之书舫斋、李循义之耕读堂、孙𬭩之月山旧庐、李文缵之赐隐楼、裘永明之玉湖楼、李玮之双松居、陆宇㸌之观日堂、董德称之天鉴书屋、余汉臣之大慈山房、李正芳之春亭、张琦之竹里馆、李生寅之高卧楼、张苍水之书屋、陈士京之鹿石山房、陈沂之遂初斋等。② 其中,丰坊之万卷楼、范钦之天一阁、范大澈之西园、陈朝辅之云在楼、陆宝之南轩是规模较大的藏书楼。

古代的藏书楼,就是学者个人的藏书楼,不是现代意义上的公共图书馆。江浙一带属于教育发达之地,人民普遍重视教育。因教育的发达,民间也重视图书的积累。如乐大原是定海一个富裕的亭户,本

---

① 戴微《浙派古琴的兴起、发展与嬗变》,《浙江艺术职业学院学报》2003年第2期。
② 虞浩旭《智者之香——甬上藏书家与藏书楼》,《浙东历史文化散论》,第101~102页,宁波出版社2004年版。

身文化层次不高,但重视图书的收藏,相信子孙中定有能读书者。到了荒年,百姓没有饭吃,有人就拿了书来换米。由此,乐大原积累了数千卷图书。结果,孙子乐良果然据此成为学者。①

一、丰坊与万卷楼

丰坊出身藏书世家,其家藏书起自北宋。宋南渡后,历元迄明,代有闻人,收藏愈富。家有万卷楼(在今宁波市马园路),累藏图籍数万卷,有唐贺知章《千字文》、《孝经》、《龙瑞宫记》和许多宋元珍贵刻本、抄本、碑帖。惜性情怪僻,只知买书读书,不理家业,景况日衰。晚年心疾多病,穷困潦倒。黄宗羲《丰南禺别传》曾对他有很形象的描写:"读书注目而视,瞳子尝堕眶外半寸,人有出其左右,不知也。"丰坊不善治家理财,后来家财丧失殆尽,乃至寄居萧寺,客死僧舍。

藏书管理松弛,所藏宋版书与珍贵抄本为其门生之辈及邻里窃去者几乎十之有六,所存无几。后又不幸遭大火,故所存佳本已无多。丰坊原与天一阁范钦交往颇深,早时范钦曾从万卷楼抄书,丰坊亦曾为范钦作《藏书记》。万卷楼劫余后,他就将碧沚园卖给了范钦,并且写下了"碧沚园,丰氏宅,售与范侍郎为业,南禺笔"。

丰坊在中国藏书史上以造伪出名。他借着家多宋元抄本、自己为大书法家的优势,曾伪造了不少"古书",如《河图》石本、《鲁诗》石本、《大学》石本。吴焯《绣谷亭薰习录》评说:"其著述未免欺人,其翰墨洵可传世也。"全祖望《天一阁藏书记》称"贻笑儒林,欺罔后学"。就现代心理学观点而言,丰坊恃才傲物却怀才不遇,以至于滑稽玩世,徜徉自恣,目空古今,再加上"晚得心疾",故就难免会故意做出一些自以为惊世骇俗的事来。最近也有学人从明中叶朱、王对峙角度对丰坊造伪现象作了全新的解读,称他的作伪代表了"一种反朱子学,但也不满

---

① (民国)《镇海县志》卷二三《乐良》,《中国地方志集成》本,上海书店出版社1993年版。

意于王学的倾向"①。

二、范钦与天一阁

范钦(1506—1585年),字尧卿,号东明,鄞县人。嘉靖十一年(1532年)进士,历任湖广随州知州、工部员外郎、江西袁州知府、广西参政、福建按察使、云南右布政使、陕西左布政使、河南左布政使,南赣巡抚。嘉靖三十九年九月,累官兵部侍郎,十月,落职。

范钦性喜藏书,游宦期间,每到一地,尽力收购海内异本,特别喜欢收集说经诸书,及未传世先辈诗文集。丰坊"万卷楼"的残余藏书也尽为范钦所有。范钦还与江苏太仓藏书家王世贞交换转抄罕见之本,

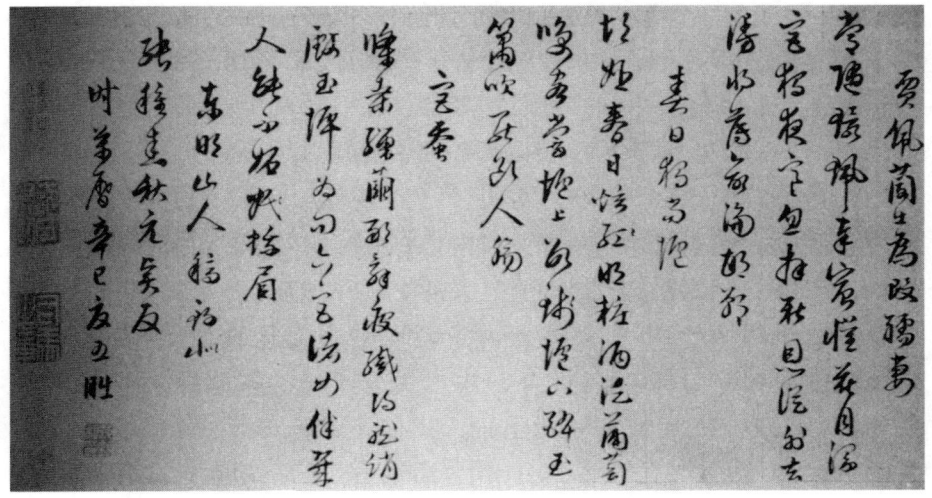

范钦行书诗翰卷(局部)(天一阁博物馆藏)

这样又使范钦藏书中增加了不少抄本。与其他偏重于版本的藏书家不同的是,范钦重视当代人的著作,故其藏书以明刻本为主,尤其是明

---

① 王汎森《明代后期的造伪与思想争论——丰坊与大学石经》,见其著《晚明清初思想十论》,第30页,复旦大学出版社2004年版。

代地方志、政书、实录、诗文集特别多。

随着藏书的增加,原来的书库已不堪容纳,范钦遂决定在住宅的东面重建一书楼,即后来闻名于世的天一阁。天一阁的确切建造年份已不可考,根据有关文献推定,当在嘉靖四十四年至四十五年(1565—1566年)之间。楼为一排六开间两层木结构,坐北朝南,前后开窗,阁前有池塘,除了可以点缀风景外,亦是重要的防火措施之一。后来,范钦搜集碑刻,得一吴道士龙虎山石刻,为元揭傒斯所书,并有"天一池"三字,范钦大喜,以为适与自己建阁凿池之意相合,遂以"天一阁"名其楼。

范钦为了保护自己一生苦心搜集的藏书,采取了非常严格的措施,为后辈制订了许多严格的阁禁。"禁借瓻,严扃钥,贮芸香兮辟蠹侵,勤日曝兮免鼠嚼"。① 例如,"代不分书,书不出阁",藏书由范氏族中子孙共同管理。阁门和书橱钥匙分房掌管,非各房齐集,任何人不得擅开。范钦为了不使书籍虫蛀、霉变,就用芸草夹在书页中以防虫蛀,又用萤石放在书橱下收湿以防霉变;烟酒火烛不许上楼。范钦活到80岁,临终时,把家产分为两份,一份是白银万两,一份是天一阁及数万卷藏书。然后把大儿子范大冲和二儿媳妇(次子大潜已故)叫到榻前,任让两房后代选择。长子范大冲继承了天一阁。

族规虽然苛严,但对某些著名学者也会适度开放。② 这和范氏后裔范光燮(1613—1698年)的开放观念是分不开的。康熙十二年至十三年(1673—1674年),正是甬上证人书院最红火时期,黄宗羲是其精神领袖,当时甬上名门都参与了讲学活动,范氏后裔范光文就是甬上证人书院弟子之一。可能因范光文的关系,黄宗羲得以结识其弟范光燮。康熙十二年,范光燮破例同意黄宗羲登上了书楼,"悉发其藏"。黄宗羲在阁中读到许多罕见的书,并写了著名的《天一阁藏书记》,感叹:"读书难,藏书尤难。藏之久而不散,则难之难矣!"李邺嗣其时正

---

① (清)朱绍烈《天一阁藏书赋》,《四明律赋锦粲集》卷二,道光二十年双桂堂刻本。
② 虞浩旭《历代名人与天一阁》(宁波出版社2001年版)已经详细作了阐述,读者可参阅。

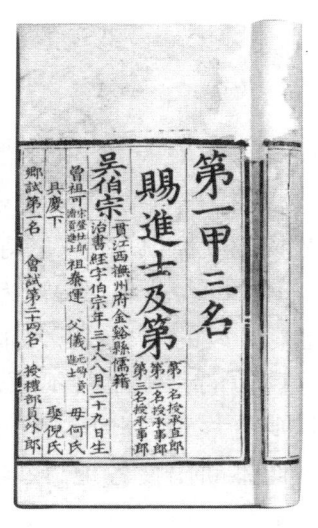

天一阁藏明代登科录

在选编《甬上耆旧诗》，范光燮也为他"扫阁，尽开四部书，使纵观……其有功吾乡文献为甚大矣"①。李邺嗣登阁时间不详，当在康熙十三年《甬上耆旧诗》成书之前。雍正、乾隆时期，宁波著名史学家全祖望前后几次登上天一阁读书。他在《久不登天一阁，偶过有感》谓："历年二百书无恙，天下储藏独此家。"

天一阁藏书独具特色、为国内各大图书馆所少见的有两大类：一是明代前期刻印的全国各地方志 274 种；二是明朝乡试、会试登科录 411 册②。此外，还有不少名贵的手抄本，如明代正德年间吴氏撰辑的大型类书《三才广志》手抄本，从未刻印过，被誉为"稀世之珍"。

天一阁在当时是一个普通私家藏书楼，故而并不引人注目，只是经受了天灾人祸的时间考验，才备受世人注目的。康熙前期，学者已经感叹"天一阁所藏书最有法，至今百余年，卷帙完善"。到了乾隆年间，更由于编《四库全书》，而得到乾隆皇帝的重视。乾隆修《四库全书》，下令天下藏书家献书，范钦的八世孙范懋柱进呈天一阁 638 种珍贵的书籍。同时，乾隆对天一阁的式样也十分感兴趣，特地派人到天一阁考察，并测绘构造图样。以后分建各地的全国文渊、文源、文澜、文津、文溯、文汇、文宗七大阁，都是按天一阁图样仿造的。经皇帝的大力推广，天一阁就以中国古典藏书楼标准模型而扬名于后世。乾嘉时代宁波藏书家卢址的抱经楼，更是从内部结构到外观，完全模仿天一阁。天一阁是国内现存最古老的私人藏书楼，又是世界上最古老的三大藏书楼之一，距今已有 430 多年的历史，素有"南国书城"之盛誉。

---

① （清）李邺嗣《甬上耆旧诗》卷一七，《四库全书》文渊阁本。
② 骆兆平《天一阁丛谈》，第 110 页，中华书局 1993 年版。

三、范大澈与卧云山房

范大澈(1524—1610年),字子宣,号讷庵,别号南海钓者、句章灌园叟,鄞县人。范钦兄范镛长子。"喜读书,从里中名士游,不间风雨"。嘉靖二十八年(1549年)26岁时,曾随范钦到北京,题诗双塔寺壁。宁波人学士袁炜见而奇之,聘为"西席",开始有名。29岁,补为国子监生,又成为徐阶的"记室"。借着名流座上客的身份,范大澈"得交四方奇士,行卷相往来,名日益盛"。不过,他的科举之路不顺,以太学生再试,不第。隆庆三年(1569年)补鸿胪寺序班。隆庆、万历前期,"国家方盛,使节所临,极海内外"。他因此不断出使各地,使琉球、使辽东、使朝鲜、使车里木邦、缅甸、大甸诸国、使九边。65岁时,犹出使安南。"凡七奉玺书,进秩二品。所过名山大川,流览题咏,传于一时。"[①]

他和其叔范钦一样,"性酷嗜钞书"。范钦弃官归里后起天一阁,藏书极一生之盛。范大澈曾几次去借书,均遭拒绝,心中颇为不悦。范钦的"小器",直接伤了范大澈的自尊心,他决心超过其叔,专以重价购求海内异本秘书为己任。"每见人有写本未传,必苦借之。在长安邸中,所养书佣,日钞多至二三十人,接几而食。"由于范大澈担任使者工作,"行天下,远所至,得秦汉以来图书,至四五千有奇",藏书之富几与天一阁相埒。

由于范大澈"学历低",故没有大的升迁。万历十八年(1590年),范大澈67岁,致仕归里,筑室西郊,人称城西范氏。建西园(在今宁波莫家巷内),内设"卧云山房"、"宝墨斋"藏书。范大澈除了藏书外,"尤爱法书、名画,自唐宋以来名迹及异国人所作,性雅毕集。家藏搨本甚多,凡初本、肥本、原搨、赝搨、硬黄纸、枣木板、银锭纹,过眼即辨

[①] 以上均见(清)李邺嗣《甬上耆旧诗》卷二七,《四库全书》文渊阁本。

秋毫"①。退休以后,"与里中贤士大夫品书第画",垂二十年。他还"择善纸造朱,自为《印谱》,常循玩不释手"。

万历三十八年卒,享年87岁。范大澈著有《灌园丛谈》、《卧云山房遗稿》、《沧瀛外史漫稿》、《碑帖纪征》、《范氏集古印谱》10卷等。范大澈家藏书后来散佚。清初,李邺嗣因与范大澈后裔有姻亲关系,少时曾见范大澈《印谱》12册。康熙前期,李邺嗣选《甬上耆旧集》时,曾从其家借书,虽"残失过甚,尚有存者"②。

四、其他藏书家与藏书楼

袁忠彻与"瞻衮堂"。袁忠彻(1376—1458年)③,字公达,又字静思,明鄞县人,家住今宁波市西门外。父子以相术起家,因预言燕王朱棣夺帝位会成功,朱棣登极后,父袁珙(1335—1410年)被拜为太常寺丞,袁忠彻授鸿胪寺序班,赐赉甚厚。后迁尚宝寺丞,改中书舍人。后升尚宝司丞,进少卿。袁忠彻凭借相术,极尽朱棣父子之宠,世所传轶事甚多。袁忠彻好学,博涉多闻。在北京期间,经常与官宦文士磨砺讽咏,其"瞻衮堂"(或作"静思斋"④)藏书甚富。所著有《人相大成》、《神相全编》、《古今识鉴》、《袁氏家藏古玩》、《凤池吟稿》、《符台外集》等。

陆宝与南轩。陆宝为明末清初鄞县人。陆氏为甬上四姓之一,"其田园宅里,甲于甬上"。陆宝自少即喜为诗,屠隆与沈泰鸿为社集,引为小友。陆宝本从王涪州受诗法,名骤高,与王齐名,当时称为"王、陆"。陆宝谦退,乃与杨德周并称"杨、陆"。约天启间,以国子监高等生,授舍人,典诰敕。"雅志在用世"。崇祯初,以母老,乞养,不复出。

---

① (清)李邺嗣《甬上耆旧诗》卷二七,《四库全书》文渊阁本。
② (清)李邺嗣《甬上耆旧诗》卷二七。
③ 或作1377—1459年,误。
④ 虞浩旭《智者之香:宁波藏书家藏书楼》,第20~21页,宁波出版社2006年版。

清初,"以身任风雅之寄者二十年"。年逾八秩,诗逾万首。其诗集,初集曰《霜镜》,次集曰《辟尘》,三集曰《悟香》,其余别种,独为小集,尚数十种。唯《霜镜》盛行于时。《辟尘》亦稍不著,而《悟香》则虽开雕而未尝以示世。① 陆宝藏书最富,建"辟尘居"于鄞城月湖畔(今桂井巷1—10号),内设南轩书屋,多善本。位天一阁、四香居之后,居第三。陆宝卒后,藏书四散。乾隆间,全祖望曾"从飘零之后撷拾之,尚得其宋椠开庆、宝庆四明二志,及草庐《春秋纂言》,皆世间所绝无也"②。

陈朝辅与"四香居"。陈朝辅,鄞县人,居鄞城竹湖(今带河巷)。嗜藏书,筑"四香居"、"云在楼"、"桂松轩",极林泉之胜,晚年隐退其中。藏书之富,仅次于天一阁。其子陈自舜精于小学,凡《字汇》、《古今韵略》诸书,有一字未经搜入者,一一为之补辑。亦喜购书,故收藏益富。

第八节 科学技术

古代中国是一个儒学中心化、科学技术边缘化的时代。明代宁波的情况也不例外。

一、医学成就

明朝的医生,分为政府职业医生与民间江湖郎中两大类。

政府职业医生。明朝的中央与地方政府设有官府医疗机构,中央设南太医院、太医院,地方府、州、县各设医学,主要职能是负责医疗卫

---

① (清)全祖望《鲒埼亭集》卷一四《中条陆先生墓表》,《四部丛刊》本。
② (清)全祖望《鲒埼亭集》卷一四《中条陆先生墓表》。

生,培养医学人才。太医院分科较细,凡大方脉、小方脉、妇人、疮疡、针灸、眼、口齿、接骨、伤寒、咽喉、金镞、按摩、祝由13科。各个医院中,有一大批职业医生,医官、医士、医生专科肄业。① 一般说来,官府医生是世袭的。凡医家子弟,至少有一人要学习医学。如宁波人陈伯俊(？—1443年),永乐初,以名医征诣南京,为太医院院士,从此成为南京人。其子陈恺(1390—1468年)"天性淳厚,居家孝友,读书寒暑不辍,世业医,克究家学"。医疗技术相当高,京师称为"一贴",深受皇帝喜欢。"平居惟务教子,俾人治一经,书声琅琅不绝。"陈恺年老后,长子陈钟顶职成为太医院士,克绍世业。而其他两个儿子则成为贡士。② 永乐初,鄞县医生陆昂被召至京,成为太医院医生。他曾预修《兰台金匮》、《玄机素要》等书。陆昂自著《叙古千文注》,惜未刊刻,今不传。许多医生则在地方医学供职,如鄞县人李伯惠精于医,任奉化医学训导。

在明代,除了政府职业医生之外,绝大部分是民间医生,俗称江湖郎中。江湖郎中又可细分为职业郎中与业余郎中两大类。一般说来,医生需要专门学习,须家传或师徒传授;但也有部分读书人自学中医知识,以此成为医生,甚至名医。前者学医的动机是为了赚钱,后者则是为了节省医疗成本,甚至做善事。在经济不发达的时代,穷人们看不起病。为了照顾父母等长辈的身体,孝子必须具备一些医疗知识,他们的理念是"人子不可以不知医"③。如鄞县人陆季高(昂),博学善文,因父亲生病,自学医药知识,以此精通医术。慈溪人王纶是因父亲生病,求医无效而习医,进而精医术的。定海人王大豫也是因父亲生病而"研心岐黄之术以济人"。定海人王元善,"尤通岐黄书,病者以药饵起之,全活无算"④。学医也是部分不想或不能经世的知识分子首

---

① 《明史》卷七四《职官》,中华书局1974年版。
② （明）倪谦《倪文僖集》卷二八《故艾庵陈先生墓志铭》,《四库全书》文渊阁本。
③ （清）光绪《镇海县志》卷二五《王大豫》,《续修四库全书》本。
④ （民国）《镇海县志》卷二三《王元善》,《中国地方志集成》本,上海书店出版社1993年版。

选的工作,如元末动乱时期,定海人薛敬以"医术自晦"①。

在国家管理体制下,政府不允许民间医生自组专门的医疗机构,故明代宁波民间医生多为家庭小门诊,且大都上门服务。职业民间医生自然以利润为追求目标。万历年间,定海就有"乡人延医者,医订酬金而后往"②的现象。这种有偿行医习惯,难以让人接受。诸生完有恒就想改变这种习惯,于是,"检医书,发愤研索,遂大悟。有延者辄往,分毫无取,遇贫家更周恤之"。同族诸生完有德,"亦以医行义"。定海知县黎民表以"济世名流"匾额赠完有恒。③ 有酬行医遭否定,肯定无偿行医,以医行义。这种无偿行医习惯,显然不利于医疗事业的自身发展。

明代宁波医家人数众多,据记载,有名望者达六十多人。从医学贡献角度来说,民间的医生比政府职业医生更具创造力。明代宁波有名的医生,多为民间江湖医生。如鄞县人钟大延,精医,治病不执"恒方"。他的理念是:"今人但知医病,不知医人。病固有浅深,人自有强弱,岂得因病执方?"有二人同时病痢,其一用补剂,一用攻剂。或问之,曰:"此禀弱,须补其正气而后攻之;彼体强,故祗用攻耳。"④不少民间名医有医学著作,有的传世,有的未传世。下面重点对有医学著作传世的医学家作一介绍。⑤

1. 王纶与《本草集要》、《明医杂著》

自明以降,私淑朱丹溪者,代不乏人,宁波名医王纶就是一个代表。王纶(1453—1510年)⑥,字汝言,号节斋,慈溪(今慈城镇)人。出

---

① (清)蒋学镛《鄞志稿》卷六《薛敬》,《四明丛书》本。
② (民国)《镇海县志》卷二四《完有恒传》,《中国地方志集成》本,上海书店出版社1993年版。
③ (民国)《镇海县志》卷二四《完有恒传》。
④ (清)雍正《浙江通志》卷一九六《钟大延》,《四库全书》文渊阁本。
⑤ 本节参考李经纬、林昭庚主编《中国医学通史》(古代卷),人民卫生出版社2000年版。又见中医历史网。
⑥ 一般书目均不详生卒年。据吴廷燮《明督抚年表》,王纶卒于正德五年(1510年)九月丙子,又据卒年58岁,上推为景泰四年(1453年)生。

身于官僚家庭,自小聪明好学,"名称籍甚,为邑鸿儒"。成化二十年(1484年)进士。历官礼部郎中、广东参政、湖广右布政使、广西左布政使。正德四年(1509年),升右副都御史,巡抚湖广。次年,卒于任上,享年58岁。

王纶与其兄王经(也为进士)一样,是因父亲生病,求医无效,而习医术,进而精医术的。王纶从政期间,白天处理公务,晚上帮人看病,"所在治疾,无不立效"①。著有《明医杂著》6卷、《本草集要》8卷、《医论问答》、《节斋胎产医案》、《节斋小儿医书》等。在医理上,他主张"宜专主《内经》,而博观乎四子"。他曾以"仲景、东垣、河间、丹溪诸书孰优"为题,对诸家学术作了总体评价,并归纳为"外感法仲景,内伤法东垣,热病用河间,杂病用丹溪"。即仲景、东垣、河间、丹溪四子之书"各发明一义",要遵诸家之法,"一以贯之,斯医道之大全"。

弘治五年(1492年)成《本草集要》。自称"凡三易稿,历四寒暑而书成"。《本草集要》为药物专著,"取本草常用药品,及洁古、东垣、丹溪所论序例,略节为八卷,别无增益,斤斤泥古者也"。《本草集要》的最大贡献是发展了陶弘景的通用药分类法,是一部很有影响的著作。该书共8卷,分作三部。上部为总论,将《证类本草》序例内容与金元家药性理论揉为一体进行综述,间附个人见解。中部"取本草及东垣、丹溪诸书,参互考订,删其繁芜,节其要略",分类上用传统的"草、木、菜、果、谷、石、兽、禽、虫、鱼、人"的方法。作者把草、木、金、石诸"无知"之物排在前,将兽、禽、虫鱼"有知"之类列于后,终以"万物之灵"的人,标志着向"从微到巨,从贱至贵"的分类迈进了一大步。下部"取药性所治,分为十二门",即气、血、寒、热、痰、湿、风、燥、疮、毒、妇科、小儿。门下又分细目,如治气门分为补气清气温凉药、行气散气降气药、温气快气辛热药和破气消积气药四类。每药采用提要式按语,简洁明快。由于这种新的分类法简便实用,因此该书一问世就受到临

---

① 《明史》卷二九九《吴杰传》附录王纶传,中华书局1974年版。

证医生的欢迎。嘉靖末年(约1565年),80岁的安徽籍医生陈嘉谟依王纶《本草集要》前后次序而成《本草蒙筌》,①使之更为普及。

王纶私淑丹溪之学,兼参李东垣学术,发扬丹溪学说,并参以本人心得体会和临证经验而成《明医杂著》,弘治十五年(1502年)成书。有弘治刻本、嘉靖二十八年(1549年)刻本、1985年江苏科技出版社点校本等十多种。全书共6卷。卷1—3为医论及杂病证治,包括发热、劳瘵、泄泻、痢疾、咳嗽、痰饮等内科病,妇产科和五官科疾病等的辨证施治,分析了李东垣、朱丹溪的治法及方法等,卷4专论风证,卷5论小儿证治,卷6为附方。此书初拟名《随证治例》,目的是"使穷乡下邑无名医者,可按方治病"。也就是说,这是一部普及型医疗书。

《明医杂著》书影
(人民出版社)

王纶《明医杂著》提出了"杂病用丹溪"的学术主张。所谓"杂病用丹溪",就是治疗内伤杂病,要向朱丹溪学习。② 他归纳丹溪治杂病"不出乎气血痰,故用药之要有三:气虚用四君子汤,血虚用四物汤,痰用二陈汤。又云久病属郁,立治郁之方曰越鞠丸。盖气、血、痰三病,多有兼郁者"。这一学术思想也正是丹溪学说的精髓,至今中医界仍以"四伤说"为丹溪学术的中心观点。

同时期有黄济之,字世美,余姚人,生活于15世纪中叶。以孝出名,弘治中,奉诏旌。③ 黄济之也是朱丹溪迷,有《本草权度》3卷(中医古籍出版社,1997年版),为中医经典名著之一。所谓《脉因证治》、《丹溪手镜》,即《本草

---

① 徐树楠等《〈本草蒙筌〉的学术特色探讨》,《浙江中医杂志》2004年第2期。
② 胡代槐《对〈明医杂著〉中"杂病用丹溪"之说的浅见》,《中国中医基础医学杂志》2004年第7期。
③ (清)雍正《浙江通志》卷一八五《黄济之传》,《四库全书》文渊阁本。

权度》的伪托。①

2. 高武与《针灸聚英发挥》

高武,字梅孤,鄞县人,著名针灸家。生卒年不详,约生活于明中叶正德、嘉靖时期。负奇,好读书,凡天文、律吕、兵法、骑射,无不娴习。嘉靖时,考中武举人,官至总兵。因志愿未遂,愤然弃官归里。晚年,专究医术,治无不效,名声大振。

高武主张废弃流行的"按时用穴"法,倡用"定时用穴"法。他研究了按时选穴学说,发现前者不问何病,皆于某日某时,针灸同一开穴,这种取穴法,疗效不高,且易误人。定时用穴法强调先知病,后定经穴,再据该经穴开穴时辰下针灸,治病很有针对性。

高武的一个贡献是扩大了针灸实验种类,使针灸更为精确。明代太医院仍用铜人考试针灸医生,因此明朝政府和民间医家均重视铸造针灸铜人。高武鉴于以往仅有男子铜像一种,针灸多误人,不符实际需要,因铸男、女及童子铜像各一座,以方便取穴。在三个铜人身上穴位作试验,然后再到人身上扎针,命中率相当高。

高武认为,《素问》、《难经》典籍的问世,为针灸理论奠定了基础,大大促进了医术的发展。但世俗操针灸者,以为学针灸只须实践,无需理论,即读亦仅以玉龙、金针、标幽等歌赋而已。于是,节集《内经》、《难经》等针灸理论与有关内容的章节,重加编次、整理、删繁、解释,而成《针灸节要》。并辑集《铜人》、《明堂》、《子午》各家学说与医理歌赋等,再掺入自己的学术见解,名曰《针灸聚英发挥》(亦称《针灸聚英》),嘉靖八年(1529年)刊刻。现有4卷本与8卷本之分,内容相同。按4卷本顺序,卷首"集用书目",简介《难经》、《素问》等16种以前针灸学著作。卷一论五脏六腑、仰伏人尺寸、手足阴阳流注、中指同身寸法、十二经脉、奇经八脉及所属经穴的循行、主病,附经脉经穴图。卷二为骑竹马法等各家取穴方法。卷三为煮针、火针、温针、拆针、晕

---

① 刘时觉《〈丹溪心法〉及相关著作考》,《中华医史杂志》1995年第2期。

针、补泻手法、刺法、灸法等。卷四为63则歌赋。末附针灸治疗问答。《针灸聚英发挥》汇集了16世纪初以前十余种针灸文献的理论与治疗经验，同时附有作者的一些见解及评论。这是一部具有较高学术价值的针灸学专著，对针灸学的发展起着承前启后的作用，为后世针灸学所推崇。另有《针灸素难要旨》、《痘疹正宗》4卷、《射学指南》、《律吕辨》、《发挥直指》等书行世。①

在学术思想方面，高武据《内经》、《难经》等，汇总各家之长，并有所发挥，对针灸学的发展作出了较大贡献。（1）学宗《内经》、《难经》，并从实际出发，注意吸收别人的经验，而又有所发挥和评论，对《内经》、《难经》之后医家针灸经验比较了解、明白，为我国医学的发展作出了不朽的贡献。（2）经穴排列，重视流注。他仿照《十四经发挥》和《金兰循经》的体例，经穴按经脉流注为序进行排列，这样既体现出腧穴与经脉的密切关系，也更能说明脏腑经络相互表里、相互络属、相互专注以及病统的相互影响，加强经络学说对针灸临床的指导作用，提高了针灸的疗效。（3）首次归纳了腧穴主治症。他仿照《神农本草经》体例，对腧穴的主治症进行了归纳，载之于各穴之后，改变了以前针灸著作分散杂配、随病附穴的办法。（4）主张针灸药饵兼等并顾。他很赞赏扁鹊"针灸药三者得兼"的主张，认为"针灸药，皆医家分内事"。（5）治学严谨，重视实践。以临床实践作为判断理论之标准，对某些与实践不尽相符之论述，不轻易苟同。他认为应把图与说结合起来看，"使人和某病宜针灸某经某穴，当用某日某时开方针"，总之以合于临床实际为原则。另外，他辑录诸家针灸歌赋80余首，其中不少为已佚歌赋，对针灸学的普及推广起了一定的作用。他还对针灸学中渗入的迷信唯心之说，给以批判，体现了其不信玄学的科学态度。②

高武在针刺手法上也有突出贡献。他推崇东垣针法，创立子流注

---

① （清）徐兆昺《四明谈助》卷二三《南城诸迹五上·高中丞第》，第744页，宁波出版社2000年版。
② 陆汎《〈针灸聚英〉中高武学术思想浅探》，《中医药学刊》1995年第2期。

纳支针法。①

高武后裔有高士,字志斋,人称高志斋,有文名,承其业,亦精医,著有《灵枢摘注》、《痘疹论》、《志斋医论》等。②

3. 张时彻

张时彻(1500—1577年),字维静,号东沙,又号九一,鄞县人。正德十四年(1519年)进士,官至南京兵部尚书。他业余喜欢医学,兼研医学和方剂,对民间验方尤加注意搜集。自序云"每见愈病之方,辄录而藏之"。嘉靖二十九年(1550年)刊刻《摄生众妙方》11卷③、《急救良方》2卷④。

《摄生众妙方》"编分四十七门,标目繁碎。……盖随时抄集而成,未为赅备"⑤。《摄生众妙方》分编47门,对六淫为病,七情所伤内、妇、儿、外、五官、骨伤等临床各科之病,多有妙方调治。尤其重视急症,而单列危病门;又很重视虚证及养生,而列补养门。书中所列之方,乃医家实践经验之结晶,实为方剂学之精品。《急救良方》"编分三十九门,专为荒村僻壤之中不谙医术者而设,故药取易求,方皆简易,不甚推究脉证也"⑥。另有《摄生总论》12卷,康熙四年(1665年)刻本。这是养生学方面的两部专著。

《摄生众妙方》书影
(中医古籍出版社)

张时彻不是职业医生。他的三部书,可以理解为医学普及类读

---

① 袁宜勤、顾星《高武的刺法学术成就探析》,《针灸临床杂志》2004年第8期。
② [日]丹波元胤《中国医籍考》,人民卫生出版社1983年版。
③ 有《四明丛书》本、《四库全书存目丛书》本,中国医药科学出版社1994年版,中医古籍出版社2004年版。
④ 中医古籍出版社1987年版。
⑤ 《四库全书总目》卷一○五《摄生众妙方》,中华书局1965年版。
⑥ 《四库全书总目》卷一○五《急救良方》。

物。

4. 宋家妇科

宁波宋氏女科,浙江四大妇科世系之一,负盛名于浙东,历史悠久,学验俱丰,代有名医。嘉靖间,有宋北川,又作博川,曾为太医院御医。他在继承中不断发展,擅治经、带、胎、产之疾,称名医坛。并结合临床经验,著有《宋代妇科产后篇》。万历间(1573—1620年),后裔宋林皋精于女科胎、产、经、带的调治,疗效卓著,闻名遐迩,医名冠浙东。林皋体会女科之书,自《产宝》、《全书》之后,间有发明,然亦挂漏甚多。于是,集历代女科之书,汰芜支陈言,独存精义,参合己见,并特经筛选,取灵验、切要之方226首,撰成《宋氏女科秘书》,成于万历四十年(1612年),用传后世。宋氏妇科,自唐、宋、明、清,迄今传人不绝,堪称渊源久远,代不乏人。且初时仅传子、孙辈,后亦授外姓弟子,而今其传人分布在宁波、舟山、杭州等地,桃李遍布江浙。

5. 赵献可与《医贯》

赵献可,字养葵,自号医巫闾子,明鄞县人。晚明万历、天启间(1573—1628年)在世,享年56岁。自幼刻苦学习轩岐之术,掌握了深厚的中医理论知识,精通易理与医学,好学淹贯,医德高尚,往来民间,人称逸士、游仙。曾游学陕西、山西。推崇张仲景、李东垣、薛己。赵献可著作较多,有《医贯》存世,其余《内经钞》、《素问钞》、《经络考》、《正脉论》、《二朱一例》等,均佚。《邯郸遗稿》,又名《胎产遗论》,由子赵贞观整理而成,全书论述妇科调经、胎前、产后等内容,其治亦重水火相济之说。

代表作《医贯》,6卷,成书于万历十五年(1587年)或稍后,由步月楼刊刻于万历四十五年,再刊于康熙二十六年(1687年)。[①]《医贯》是现代探索命门学说的必读书,也是临床诊治的良好参考书。该书曾受到明清之间"养火派"的推崇而广为传刻,因而版本繁多。[②] 今有学

---

① 周益新《赵献可〈医贯〉成书年代辨正》,《光明中医》2005年第2期。
② 陈永萍《〈医贯〉版本略考》,《中医文献杂志》1995年第4期。

苑出版社《中医古籍校注释译丛书》(2005年)本等。

《医贯》书影
(人民卫生出版社)

《医贯》强调"命门之火"的重要,提倡温补疗法,创立了肾间命门学说。① 认为命门为一身所主,位于两肾之间,命门之左属真水,命门之右属相火,俱无形,日夜潜形不息。相火禀命于命门,真水又随相火。治病需水火互济,"火以水为主,水以火为原","取之阴者,火中求水,其精不竭;取之阳者,水中寻火,其明不熄"。

《医贯》提出命门"是立命之本,谓之元神"。结合李时珍所谓"脑为元神之府,而鼻为命门之窍",就可以使人意识到脑—元神—命门三位一体。元神是命门与脑所存在的决定人体产生及变化的原始物质,是生长壮老的主宰,是生命的本原,是"元始之神"②。

强调命门之火是人身至宝,人体生理机能所系。命门的功能是"十二经之主",五脏六腑的功能活动,与命门之火密切相关。命门之火主持人体一身之阳气,为全身生命机能之所系,是生命的根源。火强则生机壮,火衰而生机弱,火灭则人亡。将先天之火视为人类生活活动的动力之源,进而提出"治生者原生"的科学论断。③ 赵氏认为命门之火是先天无极之火,火与真水相济,永不相离。阴阳根系于水火,命门之水火即人体的阴阳,五行生克制化实为命门水火功能的演化,是脏腑生机所系。论述病证按先天、后天加以辨析。提倡命门之火是人体之本,强调水火阴阳二气的重要,治病应以养火为主,"以肾为本",从而临证治疗悉以六味地黄丸、金匮肾气丸为养水、养火主要方

---

① 张仕玉等《试论赵献可倡补肾命的思想》,《吉林中医药》2004年第7期。
② 刘保和《赵献可与"元神"论》,《河北中医药学报》2002年第1期。
③ 马玉芳《治生者原生——赵献可〈医贯〉理论探析》,《浙江中医杂志》2002年第10期。

剂,随证加减,通治诸病。

赵献可《医贯》进一步论述了咳嗽与肺、脾、肾之脏的关系,并强调肾的重要,对于火炼肺金之咳,为斥寒凉之弊,力主用六味丸壮水制阳,认为"滋其阴即所以降火,补北方正所以泻南方",对后世医家多有启发。

赵献可认为"凡病起于郁",对郁证的见解与治疗均有独到之处。①

到了明代,进入延寿药物发展的全盛时期,以赵献可、张景岳为代表的温补学派,主张用温补药物峻补真火。《医贯》中的《消渴论》篇,即非常突出地反映了其独特的温补学思想。②

赵氏之说不乏大胆想象,对后世有一定启发。晚明学者吕留良曾评注《医贯》,认为所言皆"穷源反本之论,拨乱救弊之功甚大",因而倍加赞许。但《医贯》也有不少荒诞之处,为后世所诟病。清代名医徐大椿撰《医贯砭》,对之逐条驳斥。黄宗羲也对赵献可过于贬斥伤寒之论,进而不辨经络、偏重一经的草率及其社会危害有所批评。③ 总的说来,赵献可的命门学说对后世中医基础理论有较深远的影响。④

子赵贞观,字如葵。能承父业,是温补派传人。治病不问高低贵贱,不计礼酬。有《绛雪丹书》(中国中医药出版社2002年版),这是一部有关胎产临证治疗的专著。

6. 高斗魁与《医学心法》、《四明医案》

高斗魁(1623—1670年),字旦中,自号鼓峰,学者称为鼓峰先生,鄞县人。出身官僚家庭。少治诗古文,工书法。高氏一门中相互师友,他的诗文"风发泉涌",为大家所折服。不过,科举之路不顺,仅得诸生。天启五年(1625年)识黄宗羲。就秀才而言,黄宗羲称高斗魁

---

① 张仕玉《试论赵献可治疗郁证的经验》,《北京中医》2004年第6期。
② 焦庆华等《赵献可〈医贯·消渴论〉浅析》,《中医药学刊》2004年第12期。
③ 杨小明《黄宗羲与医药》,《中华医史杂志》2002年第4期。
④ 陈春圃《浙江中医主要学术流派》,《中华医史杂志》1999年第4期。

只可勉强列为三等。次年,弃场屋,崇拜黄宗羲,习古文词,改变纨绔之习,穿大布衣服。明亡后,摒弃举业。喜行侠,尽力营救罹难破产的遗民。康熙九年(1670年),高斗魁中年早逝,享年47岁。著作有《征信录》、《桐斋集》、《冬青阁集》、《语溪集》。

　　高氏是甬上世家,为名医高武、高志斋后裔。高斗魁业余兼治医书,又从赵献可学,"得其指要"。清初,高斗魁提囊行医。初在甬上,后侨居石门(今桐乡市石门镇),与吕留良往来甚频。高斗魁行医,除技术有师承外,尤其"工揣测人情于容动色理之间,巧发奇中"。也就是说,善于察言观色,了解病人的病情。有一次到杭州,看见一批人抬着一棺材经过,路上流着不少血,高斗魁马上告诉他们:"人没有死。"打开棺材,给他吃了一些药,果然活了。于是,江湖间盛传高斗魁能起死回生,求医治病者络绎不绝。约到顺治十七年(1660年),"遂以医行世",在吴中的名声盖过名医陆圻。高斗魁还乐于行善,常将行医收入"济人之急",故而在江浙一带特别出名。据说,所至之处,蜗争蚁附。人们不远千里,来求高氏治病。有时,甚至等待一个多月也看不上一次。孝子慈父如能请到这位高郎中,就是最大的心愿。吃了高郎中的药,即使治不好,也心安理得地认命了。①

　　高斗魁服膺赵献可、张介宾的学说,以温补为主,属"温补派"。由于高斗魁的出名,赵献可的《医贯》、张景岳的《类经》"家有其书",成为大众化医学书籍。他宗《灵》、《素》之旨,博采众说,结合自己长期的行医经验,作有《医家心法》(即《四明心法》)1卷②、《四明医案》(即《吹毛编》)1卷,雍正三年(1725年)刊刻。此书精辟地阐述了诊法、脉义、二十五方论内、外、妇、儿科常见疾病的辨治,并附有验案,其中疾病部分25篇,医案部分28则。高氏在本书中很少引经据典,重在辑录其学术见解和临床经验体会,从理论到临床,均有一定的发挥和

---

① 黄宗羲《高旦中墓志铭》,《黄宗羲全集》第十册,浙江古籍出版社1993年版。
② 《医家心法》,今有江苏科学技术出版社《中医古籍小丛书》(1983年)、中国中医药出版社《明清十八家名医医案》(2004年)本。

创见,实为一部具有较高水平的临床参考书。①

高斗魁主张人以气血为本,病以内因为主,治疗当不忘顾护正气。所谓"补不嫌早,攻不嫌迟,盖由人之元气有限",因此用药偏于温补,扶正以祛邪。他将温补广泛运用于内伤杂病、外感杂病。他说:"治病之要,在于临症时先定内外腑脏、经络、新久、虚实、食痰气血,才以脉之;以四诊所得,参悟脉诊,寻其根源,测其顺逆。"

7. 伤科专家王瑞伯

王瑞伯,名征南,又名来成,明末清初时鄞县人。幼年曾随武当派大拳师单思南学艺,气功、武术俱精。又至闽西武夷山,从少林寺方丈碧眼禅师习武,因此内、外武功造诣精深。中年时返甬,初时设帐授徒,兼治跌打损伤。一日,有人被打伤,面色惨白,不能动弹,口不能张,汗出如珠,瑞伯见状,急予针之,并猛击项背一拳,患者当即能张口说话,四肢活动也自然矣,其治病效显如神,医名颇盛。1645 年 3 月,清兵攻陷杭州,宁波知府弃职遁逃,瑞伯即被任带兵"千总",乃联合张苍水、郑成功等,奋力抗清,终因众寡悬殊而兵败。之后,瑞伯销声匿迹,埋名故里。据黄宗羲《王征南墓志》,瑞伯卒年 53 岁,死后葬鄞东同岙。瑞伯集平时治伤损经验良法,著成《秘授伤科集验良方》1 卷。另辑《接骨秘方》1 卷、《跌打奇方》不分卷。最著名的学生有骨伤科专家陆士逵。陆士逵,字玉如,鄞县人,幼因嬉戏跌伤,就治于王氏而立志习医,从师瑞伯,后复北游鲁、赵间,搜集奇术妙方,归甬悬壶,医名过乃师,子孙传其业。士逵第六世孙银华,号延钧,精文兼武,擅治内、外损伤,医名盛极于浙东,尤为民众所赞赏。

此外有李奎,字石梁,鄞县人,"精于医,洞究内外经,心揣手追,尽得其妙。善起人痼疾"②。李兰皋,"医有原委,其经验之案,历历奇中,而悉本于理"。所著《医说》精确,而未及刊布。"二李"主要学生有徐国麟,字遂生。徐国麟少从李石梁学,得掌握《医学六要》。后从

---

① 李富汉等《略论〈四明心法〉〈四明医案〉的学术思想》,《国医论坛》1995 年第 3 期。
② (清)雍正《浙江通志》卷一九六《李奎》,《四库全书》文渊阁本。

李兰皋学,得《医说》,"沉潜玩味,遂为后起名家"①。

二、天文技术

在帝国皇帝专制体制下,天文学被认为是一门涉及国家安全利益的学问,故而,元明政府皆禁止民间学习天文历法技术。"国初,学天文有厉禁,习历者遣戍,造历者诛死。至孝宗,弛其禁,且命征山林隐逸能通历学者,以备其选,而卒无应者。"②也就是说,弘治以前,国家钦天监垄断天文技术,自然,有发明创造的人也只能出于钦天监。宁波人后裔贝琳无疑是明代前期钦天监中最著名的天文学家。

贝琳(1420?—1490年?),字宗器,号竹溪拙叟,定海人。洪武初,其父以军籍,迁居南京。贝琳出生于南京,幼习儒学,业余喜欢天文学,向司历何某学习象数,"尽得其术"。因此,贝琳被推荐为天文生。这应该是正统初年的事。正统、景泰间,随驾出征蒙古,"占候有功",授为钦天监刻漏博士。天顺初,天象示警,英宗便殿召见,贝琳回答深得皇帝满意,升为五官灵台郎。成化四年(1468年),因灾异,上言"君能修德感天,则灾变为祥",条陈《弭灾图治六事》,语多可采。成化六年,升为钦天监监副,寻改南京钦天监监副。官南京后,建府第,与弟贝珙同居。③ 成化六年至十三年(1470—1477年)间,贝琳主持编译了马沙亦黑的《回回历法》3卷,整理成《七政推步》7卷出版,这是一部系统介绍阿拉伯天文学的著作,介绍了回回历法的推算方法,它的贡献表现为三个方面:增加了10个立成表,由明初的29个成为39个立成表;第一次进行了完整的中外恒星对译工作,给出了中外恒星的对照译名表;标出了具体的星等、黄经、黄纬等,有13幅黄道坐标的分区星图,对应14个中国系统的星座,除房、心二宿合为一图外,

---

① (清)徐兆昺《四明谈助》卷一四《北城诸迹·徐明府第》,第400页,宁波出版社2000年版。
② (明)沈德符《万历野获编》卷二〇《历学》,第560页,文化艺术出版社1998年版。
③ (民国)《镇海县志》卷二三《贝琳》,《中国地方志集成》本,上海书店出版社1993年版。

其余均为一个星座一幅图,它以黄道带为中心,包括南北10度的范围。又分别以黄经、黄纬为纵横坐标,一度一格。各个恒星依据其黄道坐标准确地画在图内,同一星座的各个恒星之间,又以线连接起来。这样,只需打开图一查看,就可以直观地得知某颗恒星是几度几分,为后来中国人学习西方天文学打下了基础。[1]《七政推步》的历法部分,后经梅文鼎摘要编入《明史·历志》,成为中国历法的一部分,在几个兄弟民族中一直沿用到今天。《七政推步》也介绍了阿拉伯的进位制,阿拉伯数字的传入,促进了中国数学的进步。成化九年(1473年)[2]前后,贝琳还主持修订了《百中经》10卷,这是一种60年为一轮的历书。起成化甲午(十年,1474年),讫癸丑(嘉靖三十二年,1553年),凡60年。[3]

---

[1] 陈久金《贝琳与七政推步》,《宁夏社会科学》1991年第1期。
[2] 《百中经》是新历书,一般提前预制,起成化十年,故推断为成化九年前后。
[3] 《明史》卷九八《艺文志》,中华书局1974年版。

第十章

明代宁波的社会生活习俗

- 生产与生活习俗
- 衣食住行
- 岁时与婚丧习俗
- 宗教信仰与民间祭祀

习俗的变与不变,取决于生产与生活方式的变与不变。中国传统社会是一个农耕社会,生产方式一直没有本质的变化,故而生活方式变化也不大。同时,习俗不完全是自然的,也表现出社会性,受政府管控严宽的影响。元朝乃少数民族统治中国时期,故汉人习俗自觉或不自觉地受到影响,出现胡化现象,与唐宋以来的汉人传统习尚大异。朱元璋带领汉人重新掌权后,便以恢复汉俗为己任,禁止一切胡服、胡语、胡姓、胡俗,通令全国官民恢复汉唐衣冠和中国礼俗,于是"百有余年胡俗,悉复中国之旧"。由此,"元亡未久,而遗风旧习,与之俱变"①。

同时,明朝继承了宋朝的遗业,加强了用纲常思想控制社会的力度。"移风善俗,礼为之本。敷训导民,教为之先。故礼教明于朝廷,而后风化达于四海。"②朱元璋下令"制礼乐,定法制,改衣冠,别章服,正纲常,明上下",制定了《稽古定制》、《明集礼》等,对社会各阶层的日常生活及其行为方式都作出了一系列严格而不得逾越的规定:士农工商、官民人等,不论贫富,其衣食住行、婚嫁丧祭、日常礼仪等等,都必须按照其拥有的等级身份,遵循礼教的规定行事。如此,就建立起一个标准化的礼教社会。存天理,灭人欲,是其基本原则。在礼教社会,人们的一言一行必须纳入礼教的规范之中,"非礼勿视,非礼勿言,非礼勿动",稍有越轨,即被视为大逆不道。明初的社会秩序受到这样

---

① (明)方孝孺《逊志斋集》卷二二《林君墓表》,《四库全书》文渊阁本。
② 《明太祖实录》卷二〇二,洪武二十三年五月己酉,1962年史语所影印本。

的严格约束,世态民风也就相应地循礼蹈规、淳朴俭约。

当然,这样的民风不会持之久长。一旦社会生产复苏,商品经济发展,社会财富增加,市场规模扩大,必然刺激人们享受欲望的不断膨胀,就要突破礼制的限定,由俭而奢,改变生活方式。正德以后,生产方式与社会习俗逐步变化。人们开始抛弃传统观念的束缚,更愿按照自己喜欢的方式生活。豪门权贵追求穷奢极欲,士大夫们放纵声色,市井平民追逐享受,在社会上掀起一阵阵的奢侈风,由此而迸发的越礼违章的行为,在衣食住行的各个领域源源不断地涌现,一浪高于一浪,到万历时期已不可抑制。由此,明朝的风俗演变,由前期的单一化,逐渐演变为后期的多样化。

风俗的变化也受空间的影响。同一时间,不同空间,风俗的变化在程度上是会有所差异的。在明朝大一统时期,宁波作为江南地区之一,习俗的变化幅度,总体上不超出当时江南变化幅度最大的南京,①仅稍微有差别而已。

第一节 生产与生活习俗

习俗有一定的普遍性。同为沿海地区,宁波各地的习俗相似性较大。慈溪人姚镆称慈溪"在两浙,旧称文献,士勤于学,而缙绅之家,崔庐相望,其为君子者易与也。民尚本质,不事淫巧,恒惴惴焉,犯公府为忧,其为小人者,易治也。地滨于海,无通都大衢宾客辐辏之交,厥贡惟稻麦,厥利惟海错,无铜、铁、金、锡、犀、象、玳瑁奇怪之珍,其政易也"②。这是从上下两个层面来观察,士人崇尚读书,做官人家多;百姓

---

① (明)王丹丘《建业风俗记》,见(明)顾起元《客座赘语》卷五引,中华书局1997年版。
② (明)姚镆《东皋文集》卷一《赠邹君一纯之任慈溪县序》,《四库全书存目丛书》。

从事本业，少有人从事经营活动，性格朴实，害怕与官府打交道。由于慈溪地处沿海，交通不便，外来的客人少；贡品只有稻麦，可卖钱的物品只有海产品，缺乏珍奇的稀有资源，如此，来慈溪做贸易生意的商人也不多。无商不活，没有人的流动就没有区域的活力，自然，慈溪习俗的变化幅度不大。再看一下时属台州府的宁海县习俗。宁海在台州府城东北，与绍兴、宁波相衔，"为往来之冲"，交通方便，流动性大；同时，自然景观优美，农业与海产资源丰富，"有山溪竹木之美，稻麦鱼盐之饶"。这些为宁海人的生存奠定了物质基础，"故其大家多优裕和雅，喜学而好文。其小民力业寡求，鲜争而罕讼，其俗最为得文质之中"①。百姓从事简单再生产的农业，没有更高的要求，也不喜欢讼争。所有这些概括，较典型地反映了宁波各地农耕时代共有的社会习俗特点。

当然，由于空间分隔、交通不便诸因素，宁波各县之间，风俗也略有差异。嘉靖末年成书的《宁波府志》称：鄞县人"散缓，其俗迂阔而善妒"。慈溪人"矫厉，其俗尚文而善党"。奉化人"鸷健，其俗负气而矜高"。定海人"脆弱，其俗习劳而寡营"。象山人"朴直，其俗好竞而服义"②。散缓就是懒散而不急，矫厉是以志节克制情欲而策励自己，鸷健是凶猛而刚强，脆弱是易折而柔弱，朴直即质朴而直爽。这些术语所表达的含义，今人难以体认。鄞县人迂阔而喜欢嫉妒，慈溪人尚文而喜欢结帮，奉化人讲气节而自恃清高，定海人惯于劳动而少经营，象山人喜欢竞争而讲究道义，这样的风俗区域特征概括，显然是粗线条的感受。同时，以上所反映的特征，都是明代前期宁波所表现出来的习俗。到了明代后期，习俗的变化已经相当大了。

一、生产习俗

不同的地理环境，决定不同的生产方式。宁波的地理环境，从农

---

① （明）方孝孺《逊志斋集》卷一三《葛氏族谱序》，《四库全书》文渊阁本。
② （清）雍正《浙江通志》卷九九至卷一〇〇《风俗》，《四库全书》文渊阁本。

耕角度来说不太理想。地少质差,僻居海隅。滨海斥卤,田瘠且隘。土瘠所带来的问题是民贫,"仰事俯育,仅仅无余"。土狭民稠,地少人多,所带来的矛盾是人地紧张。在农耕社会,土地与人口是最大的资源,土地是人类赖以生存的基础。

农林业。宁波农民力本重农,居山者以耕凿为生,日以垦辟为事。田桑之美,有以自足,无水旱之忧。宁波地多山林湖陂,小江大海,鱼盐材木之利颇饶。作为海边之人,利鱼盐,务稼穑。大抵五邑之氏,樵山渔海,衣食自足。五谷之饶,鱼盐之利,可以食数万家。小农生产方式,农勤于耕,女勤于织,有勤俭风。屠本畯《甬东江北歌》略称:"不尽石帆奔海月,春风瞰网稻花鱼。""百十鱼鲜下海门,布帆五色若云屯。甬东北岸鄞江上,习习腥风五月繁。""犁锄荷锸种春苗,蚕豆花开春正饶。十里清溪鸭寨堰,万株苍桧麦杨桥。""桑柘林中绿渐敷,村村花瞑唤提壶。"①这些诗篇描写了甬江以北地区的生产状况。甬江上,五色船帆飘扬,奔向大海。到了五月渔季,江上到处是鱼腥风。春天到了,农民在田里种上春花作物,蚕豆花开了。李寅《立秋》"刈稻苦深雨,立秋期稍晴。黄云低在野,白水远浮城。鱼鳖新登市,江田旧失耕。两年仍雨旱,一饭愧香粳"②。割稻要天气好,最怕连续下雨。农业是靠天吃饭的,连续两年的多雨与干旱,吃饭也就成问题了。南方水田一般都种稻,凡是地上,都种植树木。

渔业。明代宁波,有较大的海域面积。海洋有鱼盐之聚,濒海者以渔盐为业。宁波人入海捕鱼,擅长"网罟舟楫之利,出没波涛,变化如神"。台州人王士性《广志绎》描述得十分详细。"渔俗,傍海网罟,随时勿论。"这是说,海边渔民,一年四季,随时捕鱼。每年一大渔汛,在五月黄鱼发时,宁波人一起乘巨舰捕鱼。黄鱼发于苏州洋山以下,故也称洋山鱼。每年三水,每水有期,每期黄鱼如排山倒海而至,发出巨大的声音。船中的床、榻,都是用绳子悬挂起来的。每次捕鱼,必须

---

① (清)李邺嗣《甬上耆旧诗》卷二〇《幽叟屠田叔先生本畯》,《四库全书》文渊阁本。
② (清)李邺嗣《甬上耆旧诗》卷二三,《四库全书》文渊阁本。

备足淡水。淡水准备都是有计划的,根据每天的用量,和外出打鱼的时间,准备相应分量的淡水。为了生存,海上用淡水是有计划的。鱼到下泊地,有时网到的鱼太多,生怕沉船,往往要割网,放掉一部分。有时也会下空网。每期,只撒三日网,不管有无收获,都准时回来。船回到大陆,从定海小浃江口,驶入东门口之桃花渡。每条船如果顺利的话,一水可得二三百金。如果不顺利,那就要借高利贷而回。鱼卖完后,就去捕第二水鱼。第三水也一样。捕鱼发财者,就会敲锣打鼓,欢天喜地;没有发财的人,只得在夜里偷偷回家。有时,十年不获一次,但只要一次发财,就能偿还十年所花费用。当然,也有几十年无法偿还利息的人。所以,海上的人,有的以此发财,也有的因此破产。①

尤其是海岛上的人家,"居篁竹、芦苇间,或散在沙墺",互相间的联系完全靠船作为交通工具。舟山海岛上的人家,完全以鱼货为中心,捕的是鱼货,销的是鱼货,吃的是鱼货,结果,到处是鱼腥味,"腥涎袭味,逆人鼻口"。吴惠《渔父行》描写了一个普通江上渔民的平常而艰难的生活:"东风二月杨柳青,柳塘水滑鱼梁平。鱼行水面美日色,双双吸浪风还腥。湖山景属渔父久,生涯日棹扁舟轻。中流布网不空举,黄金白雪辉日明。得鱼亦足免家累,逢人何必论满籝。瓦盆盛酒命妻酌,霜刀落脍呼儿烹。我歌尔劝且相乐,江湖老大终余生。君不见江下渔户苦差役,买田粥网纾官征,安得一日如吾醉复醒。"②渔民的徭役也很重,"买田粥网纾官征",自然不得人心。

工商业。作为手工业者,提供日用品,海边人大都煮海水为白盐,而商贾则销售鱼盐之类海货。宁波兼陆地与海域,故而在产业上有一些互补。生活在海岛上的人每年要从陆上进口粮食,而陆上的人们则要靠海边的人提供海产品。但在当时,区域与区域间的产品,不得互通与转输。"无瑰奇之产,以来四方之游贩。无奇货异产动其耳目,故能安习而不迁。"也就是说,物资单一化、同质化,就可以限制人们的迁

---

① (清)徐兆昺《四明谈助》卷二八《东城内外上·甬江贩鲜货》,第926页,宁波出版社2000年版。
② (清)李邺嗣《甬上耆旧诗》卷一四,《四库全书》文渊阁本。

移。这确实看到了人类的缺点,人往高处走,人类之所以要迁移,正是由差异产生的。商业流动性差,"无游贩之民,故其民一而不杂,其俗一而不杂"。商业不发达,人们习惯安土重迁,"非贫困无聊,不肯自堕于商贩、胥徒之役"。也就是说,平民是清白之良民,而商人、胥吏之类,是下贱的职业。明代是一个农耕社会,社会以农为主业,农民是社会的主体,至于工商业者则是边缘群体。故在国家的重农抑商政策下,农民是光荣的良民群体,而工商者则是贱民群体。

总体上说,传统农耕社会,职业变化不大,四民守常业,"各食其力"①。

二、生活习俗

生活习俗富有时代性。明初就全国来说,地旷人稀,地价便宜,缙绅士庶没有人敢侈肆,穿戴简单,不过细布土缣,丝织品只有达官才穿。至宣德、正统,法网渐疏,人们开始追求享受。成化、弘治间,人民的生活水平有了一定的提高,地价上涨,高者每亩十金,家中有了厅堂。

乡村生活仍有相对的封闭性。由于交通不便,户口政策的束缚,尤其是各地生活方式差异性小,所以,古代人生活圈小,流动性差。农民守"畎亩跬步,不出里巷"。他们"乐于家居,惮于远出"。结果,相当多的乡村之人至老不识城市,妇女更没有资格上街市了。

乡村风貌。晚明人吕时《沈世君问宁波风土,应教五首》较为全面地反映了宁波的风土人情:

> 越绝饶山水,古今文物稠。三冬无积雪,十月尚余秋。
> 风雨无归处,家乡在尽头。出门车马少,到处泛兰舟。
> 石头古城子,城下绕沧波。大屋空如谷,小船尖若梭。

---

① (清)陆世科《义仓记》,(清)徐兆昺《四明谈助》卷九《北城诸迹二上·蒋家园》,第277~278页,宁波出版社2000年版。

山深罝麋鹿,潮满制鼋鼍。距海五十里,生涯海错多。
　　淹淹梅雨后,卑湿用楼居。有地俱成稼,无人不读书。
　　香多吸老酒,鲜极破黄鱼。顿顿新粳饭,先将赋税除。
　　儿童养鹅鸭,蔬果足山家。赤午农耘稻,清宵妇缉麻。
　　烝尝先敬慎,婚嫁稍奢华。长吏民皆畏,无烦刑法加。
　　四明八百里,物色甲东南。玉版春肥笋,甆缾雪醉蚶。
　　董山足灵气,慈水供余甘。窈窕千峰处,幽踪日可探。①

这真是一幅明代宁波乡村生活图。"有地俱成稼,无人不读书",正反映出宁波人的勤劳与上进。宁波地处陆海之交,物产既有地货,又有海货。地货有老酒、米饭、鹅鸭、蔬果、织麻、春笋。海货多,如黄鱼、毛蚶。地货与海货,是宁波货品的两大来源。乡人怕官吏,主动纳税,几乎不用麻烦刑法。他们平时生活俭朴,但到婚嫁时,还是要奢华一些。

郑真《山农图》"山村云树几人家"②,张琦《山水图》"山俗尚古野,五家同一村"③,反映出乡村分布之散,人口之稀少。张琦《农耕》:"牛脊春阴恶,溪风布裤单。南人解占候,还有种田寒。"④张时彻《村中即事》:"数亩柴桑宅,依然白水涯……村中无酒价,客至便教赊。"⑤作为一个自耕农,有几亩土地,就可以优哉游哉地生活。乡村没有商品经济概念,酒的价格相当便宜,可以随时赊欠。卢沄《田家吟》:"最是农家乐,收成十月天。春耕余谷种,秋税了官钱。儿女团朝日,鸡豚散野田。邻翁相见处,凶稔说明年。"⑥这首诗,典型地反映了农村粮食丰收所带来的农家乐。晚稻收割以后,庆祝丰年。留下明年的早稻种子,交了官府的税粮,余下的就是自己吃的粮食。邻居几位老人聚会,

---

① （清）李邺嗣《甬上耆旧诗》卷二三,《四库全书》文渊阁本。
② （清）李邺嗣《甬上耆旧诗》卷六。
③ （清）李邺嗣《甬上耆旧诗》卷七。
④ （清）李邺嗣《甬上耆旧诗》卷七。
⑤ （清）李邺嗣《甬上耆旧诗》卷八。
⑥ （清）李邺嗣《甬上耆旧诗》卷二三。

预测着明年是否会丰收,这就是典型的农民生活。戴鳌《初冬从父老饮邨酒有作》"父老欢歌共举觞,田功已毕盍输粮。野花开处冬无雪,山果红时夜有霜。世际太平人重礼,时将寒沍水成梁"①。这也是秋天粮食丰收后农民生活的写照。衣食足而知礼节,这也是自然规律。

农民没有多少财产,自然也就胆小、本分;缺乏文化知识,显得朴茂淳厚。李玮《田翁乐》"粟满篝车年岁熟,长官征税四限足"②。粮食丰收了,长官要来征收粮食税。余洵《东山寺》"时有催租吏叩关"③,这是村民们害怕的;李玮《田父词》"秋来有税早输官"④,这也是广大村民的希望。"村无怒吏,户无逋租"⑤,是最为理想的状态。黄润玉《薛亚卿耕乐卷》"人间名利任纷纷,剩买田园遗子孙。春雨一犁闲犍犊,秋风数顷饱鸡豚。条桑已喜蚕盈箔,酿秫何妨酒满尊。了却官租无个事,吏胥那得夜敲门"⑥。官员没有未完成的征收任务,百姓没有饥乏的忧虑,就是最大的期望。

社会风气简朴。农耕社会,生活圈子小,人口流动性差,安土重迁,人们生活在一个熟人社区。在这里,邻里之间不会偷窃,晚上睡觉不用上门,田野没有狗叫。乡村自给自足,相对自治,政府捕吏不用下乡。这开始可能是政策强制规定的结果,后来也就习惯成自然。

百姓勤劳。在明代,一般说来,儒生大都"俭约自守",普通百姓则以耕织为事。宁波百姓勤劳,尤其是妇女。妇人女子,深处闺门,虽亲戚邻里,亦不少接,专以纺织为事。其俗甘勤苦,务织作。其居田野者,夫耕妇织,最为勤苦。解决吃穿为第一要务,这是生存的最基本条件。

崇尚节俭,量入为出。占产至薄,缩衣节食,以卒伏腊。凡居服饮

---

① (清)李邺嗣《甬上耆旧诗》卷一四,《四库全书》文渊阁本。
② (清)李邺嗣《甬上耆旧诗》卷二二。
③ (清)李邺嗣《甬上耆旧诗》卷一三。
④ (清)李邺嗣《甬上耆旧诗》卷二二。
⑤ (清)光绪《奉化县志》卷一八《黄应明传》,《中国地方志集成》本,上海书店出版社1993年版。
⑥ (清)李邺嗣《甬上耆旧诗》卷四。

食,婚丧宴会,以及享祀伏腊,悉尚省节。力勤而用俭,比户皆然。

三、社会习尚

在经济落后、政治专制、思想一统、人们生活制度化因素的作用下,明代前期的社会风俗也别具特色,传统伦理道德占据上风,士大夫关心的是道德、气节、政事、文章,很少有人关心物质生活方面的声色之事。

1. 讲究名节

明朝以纲常立国,道德伦理气节最为讲究。定海人项信的做人信念是"为人之道,惟忠与孝;树立门户,在读与耕。济以勤俭,莫仿骄傲"①。这段话典型地反映了农耕社会的立存之道。耕田读书,是乡村读书人的共同特点。

家尚清议,士矜名节。士大夫多

宁波南门的明代石牌坊

爱惜名节,以德业淬厉,底于成材,尊德乐义,有士君子之风。伦理道德意识,调节着人们的日常关系。乡绅也不敢以贵势凌人。荐绅如果

---

① (民国)《镇海县志》卷二三《项信》,《中国地方志集成》本,上海书店出版社1993年版。

回乡问旧,不敢凭自己身份的娇贵而作威里中,不乘车马。

2. 乡饮酒礼

洪武十六年(1383年),颁乡饮酒礼于天下。一依古制,每年举行两次,一为正月望日,一为十月朔日。县里的乡饮酒礼由知县一人为主,设位于堂东,朝西坐。其僚属按官位大小,列席于主人之后。设大宾位于堂西,朝南坐,由民之年高有德者居之。里社的乡饮酒礼,由里长为主。如鄞县陈氏,世居东皋,族人数千,陈本深为族长12年。"时乡论甚严,凡岁再行饮射读法,士大夫非告年归里,不得为大宾。唯公以名德之重,在宾位二十有四,乡邦荣之。"①陈本深任族长12年,兼大宾24年,凭的是德高望重。鄞县西乡籍知府戴浩退休家居,在家族中年纪最大。其间,他做了不少好事,如立义塾、义冢,体现出生有所教、死有所葬的精神。宁波知府行乡饮礼,"公在宾位者四十有八"②。戴浩做了48年的大宾,可见,是终身制。嘉靖七年至十一年(1528—1532年)间,奉化知县陈缟每到行乡饮之礼时,从县耆宿中察举。一旦物色到人,必亲自到其家中邀请。③ 崇祯初年,定海知县龚彝行乡饮礼,项可学以德寿被推为邑宾。④ 定海人薛一楱"以齿德为宗党所推重","尝举邑宾"。⑤ 定海人郑珞父郑让"勇于任事,举邑宾,膺冠带",子郑廷馨也举邑宾,五个孙子"俱年高德劭,迭为邑宾"⑥。崇祯十六年(1643年),朱懋华为定海知县尝行乡饮礼,谢湘凤以孝友出名,被推举参加宾筵。⑦ 说明乡饮礼一直被推行。一般说来,人们多愿担任大宾之任,但也有个别人婉言谢绝,如宁波知府郑珞请陈端礼为乡宾,

---

① (清)李邺嗣《甬上耆旧诗》卷一三《知吉安府陈公本深》,《四库全书》文渊阁本。
② (清)李邺嗣《甬上耆旧诗》卷一三《知府戴公浩》。
③ (清)光绪《奉化县志》卷一八《陈缟》,《中国地方志集成》本,上海书店出版社1993年版。
④ (民国)《镇海县志》卷二四《项可学》,《中国地方志集成》本,上海书店出版社1993年版。
⑤ (民国)《镇海县志》卷二三《薛二楱》,《四库全书》文渊阁本。
⑥ (民国)《镇海县志》卷二三《郑珞》。
⑦ (民国)《镇海县志》卷二一《朱懋华》。

为陈所谢绝。①

3. 文会

农民的精神生活是相当单调的,只有士大夫的精神生活才繁富一些。明初,由于受政治、经济等方面因素的影响,文人结社风受挫折。到了中期,文会逐渐增多。正统、景泰间,鄞县人杨范、王用宾,定海人陈浩渊等结为诗社,"篇章流播,价重鸡林"②。到了成化间,"海内久治平,气淳俗厚,人风益高"。此时,著名荐绅如洪常、卢瑀、金湜、宗佑、周祐,与里中五经师如张憬、倪光、章珍、宋恢、李端等共18人,结为"高年诗会",人称"耆旧会"③。弘治年间,甬上又有"耆旧二集"。弘治初,魏偁以秩满告归,宁波城中诸缙绅共推魏偁为耆旧会祭酒,参加者有屠滽、杨守随、张昺、黄隆、刘洪诸人,共相宴集唱酬,历20年,深为宁波人所重。宁波城内前后出现的耆旧会,参加者都是一时诗词名家。于是,宁波的"道德文章,蔚然俱起"④。

嘉靖前期,杨茂清与戴南江诸老为耆旧会,"日相唱酬,年至九十,犹手抄古今野史、丛谈、里中先辈诗,岁必满箧,诸杨推为祭酒焉"⑤。嘉靖后期,张时彻退休后,以标格自持,更加喜欢交流。他有两处别墅,在东皋称茂屿草堂,在西皋称武陵庄。"时引上客,共觞咏其间。"张氏将宁波文会活动推向高潮,此后"少衰矣"⑥。

隆庆、万历初期,象山邵景尧、甬上杨守勤等人结社赋诗,号"浙东十四子"⑦。万历后期,全天叙发起组织了"真率会",参与者有周应宾、吴礼嘉、林祖述、陈之龙、丁继嗣、周应治、黄景莪、屠本畯、赵体仁九人,屠本畯为社长。他们都是进士出身的退休官员。他们宴会赋

---

① (民国)《镇海县志》卷二三《陈端礼》,《中国地方志集成》本,上海书店出版社1993年版。
② (民国)《镇海县志》卷二三《陈浩渊》。
③ (清)李邺嗣《甬上耆旧诗》卷五,《四库全书》文渊阁本。
④ (清)李邺嗣《甬上耆旧诗》卷八。
⑤ (清)李邺嗣《甬上耆旧诗》卷一三《知沔阳州杨公茂清》。
⑥ (清)李邺嗣《甬上耆旧诗》卷八《兵部尚书东沙张先生时彻》。
⑦ (民国)《象山县志》卷二四《邵景尧》,《中国地方志集成》本,上海书店出版社1993年版。

诗,名曰"林泉雅集"。他们的赋诗情况还被画于《林泉雅会图》,"一时传之"①。天启三年(1623年),林泉诗社曾勒石纪念,时80岁的吴礼嘉为席长。吴礼嘉卒后,又增以施翰。② 参加湖上林泉雅会的人,都是"乡老",后来也有布衣诗人参加,如汪长文、全天麟、管无棘。

4. 读书习俗

宋明时期教育与科举紧相联结,使科举导向的读书成为全国上下共同的愿望。"国初,士犹修德行,砺名节,尚道学,而文艺、仕进不甚贵之。逮于今,则文艺日以盛,仕进日以繁,而向所谓德行、名节、道学者,或莫知省。"③

宁波各地人多过着耕读结合的生活。万斯同诗称:"鄞俗由来不尚华,布衣粝饭足生涯。田家有子皆知学,仕族何人不绩麻。"④耕读结合,是国家提倡的习尚。耕读结合,是传统中国社会生活的一个特点。吕时《秋田为李生得衣字》有"明农兼课子,田舍有书帏"⑤之句。杨范《耕隐轩为胡拱辰作》也称:"年来力穑是生涯,任尔萧萧发半华。负郭有田都种稻,绕门无地不栽花。一犁雨足春无未,数叶烟生晓煮茶。骥子读书功益进,未应终作老田家。"⑥自己终年种田种地,但希望儿子们读书做官,这就是有眼光农民的特点。与科举相结合的国家教育,对社会的影响力是非常大的。大家子弟,无不从师受学,结果,大家子弟多优裕和雅,喜学而好文。市廛编户,家给人足,喜教子弟以诗书。下至深山穷谷稚子,皆知读书。参加科举考试的动力,一开始就限定了人们读书的范围,虽然有知识结构不合理之嫌,但客观上带动了中国的普通教育。

明代宁波的科举风气相当浓厚,尤其是鄞县。陆瑜《县学记》称鄞

---

① (清)李邺嗣《甬上耆旧诗》卷二六《光禄寺卿吴公礼嘉》,《四库全书》文渊阁本。
② (清)全祖望《鲒埼亭集》卷三八《林泉雅会图石本跋》,《四部丛刊》本。
③ (明)杨守陈《南山黄先生墓碣铭》,见徐纮《明名臣琬琰续录》卷一三,《四库全书》文渊阁本。
④ (清)万斯同《石园文集》卷二《鄞西竹枝词五十首》,《四明丛书》。
⑤ (清)李邺嗣《甬上耆旧诗》卷二三。
⑥ (清)李邺嗣《甬上耆旧诗》卷四。

县"名儒辈出,甲于他邑"。李璜《府学记》也说"人才英拔,比他郡为甲"①。在科举中,出现了不少著名的科举家族,如鄞县杨氏。杨范生三子,长子杨自惩、杨自悆、杨自忞。第三代出了 4 位进士,杨自惩二子,杨守陈,进士,礼部尚书,谥文懿;杨守阯,进士,太子少保,吏部尚书。杨自悆子守随,进士,太子少保,工部尚书,谥康简。杨自忞子杨守隅,进士,广西布政使。第四代中 2 位进士,杨守陈二子,茂元,进士,刑部右侍郎;茂仁,进士,四川按察使。杨守陈大女婿陆偁,进士,按察副使。三外孙,能承外公之学,皆进士出身,长陆钶,官副都御史;次陆铨,官广东布政使;少陆钺,官山东按察副使。二婿李堂,进士,工部侍郎。据统计,五世之中,有四开府、三翰林、两台谏、四监司,而守牧以下无论也。② 自从杨守陈成功以后,带动杨氏家族,甚至陆氏家族的发达,这确是一个奇迹。至此,杨氏"科名盖东南,文献于斯为极盛矣"③。

5. 溺女

宁波各地都有溺女习俗。如慈溪县习俗,多溺女。弘治十七年(1504 年),张璧光任慈溪知县,"立保甲,严禁之,所活甚夥"④。鄞县人有溺女陋习,万历七年(1579 年),鄞县知县杨芳上任后,严加禁止,且进一步发布文告,遍谕县民,"开示恻隐",以后犯规的人就少了。⑤ 嘉靖末年,"育女者惧无以行也,率溺而不举,弃骨肉之爱而伤天地之和",于是,宁波知府吴道直"严溺子之禁"⑥。万历四十七年至天启元年间,宁波知府方应明"禁溺女"⑦。地方政府虽一直加以禁止,但显然只能禁一时,不能禁永久。

---

① 《敬止录》第五册《学校考》,浙江图书馆抄本影印本。
② (清)徐兆昺《四明谈助》卷一九《南城诸迹三上》,第 626 页,宁波出版社 2000 年版。
③ (清)徐兆昺《四明谈助》卷一九《南城诸迹三上》,第 626 页。
④ (清)光绪《慈溪县志》卷二三《张璧光》,《中国地方志集成》本,上海书店出版社 1993 年版。
⑤ (清)雍正《浙江通志》卷一五二《杨芳》,《四库全书》文渊阁本。
⑥ (明)张时彻《芝园定集》卷三三《送泰衡吴公陟曹濮兵宪叙》,《四库全书存目丛书》。
⑦ (清)乾隆《鄞县志》卷一一《方应明》,《续修四库全书》本。

6. 娱乐习俗

唱戏文。经济进步的结果是,人们开始追求业余精神生活。余姚、慈溪民间流行戏文。"嘉兴之海盐,绍兴之余姚,宁波之慈溪,台州之黄岩,温州之永嘉,皆有习为倡优者,名曰戏文。子弟虽良家子,不耻为之。其扮演传奇,无一事无妇人,无一事不哭,令人闻之易生凄惨,此盖南宋亡国之音也。其膺为妇人者,名妆旦,柔声缓步,作夹拜态,往往逼真。"①戏文是一种业余精神享受,但在道学家眼里,就是亡国之音。"子弟虽良家子,不耻为之",正反映出江南地区人职业意识的强化。沿海地区人受儒家意识形态影响浅,他们以人的生存为最高目标,只要有钱赚,就会努力去做,没有职业贵贱之分。张伯鲸为鄞县知县期间(1622—1624年),"民间祭赛、燕饮,毋得演戏。元夕,禁市灯火"②。这说明,到了晚明,宁波民间的演戏活动仍在政府禁止之列。

挟妓饮博。正德年间(1506—1521年),是明朝的社会风俗变化较大的时期,城市娱乐业开始繁荣。此时,奉化县城中"恶少三五成群,挟妓饮博"③。奉化出现的这种"挟妓饮博"现象,正是商品经济发达、城市娱乐文化兴起的结果。这种现象,显然是得不到政府支持的。正德十三年(1518年),朱豹为奉化知县,"乃明宪禁,示通衢。凡婚丧奢靡及俳优蛊惑妇女,游嬉害礼伤教之习,皆严禁必罚"。结果,"奸豪惴惴,莫敢不辑"④。嘉靖初年,武略将军叶绅,"相传其人放诞,好饮博市廛中"⑤。这说明当时宁波城内的第三产业也有一定程度的发展。嘉靖末隆庆初,宁波城中"市井无赖,群聚而博,宵以继昼,非僻之所由作也,淫盗之所由生也"。看来,赌博业发展相当兴盛。于是,宁波知

---

① (明)陆容《菽园杂记》卷一〇,中华书局1985年版。
② (清)康熙《鄞县志》卷八《张伯鲸》,康熙二十五年刻本。
③ (清)光绪《奉化县志》卷一八《朱豹传》,《中国地方志集成》本,上海书店出版社1993年版。
④ (清)光绪《奉化县志》卷一八《朱豹传》。
⑤ (清)全祖望《鲒埼亭集·外编》卷六《叶处士志》,《四部丛刊》本。

府吴道直"严赌博之禁"①。魏成忠为鄞县知县(1601—1604年)期间,"禁妇女入寺烧香,驱逐桃花渡妓女,立真武庙于其地,以杜后来"②。随着经济的发达,妇女活动空间扩大,开始外出烧香拜佛。地下娱乐业出现,东门口的桃花渡竟然出现了妓女。管大勋《风俗》描写道:"海国春城十万家,交童越女媚年华。歌楼估客三更月,灯市游人五夜花。"③歌楼里的估客可以闹到三更月,灯市游人可以玩到五更夜,夜生活如此丰富,可以想象晚明宁波城市商业的繁华景象。

到了明代后期,鄞县、奉化、余姚等地区,风俗已经讲究奢靡。外地地方官到宁波,往往要按成规,打击奢靡之风。张伯鲸为鄞县知县期间(1622—1624年),"僮仆不得服绫绮。且申禁鄞俗雇仆例,以正、七月有事之时替歇者,易以二、八月,民甚称便"④。富裕人家多喜欢雇佣童仆,且其童仆也穿起"绫绮",正说明了当时宁波人生活的富裕程度。

7. 风景游览

太平盛世,经济发达的结果,人们有了更多的休闲时间,有了游览活动。当然,有时间、有雅心游览的人,主要是士大夫群体。

日湖、月湖。宁波城内风景,以日湖、月湖周边为最。明朝盛时,湖上之亭榭,多游人栖息。日湖,也称南湖,在今解放南路以东、大沙泥街以南一带,包括莲桥街、延庆寺与观宗寺所在的莲心岛。日湖在东,月湖在西,从天空鸟瞰,构成一个"明"字形湖区。黄润玉《鄞城草堂》写道:"古鄞三面海通潮,地局西来雉堞高。日月两湖环作岛,坎离双港抱成濠。"⑤陈民俊《日月湖竹枝词》有"郭里天开日月湖,楼台岛屿俨仙都"之句⑥。由此可知,当时宁波城内的日湖、月湖周边一带,相

---

① (清)张时彻《芝园定集》卷三三《送泰衡吴公陟曹濮兵宪叙》,《四库全书存目丛书》。
② (清)康熙《鄞县志》卷八《魏成忠》,康熙二十五年刻本。
③ (清)李邺嗣《甬上耆旧诗》卷一七,《四库全书》文渊阁本。
④ (清)康熙《鄞县志》卷八《张伯鲸》。
⑤ (清)李邺嗣《甬上耆旧诗》卷四。
⑥ (清)李邺嗣《甬上耆旧诗》卷二八。

当繁华。

天童寺。陆铨《天童寺》称:"溪转峰回翠霭新,诸天楼阁傍星辰。深山笋熟人如市,梵户茶香客自频。龛烛能留长夜月,天花不断四时春。共来物外舒尘缚,莫厌披襟与岸巾。"①这里,诗人描述了天童寺自然与人文相结合的景色之美,也抒发了作者到此享受人间轻松感觉的心情。

育王寺。育王寺最有名的是舍利,传说是佛祖的舍利之一。宁波人戴洵描述了自己两次观舍利后的不同感觉。嘉靖三十七年(1558年),第一次经阿育王寺,入观舍利,时年二十五,"见小方塔中悬金钟,下缀一珠,如常珠,无他异也"。万历十八年(1590年)重往阿育王寺,复出舍利塔观之,"则见金钟乍中乍边,时高时下,缀珠或长或圆,时三时两。……从者数人,又所见人人殊也,岂真神灵恍惚,变化有无之间耶"②。戴洵描写的育王寺舍利观感,至今仍让游人有同感。

雪窦山。雪窦山是四明山东部的余脉,位于今天的溪口镇。雪窦山上有著名的雪窦寺,周边有景阳冈等景观,至今仍是著名旅游区。宁波人比较喜欢游览此地。成化十三年(1477年)秋七月,杨守陈曾游过此山,事后写了《游雪窦山记》,③详尽地记录了游雪窦山的过程及所见风貌。

天台山。天台山位于宁海,为著名的浙东旅游线路的起点。万历四十一年,旅行家徐霞客从宁海开始了他的自然景观游览之旅。《徐霞客游记》开卷写道:"癸丑之三月晦,自宁海出西门,云散日朗,人意山光,俱有喜态。"因此之故,宁海近年搞起了中国旅游节。

谢女王庙。传说,当年大禹治水到会稽,曾委派其夫人来鄞西视察水利,百姓感恩,故在此建庙奉祀,称为"夏禹王庙"(今宁波海曙区望春街道联丰村)。根据史迹考证,大禹王庙在宋朝就已具规模,历代均有增建修葺,香火鼎盛。宁波话"夏禹"听起来像"谢女",又庙中塑

---

① (清)李邺嗣《甬上耆旧诗》卷九,《四库全书》文渊阁本。
② (明)戴洵《观育王寺舍利记》,《明文海》卷三七二,《四库全书》文渊阁本。
③ (明)杨守陈《杨文懿公集》卷二四,《四明丛书》本。

有夏禹夫人的女像,结果"夏禹王庙"被百姓讹为"谢女王庙"。嘉靖《宁波府志》称:"每年三月三日,香市甚盛。"万斯同诗也可辅证:"常笑城西谢女王,绝无佳胜足徜徉。不知何故城中女,犹自来游斗艳妆!"自注称:"城西谢女王庙,三月三日,士女竟游于此。"[1]从中我们可以想见当年穿戴一新的士女参加庙会盛况。清康熙间,重新改回"夏禹王庙",1996年建安泰社区时被拆除。千年古迹被毁,甚为可惜。

第二节 衣食住行

衣食住行,是人类生存最基本的需求。衣食住行自然也是最能反映人类生活变化的领域。明代宁波人的服饰、建筑受当时大环境影响多些,个性色彩不强。但在饮食、出行方面,则表现出较多的江南特征。

一、服饰

明代的服饰,前期比较标准化。洪武初年,朝廷对于各式人等从面料、样式、尺寸、颜色四个方面,确立了一代服饰的等级制度。这套服饰制度的中心内容是贵贱有别,服饰有等。不同等级的人,都只能穿本等的服饰,不能混同,更不能僭越,越礼犯分。[2]

百官服饰,纱帽,仿唐巾,用黑布胎。圆领仿唐衣,而以青赤为上。襆头如宋制,止用展翅。公服如宋袍,去紫,用青绿二服,以革玉金银角花素为等第。在官服上缝缀补子(方形布帛,长宽约40厘米),以补子

---

[1] (清)万斯同《石园文集》卷二《鄮西竹枝词》,《四明丛书》本。
[2] 陈宝良《明代社会生活史》,第191页,中国社会科学出版社2004年版。

上不同的花纹来区分等级。以动物为标志,文官绣禽,武官绣兽,使人一望而知其品级。明代官服中最具特点的是乌纱帽,乌纱帽翅因戴者官职、身份不同而各异。其形制前低后高,两旁各插一翅,通体皆圆。

吏巾,如四民巾而琢其额,有展翅,青员领,束绦。隶从巾,用漆布,八摺其顶,直如覆桷,簪如孔雀领,皂衫,腰束红而悬锡牌。①

生员巾,如四民巾而高其顶,蓝衫如唐衣而皂缘,带用丝条。

明代男子服式,依然沿袭了大襟右衽交领和圆领这两种传统服饰,大多穿圆领或斜领的青布直身的宽袖长衣,头戴四方平定巾。四民方巾,初用竹丝网,冒皂纱如抓篱。后用漆布胎,冒罗四方,顶口向后。直领衫如深衣,小袂无缘,而襞积左右裙。

明代的贵妇多是穿红色大袖的袍子,一般妇女只能穿桃红、紫绿及一些浅淡的颜色。平日常穿的是短衫长裙,腰上系着绸带,裙子宽大,样式很多,像百褶裙、凤尾裙、月华裙等。明代是我国古代女性最后一个穿裙的时代。

明代比较有特色的服饰是六合小帽(瓜皮帽)、方巾(四方平定巾)、网巾等。瓜皮帽形似剖成两半的西瓜,本来是仆役戴的,但因为戴起来方便,普遍流行起来,甚至被现代的西方人当作中国典型的帽子。四方平定巾的设计,包含着丰富的政治思想。"襕衫之制,中用玉色,比德于玉也;外用表边玄素,自闲也;四面攒阑,欲其规言矩行,范围于道义之中,而不敢过也。束以青丝,欲其节制谨度,收敛于礼法之内,而不敢纵也。绦繐下垂,绦者,条也,心中事事有条理也。圆领官服,以官望士,贵之也。"②网巾是一种系束发髻的网罩,多以黑色细绳、马尾、棕丝编织而成。网巾的作用,除了约发以外,还是男子成年的标志。一般衬在冠帽之内,也有直接露在外面。

服饰是人类精神文明与物质文明的集中体现,是一个时代与社会发展的晴雨表。随着商品经济的高度发展,明代中后期的服饰,从生

---

① (明)黄润玉《宁波府简要志》卷五《洪武礼制》,《四明丛书》本。
② (明)陈玉辉《适适斋鉴须集》卷一《规士文》,《续修四库全书》本。

产供销到消费诸环节都发生了与传统生活方式迥乎不同的变化。超出了政府规定的服饰样式,开始追求时髦,讲究审美情趣。① 明代宁波服饰的变化,基本也是按此潮流演变的。

二、饮食

在明代前期,百姓日用饮食、服饰器具,皆以简素为尚,不事文饰。

乡村中多数人的主食是极为单调的,宁波人习惯吃米饭,但粮食数量有限,仍以稀饭为主,中上人家或能一天两餐干饭,但也极少有白生生的米饭,其次则二粥一饭,更差的则是全部吃粥。只要局势稳定、风调雨顺,就算是吃干喝稀,能有固定的粮食供给就算是安稳的。要是遇上天灾人祸,人们就只能采食野菜,甚至陷入挖草根、剥树皮的窘困。

明代的蔬菜栽种要数白菜最为重要,也就是现在的小白菜,而大白菜到明代晚期才逐渐普及。因为大白菜产量高,而且可以长期贮藏,是冬季的主要蔬菜,加上它可炒、可煮又可生食,还可腌渍或是作为饺子内馅,成为平民日常烹饪中最广泛应用的蔬菜。

腌渍的咸菜也很重要,因为新鲜蔬菜容易腐烂,而且冬季蔬菜也少,所以要经过腌制才能够长期收存。嘉靖时期,驻军要求提供"枯鱼"给士兵下饭。鄞县知县陈纪曰:遵守海禁政策,寸板不许下海,哪里能搞到枯鱼? 只得提供了一些宁波地方特色的"腌齑"②。"枯鱼"就是鱼干,"腌齑"就是切碎的腌菜,是至今宁波人仍喜欢食用的腌菜。由此可知,至少到明代,宁波人就习惯吃"腌齑"了。

平时,百姓以吃素食为主,荤食如猪肉不多。嘉靖时期,麻阳兵五百人调防到宁波,上面传下话来,要地方犒师,每人一个猪头。陈纪听后大发感叹地说:全城每天所宰猪才几头,现在一下子需要猪头五百,

---

① 左燕《明朝中后期服饰文化特征探析》,《西南民族学院学报》2000 年第 8 期。
② (清)康熙《鄞县志》卷八《陈纪》,康熙二十五年刻本。

这怎么可能？不予理睬。① 农民辛苦终年，在节庆和宴客时，还是有机会吃一些平日难得吃到的荤食，例如结婚的喜宴是最普遍的。

喝茶也是宁波人的习尚，茶馆纷纷出现。宁波也产茶叶，薛冈称"若吾乡之朱溪五井、太白、桃花山诸茶，使遇大方，当不在松萝下"②。宁波虽有好茶叶，但因制作技术落后，不懂得做法，所以，并不出名。酒是请客时用的饮品。宁波人多喝米酒，也有白酒，宁波出名的白酒称三白。由于喝茶、酒多了，人们对茶酒的饮食习性也有了新的认识。宁波著名官员杨守陈称："茶性凉而清人，酒性热而和人，饮之皆有益而不可过，过则皆能生疾，而酒尤甚。然茶味苦而易厌，酒味醇甘而足悦，故世鲜劝人茶，而多强人酒。茶或稍浸蔬果，辄损其清，酒虽杂投鱼肉，益助其甘。"③这是杨守陈通过茶、酒的比较悟出的道理。

晚明的时候，外国烟草（当时称"淡巴菰"）开始流入宁波。清初某一天，宁波人宗谊与朋友们围坐炉火前，适有一个经常出入"时贵之门"的客人来，"将以淡巴菰引火"。宗谊十分生气，"污吾火矣"④。这说明，当时宁波已经有部分时新人开始抽烟草，只是当时正统的士人尚难以接受。

三、建筑

为了辨上下，定民志，明代的宅第建筑，不同的身份有不同的等级规定。洪武二十六年（1393年），规定了官民房屋的规格。其中百姓所居房屋，不能超过三间五架，不许用斗拱及彩色装饰。在这套严格的规定之下，明初的房屋崇尚俭素，高宽惟式，多没有厅堂，只有可起

---

① （清）康熙《鄞县志》卷八《陈纪》，康熙二十五年刻本。
② （明）薛冈《天爵堂诗文集笔余》卷二，《明史研究论丛》第五辑，第338页，江苏古籍出版社1991年版。
③ （明）杨守陈《杨文懿公集》卷八《茶酒说》，《四明丛书》本。
④ （清）徐兆昺《四明谈助》卷一六《南城诸迹一下·宗征君宅》，第491页，宁波出版社2000年版。

到蔽风雨的实用功能。在乡村地区,一般庶民家庭,即使是平原富裕地区,居住的房屋多是土墙茅屋。平房是明代宁波人的主要房室式样。

当然,政府的规定过严,富人总会出现超越规定的现象。明初,鄞县槎湖张宁一以资产称雄里中,房屋建造超标,差点为人告倒。① 明中叶以后,这种现象更为多。富裕起来的普通百姓,也会仿照品官之家,建造超过法律规定的高房子。

当然,部分有钱的品官之家,会建造二层的楼房,当时称为重屋。如宁波城内的范宅,就是二层楼房。天一阁主人范钦为藏书而建造的藏书楼,也是这种二层重屋。

乡居的官绅和富有的地主,也有财力建造瓦舍楼房。"卑湿用楼居",由于南方雨水多,比较潮湿,故稍富者多楼居。又如诗人李玮"家有先人遗田,衣食裁给,楼居,凡五楹,临倚水竹,中列图书"②。诗人李埈也楼居,其《读南华经》诗称"楼居幽借水之隈"③。

四、出行

宁波地处东南地区,出行的交通工具主要是船与轿。吕时《沈世君问宁波风土,应教五首》中"出门车马少,到处泛兰舟"之句,正反映出宁波各地河川密布,大小船较多的景观。

作为内陆交通,河上的主要运输工具是船,船有大船与小船。早在元代,袁桷《越船行》就有"越船十丈青如螺,小船一丈如飞梭"④之描写。明代当也有这种大船与小船。小船速度较快,"大屋空如谷,小船尖若梭"⑤。航船是江南来往于两座城市或镇埠之间的定期班船。⑥

---

① (清)徐兆昺《四明谈助》卷三五《西副脉·槎湖张氏》,第 1132 ~ 1133 页,宁波出版社 2000 年版。
② (清)李邺嗣《甬上耆旧诗》卷二二《三桥诗叟李玮》,《四库全书》文渊阁本。
③ (清)李邺嗣《甬上耆旧诗》卷二四《异人李处士埈》。
④ (清)李邺嗣《甬上耆旧诗》卷二《学士袁文清公桷》。
⑤ (清)李邺嗣《甬上耆旧诗》卷二三,《沈世君问宁波风土,应教五首》之二,《四库全书》文渊阁本。
⑥ 陈宝良《明代社会生活史》,第 403 页,中国社会科学出版社 2004 年版。

宁波话中,至今有"航船"一词,指的就是内河客运船。江南地区讲究效率,除了白天行船外,晚上也行船,俗称"夜航船"。明末清初人张岱有一部书,就直接称《夜航船》。乘船外出,是明代宁波人的首选。宁波人外出时,多走浙东运河,然后再接京杭大运河。古代不可能如近代那样,有专门跑长途运输的船只,船多为各地所有。如果人们想出远门,到不同地方,必须换乘当地的船只。而且,船经常是自造或自购。如俞敏德父亲听选京城,卒于高邮,知县"给费,贷以夫船",从而得以扶柩而归。① 正统初年,奉化知县周铨离任时,"自造船至张家湾,给船夫门隶路费,命驾还,系迎恩亭下,民称其处曰还船渚"②。宁波地处平原,间有山区,路多为石头铺面。"大江以南,地多软石,陆则皆凿石铺路,或横截洿淖,跨上山脊,如宁海、奉化县等为多。"③。

陆路主要交通工具是轿子。坐轿子的人身份不同,分有八人抬、四人抬、三人抬、二人抬轿子。轿顶也分金色、生漆色、锡色几种。办婚事的称"花轿",办丧事用轿叫"丧轿"。轿子分非营业性与营业性两大类。非营业性的轿子即私家专用轿子。营业性轿子,就是作为公共交通工具的轿子,一般设在交通不便处或旅游胜地。从实用角度来说,二人抬轿子使用频率最高。

朝鲜人崔溥从宁海到宁波,再从宁波到杭州,其间的主要交通工具就是轿与舟,摆渡工具是舠(形如刀的小船)。从桃渚所到健跳所,"平地虽或乘轿,岭峻路险,下轿步行为多"。从这个记载来看,当时政府所设的驿站都配备专用轿子,用于送往迎来。从府城宁波到慈城的姚江上两岸,"市肆、舸舰,坌集如云"④。舸、舰是大船,可见,当时在姚江中航行的大船较多。

漕船。由于闭关政策,宁波粮食之类的物资,从浙东大运河运输

---

① (民国)《镇海县志》卷二三《俞敏德》,《中国地方志集成》本,上海书店出版社1993年版。
② (清)光绪《奉化县志》卷一八《周铨》,《中国地方志集成》本,上海书店出版社1993年版。
③ [朝]崔溥《漂海录》卷三,见葛振家《崔溥〈漂海录〉评注》,第191页,线装书局2002年版。
④ [朝]崔溥《漂海录》卷一,见葛振家《崔溥〈漂海录〉评注》,第76页。

到南京或北京,往往需要军队来承担。嘉靖间,宁波卫漕运船298只,运粮军余3178人。[①] 当时,也有一定的海洋运输。"宁波船能至崇明。"[②]宁波船,属于中国传统三大船型之一福船型的分支,船长30余米。特点是尖底、有龙骨、吃水深,是当时世界非常优良的海船船型。这种船大、稳、安全,设备完善,不但中国客商乘坐宁波船,外国客商来往中国,也都喜欢搭乘这种安全的船型。明代时,宁波船仍是主要海船型之一。

宁波船

兵船。兵船也有大小之分。健跳所"有兵船,具戎器,循浦上下,示以水战之状"[③]。宁波人李杰中进士,后官至兵部侍郎,李氏家族发迹,一家得以城居。定海关大将派人用一艘巨舰,将李杰几个弟弟,通过甬江,从宁波城里接到定海。于此可见,当时宁波军中有巨舰。

第三节　岁时与婚丧习俗

习俗是社会化的文化,直接影响着人们的价值观念与行为方式。中国的四时八节习俗,是建立在农耕社会基础上的。由于农耕生活方

---

① （明）嘉靖《宁波府志》卷八《兵卫》,转引自俞福海主编《宁波市志外编》,第414页,中华书局1998年版。
② （明）郑若曾《郑开阳杂著》卷九《海运图说》,《四库全书》文渊阁本。
③ ［朝］崔溥《漂海录》卷一,见葛振家《崔溥〈漂海录〉评注》,第70页,线装书局2002年版。

式的长期延续性,习俗的变化并不大,即使到今天仍能感受到。

一、岁时习俗

明代宁波的习俗,大体上遵循着传统宁波人主要的岁时习俗。由于资料的缺乏,我们只能根据方志作一常规的描述。

元日设香楮,陈果醴,祀神祇。宗祖序拜,尊长毕出。拜宗戚邻里,谓之贺岁。里社祈年。"元夕,禁市灯火"①,说明当时有元旦晚上上街市闹灯火的习俗。

元宵,各坊乡之民,集众祀里祠,设醮诵经,祈福境内,名雨水会。元宵节,四街各设竹棚,彩幛悬灯其上,或以火药为锦树之戏,至十八日乃止。

清明,家无贫富,必携酒祭墓。各家为青糍、黑饭,牲醴祭墓,封土插竹,挂纸钱于颠。

四月八日,浮屠于是日浴佛,人家取乌桕叶染饭,作青色以相馈,谓之送乌饭。

立夏,用五色米煮饭,称为立夏饭。

端午,为角黍、骆驼蹄糕祀其先,亲戚间互相馈送。

六月六日,南方过了黄梅季节,为了驱除湿气,人们习惯要晒衣、晾书籍。

三伏,寺庙皆设醮,妇女们上寺庙礼佛。

八月,各乡祠庙为会祀神,以龙舟竞渡,谓之报赛,与各处端午竞渡不同。

九月,在城各坊,尽舁祠庙神像,游行街市,导以兵仗彩亭,金鼓杂剧,各相竞赛,观者塞路,谓之社火。中秋,宁波习惯以八月十六日为中秋,中庭陈设酒馔,吃月饼,赏月亮,游玩。万斯同诗称:"鄞俗繁华

---

① (清)康熙《鄞县志》卷八《张伯鲸》,康熙二十五年刻本。

异昔年,田家何事尚依然。西郊九月迎镫社,南郭中秋斗画船。""黄姑祠下画船新,击楫沿洄捷有神。村户尽包新糯粽,舟人但著短消裈。"[①]所谓"镫社",当是"村灯社火"之缩写。由此可知,当时宁波有人社火、斗画船习惯。黄姑祠下那场斗画船活动,穿着短衣的划船好手拼命在划。如此生动的描写,实在是佳作。

重阳,士人登高燕赏,以茱萸泛酒。各家制牡丹糕、方粽,亲戚转相馈遗。

腊月二十四日,各家自扫屋中灰尘,谓之除残。

除夕,先期备牲醴祭赛天地,是夕祭祖。祭祖后,大家分享"馂余"的酒菜。灯燃烧到天亮,叫守岁。

在农耕社会,尤其是南方地区,一年四季比较忙碌。岁时节日,就是古代人的定期休闲时间,这与今天现代城市人过双休日是一样的道理。同时,也可以看出,古代人的节日,是有一定文化内涵的。

二、婚丧习俗

明代是一个典型的礼乐社会,礼乐是政治的核心、治世的关键。宋明理学家尤其强调用礼来规范社会各阶层的行为规范。明代前期,政府对民间习俗的规定比较细。政治管理强调"一刀切",即对全国各地制定同样的行为规范,让大家来遵守。明洪武初期制定的《大明集礼》,凡60卷,上至朝廷之礼,下至民间士庶的日常规范,都有严格规定。礼的核心是家礼,即冠、昏、丧、祭四礼。洪武十八年(1385年),重定四礼。"民间冠、昏、丧、祭,一依《朱子家礼》。郡县山川社稷厉坛,一仿古制。"[②]由于程朱理学国家思想地位的确立,《朱子家礼》也成为明代社会各阶层遵循的家礼。

成人礼。一般说来,男子年16以上始行冠礼。行冠礼时,选择一

---

① (清)万斯同《石园文集》卷二《鄞西竹枝词五十首》,《四明丛书》本。
② (明)成化《宁波府简要志》卷五《洪武礼制》,《四明丛书》本。

个吉日,在宗庙举行,亦有的人是在结婚前举行冠礼。女子一般在临嫁前数日,行笄礼,受母训诫。当然,这种冠礼,一般说来,只有世族偶一行之,普通百姓不太讲究。明代人戴网巾,故习惯以戴网巾代替冠礼。

生育习俗。传统社会是一个农耕社会,男子是一家得以维持的关键劳力,且是直接维系着传宗接代的人,故向有重男轻女习俗。为了生男,有时就会出现溺婴事件。宁波也有溺女陋习。万历初期,杨芳为鄞县知县时,禁止溺女陋习。规定一旦发现溺女事件,邻里必须举报;如果邻里不举报,一旦发现,就会连坐。重压之下,就很少有人再敢溺女了。

婚嫁。古代中国社会有一套婚礼习俗,明代稍为简单,一般只行纳礼、纳征、请期、迎娶。婚嫁有一套顺序,先凭媒妁通柬,将币,佐以簪珥彩币,如古问名礼。彼此持帖往还,又谓之拜望。至于纳采、纳征,大家崇尚俭约,不以金币相炫。出嫁时,女方准备嫁妆,亦不以纨绮珠玉相耀。嫁娶那天,各择其家族中的贤者,相与迎送,以成婚礼。有时会用彩轿华灯,鼓吹前导,迎至中堂,行交拜礼。合卺后,盛服出拜翁姑,次及尊长。这是士大夫之家。至于闾巷普通百姓,多从简约。一般说来,士大夫家缔姻,多重门第。"婚嫁严良贱,其贫与富弗计也。"也就是说,富人与富人通婚,穷人与穷人通婚。象山有句俗话,称"绸不搭布,贫勿配富"。

在明代前期,社会普遍贫穷,冠婚一从简朴,仅取成礼,宾至,则撷蔬炊粝以为饷。不过,明中叶以后,随着经济的变化,人们也开始崇尚奢侈。嫁女者以富厚相高,往往也会竭其家。出嫁那天,绣袱冒箱笥如鳞,人挑舟载,水陆络绎不绝。

婚后生活,贫富显然也不同。沈一贯《新妇》描述了一个乡村新娘的新生活:"种禾取其穑,种树取其植。一日为新妇,入门耀容饰。三日为主妇,上堂撰饮食。从此卷长襦,当窗事机织。贫富皆有营,扫除亦乃职。将谐舅姑心,欲宽夫婿责。六亲乃来夸,汝家得妇力。宁论东西施,澹然并无色。"①3 天后,就要亲自做饭与织布。在宁波人眼中,勤劳的媳妇容易得到亲族的肯定。

改嫁。由于死亡之类原因,婚姻有时不终。面临婚姻的变故,理学家一直提倡守贞节,即从一而终。政府为了鼓励守节,有奖励措施。朱元璋即位之初,就颁行诏令:"民间寡妇,三十以前夫亡守志,五十以后不改节者,旌表门闾,除免本家差役。"②夫死守节,从一而终,成为每个妇女应尽的义务。结果,"好马不配二鞍,好女不嫁二男"的礼教训言,像瘟疫一样弥漫在当时的空气中。这种规定,对士大夫之家或宗族势力强的大家约束力大一些,以致大家女多耻"再醮"。不过,它对民间穷苦人家的妇女,就没有这么大的约束力,她们一般多改嫁。③

丧葬。人死后,一般行土葬,间行火葬。火葬是佛教习俗,而土葬

张邦奇墓道

此为明代太子太保、礼部尚书张邦奇墓道。该墓位于鄞东横溪孔家潭。按明代规制,墓道依次配置碑亭、石虎、牌坊、石笋、石羊、石马,其后还有翁仲。本图片为 1867 年前后来华的洋人在墓地由里朝外拍摄。(选自哲夫《宁波旧影》,宁波出版社 2004 年版)

---

① (清)李邺嗣《甬上耆旧诗》卷一八,《四库全书》文渊阁本。
② 《明会典》卷七八,《四库全书》文渊阁本。
③ 陈剩勇《理学贞节观、寡妇再嫁与民间社会:明代南方地区寡妇再嫁现象之考察》,《史林》2001 年第 2 期。

是儒家习俗。故明朝政府提倡土葬,反对火葬。如万历四十七年至天启元年间(1619—1621年),宁波知府方应就明禁"火葬"①。

合葬与停丧。古人习惯夫妇做坟同葬。其坟茔,富者用石椁,贫者用砖椁。所谓停丧,是指因种种原因,没有及时下葬,"亲死而暴之于室,棺烂而不瘗"。此种习俗,被认为违背儒家伦理道德观念,而受到批评。嘉靖末年,宁波知府吴道直曾下"严停丧之禁"②。

士大夫丧葬,多准用古礼。始卒及含殓,多遵《文公家礼》,或五日,或七日。宁波习俗好佛,每七必作佛事。一七二七,多者要行七七之礼。上坟时,要烧香、插纸钱。明代的丧礼,品官丧礼与庶人丧礼,有不同的规定。《大明集礼》、《礼部志稿》等书都有记录。

第四节 宗教信仰与民间祭祀

宁波人信巫鬼,崇异教,重淫祀,即使士大夫之家也不免。

一、宗教信仰

1. 佛教信仰

在中国古代社会中,佛教作为最盛行的宗教,对社会生活的各个方面,都产生了重要的影响,明代也不例外。

禅宗独盛。明朝建立后,反元朝而行,支持汉地传统佛教各宗派,于是,禅、净、律、天台诸宗逐渐恢复,得到发展。明初各宗派中,禅宗盛行,而以临济为最,曹洞次之。

明朝实行隔绝僧俗政策,明朝佛教的社会影响有一定的限度。洪

---

① (清)乾隆《鄞县志》卷一一《方应明》,《续修四库全书》本。
② (明)张时彻《芝园定集》卷三三《送泰衡吴公陟曹濮兵宪叙》,《四库全书存目丛书》。

武二十四年(1391年)的《申明佛教榜册》及洪武二十七年的《趋避条例》等宗教政策,明确规定,不许僧俗混淆,鼓励山林清修;严禁民间效仿僧徒作佛事,要僧徒遵守相关规范成规。① 不过,由于自然灾害等因素的影响,百姓生活不下去,仍会以出家方式来躲避现实。舟山的普陀禅寺迁居城内,建于招宝山上。自从城内有了小普陀,人们不用上普陀山烧香,这是后世宁波城内的七塔寺兴盛的重要因素。

宗教氛围的浓厚,主要表现在烧香拜佛活动上。明朝不是一个宗教信仰绝对自由的时代。明初,法律规定,严厉禁止妇女到寺观烧香。但到后来,也仅为形式。有关史料表明,妇女到寺观烧香,成为一个习惯。"寺僧以邪说惑人,男女无别。"定海人王宏请知县严加禁止,结果这种现象"乃绝"②。古代中国是一个典型的男系社会,男女有别是一大传统,尤其是宋以后。寺院作为公共活动场所,聚集了那么多人,而且男女混杂,绝对是中国士大夫难以接受的现象,所以,就有士大夫站出来,要求严禁妇女到寺观烧香。

2. 天主教信仰逐渐传入宁波

宁波是著名的中外贸易港,在西方心目中有较高的位置。据最新研究,早在14世纪末,欧洲人已经获知宁波,意大利人鄂多立克提到了宁波,而欧洲地图《1375年加泰罗尼亚地图》则正式标注了宁波。③ 1375年在中国是明朝洪武八年,也就是说,明朝初年,宁波就为欧洲人所认知。既然是外贸港区,自然也就成为耶稣会重点发展地区。他们以满腔宗教热情,把基督福音带到中国,希望使中华帝国臣民皈依耶稣基督。

外国传教士来宁波传教,是宁波人引导的结果。王方济(1585—?年)是宁波奉化西坞镇("邬镇"村)人,在北京做裁缝。1624年,他在

---

① 周礼《明代佛教与政治文化》,第128页,人民出版社2005年版。
② (民国)《镇海县志》卷二四《王宏》,《中国地方志集成》本,上海书店出版社1993年版。
③ 龚缨晏《欧洲人对宁波的最早记述:文献与地图》,见陈祖武主编《明清浙东学术文化研究》,中国社会科学出版社2004年版。

北京领洗入教,洗名方济各,时年40岁。1627年初,王方济返回宁波奉化家乡。3月初,他带着北京神父给他的领洗证明信件到杭州,信中要求杭州派神父到王家,为他的家眷讲道施洗。于是,葡萄牙人费乐德神父(1594—1642年)与他同赴"邬镇"村,受到热情的接待。王方济在家中布置了一处临时小堂,设有祭台,许多人前来听道,王方济一家25人不久就领了洗礼。① 费乐德由杭州到宁波传播天主教,是宁波天主教鼻祖。费乐德在宁波开教十分顺利,不久便有80人受洗,有意受洗者更多达数百人。②

朱宗元(1617?—?年),字维城,鄞县人。1638年前后,在杭州接受阳玛诺的洗礼,教名葛斯默。由于他的介绍,李类思、阳玛诺先后来宁波传教。阳玛诺曾任耶稣会中国区副区长,是来华传教士中声望最卓著的人物之一。1638年,意大利人李类思从杭州到宁波传播天主教,不久,有15人受洗,多是文人学士。1639年,阳玛诺再度来宁波传教,深受教友的欢迎。阳玛诺在宁波居住了几天,替几个教徒做了受洗礼。在他的影响下,其母、两个科第出身的兄弟也信了教,改名伯多禄、玛弟亚。崇祯四、五年间(1631—1632年),年仅23岁的朱宗元,撰《答客问》,用主客问答体,介绍了天主教义、世俗迷信。1640年,润色、校订阳玛诺的《轻世经书》,且作《轻世经书直解》。1644年,他又写了《拯世略说》。③

1640年,葡萄牙神父孟儒望也到宁波传教,付洗五百多人。1641年,甚至创立一会口。也就是说,宁波已经成为一个"教务昌盛地区"。此外,毕方济也来宁波传过教。1648年,意大利神父卫济泰(即卫匡国,1614—1661年)到宁波传教,并设天主堂,不久为清兵所毁。④ 1659年,西班牙人马兰士来宁波。由以上情况来看,由于锁国政策,当

---

① 何大化《远方亚洲》,转引自《浙江省宗教志》资料汇编(一),1993年版。
② 费赖之《在华耶稣会士列传及书目》,第164页,中华书局1995年版。
③ 龚缨晏《明清之际的浙东学人与西学》,《浙江大学学报》(哲社版)2006年第3期。
④ (民国)《鄞县通志·政教志》,第1360页,宁波出版社2006年版。

时来宁波传教的耶稣会士,都是由杭州过来的,不是直接由海上来的。同时,也以不定期来宁波传教为主。

在耶稣会士的影响下,有一批宁波人开始信奉天主教,成为基督教在宁波的传播人。在这批人中,王方济、朱宗元、张能信、康廷槐是代表。

二、民间信仰

名宦祠与乡贤祠。宋朝开始,地方上往往设立名宦祠及乡贤祠,以纪念有政绩、有德性、有建树的著名地方官和本地名人。明朝达到极盛,宁波也不例外。如弘治十七年(1504年),曾直任鄞县知县,增县学乡贤、名宦二祠。① 正德十一年(1516年),太原人冠天叙为宁波知府,先修乡贤祠与名宦祠。② 其他也有类似的专门性乡贤祠,如嘉靖十二年(1533年),奉化知县钱璠鉴于靖难忠臣戴德彝湮没既久,于是访遗迹,创戴德彝祠,题曰"贞忠",祀于乡贤。慈溪知县刘逢恺修复杨慈湖祠宇,与诸生讲学其中,宏扬慈湖宗旨。

董孝子祠。宁波城外一座董孝子祠(今宁波市荣安世家旁)。董孝子名黯,是东汉年间宁波出名的大孝子,传说他母亲喜欢喝溪水,他便在溪旁盖了一座房,以便他母亲汲水,而"慈溪"就此得名。在讲究以孝治国的时代,自然是政府关注的地方。东汉延光三年(124年)敕封"孝子",并在其故居立祠以祀。开始,其母亲像挂南郊草堂中。北宋初,望海军节度使钱亿将其母像迎归孝子祠中。真宗时,朝廷赐题为"纯德征君"。庆元二年(1196年),重修董孝子庙。元朝至大二年(1309年),祠毁。延祐二年(1315年)重建。明朝洪武四年(1371年),封为"董孝子之神"。每年六月六日,有司致祭。正统二年(1437

---

① (清)徐兆昺《四明谈助》卷九《北城诸迹二上·明贤令》,第269页,宁波出版社2000年版。
② (清)李堂《正德十一年修建乡贤名宦二祠记》,《敬止录》第五册《学校考》,浙江图书馆抄本影印本。

年),知府郑珞下令重修。嘉靖三十二年(1553年),知府周希哲重修。万历二十二年(1594年)重修,沈一贯写《修董子庙记》。据记,董孝子母亲像挂在偏隅,祭祀的时候,先神后母。这样的布局,突出了董孝子的位置。万历三十二年,宁波推官何士晋觉得此模式不妥,申请增设孝子母亲之祭。① 此议得到批准。何士晋拿出自己的俸禄,重新布置,将孝子移到后寝,祭祀的时候,先母后孝子。如此,祀典始正。② 先母亲后儿子,何士晋这样的变动,体现了明朝上下等级的忠孝思想。

社祭。宁波各乡村有社庙,有社祭。社起源于殷周。"古者,人民聚落所在,必奉一神以为社。凡期会要约,必于社申信誓焉。"③可见,社是土地神崇拜的产物。在农业社会,土地神有着至高的地位,故自商至明朝,社祀一直受到重视。洪武初期,朱元璋规定了民间祭社的规格:凡各处乡村人民,每里百户内设置社坛一所,祀五土五谷之神。每年由一户轮当会首,到了春秋二社,预期办理祭物。至祭日,约村民祭祀。祭品用一羊一豕,酒果香烛随用。祭毕,举行会饮的仪式。会中先令人读"锄强扶弱"誓词。读誓词毕,长幼以次就坐,尽欢而退。④ 屠惟忠诗《田家即事》写道:"小圃联茅屋,疏篱护水门。寒风催落木,野色散朝暾。刈稻腰镰出,祈神社鼓喧。坐看放犊去,溪步入前村。"⑤这里反映了秋后乡村举行祭神社戏活动。

祭祀祖先,建宗祠、家庙。祭祀祖先是中国古代社会的民间信仰。明朝的祭祖礼制,有两个特点,一是明代官方正式的祭祖礼制一成不变,《大明集礼》"权仿朱子祠堂之制",规定品官祭祀高、曾、祖、祢四代祖先,庶人祭祀祖、父两代祖先。二是作了一些局部的变动,如洪武十七年(1384年),采纳知县胡秉中的建议,重新对官民祭祖制度调

---

① (清)高宇泰《敬止录》第十册,浙江图书馆抄本影印本。
② (清)雍正《浙江通志》卷一五二《何士晋》,《四库全书》文渊阁本。
③ (民国)《鄞县通志·舆地志·庙社》,宁波出版社2006年版。
④ 《皇明制书》卷二《洪武礼制·祭祀礼仪》,《续修四库全书》本。
⑤ (清)李邺嗣《甬上耆旧诗》卷三〇,《四库全书》文渊阁本。

整,其中将庶人祭祀二代祖先改为三代祖先。嘉靖十五年(1536年)十一月,诏天下臣民祭始祖。此后,祭祀始祖、先祖成为普遍现象,家庙向联宗祭祖的大宗祠方向发展,嘉靖、万历年间形成大建宗祠祭祀始祖的普遍现象。①

鄞县习俗,治丧多用佛氏。戴安仲"独悉循古礼,按小宗法,立祠堂,以祀其先。凡冠婚宾祭,多本《朱子家礼》"②。

明朝宁波人建房,必作家庙,各建家祠,有立宗法、崇祭祀之意。大户人家各有宗祠,普通百姓在寝室设龛。如李玮"尝率同族共起先世祠堂"③。四时之祭,元旦、清明、端午、中元、重九、冬至、除夕,各以时鲜之物为祭品。宗祠,春秋二分,冬夏二至,在祠合享。或用羊豕,或用牲醴,一般随祭田多少决定祭品种类与数量。其岁时令节,各祭于家,行三献礼。宁波号称"海国",习俗,凡祭享礼,以荔枝、桂圆、胡桃、红枣四果为重。福建、广东商人经常将这些品种的干货运到宁波来。④

墓祭,大户人家多用祭礼,而普通百姓,则只能墓祭而已。明代宁波的墓祭在清明节,祭毕,共同享用"馂余"之品。墓祭时,多喜欢烧纸钱。南方人清明节墓祭,兼有踏青外游之意。

---

① 常建华《明代宗族祠庙祭祖礼制及其演变》,《南开学报》2001年第3期。
② (清)蒋学镛《鄞志稿》卷一二《戴安仲》,《四明丛书》本。
③ (清)李邺嗣《甬上耆旧诗》卷二二《三桥诗叟李玮》,《四库全书》文渊阁本。
④ (清)徐兆昺《四明谈助》卷二九《东城内外下·海物聚集名目》,第948页,宁波出版社2000年版。

主要参考文献

一、原典文献

（宋）司马光：《资治通鉴》，中华书局1956年版
（元）脱脱：《宋史》，中华书局1977年版
（明）宋濂：《元史》，中华书局1976年版
（清）张廷玉：《明史》，中华书局1974年版
（明）《明实录》，1962年史语所影印本
（清）《崇祯长编》，上海书店1951年影印本
（清）谈迁：《国榷》，中华书局1958年版
（清）谷应泰：《明史纪事本末》，中华书局1977年版
（清）董沛著，俞福海、方平点注：《明州系年录》，当代中国出版社2001年版
（元）《元典章》，中国书店1990年版
（元）周达观：《真腊风土记》，中华书局1981年版
（元）《通制条格校注》，方龄贵校注，中华书局2001年版
（元）《庙学典礼点校》，王颋点校，浙江人民出版社1992年版
（清）徐兆昺著，桂心仪等点注：《四明谈助》，宁波出版社2000年版
（清）顾炎武：《日知录》，甘肃民族出版社1997年版
（明）《明会典》，《四库全书》文渊阁本
（明）胡宗宪：《筹海图编》，《四库全书》文渊阁本
（明）王士性：《广志绎》，中华书局1997年版
（明）王宗载：《四夷馆考》，东方学会排印本
（明）郑舜功：《日本一鉴》，浙江大学图书馆藏1939年影印本
（明）郑若曾：《郑开阳杂著》，《四库全书》文渊阁本
（明）张燮：《东西洋考》，中华书局2000年版
（明）李言恭：《日本考》，中华书局1983年版
（明）严从简：《殊域周知录》，中华书局1993年版

（明）王在晋：《越镌》，《四库禁毁书丛刊》
（明）徐纮：《明名臣琬琰续录》，《四库全书》文渊阁本
（明）徐象梅：《两浙名贤录》，《四库全书存目丛书》
（明）朱谋垔：《画史会要》，《四库全书》文渊阁本
（明）陈侃：《使琉球录》，《四库全书存目丛书》
（明）钱穀：《吴都文粹续编》，《四库全书》文渊阁本
（明）《嘉靖丙寅同年世讲录》，《明代登科录汇编》，台湾学生书局1969年版
（明）凌迪知：《万姓统谱》，《四库全书》文渊阁本
（清）沈佳：《明儒言行录》，《四库全书》文渊阁本
（清）全祖望等：《宋元学案》，《续修四库全书》本
（清）黄宗羲：《明儒学案》，《四库全书》文渊阁本
（清）邵廷采：《姚江书院志略》，乾隆增订本，标点本见钱茂伟《姚江书院派研究》附录
（民国）《四明光溪桂林徐氏宗谱》，天一阁藏
（清）吴廷燮：《明督抚年表》，中华书局1982年版
（清）阮元：《两浙金石志》，《隋唐五代石刻文献全编》，北京图书馆出版社2004年版
（清）杜春生：《越中金石记》，1919年刻本
（元）马泽修，袁桷纂：《延祐四明志》，《宋元方志丛刊》本，中华书局1990年版
（元）王元恭修，王厚孙等纂：《至正四明续志》，《宋元方志丛刊》本，中华书局1990年版
（明）成化《四明郡志》，见俞福海主编《宁波市志外编》，中华书局1998年版
（明）黄润玉：《宁波府简要志》，《四明丛书》本
（明）嘉靖《宁波府志》，《中国方志丛书》，台湾成文出版社1966年版
（明）嘉靖《浙江通志》，《天一阁方志丛刊续编》，上海书店1990年版
（明）嘉靖《定海县志》，《天一阁方志丛刊续编》，上海书店1990年版
（明）嘉靖《象山县志》，《天一阁方志丛刊续编》，上海书店1990年版
（清）康熙《宁波府志》，康熙二十五年（1686年）刻本
（清）雍正《浙江通志》，《四库全书》文渊阁本

（元）冯福京：《大德昌国州志》，《宋元方志丛刊》本，中华书局1990年版
（清）乾隆《奉化县志》，乾隆三十八年（1773年）刻本
（清）光绪《奉化县志》，《中国地方志集成》本，上海书店出版社1993年版
（明）崇祯《宁海县志》，崇祯五年（1632年）刻本
（清）光绪《宁海县志》，光绪二十八年（1902年）刻本
（明）天启《慈溪县志》，天一阁博物馆藏抄本
（清）光绪《慈溪县志》，《中国地方志集成》本，上海书店出版社1993年版
（民国）《象山县志》，《中国地方志集成》本，上海书店出版社1993年版
（明）嘉靖《定海县志》，《天一阁藏明代方志选刊续编》，上海书店1990年版
（清）光绪《镇海县志》，《续修四库全书》本
（民国）《镇海县志》，《中国地方志集成》本，上海书店出版社1993年版
（明）万历《余姚县志》，万历三十一年（1603年）刻本
（清）乾隆《余姚县志》，乾隆四十六年（1781年）刻本
（清）光绪《余姚县志》，《中国地方志集成》本，上海书店出版社1993年版
（清）高宇泰：《敬止录》，浙江图书馆抄本影印本
（清）康熙《鄞县志》，康熙二十五年（1686年）刻本
（清）乾隆《鄞县志》，《续修四库全书》本
（清）蒋学镛：《鄞志稿》，《四明丛书》本
（清）光绪《鄞县志》，《中国地方志集成》本，上海书店出版社1993年版
（民国）张传保、赵家荪修，陈训正、马瀛纂：《鄞县通志》，宁波出版社2006年版
（明）嘉靖《广州志》，嘉靖六年（1527年）刻本
（清）乾隆《温州府志》，《中国地方志集成》本，上海书店出版社1993年版
（清）雍正《山东通志》，《四库全书》文渊阁本
（清）纪昀等：《四库全书总目》，中华书局1965年版
（明）沈德符：《万历野获编》，文化艺术出版社1998年版
（明）顾起元：《客座赘语》，中华书局1997年版
（明）何良俊：《四友斋丛说》，中华书局1959年版
（元）陶宗仪：《辍耕录》，《四库全书》文渊阁本
（明）陆容：《菽园杂记》，中华书局1985年版

（清）钱泳：《履园丛话》，中华书局1979年版

（清）高士奇：《江村消夏录》，《四库全书》文渊阁本

［意］马可·波罗：《马可·波罗行纪》，中华书局1955年版

（宋）王应麟：《困学纪闻》，《四部丛刊三编》

（元）程端礼：《程氏家塾读书分年日程》，《四部丛刊续编》

（明）张燧：《经世挈要》，《四库禁毁书丛刊》

（明）徐光启著，陈焕良、罗文华校注：《农政全书》，岳麓书社2002年版

（宋）陈著：《本堂集》，《四库全书》文渊阁本

（元）苏天爵：《元文类》，《四库全书》文渊阁本

（元）邓文原：《巴西集》，《四库全书》文渊阁本

（元）陆文圭：《墙东类稿》，《四库全书》文渊阁本

（元）牟巘：《牟氏陵阳集》，《四库全书》文渊阁本

（元）袁桷：《清容居士集》，《四库全书》文渊阁本

（元）黄溍：《金华黄先生文集》，《四部丛刊》本

（元）程端礼：《畏斋集》，《四库全书》文渊阁本

（元）程端学：《积斋集》，《四库全书》文渊阁本

（元）谢肃：《密庵集》，《四库全书》文渊阁本

（元）苏天爵：《滋溪文稿》，《四库全书》文渊阁本

（元）吴莱：《渊颖吴先生文集》，《四部丛刊》本

（元）王沂：《伊滨集》，《四库全书》文渊阁本

（元）汪克宽：《环谷集》，《四库全书》文渊阁本

（元）戴良：《九灵山房集》，《四库全书》文渊阁本

（元）宋禧：《庸庵集》，《四库全书》文渊阁本

（元）王冕：《竹斋集》，《四库全书》文渊阁本

（元）陈旅：《安雅堂集》，《四库全书》文渊阁本

（元）贡师泰：《玩斋集》，《四库全书》文渊阁本

（元）刘仁本：《羽庭集》，《四库全书》文渊阁本

（元）舒岳祥：《阆风集》，《四库全书》文渊阁本

（元）戴表元：《剡源戴先生文集》，《四部丛刊》本

（元）张翥：《蜕庵集》，《四库全书》文渊阁本

（元）李存：《俟庵集》，《四库全书》文渊阁本
（元）虞集：《道园学古录》，《四库全书》文渊阁本
（元）赵偕：《赵宝峰先生文集》，《续修四库全书》本
（明）王祎：《王忠文集》，《四库全书》文渊阁本
（明）刘基：《诚意伯文集》，《四库全书》文渊阁本
（明）危素：《说学斋稿》，《四库全书》文渊阁本
（明）宋濂：《文宪集》，《四库全书》文渊阁本
（明）宋濂：《宋文宪公全集》，《四部丛刊》本
（明）方孝孺：《逊志斋集》，《四库全书》文渊阁本
（明）郑真：《荥阳外史集》，《四库全书》文渊阁本
（明）乌斯道：《春草斋集》，《四库全书》文渊阁本
（明）李堂：《堇山文集》，《四库全书存目丛书》
（明）戴鳌：《戴中丞遗集》，《四库全书存目丛书》
（明）薛三省：《薛介文公集》，《四库全书存目丛书》
（明）倪宗正：《倪小野先生全集》，《续修四库全书》本
（明）姚镆：《东泉文集》，《四库全书存目丛书》
（明）杨守阯：《碧川文选》，《四明丛书》本
（明）张时彻：《芝园定集》，《四库全书存目丛书》
（明）俞大猷：《正气堂集》，《四库全书》文渊阁本
（明）万表：《玩鹿亭稿》，《四明丛书》本
（明）王世贞：《弇州四部稿》，《四库全书》文渊阁本
（明）沈一贯：《喙鸣文集》，《四库禁毁书丛刊》
（明）朱赓：《朱文懿公文集》，《四库全书存目丛书》
（明）陆深：《俨山集》，《四库全书》文渊阁本
（明）杨守陈：《杨文懿公集》，《四明丛书》本
（明）杨自惩：《梅读稿》，《四明丛书》本
（明）程敏政：《篁墩文集》，《四库全书》文渊阁本
（明）杨慎：《升庵集》，《四库全书》文渊阁本
（明）王鏊：《震泽集》，《四库全书》文渊阁本
（明）王畿：《龙溪王先生全集》，《四库全书存目丛书》

（明）吕本:《期斋集》,日本内阁文库藏万历刻本
（明）朱纨:《甓余杂集》,《四库全书存目丛书》
（明）何乔远:《皇明文征》,《四库全书存目丛书》
（明）李濂:《嵩渚文集》,《四库全书存目丛书》
（明）沈恺:《环溪集》,《四库全书存目丛书》
（明）王阳明:《王阳明全集》,上海古籍出版社1992年版
（明）何乔新:《椒邱文集》,《四库全书》文渊阁本
（明）沈德符:《顾曲杂言》,《四库全书》文渊阁本
（明）祁彪佳:《远山堂曲品》,《中国古典戏曲论著集成》,中国戏剧出版社
    1982年版
（明）杭淮:《双溪集》,《四库全书》文渊阁本
（明）郑善夫:《少谷集》,《四库全书》文渊阁本
（明）李梦阳:《空同集》,《四库全书》文渊阁本
（明）倪谦:《倪文僖集》,《四库全书》文渊阁本
（明）归有光:《震川先生集》,《四库全书》文渊阁本
（明）林希元:《林次崖先生文集》,《四库全书存目丛书》
（明）何塘:《柏斋文集》,《四库全书存目丛书》
（明）金幼孜:《金文靖公集》,《四库全书》文渊阁本
（明）董含:《三冈识略》,辽宁教育出版社2000年版
（明）陈沂:《拘虚集》,《四明丛书》本
（明）陈玉辉:《适适斋鉴须集》,《续修四库全书》本
（明）薛冈:《天爵堂诗文集笔余》,《明史研究论丛》第五辑,江苏古籍出版社
    1991年版
（明）陈子龙等:《明经世文编》,中华书局1962年版
（明）黄润玉:《经书补注》,《四明丛书》本
（清）黄宗羲:《黄宗羲全集》,浙江古籍出版社1980年版
（清）万斯同:《石园文集》,《四明丛书》本
（清）邵廷采:《思复堂文集》,浙江古籍出版社1987年版
（清）姜宸英:《湛园集》,《四库全书》文渊阁本
（清）全祖望:《鲒埼亭集》,《四部丛刊》本

(清)阮元:《揅经室一集》,道光刊本
(清)李邺嗣:《甬上耆旧诗》,《四库全书》文渊阁本
(清)全祖望辑,方祖猷等点校:《续甬上耆旧诗》,杭州出版社2003年版
(清)乾隆《御制诗三集》,《四库全书》文渊阁本
(清)韩昂:《图绘宝鉴续编》,《四库全书》文渊阁本
(清)《四明律赋锦粲集》,双桂堂道光二十年(1840本)刻本
(清)黄宗羲:《明文海》,《四库全书》文渊阁本
(清)朱彝尊:《明诗综》,《四库全书》文渊阁本
(清)《御选明臣奏议》,《四库全书》文渊阁本
(明)《皇明制书》,《续修四库全书》本

二、今人论著

李治安:《元代政治制度研究》,人民出版社2003年版
白寿彝主编:《中国通史》第八卷《元时期》,上海人民出版社1997年版
韩儒林:《元朝史》,人民出版社1986年版
赵文林、谢淑君:《中国人口史》,人民出版社1988年版
陈高华、史卫民:《中国经济通史·元代经济卷》,经济日报出版社2000年版
张如安:《元代宁波文学史》,中国文史出版社2002年版
陈高华:《元史研究论稿》,中华书局1991年版
云峰:《中国元代科技史》,人民出版社1994年版
乐承耀:《宁波古代史纲》,宁波出版社1999年版
管敏义主编:《浙东学术史》,华东师范大学出版社1993年版
林士民:《三江变迁——宁波城市发展史话》,宁波出版社2002年版
[日]木宫泰彦:《日中文化交流史》,商务印书馆1980年版
陈尚胜:《怀夷与抑商:明代海洋力量兴衰研究》,山东人民出版社1997年版
王兴亚:《明代行政制度研究》,中州古籍出版社1999年版
吴宣德:《中国教育制度通史》第四卷《明代》,山东教育出版社2000年版
范中义等:《明代倭寇史略》,中华书局2004年版
徐映璞:《两浙史丛稿》,浙江古籍出版社1988年版
袁慧:《范钦评传》,宁波出版社2003年版

刘凤云:《明清城市空间的文化探析》,中央民族大学出版社2002年版
费孝通:《乡土中国》,三联书店1985年版
葛振家:《崔溥漂海录评注》,线装书局2002年版
诸焕灿:《学津求索》,中国戏剧出版社2000年版
方祖猷等主编:《论浙东学术》,中国社会科学出版社1995年版
陈来:《有无之境——王阳明哲学的精神》,人民出版社1991年版
刘宗贤:《陆王心学研究》,山东人民出版社1997年版
杨国荣:《心学之思——王阳明哲学的阐释》,三联书店1997年版
[日]冈田武彦,吴光、钱明译:《王阳明与明末儒学》,上海古籍出版社2000年版
杨国荣:《王学通论——从王阳明到熊十力》,华东师范大学出版社2003年版
盛邦和:《东亚:走向近代的精神历程》,浙江人民出版社1995年版
钱茂伟:《姚江书院派研究》,中国社会科学出版社2005年版
钱茂伟:《国家、科举与社会:以明代为中心的考察》,北京图书馆出版社2004年版
钱茂伟:《明代史学的历程》,社会科学文献出版社2003年版
魏承思:《中国佛教文化论稿》,上海人民出版社1981年版
周齐:《明代佛教与政治文化》,人民出版社2005年版
吴立民主编:《禅宗宗派源流》,中国社会科学出版社1998年版
杨翼骧:《中国史学史资料编年》第3册,南开大学出版社1997年版
洪焕椿:《浙江方志考》,浙江人民出版社1984年版
龚烈沸:《宁波古今方志录要》,宁波出版社2001年版
《浙江文史资料选辑第53辑——台州历史文化专辑》,浙江人民出版社1993年版
曹屯裕主编:《浙东文化概论》,宁波出版社1997年版
穆益勤:《明代院体浙派史料》,上海人民出版社1985年版
虞浩旭:《浙东历史文化散论》,宁波出版社2004年版
王汎森:《晚明清初思想十论》,复旦大学出版社2004年版
虞浩旭:《历代名人与天一阁》,宁波出版社2001年版

虞浩旭主编:《天一阁论丛》,宁波出版社1996年版

张寿镛:《约园杂著三编》,民国丛书,上海书店影印据1945年自印本

李经纬、林昭庚主编:《中国医学通史》(古代卷),人民卫生出版社2000年版

陈宝良:《明代社会生活史》,中国社会科学出版社2004年版

陈祖武主编:《明清浙东学术文化研究》,中国社会科学出版社2004年版

徐宗泽:《明清间耶稣会士译著提要》,中华书局1989年版

费赖之:《在华耶稣会士列传及书目》,中华书局1995年版

季学原主编:《姚江文化史》,宁波出版社1998年版

徐子方:《明杂剧史》,中华书局2003年版

[日]丹波元胤:《中国医籍考》,人民卫生出版社1983年版

郭霭春:《中国分省医籍考》,天津科学技术出版社1987年版

政协宁波市委员会文史资料研究委员会编:《宁波文史资料》第二辑,1984年10月

政协宁波市委员会文史资料研究委员会编:《宁波文物古迹保护纪实》(《宁波文史资料》第20辑),宁波出版社2000年版

周景濂:《中葡外交史》,商务印书馆1991年版

方豪:《方豪文录》,上智编译馆1948年版

俞福海主编:《宁波市志外编》,中华书局1998年版

章培恒、骆玉明主编:《中国文学史》,复旦大学出版社1996年版

后　　记

　　元明宁波历史近四百年,时间长,内容丰富,特别是元明时代处于中国印刷术发达、印刷品盛行的时代,故而留下的历史文献也多。这是本卷写作的优势所在。考虑到这是首次用较大篇幅系统书写元明宁波历史,很想写得详尽一些,但各卷的篇幅有限定,只得作罢。

　　不过,由于前人记录历史的视角、需求不同于今天,所以,今天想书写元明宁波历史,仍面临文献记录不全的问题。地方不是独立的王国或区域,故而以地方为视野的记录与编纂不发达。国史中,有关地方的信息量小,而方志信息又过于简单。方志无疑是记录地方的最直接资料,但中国的方志本质上是政书,是地方综合概况,大多只有一个结果,留下的事件过程信息量相当少。没有大事记,历史事件的记录明显不足。今天要想全面了解元明两代宁波各个时期的政治状况是较为困难的。地方志中有《名宦传》,简略地记录了各个时期元明代宁波官员所做的一些大事,问题是,只有总结性、评价性语言,而没有具体的事迹。自然灾害记录也过于简单。有关元明代宁波的自然灾害情况,地方志《祥异志》有所记录。这是方志中唯一有精确时间记录的部分。稍嫌不足的是,古人记录自然灾害,都是标题式的,十分简单,详细的过程没有。乡村生活记录也很少。在传统中国,国家历史书写发达,民间历史书写落后,忽略社会层面的乡村与城市的记录。通过地方志,我们至多只能了解到当时各县下面有各乡、都、里名称及乡都编制,至于具体的乡村百姓生活状况,则无法了解。海洋及沿海区域记录不足。中国虽是一个兼有大陆与海洋的国家,但主要是一个大陆国家。大陆视野下的国史，向来忽视海洋及沿海区域的记录。宁波地处沿海，是一个海洋区域，但留下的海洋与沿海记录少得可怜，后人只能通过零星史料，了解当时的状况。以上几个方面的历史，是21世纪新史学著作要努力发掘的知识点，也是本卷努力关注的地方。

元明宁波历史近四百年，内容丰富，涉及的人物与事件相当多，可惜现有的专题研究基础太差，相关的论著不足。这部稿子写到这个份上，是我们在众多专家指点下的结果。邹逸麟教授、陈高华研究员、徐季子教授、徐明德教授、曹树基教授、桂栖鹏教授、卢向前教授、万明研究员、何灿浩教授及以傅璇琮总主编为首的各位专家先后参与了本书的审稿工作，提出了许多宝贵的意见，得以使我们不断地再思考，从而不断地提升写作的水平。同时，本书所引用的图片多由宁波文化广电新闻出版局、宁波文物保护管理所（考古所）、天一阁博物馆、余姚市文物保护管理所提供。在此，一并致以衷心的感谢！

本书写作分工如下：元代宁波部分，第一章第五节，第四章第一节第二部分、第二节，由我撰写，其余由毛阳光博士撰写。阳光曾在宁波大学历史系任教，现调往河南洛阳师院。明代部分，第五章第四节由张如安教授改写，其余由我撰写。最后，由我负责对全书进行统稿。

稿子公开出版以后，就成了公共知识产品，评判权在读者手中，知我罪我，就不是我们可控制的事了。本书的不足，一定会成为后人重写元明宁波历史的起点。

钱茂伟
2009年3月于宁波大学